ERIC OSBORN

Anfänge christlichen Denkens

JUSTIN
IRENÄUS
TERTULLIAN
KLEMENS

Übersetzt, bearbeitet und herausgegeben von
JOHANNES BERNARD

ST. BENNO-VERLAG GMBH LEIPZIG

Die englische Originalausgabe erschien unter dem Titel
THE BEGINNING OF CHRISTIAN PHILOSOPHY
bei Cambridge University Press, 1981
Cambridge, London, New York, New Rochelle, Melbourne, Sydney

ISBN 3-7462-0060-1

Alle Rechte an der deutschen Übersetzung beim St. Benno-Verlag GmbH, Leipzig

Nur zum Vertrieb und Versand in der Deutschen Demokratischen Republik und in den sozialistischen Ländern bestimmt

**FÜR
SOPHIE CLAIRE**

INHALT

VORWORT ZUR DEUTSCHEN AUSGABE . . . 9

VORWORT 10

ZITATION 11

ABKÜRZUNGEN 13

I CHRISTLICHE DENKFORMEN UND ARGUMENTE 15

II LAND UND LEUTE 35

III DIE GOTTESFRAGE: GOTT IN DER HÖHE . . 50
    Gibt es einen Gott und kann man über ihn sprechen? 51
    Ist Gott gut? 73
    Kann Gott sowohl drei als einer sein? . . . 76
    Wird Gott am besten als Erstursache verstanden? . . 79
    PROBLEME UND PARALLELEN. 89

IV DAS VERNUNFTBEGABTE, LACHENDE LEBEWESEN 108
    Wie ist der Mensch auf Gott bezogen? . . . 110
    Läßt sich das gegenwärtige Elend des Menschen mit seiner göttlichen Abstammung vereinbaren? . . 117
    Ist der Mensch frei? 124
    Woraus besteht der Mensch? 129
    Kann der Mensch die Wahrheit erkennen? . . . 135
    PROBLEME UND PARALLELEN. 147

V WELTALL UND SCHÖPFUNG 163
    Ist die Welt von dem einen höchsten Gott erschaffen? 164
    Was ist geschehen, daß Teile der Welt ihrem Schöpfer so unähnlich wurden? 169
    Wo in der Welt ist Gottes Hand zu erkennen? . . 174
    Läßt sich das Böse in der Welt mit ihrem göttlichen Schöpfer vereinbaren? 178
    PROBLEME UND PARALLELEN. 188

VI GESCHICHTE 210
    Gibt es Kontinuität in der Geschichte? Warum kam
    Jesus erst so spät? 213
    Hat die Geschichte eine Mitte? 222
    Wo stehen wir jetzt in der Geschichte? 232
    Kommt der Mensch im Lauf der Geschichte voran? 239
    Wie wird alles enden? 243
  PROBLEME UND PARALLELEN 249

VII DAS WORT – KURZ UND BÜNDIG 262
    Wie wurde das Wort Gottes Mensch? 265
    Wie verhält sich das Wort zu Gott Vater? 272
    Was erreichte das Wort durch sein Gottmenschsein? 279
    Wie vermittelt das Wort Gotteserkenntnis? . . . 284
    Wie kann das Wort zugleich partikular und univer-
    sal sein? Ist der Mensch Jesus und der Auferstandene
    zugleich das universale Wort Gottes? 291
  PROBLEME UND BEMERKUNGEN 304
    Die Unverzichtbarkeit logischer Methodik 304
    Wortgeschehen 307
    Geist und Buchstabe 308
    Kräfte des Geistes 310
    Einschluß und Erfüllung 313
    Gott als Geist 316
    Vorsicht vor der Philosophie 317

  ERGEBNIS 324
    Probleme 324
    Methode 328
    Jude/Grieche 329
    Charaktere 330
    Die Liebe zur Wahrheit 332

  EXKURS ZUR METHODE 342
    Alternative Methoden zur Ideengeschichte der patri-
    stischen Zeit 342

  LITERATURVERZEICHNIS 364

  REGISTER
    MODERNE AUTOREN 381
    STICHWORTVERZEICHNIS 384

VORWORT ZUR DEUTSCHEN AUSGABE

Unsere Zeit ist der Zukunft zugewandt. Vielleicht ist gerade dies ein Grund, auch die Herkunft neu zu bedenken. Wir pflegen mit Liebe das Erbe der Väter – auch das der Kirchenväter?

Erstaunliches gibt es da zu entdecken; manches ging uns verloren, anderes haben wir noch nicht wieder erreicht. Probleme wandeln sich im Lauf der Geschichte völlig, und dennoch bleiben verblüffende Parallelen. Es lohnt, das zweite Jahrhundert wiederzuentdecken – darin ist sich ein kleiner Kreis von Fachleuten und Kennern einig. Eric Osborn hat den Überblick und die Gabe, Menschen und Probleme jener Zeit so zu schildern, daß sich jedem eine Tür öffnet, wenn er nur Zugang sucht.

Zur Übersetzung sei bemerkt: Im englischen Original wird Irenäus nach der Edition von Harvey zitiert. Wir folgen hier der deutschen Übersetzung der Werke des Irenäus, die in der „Bibliothek der Kirchenväter" (BKV) vorliegt und die Zählung der Edition von Massuet wiedergibt. Bei Stellenangaben aus Klemens von Alexandrien wird auf die Angabe der Kapitel verzichtet, da eine fortlaufende Zählung der Paragraphen oder Abschnitte jede Stelle eindeutig bestimmt. Im allgemeinen sind wörtliche Zitate aus Kirchenschriftstellern unverändert den deutschen Übersetzungen (BKV) entnommen. Wo solche Übersetzungen fehlen, wie auch bei Abweichungen deutscher Übersetzungen von der englischen Wiedergabe der betreffenden Stelle, wurde der deutsche Text auf Grund eines Vergleichs von Urtext und englischer Übersetzung hergestellt. Wörtliche Zitate aus englischen Übersetzungen deutschsprachiger Literatur werden, soweit zugänglich, im Originaltext zitiert.

Trotz der unvermeidlichen Mängel jeder Übersetzung, die den persönlichen Stil eines Autors mit all seinen Zwischentönen nie ganz wiederzugeben vermag, hoffe ich doch, dem Anliegen einigermaßen gerecht zu werden. Eric Osborn danke ich in Freundschaft für reiche Anregung und begleitende Hilfe. Dank auch dem St. Benno-Verlag, Leipzig, und insbesondere Herrn Hubertus Staudacher, der großen Anteil am Zustandekommen dieser deutschen Ausgabe hat.

Johannes Bernard

VORWORT

Die frühesten christlichen Autoren waren auch besonders schöpferisch, doch die herrschende Beurteilung ihres Werkes hat dessen Bedeutung weithin überschattet. Zweierlei macht ihre Neuentdeckung möglich: zum einen das heutige Interesse an Themen des zweiten Jahrhunderts, z. B. das Sprachproblem der Rede von Gott oder das Problem des Übels und des Bösen; zum anderen die gewaltige historische Aufarbeitung des Materials durch Jean Daniélou und andere im Lauf der letzten fünfundzwanzig Jahre. Nach Ansicht seines Übersetzers ist die inhaltliche Relevanz von Daniélou's „Message évangélique et culture hellénistique aux IIe et IIIe siècles" (1958) nicht ohne weiteres offensichtlich. Ein weiterer Schritt ist zu tun, um die Probleme zu erhellen, die die Autoren des zweiten Jahrhunderts ebenso beschäftigten wie uns heute.

Hierzu haben außer Kardinal Daniélou auch andere wesentlich beigetragen. In Cambridge halfen mit Klarheit und tiefem Verständnis die Professoren G. W. H. Lampe,[1] C. F. D. Moule und E. G. Rupp. Viel verdanke ich P. Claude Mondésert in Lyon und Professor Ernst Käsemann in Tübingen. In Rom zog ich Gewinn aus der unvergleichlichen Irenäus-Kenntnis von P. Antonio Orbe. Der Heimat näher boten Professor John Passmore und Dr. Behan McCullagh ihre richtungweisende Hilfe zur kritischen Thematik der Methode. Ein wichtiger Faktor war auch die intelligente und begeisterte Anteilnahme meiner Studenten. Dr. A. Lenox-Conyngham las die Korrekturen und überprüfte zusammen mit Dr. David Rankin die Zitate, während Mr. Edwin Brown die Register erstellte. Die Mitarbeiter der Cambridge University Press brachten das Buch ebenso gekonnt wie geduldig zum Druck. Ihnen allen gilt mein aufrichtiger Dank.

Eric Osborn

Queen's College
University of Melbourne
7 Juli 1978

---

[1] Die Nachricht vom Tode Geoffrey Lampes erreichte mich während der Drucklegung dieses Buches. Auf seine zeitüberdauernden Beiträge zur patristischen Forschung wird man noch lange zurückgreifen. Apothanon eti lalei – durch seine Weisheit und seinen Mut E. F. O. (September 1980).

ZITATION

JUSTIN (Edition Goodspeed), deutsch in: BKV.
1 A. 14, 1 = Erste Apologie, Kapitel 14, Paragraph 1.
D. 11, 1 = Dialog mit Tryphon, Kapitel 11, Paragraph 1.

IRENÄUS (Edition Harvey; die vorliegende deutsche Übersetzung folgt der Zählung von Massuet/Migne/BKV).
H. II, 1, 1 = Adversus haereses, Buch II, Kapitel 1, Paragraph 1.
E. 14 = Epideixis (Erweis der apostolischen Verkündigung), Paragraph 14.

KLEMENS (Edition Stählin), deutsch in: BKV.
Prot. 63, 1 = Protreptikos, Paragraph 63, Abschnitt 1.
Paid. I, 24 = Paidagogos, Buch I, Paragraph 24.
S. VII, 2, 3 = Stromateis, Buch VII, Paragraph 2, Abschnitt 3.
Ecl. 2 = Eclogae propheticae, Paragraph 2.

TERTULLIAN (Corpus Christianorum), zum Teil deutsch in: BKV.
An. 27, 1 = De Anima, Kapitel 27, Paragraph 1.
Die Werke Tertullians in Abkürzung:

An.	De anima
Ap.	Apologeticum
Bapt.	De baptismo
Carn.	De carne Christi
Cast.	De exhortatione castitatis
Cor.	De corona
Cult.	De cultu feminarum libri II
Fug.	De fuga in persecutione
Herm.	Adversus Hermogenem
Idol.	De idololatria
Iei.	De ieiunio
Iud.	Adversus Iudaeos
Marc.	Adversus Marcionem libri V
Mart.	Ad martyras
Mon.	De monogamia
Nat.	Ad nationes libri II
Orat.	De oratione

Paen.	De paenitentia
Pal.	De pallio
Pat.	De patientia
Praescr.	De praescriptione haereticorum
Prax.	Adversus Praxean
Pud.	De pudicitia
Res.	De resurrectione mortuorum
Scap.	Ad Scapulam
Spect.	De spectaculis
Test.	De testimonio animae
Val.	Adversus Valentinianos
Virg.	De virginibus velandis
Ux.	Ad uxorem libri II

ABKÜRZUNGEN

ABR	Australian Biblical Review
ACW	Ancient Christian Writers
AeR	Atene e Roma
AGPh	Archiv für Geschichte der Philosophie
AIPh	Annuaire de l'institut de philologie et d'histoire orientales
ANCL	The Ante-Nicene Christian Library
AnGr	Analecta Gregoriana
APQ	American Philosophical Quarterly
Bib	Biblica
BJRL	Bulletin of the John Rylands Library
BKV	Bibliothek der Kirchenväter
BZNW	Beihefte zur Zeitschrift für die neutestamentliche Wissenschaft
CChr SL	Corpus Christianorum Series Latina
ClPh	Classical Philology
CQ	Classical Quarterly
DViv	Dieu vivant
ErJb	Eranos-Jahrbuch
EThL	Ephemerides theologicae Lovanienses
GCS	Griechische christliche Schriftsteller der ersten drei Jahrhunderte
GIF	Giornale italiano di filologia
Gn	Gnomon
Gr	Gregorianum (Roma)
Hist	Historia
HTh	History and Theory
HThS	Supplement to History and Theory
HTR	Harvard Theological Review
JHS	Journal of Hellenic Studies
JR	Journal of Religion
JRS	Journal of Roman Studies
JThS	Journal of Theological Studies
KuD	Kerygma und Dogma
LCC	Library of Christian Classics
LCL	Loeb Classical Library
MH	Museum Helveticum
Mn	Mnemosyne (Leiden)

MThZ	Münchener Theologische Zeitschrift
NAWG, PH	Nachrichten der Akademie der Wissenschaften in Göttingen. Philologische-historische Klasse
NRTh	Nouvelle revue théologique
NZSTh	Neue Zeitschrift für systematische Theologie
OrChr	Oriens Christianus
PH	Philologische-historische Klasse
PhRev	Philosophical Review
RB	Revue biblique
REG	Revue des études grecques
RevSR	Revue des sciences religieuse
RGG	Die Religion in Geschichte und Gegenwart
RHE	Revue d'histoire ecclésiastique
RHPhR	Revue d'histoire et de philosophie religieuses
RSR	Recherches de science religieuses
RThAM	Recherches de théologie ancienne et médiévale
SC	Sources Chrétiennes
Schol	Scholastik
SE	Studia Evangelica
SEA	Svensk exegetisk arsbok
SeL	Storia e letteratura
SJTh	Scottish Journal of Theology
SO	Symbolae Osloenses
STh	Studia Theologica
STL	Studia Theologica Lundensia
SVF	Stoicorum Veterum Fragmenta, ed. von Arnim
Theol	Theology
ThStKr	Theologische Studien und Kritiken
Tr	Traditio (New York)
TU	Texte und Untersuchungen zur Geschichte der altchristlichen Literatur
VetChr	Vetera Christianorum
VigChr	Vigiliae Christianae
ZKG	Zeitschrift für Kirchengeschichte
ZKTh	Zeitschrift für katholische Theologie
ZNW	Zeitschrift für neutestamentliche Wissenschaft
ZSTh	Zeitschrift für systematische Theologie
ZThK	Zeitschrift für Theologie und Kirche

CHRISTLICHE DENKFORMEN UND ARGUMENTE   I

Die gegenwärtige Abkehr vom Christentum lenkt unsere Aufmerksamkeit auf jene frühe Zeit, da Christen nur eine kleine Minderheit innerhalb der römischen Welt voll verschiedener Glaubensüberzeugungen waren;[1] sie lebten „vor dem Christentum", wir danach. Jeder Anspruch auf Relevanz bleibt jedoch stets umstritten und ist zu erweisen. Was führt den Menschen des zwanzigsten Jahrhunderts ins zweite und dritte Jahrhundert zurück? Anfangs hat man vielleicht kaum mehr als das vage Gefühl, das Christentum sei ein Irrtum gewesen, die ökumenischen Konzilien des vierten und fünften Jahrhunderts hätten weniger erreicht als sie vorgaben, und die klassischen dogmatischen Formulierungen seien zu mehrdeutig, um hilfreich zu sein. Diese Antwort genügt aber keineswegs. Das Christentum war kein Mißverständnis, und seine Beurteilung ist auch nicht Sache des Impulses, sondern eine Lebensaufgabe. Vielleicht sind die besten ökumenischen Konzilien gerade die, die anscheinend wenig erreichten. Die Mehrdeutigkeit der Glaubensbekenntnisse und Konzilien fordert weitere Untersuchungen, ehe man resigniert aufgibt.

Die Bedeutung des zweiten Jahrhunderts und der Apologeten erkennt man am besten daran, wie die christliche Argumentation sich durchzusetzen beginnt.[2] Christen stritten jedoch um so viele merkwürdige Dinge, daß das Feld der Auseinandersetzung besondere Beachtung verdient. Wer sich für das frühchristliche Denken begeistert, behauptet zumeist, die Probleme, denen Christen damals in einer pluralen Welt gegenüberstanden, seien mit den heutigen eng verbunden. Die Probleme waren jedoch allgemeiner und eher philosophischer Natur – (Gibt es einen Gott? Kann man über ihn sprechen? Ist der Mensch frei? Warum gibt es das Böse in Gottes Welt?) – als die dogmatischen Themen des vierten und fünften Jahrhunderts. Die Behauptung, die christliche Philosophie beginne hier im zweiten Jahrhundert, soll einfach auf diese Tatsache hinweisen; das bedeutet weder, daß die zu erörternden Schriften einheitlich philosophisch sind,

---

...ng und die menschliche, besonders die jüdische Geschichte, als ...ttes Handeln zurück. Diese Ablehnung kam aus der Vernunft ...d aus seiner Aufrichtigkeit und Sensitivität. Doch er war im ...rtum, und Christen wußten, daß die Ablehnung des Schöpfers ...d des Gottes Abrahams für das Verständnis der christlichen ...ahrheit tödlich wäre. Es bedurfte langer Argumentation, ehe ...erall in der weltweiten Kirche ein klares Grundmuster christ...her Wahrheit gefunden war. Doch der Weg führte stets über ...as Argument – ob die Gefahr vom Gnostizismus oder von ...arcion ausging. Auch der Weg einer Antwort an den römi...chen Staat, an die Philosophen und an die Juden führte nur ...ber die Begründung und den Aufweis.

Fünf Bereiche werden nun ausgewählt, die im Mittelpunkt ...er weitverbreiteten und vielschichtigen Auseinandersetzung ...ehen.[8] Christen hatten darzulegen, daß Gott wirklich, trans...endent und ein einziger war. Sie hatten hinsichtlich des Men...chen darzutun, daß er trotz all seiner Sündhaftigkeit durch ...ine Ähnlichkeit an Gott gebunden war, die durch Gnade bis ...ur Sohnschaft wachsen konnte. Die Welt mußte verteidigt und ...ational einsichtig gemacht werden; sie hatte eine Ursache, und ...hre Übel kamen nicht von dieser Ursache her, sondern von der ...ünde, zu der sich der Mensch frei entschloß. Der Geschichte ...war durch eine göttliche Absicht, die in Jesus ihre Erfüllung ...fand, ein innerer Zusammenhang zu geben. Das seltsamste aber ...war doch der Glaube, daß der eine höchste Gott in Jesus Mensch geworden war; doch ohne diesen Glauben hätten Christen nicht an den Gott in der Höhe, nicht an die Wiederherstellung des Menschen durch Gott, weder an die Güte des Schöpfers noch an die Einheit der Geschichte glauben können. Wir werden diese fünf Bereiche betrachten wie auch die Aspekte, die sich für jede der vier Gruppen in der Umgebung der Christen hieraus ergaben.[9]

1 Die Gottesfrage

Die Probleme der christlichen Gottesvorstellung lassen sich in vier Hauptfragen gliedern:

1) Gibt es einen Gott und kann man über ihn sprechen?

noch daß hier etwas wie ein philosophisches „System" zum Vorschein kommt. Vielmehr waren die „Probleme" das, was man gemeinhin philosophisch nennt – und was zählt, sind die Probleme. Denn „der Philosoph – es sei denn ein schlechter Philosoph – ist nicht darauf aus, ein System zu errichten; er versucht vielmehr, Probleme zu lösen".[3] Woraus ergaben sich die Probleme des zweiten Jahrhunderts? Es gab vier Hauptquellen, die Einwände lieferten und Schwierigkeiten boten.

Der unmittelbarste Einwand gegen das Christentum war der des Staates und seiner Religion. Christen weigerten sich, die religiösen Pflichten zu erfüllen, die von jedem Bürger gefordert wurden: sie galten als Atheisten, denen nicht zu trauen war, wollte der Staat seine Hoffnung auf Sicherheit und Dauer setzen. Das Römische Reich übte wohlwollende Toleranz gegenüber der Religion eines eroberten Volkes. Jedes Land mochte seine Götter anbeten, wenn es nur die Treuepflicht gegenüber jenen Göttern erfüllte, die Rom groß gemacht hatten und deren Schutz eine Bedingung für Roms fortgesetzte Vorrangstellung war. Christen erfüllten diese geforderten Bedingungen nicht. Ihre Religion war kein lokaler Kult und an ein besonderes Land gebunden, denn sie waren jetzt in den meisten Provinzen des Reiches zu finden. Sie konnten auch nicht geltend machen, den Glauben ihrer Väter zu bewahren und daher Achtung vor ihrem kulturellen Erbe fordern. Sie hatten ja alle den Glauben ihrer Väter aufgegeben. Ihre Exklusivität war ihr Hauptverbrechen, und ihre Neuheit verschloß das Schlupfloch, das den Juden zeitweilig wegen ihrer althergebrachten Treuepflicht erlaubte, exklusiv zu sein.

Auch den Philosophen war Neuheit ein Ärgernis: Celsus, der Platoniker, behauptete: Was wahr ist, muß alt sein, und was neu ist, kann nicht wahr sein.[4] Jeder Gedanke mußte ein hohes Alter nachweisen, um akzeptiert zu werden. Die Weisheit lag am Anfang der Menschheitsgeschichte und hatte der Prüfung der Zeit standgehalten. Die Christen dagegen knüpften ihre Neuheit an eine lächerliche Forderung nach Glauben; sie leugneten die Vernunft und zogen die irrationalen Massen an, weil sie den Gläubigen versprachen, den Einsatz bald herauszuhaben. Stoiker wie Mark Aurel fanden Christen in ihrer Einstellung zum Tod theatralisch[5] und nicht wert, daß man sich mit ihren Glaubensüberzeugungen befaßt. Lukian nah gar keine Zeit für philosophische Behauptungen. A sah er die Vielfalt philosophischer Theorien als un Erweis ihrer Nichtigkeit. Die absoluten Behauptunge sten waren für ihn daher eher ein Zeichen ihrer Lei keit als ihrer Glaubwürdigkeit.[6]

Mit dem Schwinden des jüdischen Einflusses i Jahrhundert vertiefte sich der Abgrund zwischen Christen. Im zwischenmenschlichen Bereich hatten si folgung von Christen unterstützt, und auf theoretisc sahen sie keinen Grund für diese neue Häresie, di Schriften des jüdischen Volkes aneignete. Dem christl spruch fehlte die echte Redlichkeit, denn Christen hie das Gesetz und stellten ein Schandmal, das Kreuz, ins ihres Lebens und ihrer Anbetung. Der Streit zwischen und Juden ging um die Gesamtheit der Schrift, die sich in Anspruch nahm und entsprechend seiner Au methode interpretierte.

Und schließlich stritten die Christen damals wie he untereinander als mit sonst jemandem. Es wäre falsch, kleine ausgewählte Gruppe vorzustellen, die einmütig i ben, in der Welt verstreut, die genannten drei Geg kämpfte. Das Christentum war schon im zweiten Jahr zerrissen und geteilt.[7] Spaltungen gab es nicht bloß Oberfläche; es ging vielmehr um grundsätzliche Glau halte. Jedes größere Zentrum der Christenheit hatte sein bestimmten Ansatz, doch gab es wenige Zentren, in dene einige Abspaltungen zu finden waren. Der Gnostizismus stärkste Kraft, die zur Uneinigkeit der Christen führte. N nen Anfängen außerhalb des Christentums bot er eine heren" christlichen Weg, der in einfachen Modifikatione im „Evangelium der Wahrheit" und im „Evangelium Thomas", aber auch in sorgfältig ausgeführten Systemen den war, die von Irenäus und Hippolyt – ohne Sympathie schrieben wurden. Doch bei aller Macht des Gnostizism eine noch tiefere Gefahr lag im Glauben des Marcion. Marcion war tief empfänglich für die Wunder des Evangel weil er die staunenerregende Gnade sah, die vom Vater Christi angeboten wurde, wies er die Welt als Gottes S

2) Ist Gott gut?
3) Kann Gott sowohl drei als einer sein?
4) Wird Gott am besten als Erstursache verstanden?

Ist der Gottesbegriff der Christen sinnvoll? Gibt es ein höchstes transzendentes unaussprechliches Wesen, das sich von allem anderen unterscheidet und doch in souveräner Majestät über allen Dingen steht? Von diesem Gott kann nicht in gewöhnlicher Sprache geredet werden, vielmehr bedarf es besonderer Kennzeichnungen, sobald man ihn mit konkreten Begriffen bezeichnet. Die meisten Juden hatten mit solch einem Gott keine Schwierigkeiten, weil ihr Gott immer schon hoch über allen Menschen thronte und weil einige von ihnen inzwischen gelernt hatten, in Begriffen der griechischen Philosophie zu denken. Die Philosophen platonischer Richtung konnten über Gott in negativen, transzendenten Begriffen sprechen: er war nur durch geistige Schau zu erfassen, und man konnte über ihn weder verfügen noch ihn berühren. Nur die etablierte Alltagsreligion hatte für dieses ferne und negative Wesen wenig übrig. Die Götter Griechenlands und Roms waren recht menschliche, lebendige Wesen, die in alle möglichen Affären verstrickt waren und viele Geschichten ihrer Abenteuer hinterließen. Auch gab es andere Götter von eher schattenhafter Gestalt und weniger ausgeprägtem Charakter, die bekannte Teile dieser Welt bewohnten. Häretiker wie die Gnostiker schauten auf einen höchsten Gott, der sogar noch ferner war als der Gott der Christen, der Juden und der Philosophen; ihr Gott hatte mit der Menschenwelt überhaupt nichts zu tun. Hier konnte die Philosophie zum Hauptverbündeten der Christen werden; dennoch blieb das Problem akut. Der Begriff eines höchsten Wesens fiel der Antike nicht leicht. Alexander Severus war froh, in seine Bildersammlung auch ein Bild Christi aufzunehmen,[10] doch schien er weder in der Transzendenz noch in der absoluten Einheit einen Hauptpunkt zu sehen. Der Gott in der Höhe war zu fern, um nützlich zu sein. Später einmal sagte man: Christen und Vögel mögen den Himmel haben, solange sie nur die Erde anderen überlassen.[11]

2 Der Mensch und seine Freiheit

1) Wie ist der Mensch auf Gott bezogen?
2) Läßt sich das gegenwärtige Elend des Menschen mit seiner göttlichen Abstammung vereinbaren?
3) Ist der Mensch frei?
4) Woraus besteht der Mensch? (Besteht er aus Teilen wie Leib, Seele und Geist, und wenn ja: wie sind diese aufeinander bezogen?)
5) Kann der Mensch die Wahrheit erkennen?

Die Christen behaupteten, es sei Gott durch seinen Geist möglich, im Menschen zu leben und das Leben des Menschen zu leiten. Der Mensch war nach dem Ebenbilde Gottes gemacht, und wie entstellt das Bild auch sein mochte, es konnte zu Gottes Ähnlichkeit wieder hergestellt werden. Gott war dem Menschen nahe, und wer zu Christus gehörte, trug Seinen Geist in sich. Merkwürdigerweise war dies das Element des christlichen Glaubens, das wenig echten Widerstand hervorrief. Die Juden waren bereit, Gottes Ebenbild im Menschen anzuerkennen wie auch die Gegenwart seines Geistes in den Propheten. Die Philosophen sahen die Vernunft des Menschen als seinen göttlichen Anteil, während die paganen Religionen verschiedene Wege kannten, das Menschliche und das Göttliche miteinander zu verbinden. Die Gnostiker konzidierten einigen Menschen einen göttlichen Funken, leugneten jedoch, daß dieser Funke in allen zu finden sei oder daß er auf etwas anderes zurückzuführen sei als auf einen unerforschlichen Entscheid.

Der Brücke zwischen Mensch und Gott galt eine ständige Aufmerksamkeit. Die Christen wollten diese Brücke abbrechen und sie zugleich durch viele neue Brücken ersetzen, so daß Gott dem Menschen näher kam als je zuvor. Gott war nicht an jenen heiligen Stätten zu finden, die die Menschen in ihrer Einfalt so oft besuchten. Wohl aber war er in jedem Menschenherz zu finden und ließ sich als Vater von jedem Menschen erkennen, der sich ihm gläubig zuwandte. Der Optimismus dieser Einschätzung des Menschen ließ die Anbetung materieller Dinge im Himmel und auf Erden absurd erscheinen. Sonne, Mond und Sterne sollten den Menschen nur auf Gott verweisen.[12]

3 Die Welt und ihr Schöpfer

1) Ist die Welt von dem einen höchsten Gott erschaffen?
2) Was ist geschehen, daß Teile der Welt ihrem Schöpfer so unähnlich wurden?
3) Wo in der Welt ist Gottes Hand zu erkennen?
4) Läßt sich das Böse in der Welt mit ihrem göttlichen Schöpfer vereinbaren?

Die Christen behaupteten, der Gott und Vater des Herrn Jesus Christus sei der Schöpfer aller Dinge im Himmel und auf Erden. Er war gut, trotz des Übels in einer Welt, die er gemacht hatte. Nur die Juden akzeptierten diese Glaubensaussage ohne Widerspruch. Manche Philosophen vermochten die Anwesenheit des Übels mit der Idee einer guten, allmächtigen Ursache nicht in Einklang zu bringen. Platoniker und Stoiker kannten Wege, das Problem anzugehen. Die Heiden ließen viele Götter zu, um die vielen Dinge in einer mannigfaltigen Welt hervorzubringen. Vor allem Marcion und die Gnostiker traten hiergegen auf. Der höchste Gott konnte für die Begrenzungen, die Bestialität und das Leiden dieser entstellten Welt nicht verantwortlich sein. Nur ein niedrigerer und begrenzter Schöpfer konnte die Welt gemacht haben, in der die Menschen leben. Ihnen wurde die Antwort gegeben: die eine Ursache aller Dinge war der Grund für die Ordnung und Verstehbarkeit der Welt. Der Mensch konnte die Welt zu seiner Heimat machen, weil Gott sie regierte. Das Übel war wirklich vorhanden, kam aber aus der Güte Gottes, der dem Menschen die Freiheit gewährte. Jedes Übel ließ sich auf die Sünde und auf die freie Wahl zurückführen.

4 Geschichte und Kontinuität

1) Gibt es Kontinuität in der Geschichte? Warum kam Jesus erst so spät?
2) Hat die Geschichte eine Mitte?
3) Wo stehen wir jetzt in der Geschichte?
4) Kommt der Mensch im Lauf der Geschichte voran?
5) Wie wird alles enden?

Keine der vier Gruppen konnte die einigende Geschichtsbetrachtung der Christen annehmen. Die Juden konnten die Fortsetzung ihrer Geschichte nicht in der Kirche sehen, und die Philosophen vermochten der Geschichte keine große Bedeutung beizumessen (für die Stoiker bewegte sie sich in Kreisen). Die Heiden leugneten jegliche Einheit des göttlichen Handelns, und die Gnostiker sowie Marcion bestanden darauf, daß Gott ein unbekannter Gott sei, der sich – wenn überhaupt – erstmals in Jesus von Nazaret gezeigt habe. Die Geschichte war von den Christen mit Beschlag belegt. Gott hatte nie aufgehört zu sorgen, und der Mensch war den Händen Gottes nie entglitten. Was sich in Jesus ereignet hatte, war der Ein-für-allemal-Höhepunkt einer Geschichte, die keine Unterbrechungen kannte, und die Korrektur all dessen, was in dieser Geschichte daneben gegangen war.

5 Das fleischgewordene Wort

1) Wie wurde das Wort Gottes Mensch?
2) Wie verhält sich das Wort zu Gott Vater?
3) Was erreichte das Wort durch sein Gottmenschsein?
4) Wie vermittelte das Wort Gotteserkenntnis?
5) Wie kann das Wort zugleich partikular und universal sein? Ist der Mensch Jesus und der Auferstandene *zugleich* das universale Wort Gottes?

Hauptbestandteil des christlichen Anspruchs war die Aussage, daß Gott Mensch wurde und ein menschliches Leben lebte.[13] Sie wurde von den Juden und von Philosophen nachdrücklich zurückgewiesen, ganz zu schweigen von den Gnostikern, die eine solche Vorstellung nicht annehmen konnten. Sie sahen diese christliche Behauptung als Widerspruch zur christlichen Grundaussage, daß Gott transzendent und der Höchste ist. Die Religionen jener Zeit konnten sie zwar annehmen, aber nur, weil sie nicht die christliche Gottesvorstellung vertraten. Sie begnügten sich damit, diesen Jesus als einen weiteren der vielen ihnen schon bekannten Götter zu betrachten, solange er zufrieden war, seinen Platz in der langen Reihe einzunehmen.

Das Evangelium an die Heiden
(Apostelgeschichte 17,16–34)

Die Rede des Paulus auf dem Areopag ist ein Höhepunkt der Apostelgeschichte: eine Predigt an die Heiden, gehalten vom Völkerapostel.[14] Sie steht für das Eindringen des Christentums in die hellenistische Welt. Eine Prüfung ihres Inhalts gibt uns eine wertvolle Bestätigung jener Probleme, die soeben dargestellt wurden. So wie viele Predigten hat auch sie drei Punkte: Gott der Schöpfer und Herr braucht keine Tempel; Gott schuf die Menschen, damit sie ihn suchen, und drittens: die Menschen als Kinder Gottes sollten keinen Götzen dienen. Die Botschaft ist reiner Monotheismus, und nur die Schlußfolgerung verrät eine christliche Note.

Wir beginnen mit der Einheit des Menschengeschlechts und der gleichförmigen Entwicklung der Gattung Mensch. Gott hat für die Völker Zeiten und Grenzen festgesetzt, nicht im alttestamentlichen Sinn dieser Worte, sondern in einem weiteren, stoischen Sinn: das ganze Leben des Menschengeschlechts ist geordnet hinsichtlich der Jahreszeiten, der Wohnsitze und des Vorwärtskommens auf der Suche nach Gott. Athen wurde von seiner Vergangenheit beherrscht, und Paulus macht sich Sorgen über die vielen Götterbilder, die er dort sah und die er nicht als unschuldige Kunstwerke betrachten konnte. Er spricht (Vers 17) am Sabbat in der Synagoge und an den Werktagen auf dem Marktplatz. Letzteres erinnert an Sokrates und erregt die Aufmerksamkeit von Epikuräern und Stoikern, die ihn als *spermologos* bezeichnen und als Verkünder neuer Gottheiten. Schwierig ist es, den Platz genau zu bestimmen, der als Areopag bezeichnet wird. Paulus wird aufgefordert, die neuen oder befremdlichen Dinge zu erklären, mit denen er sich befaßt – die Neugier der Athener war ja sprichwörtlich (Vers 21). Paulus erhebt sich und spricht wie ein Redner zu den Männern von Athen, denen er seine Wertschätzung ihrer Kultur und Gelehrsamkeit bezeigt. Er bezeichnet sie wegen ihrer umfangreichen religiösen Institutionen als sehr religiöse Menschen und kommt dann auf den unbekannten Gott zu sprechen, den sie in Unwissenheit verehren und von dem sie nun zum ersten Mal hören. Diese Anspielung ist schwer zu erklären. Noch nie wurde ein Altar entdeckt, der einem unbekannten Gott geweiht war, und auch in der Literatur der Antike findet sich keinerlei Hinweis. Vielleicht hatte Lukas in irgendeinem Handbuch gelesen, daß es in Athen Altäre unbekannter Götter gäbe und aus einer Passage bei Pausanias geschlossen, daß dort ein einzelner Altar stand mit der Aufschrift: „Einem unbekannten Gott". Von der Transzendenz geht Paulus unmittelbar zum Begriff der Schöpfung über und zitiert Jesaja 42,5 bezüglich Gottes Schöpfung, dauernder Herrschaft und Erhaltung der Welt. Solch ein Schöpfer wohnt nicht in Tempeln von Menschenhand gemacht, noch nimmt er die Opfergaben an, die sie ihm bieten. Wie schon die griechische Aufklärung und die hellenistisch jüdische Mission lehrte, brauchte Gott gar nichts. Er gibt allem Leben und Odem und regiert die Zeiten und die Welt.

Vers 27 geht vom transzendenten Schöpfer über zur Suche nach Gott, die in jedem Menschen vor sich geht. Der Mensch versucht, Gott zu finden, und Gott ist jedem Menschen nahe. „Denn in ihm leben wir, bewegen wir uns und sind wir." Aratus (Phaenomena 5), einer „eurer" Dichter wird bezüglich der Verwandtschaft des Menschen mit Gott zitiert: „Wir sind von Seiner Art." Die Nähe Gottes war von Seneca betont worden (Ep. 41,1: „Gott ist dir nahe, ist mit dir und in dir"; Ep. 12,14: „Er ist überall, und Er ist hier"). Weil der Mensch Gott so nahe ist, ist es für ihn unrecht, Götzen anzubeten. Das vernunftbegabte Wesen hat eine natürliche Erkenntnis der Götter, so bei Dion von Prusa (Orat. 12,27), und der Mensch wird von den Göttern geliebt, weil er ihnen verwandt ist (Orat. 30,26). Die gleiche Vorstellung, die wir im 1. Kapitel des Römerbriefes finden, zeigt, daß Götzenanbetung der Wahrheit direkt entgegengesetzt ist. Gott macht den Menschen, und der Mensch macht Götzen. Götzen sind niedriger als der Mensch, weil über ihm Gott ist.

Vers 30 spricht von Gottes Sorge um die Geschichte. Gott sieht über die Unwissenheit der Menschen vergangener Zeiten hinweg; jetzt aber sollen sie umkehren, denn Gott hat einen Gerichtstag festgesetzt, einen Tag der Gerechtigkeit, und dieser Tag wird beherrscht durch einen Mann, den er dazu bestimmt und von den Toten auferweckt hat. Das Schlußthema vom auferstandenen Christus vollendet die Botschaft.

Im Lauf der Predigt wurde jedes der fünf Probleme angezeigt: Gott im Himmel, Schöpfung, Gott im Menschen, Geschichte und schließlich der auferstandene Mensch der Gerechtigkeit. „Das alles", bemerkt Dibelius, „hat mit Paulus, dem Paulus der Briefe, sehr wenig, dagegen sehr viel mit den Anwälten eines philosophisch gebildeten Christentums im zweiten Jahrhundert, den Apologeten, zu tun."[15]

Methode

An dieser Stelle wird es uns unbehaglich. Wenn dies die Probleme und Anliegen der christlichen Schriftsteller des zweiten Jahrhunderts waren und dies schlicht auch unsere Probleme sind – warum erkennt man das nicht so leicht? Man sollte erwarten, in der Geschichte der frühen Christenheit vieles zu finden, das etwas für unsere eigenen Fragen hergibt. Doch am Ende der klassischen Abhandlung über diese Periode, die wir Daniélou verdanken, spricht der englische Übersetzer über die Reaktion auf den ersten Band als „einer Mischung von reinstem Staunen über den bizarren Charakter der von den Schriftstellern verwendeten Ideen und Bilder und einer Erleichterung, daß ihre Werke zum größten Teil der Vergessenheit anheimgefallen sind". Er fügt hinzu: „Der vorliegende Band bietet für solch ein Echo ebenfalls breiten Spielraum."[16] Dennoch hatte Daniélou für diese Periode weit mehr getan als irgendein anderer; die meisten Geschichtswerke stellen diese frühe Periode einfach als eine Vorbereitung der goldenen Zeit des vierten und fünften Jahrhunderts dar. Was die Philosophie betrifft, so erklärt eine neuere Abhandlung über diese Periode, daß das, was man damals Philosophie nannte, „etwas sehr anderes war als das, was moderne Philosophen als ihre berufliche Tätigkeit verstehen"; damals gab es ein beherrschendes Interesse an Ethik und Religion sowie große Hochachtung vor der Autorität.[17]

Wie läßt sich der starke Kontrast erklären zwischen dem, was diese frühen Schriftsteller sagten und dem, was wir nach Aussage der Historiker erwarten sollten. Die Antwort ist einfach – er ergibt sich aus der Unterschiedlichkeit der angewandten Methoden. Man zögert natürlich, viel Zeit auf eine

Methodendiskussion zu verwenden, denn der beste Beweis für die Güte eines Puddings wird beim Essen erbracht und nicht durch das Rezept.[18] Es führt jedoch kein anderer Weg aus der gegenwärtigen Verwirrung und Bedeutungslosigkeit. Zu viele Gelehrte sind der Ansicht, sie täten das gleiche, während die einzige Hoffnung auf gegenseitiges Verständnis in der Anerkennung ganz unterschiedlicher Absichten der verschiedenen Werke liegt. Das bedeutet nicht, daß alle Arbeiten gleich gut oder nützlich sind; doch eine Klärung der Methode wird zu Kriterien führen, durch die jede Arbeit einzuschätzen ist. Die seltenen Beispiele wirklich schlechter Arbeit ergeben sich aus einer Methodenkonfusion von Anfang an.[19]

Geistesgeschichtlich betrachtet, gibt es fünf Fragen, die allgemein an eine Theorie oder Aussage gestellt werden: Ergibt sie einen Sinn, ist sie wahr? Wie spiegelt sie die Kultur, aus der sie auftaucht? Was wurde damit gesagt, und was sagten andere dazu? Wo steht sie in der geistesgeschichtlichen Entwicklung in bezug auf den Punkt x? Welche Probleme soll sie lösen und welche Methoden wendet sie zu ihrer Lösung an? Man hat dies den kontroversen, den kulturgeschichtlichen, den doxographischen, den retrospektiven und den problemorientierten Ansatz genannt.[20] Die besten Historiker bedienen sich all dieser Ansätze; doch in den ersten vier Methoden liegt die Tendenz, eine einzige zu verabsolutieren und die anderen zu vernachlässigen. Geschieht dies, so ist eine Verzerrung unvermeidlich, denn jede dieser vier Methoden unterliegt ernsten Begrenzungen. Der kontroverse Ansatz („Ist das wahr?") übersieht die Subtilität der Probleme und Argumente, zwingt seine eigenen Definitionen zeitlich früherem Stoff auf und endet schließlich damit, einer Strohpuppe den Vorwurf zu machen, sie habe kein Hirn. Der kulturgeschichtliche Ansatz („Welches kulturelle Umfeld spiegelt das wider?") läßt der Argumentation nur wenig oder gar keinen Raum und setzt die Einheitlichkeit der sozialen Gruppe voraus, mit der er sich befaßt. Der Doxograph („Was wurde gesagt?") ist zu sehr daran interessiert, parallele Aussagen zu finden, statt ihren logischen Zusammenhang und ihre unterschiedlichen Bedeutungsgehalte richtig zu würdigen. „Es gibt zwei Arten von Wissenschaft", sagt Lord Rutherford, „Physik und Briefmarkensammeln."[21] Es gibt mehr als zwei Arten von

Geistesgschichte, doch die auf das zweite Jahrhundert am meisten angewandte, die des (doxographischen) Sammelns und Zuordnens von Meinungen, ähnelte gefährlich dem Briefmarkensammeln. Der Rückschau haltende Historiker („Wo steht das innerhalb einer Entwicklung?") hat innerhalb seiner Grenzen guten Erfolg, ist jedoch durch den festgelegten Blickwinkel seiner Rückschau eingeschränkt. Er kann den Anliegen des zweiten Jahrhunderts, die wir vermerkten, offenbar nicht gerecht werden, wenn sein Bezugspunkt Nicäa oder Chalcedon ist. Nur der problemorientierte Historiker bezieht andere Fragestellungen mit ein, und nur er steuert das logische Element bei, das von anderen vernachlässigt wird; ihre Stärken und Schwächen werden am Ende dieses Buches in näheren Einzelheiten betrachtet (siehe Exkurs, S. 342ff.).

Was versteht man unter problemorientierter Erklärung? Sie beginnt mit dem Anspruch, daß Philosophie und Theologie mit Argumentation befaßt sind sowie mit dem Versuch, Probleme zu lösen.[22] Es gibt erkennbare Arten von Problemen, die in verschiedener Gestalt wiederkehren. Ein problemorientierter Ansatz wird bei einem Philosophen oder Theologen fragen: „Welches Problem versucht er zu lösen?" „Wie entstand dieses Problem für ihn?" „Welche neuen Methoden gebrauchte er, um es in den Griff zu bekommen?"[23] Diese Methode hat ihre Schwierigkeiten: sie kann den Stoff nicht so kurz zusammenfassen und geordnet darstellen wie eine (kulturgeschichtliche, doxographische oder retrospektive) Allgemeingeschichte. Sie erfordert einige philosophische Kompetenz und öffnet dadurch Irrtumsmöglichkeiten, denen ein Doxograph entgeht. Sie wird eher wie ein Kommentar als wie eine Geschichte erscheinen, und ihre Analyse mag als Beschreibung abgetan werden. Doch dieser Ansatz „ist der einzige, der die innere Entwicklung der Philosophie ins Licht setzt"[24], denn „die Wahrheit hat keine Geschichte, wohl aber hat die Erörterung von Problemen eine Geschichte"[25].

Der problemorientierte Ansatz hat auf einen unbegründeten Einwand zu antworten und auf zwei Warnungen zu achten. Der Einwand lautet: Die Gleichsetzung von ständig überdauernden Problemen und universalen Wahrheiten ist nur möglich, wenn die Forschung „töricht und unbedarft naiv ist".[26] Wir könnten solche Probleme und Wahrheiten nur finden, wenn wir bereit wären, sie so abstrakt und allgemein zu machen, daß die Bandbreite der Antworten riesig wird; das aber bedeute, „daß das, was als Antwort gilt, in einer anderen Kultur oder Epoche normalerweise so anders aussieht, daß es schwerlich nützt auch nur zu denken, die betreffende Frage sei ‚die gleiche'"[27].

Die Nutzanwendung ist: Der Mensch sollte selber denken und nicht für seine Probleme die Antworten faul aus alten Werken abschreiben. Von dieser Position her ist das Studium der Denker einer anderen Epoche eben deshalb von Wert, weil es zeigt, wie stark die Annahmen und Verpflichtungen je nach Ort und Zeit variieren. Jede Gesellschaft legt dem Denken ihrer Mitglieder unerkannt Beschränkungen auf.[28] Das Hauptmittel, diese Beschränkungen zu mildern oder zu beseitigen, besteht im Studium dessen, was fremd ist. In der Theologie und der Philosophie ist ein Begriffs-Provinzialismus an der Tagesordnung, trotz ständiger Konferenzen und ökumenischer Diskussionen. Das erste, was wir von der Vergangenheit lernen könnten, ist „die Unterscheidung zwischen dem, was nötig, und jenem, was bloß das Produkt unserer eigenen kontingenten Einrichtungen ist".[29] Was wir aus den Schriften der Christen des zweiten Jahrhunderts lernen können, mag auf unsere Probleme, so wie wir sie sehen, keine endgültige Antwort geben; doch wir werden lernen, wie eng unser Erfassen der Dinge einem kulturgeschichtlichen oder kirchlichen Schema folgte, und dies wird uns eine Begriffserweiterung eintragen durch die Würdigung fremder Elemente im Denken anderer. Leider haben auch christliche Philosophen „nichts getan, um das Feld philosophischer Auseinandersetzung zu erweitern, und der Historiker überholt sie füglich".[30]

Als Antwort stellen wir fest, daß dieser Einwand nicht die Bedeutung der Probleme leugnet; er behauptet bloß, daß das Ergebnis der Forschung eher eine Ausweitung als die Lösung unserer Probleme sein wird. Überdies können die Probleme der Vergangenheit unser Verstehen nicht ausweiten, wenn es zwischen Vergangenheit und Gegenwart überhaupt keine Kontinuität gibt. Da wir uns mit Problemen befassen, die nicht geradewegs zu lösen sind, ist es nur von Vorteil, daß die Schriftsteller, die wir betrachten, einer anderen Umwelt angehörten, wirklich beunruhigt waren und daher weniger systematisch dachten. „Für den problemorientierten Historiker ist – ganz im Gegensatz zum Doxographen – der Philosoph ein wesentlich beunruhigter Mensch."[31] Philosophen erweiterten das Feld der Diskussion, und daher sind sie wichtig und von Nutzen, denn die Schwäche weiter Teile der Theologie besteht nicht darin, daß ihre Antworten unangemessen, sondern daß ihre Fragen zu gering sind.

Dieser Einwand hat uns nicht die Ablehnung, sondern einen weiteren Grund *für* die Methode problemorientierter Erklärung eingebracht, denn andere Methoden hinterließen bloß eine Spur von Begriffs-Provinzialismus. Klemens wurde einst als liberaler Engländer gesehen, weil er „in seinem Mißtrauen gegen Extreme, in seiner Friedensliebe, in seiner ehrfürchtigen und nüchternen Frömmigkeit einige der besten religiösen Charakterzüge unserer Rasse vorwegnimmt"[32]. Auf der anderen Seite des Atlantiks sah man Tertullian als einen Mann, der alle denkbaren Voraussetzungen eines Genies noch mit Kühnheit und Angriffslust verband. „Es ist überaus eindrucksvoll, die lateinisch-christliche Literatur wie Athena plötzlich in voller Waffenrüstung in Gestalt eines hervorragend repräsentativen Mannes ins Dasein treten zu sehen, eines Mannes, in dem die Verheißung und Macht all dessen versammelt erschien, was sie künftig noch werden sollte." „Von glühendem Temperament, begabt mit einer Intelligenz, die ebenso subtil und originell wie aggressiv und kühn war, fügte er seinen natürlichen Gaben eine tiefe Gelehrsamkeit hinzu, die, keineswegs hinderlich, den Regungen seines wachsamen und widerstandsfähigen Geistes nur umso mehr Gewicht verlieh." Man sagt uns, Tertullian habe Rechtswissenschaft, Literatur, Medizin, Kriegswissenschaft, ja jede Form von Wissenschaft einschließlich des Okkulten studiert. „Als er sich im reifen Mannesalter in den Dienst des Christentums stellte, trug er in seinen Händen die ganze Ausbeute antiker Kultur, von einer fast unglaublichen Leidenschaft zu einer Legierung verschmolzen." Eine letzte Einschätzung vollendet das kraftvolle Bild: „Fortgesetzt von außen beunruhigt, war die afrikanische Kirche auch innerlich zerrissen durch eine Häufung von Übeln, durch Apostasien, Häresien und Spaltungen. Durch alle Wirren stießen die mächtigen Schultern Tertullians und warfen die Feinde des Evangeliums zu beiden Seiten nieder. Er war nicht für den Verteidigungskrieg geschaffen."[33] Welcher Leser in heroischer Zeit hätte der Überzeugung widerstanden, daß er mit Tertullian viel gemeinsam hat?

Wir können mehr erreichen, als bloß diesem Provinzialismus zu entgehen. Da eine Horizonterweiterung nur stattfinden kann, wenn es Kontinuität gibt, so können wir die Geschichte der Philosophie und der Theologie als eine Geschichte bestimmter Probleme ansehen. Die Aufhellung dieser Probleme wird die Vorteile anderer Methoden aufgreifen, ohne auch ihren Nachteilen zu erliegen. Sie wird das Anliegen des Historikers, der sich der Kontrovers-Methode bedient, respektieren und auf Argumentation und Wahrheit achten; sie wird aber die Schriftsteller der Vergangenheit nicht in anachronistische Positionen drängen, vielmehr das Ganze ihrer Beweisführung in Erwägung ziehen. Sie wird dem Kulturhistoriker erlauben, den Hintergrund eines jeden Schriftstellers und die Streitfragen, die er anging, näher auszuführen; sie wird aber nicht zulassen, daß die umfassendere Darstellung die Argumente zu irgendeinem Themenkreis von den Argumenten anderer Epochen zur gleichen Fragestellung einfach ausschließt. Sie wird auch die Briefmarkensammlung des Doxographen gelten lassen – er könnte ja ein neues Gebiet für Forschung und Analyse aufzeigen. Sie wird die Darstellung des retrospektiven Historikers willkommen heißen, da er die Gestalt und die Grenzen seiner Untersuchung abklärt. Aber sie wird darauf bestehen, daß keine dieser Methoden die Anliegen der Schriftsteller des zweiten Jahrhunderts zutage bringt. Wenn diese Anliegen dem, was christliche Denker noch heute beschäftigt, so nahe sind und sie dennoch in den klassischen Abhandlungen dieser Epoche so fernliegend erscheinen, bedarf es einer Untersuchung der Methoden. Diese Untersuchung deckt die Schwächen der Methoden auf, unabhängig davon, wie geschickt jede Methode angewendet wird. Die problemorientierte Methode gibt Grund zur Hoffnung, weil sie die aufgezeigten Irrtümer vermeidet.

Vor zwei Irrwegen sei gewarnt. Erstens: wenn man das Denken eines Schriftstellers analysiert, kann seine Ansicht nur dann klar werden, wenn der unterschiedliche Gebrauch seiner Begriffe herausgestellt wird. Wer verkehrt liest und ahnungslos in die Falle der Begriffe tappt, der wird den Vorgang der Begriffserklärung als unnötige Beschreibung und nutzloses empfinden; er wird jedoch nicht klüger sein als der Lektor eines Straßenverzeichnisses, dessen Lektüre ebenfalls ein weites Gebiet umfaßt, und er wird die wechselnden Bedeutungsmuster gar nicht zur Kenntnis nehmen. „Wenn wir einen Philosophen studieren, dann sollten wir die Sprache kennen, die er spricht."[34] Zweitens: die gleichen Begriffe kehren in verschiedenen Kontexten immer wieder. Es ist durchaus möglich, daß man das zweite Jahrhundert wie auch das Neue Testament so voller Wiederholungen findet, daß ein engstirniger Leser ärgerlich wird wie ein Schachspieler, der sich wundert, weswegen er bei allen Spielen stets die gleichen Figuren benutzen muß. Bis er gelernt hat, daß der unterschiedliche Kontext die Bedeutung der Begriffe bestimmt, die gleich zu sein scheinen, oder daß das Wichtigste beim Schach die unterschiedliche Stellung der Figuren ist, kann man nicht viel mit ihm anfangen. Wenn er auf das Neue Testament zurückkommt, wird er erkennen, daß die drei ersten Evangelisten bei aller Wiederholung Unterschiedliches sagen und den gleichen Worten verschiedene Bedeutung unterlegen, während die Pastoralbriefe viele paulinische Wendungen ohne paulinische Bedeutung gebrauchen.

Hier bestimmt die problemorientierte Methode die Struktur eines jeden Kapitels. Jedes Problem wird in vier oder fünf Fragen unterteilt, um in jeden der Autoren tiefer einzudringen, so daß seine bestimmten Anliegen und seine innere Logik im Lauf dieser Arbeit immer mehr hervortreten. Zur Illustration bestimmter Punkte wird im ersten Abschnitt jedes Kapitels nur beiläufig die neuere Literatur gestreift. Sodann werden vergleichbare Probleme der Gegenwart am Ende des Kapitels besprochen; unnötig zu betonen, daß nicht die gesamte gegenwärtige Diskussion dieses riesigen Gebietes angemessen untersucht werden kann. Das Ziel ist, einige Stellen zu zeigen, an denen eine gegenseitige Erhellung möglich wird, und zu hoffen, daß die Leser noch viele andere finden. Ein positives Zeichen sollte schon am Anfang gesetzt sein: analysiert man die Gedanken dieser vier Autoren, so werfen sie Licht auf verschiedene Bereiche des Denkens in unserem Jahrhundert und werden ihrerseits von hier aus beleuchtet. Beispielsweise gibt ihre Darstellung der Gottesfrage neue Anregungen für das Denken von

Ian Ramsey, Boyce Gibson, Austin Farrer, Henri Duméry, Iris Murdoch, Hans Urs von Balthasar, D. M. Mackinnon und Eberhard Jüngel. Es führt zu nichts, bloß auf einer Seite zu stehen und nur auf eine einzige Stimme zu hören.

[1] *H. I. Marrou (ed.)*, A Diognète, SC, Paris 1951, 176; *H. Butterfield*, Christianity and history, London 1954, 135.

[2] *F. D. Maurice*, Lectures on the ecclesiastical history of the first and second centuries, Cambridge 1854, 207.

[3] *J. Passmore*, The idea of a history of philosophy: HThS 5 (1965) 27.

[4] *Origenes*, Contra Celsum VII, 71. Vgl. *C. Andresen*, Logos und Nomos, Berlin 1955, 146 ff, und *H. Dörrie*, in einer Rezension über Andresen: Gn 29 (1957) 195: „Der Logos ist alt, weil er wahr ist."

[5] *Marc Aurel*, Selbstbetrachtungen, 8,51; 11,3.

[6] *Lukian von Samosata*, De morte Peregrini, 11–13; vgl. *Origenes*, Contra Celsum I,9.

[7] Vgl. *W. Bauer*, Rechtgläubigkeit und Ketzerei im ältesten Christentum, Tübingen 1934, ²1964, englisch: Orthodoxy and heresy in earliest Christianity, hrsg. von G. Strecker, Philadelphia ²1971. G. Strecker faßt Bauers These auf S. XI zusammen: „Im ältesten Christentum verhalten sich Rechtgläubigkeit und Ketzerei nicht wie das Primäre zum Sekundären, vielmehr ist die Häresie in vielen Regionen die ursprüngliche Manifestation des Christentums."

[8] Die Aufzählung dieser fünf Bereiche bietet keine vollständige Liste; andere wichtige Probleme betreffen die Schriftauslegung, das Verständnis der Kirche oder das Wesen des Eschaton.

[9] Stets gab es auch Christen, die nicht stritten und Anlaß zu ungläubigem Spott boten, doch sie hatten im Kampf ums Überleben der Christen wenig zu bieten. Ihr Einfluß war durch die katechetische Unterweisung, die vor der Taufe obligatorisch war, stark eingeschränkt. Für Christen war es gar nicht so leicht, in grober Unkenntnis des eigenen Glaubens zu bleiben. Die Häresie war verführerisch wie auch zerspaltend. Immer mehr wurde das Christentum zu einer Lehre oder einer Philosophie.

[10] *Lampridius*, Das Leben des Alexander Severus, 43.

[11] *E. Käsemann*, Der Ruf der Freiheit, Tübingen ⁵1972, 231: „Haben nicht die Nazis ihren Kampf gegen uns unter der Parole geführt: Den Himmel den Spatzen und Christen, die Erde uns?"

[12] *Origenes*, Contra Celsum V,11; Ermunterung zum Martyrium, 7.

[13] Joh 1,1–18 verkündet das zentrale Mysterium des fleischgewordenen Wortes.

[14] Diese kurze Darstellung verdankt vieles *E. Haenchen*, Die Apostelgeschichte, Göttingen ¹⁰1956, der die zentrale Bedeutung dieser Rede betont, wie auch *M. Dibelius*, Paulus auf dem Areopag, in: *ders.*, Aufsätze zur Apostelgeschichte, Göttingen 1951, Berlin ²1953, 29–70. Neben anderer wertvoller Literatur sei genannt *O. Bauernfeind*, Die Apostelgeschichte (Theologischer Handkommentar zum NT, 5), Leipzig 1939, und *H. Conzelmann*,

Die Rede des Paulus auf dem Areopag, in: Theologie als Schriftauslegung, München 1974, 18–32.

[15] M. *Dibelius*, Paulus in Athen, in: Aufsätze zur Apostelgeschichte, 74. Die negative Sicht ist für den hier vorliegenden Zweck ohne Belang.

[16] J. *Daniélou*, Gospel message and Hellenistic culture, London 1973, 501; französisches Original: Histoire des Doctrines chrétiennes avant Nicée, Vol. 2: Message évangelique et culture hellénistique aux IIe et IIIe siècles, Paris 1958.

[17] A. H. *Armstrong (ed.)*, The Cambridge history of later Greek and early medieval philosophy, Cambridge 1967, 50. Die Vermutung, es bestünde heute philosophisch nur geringes Interesse an Ethik und Religion, ist einfach falsch. Der Respekt der Antike vor der Autorität brachte christliche Denker in Verlegenheit, da sie nicht leugnen konnten, den Glauben ihrer Väter verlassen zu haben; so wandten sie sich dankbar Sokrates zu, der ihre Mißachtung der Autorität vorweggenommen hatte.

[18] Die in diesem Buch angewandte Methode dient der Problemerhellung. Dieser Methode folgte ich bereits in meinen Büchern „The philosophy of Clement of Alexandria", Cambridge 1957, und „Justin Martyr", Tübingen 1973. Auch andere wichtigere Werke neueren Datums bedienen sich dieser Methode, z. B. G. C. *Stead*, Divine substance, Oxford 1977, und G. W. H. *Lampe*, God as Spirit, Oxford 1977.

[19] Viele der Schwächen von „The myth of God incarnate", hrsg. von J. *Hick*, London 1977, wären vermieden worden, hätte man die Untersuchungsmethode in den patristischen Abschnitten differenzierter angewendet. So aber zeigt sich ein ungerechtfertigtes Vertrauen in die Stabilität von Worten und Begriffen sowie ein mangelndes Verständnis für die Bedeutung der Argumentation. Vgl. meine Rezension „Method and myth": Prudentia 10 (1978) 37–47.

[20] Vgl. J. *Passmore*, History of philosophy.

[21] R. *Hayman (ed.)*, My Cambridge, London 1977, 24.

[22] J. *Passmore*, History of philosophy, 28.

[23] Ebd. 29.

[24] Ebd. 30.

[25] Ebd. 31.

[26] Q. *Skinner*, Meaning and understanding in the history of ideas: HTh 8 (1969) 50.

[27] Ebd. 52.

[28] Ebd. 53.

[29] Ebd.

[30] J. *Passmore*, History and philosophy, 29.

[31] Ebd.

[32] R. B. *Tollinton*, Clement of Alexandria, London 1914, vol. 2, 283.

[33] B. B. *Warfield*, Studies in Tertullian and Augustine, Oxford 1930, 3 f.

[34] E. *Kamenka*, Marxism and the history of philosophy: HThS 5 (1965) 103. Kamenka sagt weiter: „Das bedeutet zweifellos, daß wir die geistigen Bedingungen und das Klima, in dem er arbeitet, kennen sollten, wobei das Klima seine Vergangenheit wie auch seine Gegenwart umfassen kann, sein

Werk jedoch von einem Interesse geleitet sein mag und einen Inhalt haben kann, welche das Klima nicht hat." Das bedeutet mehr als bloß die Fähigkeit, griechisch, lateinisch und koptisch lesen zu können, um den Gnostizismus zu verstehen – und hebräisch, um die Bibel zu verstehen. Solche Kompetenz bleibt wichtig, doch sehen einsprachige Anfänger, die rasch lesen, häufig Dinge, die polyglotte Gelehrte, denen die von Kamenka genannte Kenntnis abgeht, nicht gesehen haben.

LAND UND LEUTE II

Die vier Schriftsteller Justin, Irenäus, Tertullian und Klemens kommen aus vier Hauptstädten und Zentren der Christenheit: aus Rom, Lyon, Karthago und Alexandria.

Justin

Im zweiten Jahrhundert erfreute sich Rom noch immer des Wohlstands. Während die Literatur etwas an Kraft verlor, ging es mit Baukunst und Bildhauerei tüchtig voran. Zeugen der großartigen Bautätigkeit sind das Forum des Trajan, die Thermen des Caracalla, der Palast des Septimius Severus auf dem Palatin, das Pantheon und das Mausoleum Hadrians. Die Epoche der Antonier, sagt Gibbon, war die größte Epoche Roms.[1] Es gab nur wenige Kriege, und in vieler Hinsicht breitete sich Wohlstand aus. Doch beunruhigende Anzeichen machten sich bemerkbar, und eine neuere Darstellung jener Epoche bezeichnet sie als ein Zeitalter der Angst[2]: die Menschen wußten, daß das Beste bereits Vergangenheit war und daß die unbekannte Zukunft sie nur wenig locken konnte. Beide Meinungen enthalten Wahrheit, denn es war zugleich die beste und die schlimmste Zeit. Die allgemeine Lage des Imperiums war stabil, doch gab es geistige Unsicherheit.

Man stieß auf kleine Gruppen von Christen, die in Häusern zusammenkamen, die Aufsicht eines Presbyterkollegiums anerkannten und bald schon den Vorsitz eines Bischofs. Häretiker wie Marcion und Valentinus trafen in Rom auf starke Gegnerschaft, da dort die Hinwendung zum rechten Glauben am stärksten war.[3] Zwischen Rom und dem Osten gab es Spannungen wegen des Osterdatums, und Versuche zur Versöhnung blieben ohne Erfolg. Rom wurde zum Zentrum christlicher Leitung und Entscheidung, zum Ort, an dem lokale Differenzen geprüft und richtiggestellt werden konnten. Der Häresie vermochte man wirkungsvolleren Widerstand zu leisten, weil hier die Nachrichten über ihre verschiedenen Ausprägungen zusammenliefen, Warnungen weitergegeben und Probleme vorweggenommen werden konnten.

Justin, der in Nablus geboren war, kam auf dem Weg über Kleinasien nach Rom. Er erzählt die Geschichte seiner Konversion am Anfang seines „Dialogs"[4]. Die Fakten wurden zwar etwas dramatisiert und überarbeitet, doch wird der Bericht durch die Beweisaufnahme bei Justins Prozeß bestätigt.[5] Justin war ein Philosoph, der seine Ausbildung bei einem Stoiker begann, der ihm nichts über Gott sagte; er zog weiter zu einem Peripatetiker, dem es mehr um das vorauszahlbare Honorar als um die Wahrheit ging. Sodann verlangte ein Pythagoräer ein Studium der Musik, der Astronomie und Geometrie als Vorbedingungen der Philosophie. Als nächstes kam Justin zu einem Platoniker, bei dem er endlich etwas Hoffnung auf die Gottesschau schöpfen konnte, da der mittlere Platonismus eine tief religiöse Bewegung war. Schließlich forderte ein Christ von Justins Platonismus Rechenschaft und zeigte ihm Schwächen bei Platon und die Vorzüge des Evangeliums. Justin gibt nun die Notwendigkeit einer unmittelbaren Wahrheitserkenntnis zu. Nur diejenigen, die entweder Gott selbst gesehen oder von solchen gehört haben, die ihn sahen, können die Wahrheit sagen, und einzig die Propheten halten dieser Prüfung stand. „In meiner Seele aber fing es sofort an zu brennen, und es erfaßte mich die Liebe zu den Propheten und jenen Männern, welche die Freunde Christi sind. Ich dachte bei mir über die Lehren des Mannes nach und fand darin die allein verlässige und nutzenbringende Philosophie."[6]

Die Stärke Justins liegt in seiner Liebe zur Wahrheit und im Bemühen, der Beweisführung zu folgen, wohin sie auch führen mag. Er ist ein Initiator und legt neue Gedanken vor wie den des *lógos spermatikós*. Jeder Mensch trägt irgendeinen Partikel des göttlichen Logos in sich. Die Fülle des göttlichen Logos ist in Christus, und die Christen empfangen alle Wahrheit in und mit ihm. Die Schwächen Justins ergeben sich aus seiner Position zu Beginn einer neuen Entwicklung. Seine Schlüssel-Ideen bleiben unklar und unentwickelt. Als Apologet kämpft er an vielen Fronten, und daher glückt es ihm nicht recht, all seine Antworten auf einen gemeinsamen Nenner zu bringen. Sein umfangreichstes Werk ist der jüdisch-christlichen Kontroverse gewidmet, einer Diskussion, die in den folgenden Jahren mehr und mehr an Bedeutung verlieren sollte.

Irenäus

Irenäus kam aus Kleinasien, wo er einst ein Hörer Polykarps gewesen war und gelernt hatte, den Aposteln und den Anfängen des Evangeliums mit Ehrerbietung zu begegnen.[7] Die Ausbreitung des Christentums ging von Ephesus aus in die Provinz Kleinasien schneller vonstatten als irgendwo sonst. Doch wir hören von Irenäus erst als dem Bischof von Lyon, wo er die Leitung der Kirche übernahm, nachdem Photinus im Gefängnis gestorben war.[8] Mehr als vierzig Christen hatten das Martyrium erlitten; seine Aufgabe war ungeheuer. Er war bereits zuvor in Rom gewesen, um zu versuchen, die Einheit unter den Kirchen wiederherzustellen. Sein Hauptanliegen war die Überwindung des Gnostizismus, dem zu jener Zeit heftige Einbrüche gelangen. Seine umfangreichste Schrift, „Entlarvung und Widerlegung der falschen Gnosis", gewöhnlich *Adversus haereses* genannt, legt dar, was ihm von der gnostischen Lehre bekannt ist, widerlegt es und macht es lächerlich, um dann die Wahrheit darzustellen, die er von den Nachfolgern der Apostel empfangen hat. Alles, was über ihn gesagt wurde, ist von der Tatsache her zu werten, daß sein Hauptwerk klar erkennbar zusammengesetzt ist und manche Teile auf verschiedene Quellen zurückgehen.[9] Dennoch ist es richtig, ihn als einen eigenständigen Theologen zu bezeichnen. Niemand kann ganz allein kämpfen oder die Hilfe wertvoller Unterlagen verschmähen; trotz aller inneren Spannungen ist das Werk dennoch ein Ganzes und zeigt ebensoviel Kohärenz wie die „Stromateis" des Klemens.

Irenäus ist Missionar, Pastor und Theologe. Er treibt Theologie wegen der schädlichen Auswirkungen der Häresie und wegen der pastoralen Probleme, die sie hervorruft. Es geht ihm nicht bloß um Widerlegung, sondern um Zerstörung der Häresie, und hierzu bedient er sich jeden Arguments und jeder Einzelheit, die ihm nützlich erscheint. Was die Welt und den Menschen anlangt, so ist er Optimist. Zwar gibt es viel Falschheit und Verdrehung, doch der Mensch vermag frei zu wählen und

Gottes Absicht ist es, den Menschen vom Kindesalter Adams zur Reife in Christus zu bringen. Seine Schwächen zeigen sich vornehmlich in einigen Argumenten, die er gebraucht. Er häuft Bilder mit rhetorischem Überschwang und zieht immer mehr Parallelen zwischen Adam und Christus. Sein großes Thema der Zusammenfassung, Wiederherstellung und Vollendung aller Dinge in Christus – *recapitulatio, anakephalaiosis* – ist eine großartige Idee, die leider nur durch schwache Argumente gestützt wird; man sollte jedoch bemerken, daß die Argumente seinen Lesern gar nicht schwach erschienen und daß sein Vorgehen für Freund und Feind damals völlig angemessen war. Eine weitere Schwäche ist seine Vorliebe für das Argument *ad hominem* und die Aufdeckung moralischer Fehler seiner Gegner. Allerdings gibt es Beweise dafür, daß die moralische Schwäche des Gnostizismus mehr Schaden anrichtete als die von ihm vertretene Theologie.[10] An manchen Stellen zeigt sich Irenäus' Sinn für Humor klar, wenn auch recht derb.[11] Er ist leichtgläubig hinsichtlich des Endes der Welt und jener tausend Jahre, in denen die Heiligen die tausendfachen Segnungen der Erde genießen werden. Letztlich widersteht er der gnostischen Überlieferung mit seiner eigenen Überlieferung und rückt diese Vorstellung in die Mitte des christlichen Denkens.

Tertullian

Nordafrika wurde schnell zu einem Zentrum des christlichen Glaubens. Karthago, die zweitgrößte Stadt des Westens, empfing das Evangelium von Rom. Eine lateinische Bibel und Gottesdienst in lateinischer Sprache entstanden hier sogar früher als in Rom. Karthago hatte eine dramatische und unruhige Vergangenheit. Die Punischen Kriege endeten 146 v. Chr. mit der Zerstörung der Stadt und der Verfluchung der Ruinen. Dennoch unternahm man Versuche, dort wieder eine Siedlung zu errichten, und als Octavian dreitausend seiner Veteranen Land gab, war die Zukunft der Kolonie gesichert. Im zweiten Jahrhundert ging es ihr gut. Unter ihren Bürgern waren römische Konsuln. Hadrian errichtete einen großen Aquädukt und Antoninus Pius baute das Forum wieder auf, das einem Brand zum Opfer gefallen war. Der Montanismus schlug in Karthago Wurzeln; doch das Hauptproblem der Christen bestand in ihrer Beziehung zu einer paganen Gesellschaft, die stark und vital war. Da gab es so viele Dinge, die Christen nicht tun durften, wenn sie sich von der Befleckung des Polytheismus reinhalten wollten.

Hieronymus behauptet, Tertullian sei der Sohn eines römischen Hauptmanns gewesen und Priester der Kirche zu Karthago geworden;[12] Eusebius hatte behauptet, er sei ein hervorragender Rechtsanwalt gewesen.[13] Nun wurde nachgewiesen, daß diese Berichte einer angemessenen Grundlage entbehren.[14] Von Tertullians Leben und Hintergrund wissen wir wenig. Seine Gesetzeskenntnis wurde oft entweder übertrieben oder unterschätzt. Er schreibt und denkt wie ein Anwalt, der einen Rechtsstreit führt. Da er zu den literarischen Kreisen Karthagos gehörte, kannte er die ganze Macht der Zweiten Sophistischen Bewegung. Er heiratete eine Christin, erlitt einen Verlust, der seine Theologie stark beeinflußte und wurde Montanist. Mit einiger Wahrscheinlichkeit starb er als verhältnismäßig junger Mann. Als schroffer Individualist kämpfte er gegen heidnische Praktiken und christliche Kompromisse. Er bekämpfte die Häresie, weil er Montanist geworden und um die Reinheit der Lehre besorgt war. Man könnte ihn einen „christlichen Sophisten" nennen, sofern man diesen Titel so versteht, wie man ihn zur Zeit Tertullians gebrauchte und er nicht bloß geschickte Wortgewandtheit anzeigen soll.[15]

Tertullian ist eine herausragende Gestalt als Verteidiger des Glaubens, als Prediger des Evangeliums, als ein Rigorist, der keine Kompromisse duldet. Er betrachtete die Kirche pessimistisch, wenn er die sittlichen Zustände untersuchte, optimistisch aber, wenn er ihre rasche Ausbreitung in einer heidnischen Welt sah. Seine Schwächen sind die eines Sophisten: Die Worte laufen ihm davon, und ihr Mißbrauch ist ebenso häufig wie das echte Argument. Sein Gott ist der Gott des Alten Testaments, ein Gott, der in seiner Gerechtigkeit wilde Bären schickt, die freche Kinder fressen, und der den Menschen bedroht und bestraft, weil der Mensch ohne Drohung oder Strafe zum Gutsein unfähig ist. Seine Einstellung zu seinen Gegnern ist kaum christlich zu nennen, und die Vorwegnahme von Höllenqualen der Verfolger in seiner Phantasie ist ebenso beunruhigend wie die Schmähreden auf Marcion.

Klemens

Alexandria war eine der großen Städte des Imperiums, Rivalin von Rom und Antiochia. Alexandria beherrschte den Handel in der östlichen Hälfte des Mittelmeers und war das Tor nach Ägypten. Schon lange war es ein Ort der Wissenschaft. Obwohl erst im vierten Jahrhundert v. Chr. gegründet, barg es die ganze Weisheit der Vergangenheit. Ptolemäus hatte das Museum gegründet, die Juden hatten ihre Schulen, und so lag nichts außergewöhnliches darin, daß sich dort auch das Christentum besonders in intellektueller Richtung entwickelte. Der christliche Lehrbetrieb blieb nicht auf die einfache Katechese beschränkt, sondern verzweigte sich bis in die säkularen Wissenschaften und die Schriftexegese.

Von den Anfängen des Christentums in Ägypten ist wenig bekannt. Höchstwahrscheinlich war die frühe Kirche dort von gnostischen Lehren beherrscht und geriet daher in Vergessenheit. Basilides und Valentinus sind frühe Vertreter der Gnosis, und das Ägypterevangelium wie auch das Hebräerevangelium lassen gnostischen Einfluß erkennen. Das Bischofsamt entwickelte sich in Alexandria später als an anderen Orten, und die Ortskirchen hatten eine bemerkenswerte Unabhängigkeit.

Klemens kam nach Alexandria erst am Ende seiner Suche nach Erkenntnis. Auf der Suche nach Lehrern hatte er die mediterrane Welt durchzogen.[16] In Alexandria fand er Pantainos, und hier ließ er sich nieder. Endlich waren die Reinheit der Wahrheit und die Fülle der Überlieferung sein. Er sah das Christentum als die wahre Philosophie und den idealen Christen als einen Lehrer, der die Menschen aus dem Irrtum zum Licht der Wahrheit führte. Das Christentum schloß einen Lernprozeß ein: Das Evangelium wurde den Heiden zugleich mit der Mahnung gepredigt, sich von der Bosheit abzuwenden; der Bekehrte brauchte in den vielen Versuchungen des Lebens Lehre und seelsorgliche Betreuung, und letzten Endes sollte jeder Christ zur Vollkommenheit eines christlichen Philosophen heranwachsen. Der Ansatz des Klemens hat seine Schwäche darin, daß er sich zu sehr auf intellektuelle und ethische Fragen konzentriert. Klemens hatte Schwierigkeiten, Dinge der Natur mit besonderer Hochachtung zu behandeln, obwohl er die Schönheit und die Wunder der Schöpfung verteidigte. Gott war für ihn völlig transzendent und damit jenseits menschlichen Denkens und menschlicher Sprache. Der Christ aber strebte mit aller Kraft danach, Gott ähnlich zu werden, frei von Leidenschaft und Unwissenheit.

Es wäre gar nicht so einfach, vier Schriftsteller zu finden, die sich in Ansatz und Temperament noch mehr voneinander unterscheiden. *Justin,* von dem wir am wenigsten wissen, weil seine erhaltenen Schriften kurz und völlig apologetisch sind, gibt uns dennoch einen gemeinsamen Nenner. Sein einziger Wunsch ist es, für die Wahrheit zu sprechen und zu leben. Seine ganze Tätigkeit ist von der Liebe zur Wahrheit beherrscht. Das gleiche Thema zieht sich durch das Werk der drei anderen Schriftsteller. Doch hiermit endet die Ähnlichkeit bereits, denn Justin schreibt so wie keiner der anderen und steht dem Anfang der Dinge noch ganz nahe. Seine Berichte über das Verhalten, das Lehren und den Gottesdienst der Christen zeigen die reine Sehnsucht nach Wahrheit. In seiner Argumentation mit Tryphon wird sein komplexes Denken erstmals offenkundig; er läßt seine Leser mit vielen ungelösten Problemen allein.

Irenäus sieht Jesus als den Herrn der Geschichte. Die Kontinuität des Heilswerks Gottes ist Bestandteil des Evangeliums. Nichts ergäbe einen Sinn, würde man von den krönenden Ereignissen der Inkarnation, des Kreuzes und der Auferstehung absehen, in denen alle Dinge zusammengefaßt sind. Mit dem weiten Blickwinkel der historischen Sicht verbindet Irenäus ein Interesse am Detail und findet viele Parallelen zwischen Adam und Christus. Er liebt es, sich in der Terminologie des Sehens und des Berührens auszudrücken. Gott wird gesehen, gehört und gefühlt. Der Ruhm Gottes ist ein lebendiger Mensch, und die Gottesschau ist das Leben des Menschen. Irenäus analysiert die Theorien seiner Gegner geschickt und genau. Er legt seinen Finger auf Einzelheiten und kennt die Materie. Nachdem er den Inhalt der Häresien bloßgestellt und lächerlich gemacht hat, legt er die Überlieferung dar, die er empfangen hat und erklärt das Evangelium so, wie er es hörte.

Für *Tertullian* ist Gott der Schöpfer und Beherrscher der Welt. Gott hat alle Dinge erschaffen, und es kann keinen anderen Gott geben, weil für irgendeinen anderen Gott nichts mehr zu tun ist. Gott ist allmächtig, und das bedeutet, daß es keinen Teil des ganzen Universiums gibt, über den er nicht herrscht. Es muß einen einzigen Schöpfer geben und ebenso einen einzigen Herrscher über die Welt: „Entweder ist Gott ein Einziger oder er ist nicht Gott."[17] Mit seinem Rigorismus verbindet sich Tertullians Feindseligkeit gegen jeden Opponenten. Niemals argumentiert er mit halber Kraft, stets wirft er alle Reserven an Logik und Schmähung in die Schlacht. Doch für einen, der mit Herz und Leidenschaft denkt, greift Tertullian überraschenderweise quantitativ mehr logische Probleme auf und weist den Weg zu mehr Lösungen als die meisten anderen Schriftsteller seiner Zeit.

Klemens schließlich sieht Gott als Wahrheit und Güte. Die Menschen wandelten im Irrtum, jetzt aber ist das Licht gekommen. Ihr Weg zum Licht schließt eine Abkehr von der Sünde ein und eine Bereitschaft zum Lernen und Gehorchen. Ihr Lehrer ist das göttliche Wort, das in der Güte Gottes kommt, um dem bedürftigen Menschen göttliche Gnade zu erweisen und zu vermitteln. Das Christentum ist keine einfache Religion, obwohl es einfach beginnt. Der Gläubige ist gefordert, in täglichem Gehorsam und in der täglichen Gemeinschaft mit Gott voranzukommen. Die Grenze, die dem Menschen im Genuß der Gottesgnade gesetzt ist, kann Klemens nicht festlegen, denn da muß noch mehr sein, mehr noch als je ein Mensch erfuhr von Gottes Herrlichkeit, die im Leben des Glaubens anzutreffen ist; die Fülle Christi ruft und bringt die Menschen voran.

Die Motivation all dieser Schriftsteller war ungeteilte Liebe zur Wahrheit und ihr Glaube, daß Gottes Wort im Menschen gegenwärtig ist, wohin er auch gehen mag. Jedes Fragment der Wahrheit muß auf Gott deuten, weil es ein Teil Seiner Absicht und Seines Wortes ist. Gegen Heiden, Gnostiker und Philosophen bestanden sie auf dem einen einzigen, dem höchsten und transzendenten Gott, auf der einen Menschheit, die von Gott die Freiheit erhielt, Gehorsam oder Ungehorsam zu wählen, auf der einen Welt – im Himmel und auf Erden –, die der eine Gott für das Menschengeschlecht erschuf, auf der einen Geschichte des Umgangs Gottes mit dem Menschen vom Anfang bis zur Gegenwart und weiter bis zum einen Ende aller Dinge. Sie bestanden auf dem einen Wort Gottes, das die Einheit Gottes proklamiert und Menschen, Welt und Geschichte zu einem einzigen Universum unter Gottes souveräner Gnade macht.

Das letzte Wort war ein Wort der Gnade, denn nur die Gnade, Gottes überfließende Liebe, verband ihn mit der einen Welt als ihr Schöpfer und einziger Erlöser. Die Menschen wurden viel zu leicht durch äußeren Anschein verführt, doch wenn sie zu sich selbst kamen, dann anerkannten sie den einen Gott, die eine Welt und den einen Erlöser.

Die allgemeine Situation

Abgesehen von ihrem christlichen Glauben hatten Christen nur eines gemeinsam: Sie alle wurden vom *Imperium Romanum* regiert.[18] In was für einer Welt lebten sie? Militärisch, aristokratisch und plutokratisch lauten die Adjektive, die uns am ehesten einfallen. Ein militärischer Aspekt war beherrschend, da die Truppe das ausführende Organ der Regierung war. Die Herrschaftsschicht, die als Militärdiktatur zur Macht gekommen war, behielt ihre soldatische Grundlage; selbst ein philosophisch reflektierender Kaiser wie Marcus Aurelius verbrachte einen großen Teil seines Lebens mit den Armeen im Feld. Bis zum zwanzigsten Jahrhundert gab es niemals wieder so viele Männer gleichzeitig unter Waffen, und die Brutalität des Krieges drang in die allgemeine Geisteshaltung ein. Da der Friede für die römische Welt etwas Anormales geworden war, wurden auch Sanftmut und Güte für die römische Gesellschaft anormal. Die Aristokratie hatte die Oberhand, und die Schichten der Gesellschaft waren klar und fest umrissen. Die großen Familien herrschten und stellten ihre Verbindungen her; die Herkunft war derart wichtig, daß die Totenmasken der Vorfahren bei Leichenzügen mitgeführt wurden. Reichtum war der Schlüssel zu weiterer Karriere, und die großen Ländereien wurden von tüchtigen Verwaltern betreut, die Sklaven oder Freigelassene sein konnten. Sie mochten selbst im Status des Sklaven sein und dennoch eigene Sklaven haben und im Überfluß leben.

Die römische Religion hatte lange eine wichtige Rolle im Leben der Nation gespielt. Ein moderner Beobachter mag die Macht eines formalen Glaubensbekenntnisses, das wenig Inbrunst entfacht, leicht unterschätzen. Es gab wenig äußeren Eifer, aber eine tiefe innere Ergebenheit und Treue. Zweihundert Jahre vor Christus nannte Polybius die Religion die Größe und Würde Roms, die Quelle des Zusammenhalts und der Treue.[19] Anders als Griechen konnte man Römern vertrauen, daß sie ihr Wort hielten. Hundert Jahre später schreibt Cicero die Größe Roms dem Handeln seiner Götter zu.[20] Das Ritual und die Wahrsagungen seiner Religion waren zugleich Zeichen des Glaubens und Ursprung von Weisung und Stabilität.[21] Hohes Alter bedeutete Wahrheit und Wirksamkeit, denn der Glaube der Römer hatte jahrhundertelanger Prüfung standgehalten.[22] Doch trotz all dieser Treue zum Althergebrachten trat die römische Religion nicht auf der Stelle, sondern fügte ihrem Pantheon neue Götter hinzu.[23] Bestimmte Länder hatten ihre eigenen besonderen Götter, doch die Römer hatten sie alle.[24] Innerhalb der römischen Religion war Platz für alle, mit Ausnahme des Christentums, denn das Christentum war weder alt noch römisch, noch an ein bestimmtes Volk gebunden. Die Religion der Juden mochte abstoßend sein, doch wie Tacitus sagte: *Defenduntur antiquitate*.[25] Die Christen dagegen waren neu und exklusiv; sie konnten in das Gesamtsystem der römischen Religion nicht eingegliedert werden, und sie ließen auch gar keinen Raum für irgendeinen anderen Gott als den ihrigen.

Zur Zeit als die ersten Christen auftauchten, rückte der Kaiser in den Mittelpunkt der römischen Religion. Augustus war der große Messias, der den Frieden auf die Erde gebracht hatte; mit der Schlacht bei Actium war das neue Zeitalter angebrochen. Augustus hatte die titanischen Mächte des Aufruhrs besiegt, so wie einst Zeus die Titanen unterworfen hatte.[26] Er mochte seine Göttlichkeit bestreiten und darauf bestehen, daß zwar seine Autorität die seiner Regierungsbeamten überstieg, seine Macht jedoch die gleiche sei; doch schon allein sein Titel erhob ihn über die gewöhnlichen Sterblichen, und man grüßte ihn als „Gott von Gott" und brachte ihn mit Zeus Eleutheros Sebastos in Verbindung.[27] Sein Kult sollte sich vielerorts als Anlaß einer Abneigung gegen Juden und Christen erweisen.

Die Behandlung der Christen wechselte im Lauf des zweiten Jahrhunderts beträchtlich. Das vorangegangene Jahrhundert endete mit der sogenannten „Verfolgung des Domitian", als man gegen Flavius Clemens und Domitilla Anklage auf Atheismus erhob, ganz zu schweigen von anderen, die zum Judentum zurückgekehrt waren.[28] Es gibt keinen Beweis für die Behauptung, daß so etwas wie eine Christenverfolgung stattgefunden hat;[29] es war „ein Fall von unnatürlichem Verwandtenmord"[30]. Die Korrespondenz des Plinius mit Trajan zeigt ein Widerstreben gegen Bestrafung, es sei denn nach Anzeige und Beweisaufnahme. Die Christen wurden nicht aufgespürt, anonyme Anklagen fanden kein Gehör und Angeklagten mußte die Möglichkeit zum Widerruf eingeräumt werden.[31] Während dieser frühen Periode wird das Judentum als der religiöse Hauptfeind Roms angesehen, denn Hadrian verbot alle jüdischen Gebräuche einschließlich der Beschneidung. Während der jüdischen Aufstände hielten sich die Christen im Hintergrund und entgingen dadurch einer harten Behandlung, die ihnen wegen ihrer religiösen Nähe zu den Juden möglicherweise gedroht hätte.

Man hat die dreißig Jahre, die dem zweiten jüdischen Krieg folgten, die „falsche Morgendämmerung"[32] genannt. Die Gesetze wurden zwar nicht geändert, aber ihre Anwendung gelockert. Apologeten traten in Verteidigung des neuen Glaubens, seiner moralischen Kraft und seiner rationalen Stärke hervor, doch populär gewordene Verleumdungen wurden weithin geglaubt. Das Martyrium des Polykarp bewies, daß ein christlicher Gemeindeleiter, der mit den weltlichen Behörden auf gutem Fuß gestanden hatte, dennoch nicht außer Gefahr war. Die Jahre 165–180 waren Krisenjahre, als die Kritik eines Fronto, Lukian und Celsus den neuen Glauben attackierte. Durch die montanistische Bewegung kam es zu einer Spaltung in den Reihen der Christen. Nach beträchtlichen Anfangserfolgen setzte in den nächsten fünfzig Jahren eine Ebbe des Christentums ein. Nachdem Alexander Severus getötet worden war, begann Maximinus wegen der großen Zahl von Christen in der kaiserlichen Haushaltung „eine Verfolgung, indem er befahl, daß nur die Führer der Kirche dem Tode zu überliefern seien"[33]. Das philosophische Denken ist im zweiten Jahrhundert nachlässig, wenig eindrucksvoll und leicht zu übersehen. Das ist deswegen schade, weil der mittlere Platonismus als herrschende Richtung gelegentlich interessante Parallelen zum christlichen Denken dieser Zeit liefert. Das ganze Erscheinungsbild des Platonismus wird nun durch eine stark religiöse Tendenz modifiziert. Man kann jetzt zum ersten Mal mit Recht von einer platonischen Theologie sprechen, und nicht bloß von platonischen Aussagen, die vielleicht von theologischer Bedeutung sind. Das letzte und somit erste Prinzip wird an die oberste Grenze der Transzendenz gerückt. Eine weitverbreitete und tiefe Sehnsucht nach Gott verbindet sich mit einer starken Ablehnung weltlichen Selbstgenügens.[34] Platon wird nicht mehr als Meister der Dialektik und Logik dargestellt, sondern eher als Lehrer jener göttlichen Erkenntnis, die des Menschen höchstes Gut ist.[35] Die Welt der Formen wird der aufrichtigen Gottsuche nachgeordnet: man interessiert sich weniger für die unsichtbare Welt der Ideen. Die eine große Frage kreist um das Sein Gottes, der als die Erstursache aller Dinge gesehen wird. Aristoteles liefert die Terminologie für die Erstursache und ihre Transzendenz, wie er auch bei der Überwindung des Dualismus hilft.

Die erhöhte Transzendenz Gottes modifiziert sogar die Gestalt der „Drei-Prinzipien-Lehre", die das platonische Denken von Anfang an beherrscht hatte. Denn der Schöpfer ist mehr als ein Handwerker, wenn die Ideen, die das Grundmuster seines Werkes liefern, in seinem eigenen Geist sind.[36] Doch sind die beiden Schritte (die Bildung des Grundmusters und die Bildung der Welt) klar unterschieden; die Zwei-Ebenen-Göttlichkeit (sichtbar und geistig) ist das besonders charakteristische Element des mittleren Platonismus.[37] Es überlebt nicht im Neuplatonismus – aus Mangel an Präzision. Aber es war ein Bollwerk gegen den Dualismus. Auf keine Weise läßt sich der sichtbare Gott (die Welt) gegen den geistigen Gott (die Ideen) ausspielen. Beide sind göttlich und weisen über sich hinaus auf eine letzte Erstursache.

Celsus, bekannt als Hauptkritiker der Christen, überragt in etwa seine Zeitgenossen. Seine Darstellung des wahren *logos* ist eine systematische platonische Theologie, die das höchste Urprinzip dem Sein überordnet, es jedoch nicht mit dem Einen gleichsetzt. Er scheint tiefer eingedrungen zu sein als andere Platoniker, mit denen er die drei Wege der Gotteserkenntnis gemeinsam hat *(via eminentiae, via negativa, via analogiae)* wie auch eine Auswahl von Platonzitaten. Albinus und Plutarch waren bereits unterwegs von der „offenen" Philosophie der Zeit des Hadrian zu einer „geschlossenen" oder systematischen Darstellung, waren aber auf diesem Wege noch nicht sehr weit gekommen. Celsus bietet das klare Bild eines Platonismus, der dem christlichen Denken ein ebenbürtiger Gegner war. Eine beeindruckende Darstellung des Celsus aus neuerer Zeit hat ihm Stellung und neue Bedeutung verliehen.[38] Zwei Anmerkungen sind hinzuzufügen: Wenn eine Analyse des Celsus sich als derart lohnend erweist, so sollte man vorsichtig sein, andere Mittel-Platoniker (mit denen dieser Abschnitt begann) anzuschwärzen, ehe erwiesen ist, daß ihnen alle Qualitäten fehlen, die man ihnen zugute halten könnte; und weiter, das Versagen des Celsus, das Eine als ein oberstes Prinzip darzustellen, ist zumindest teilweise auf den christlichen Angriff auf Celsus' Polytheismus zurückzuführen. Bezüglich des letztgenannten Punktes ist die Unterlegenheit des systematischen gegenüber einem problemorientierten Ansatz offensichtlich.

Plotin übernimmt die Elemente seiner Vorgänger und macht daraus etwas ganz neues. Eine pythagoräische Tendenz gibt dem Einen die Vorherrschaft, und die innere Dualität des Göttlichen wird dadurch beseitigt, daß er den Geist (Nous) dem Einen unterordnet und die Seele unter die drei letzten Prinzipien aufnimmt. So entgeht Plotin der Gefahr des Dualismus anders als seine Vorgänger. Die Vollkommenheit des Einen fließt über, um alle Dinge in einer absteigenden Ordnung hervorzubringen; doch transzendiert es sie und umfaßt nicht die Formen als seine Gedanken. Andererseits beinhaltet der Geist die Formen bestimmter Dinge und Personen. Der Geist repräsentiert das Eine in der Seele, das sie verursacht. Die Seele ihrerseits bringt Ordnung in die sichtbare Welt; es ist angemessener zu sagen, daß der Körper in der Seele ist, statt die Seele im Körper. All das bedeutet: „Plotinus ist kein metaphysischer Dualist. Die Materie geht aus Prinzipien hervor, die vor ihr sind, und daher letztlich aus dem Einen."[39] Dennoch ist Plotin für die Untersuchung von Justin, Irenäus, Tertullian und Klemens kaum von Belang. Er lehrte, als ihre Arbeit schon getan war; er verdient unser Interesse hauptsächlich, weil er die Abneigung des Platonismus gegen den gnostischen Dualismus bestätigt und weil er spätere und unterschiedliche Formen des christlichen Platonismus beeinflußte.

1 *E. Gibbon*, The decline and fall of the Roman Empire, chapter I.
2 *E. R. Dodds*, Pagan and Christian in an age of anxiety, Cambridge 1965.
3 *W. Bauer*, Orthodoxy and heresy, 229 f (dt. Rechtgläubigkeit und Ketzerei im ältesten Christentum, Tübingen ²1964).
4 *Justin*, Der Dialog mit Tryphon, 1–8.
5 Acta S. Justini et sociorum, 2.
6 D. 8.
7 Brief an Florinus, in: *Eusebius*, Kirchengeschichte V,20,4–8.
8 *Eusebius*, Kirchengeschichte V,5,8.
9 Vgl. besonders *A. Benoit*, Saint Irénée, introduction à l'étude de sa théologie, Paris 1960; *F. Loofs*, Theophilus von Antiochien Adversus Marcionem und die anderen theologischen Quellen bei Irenaeus, TU 46,2, Leipzig 1930. Eine Rezension neuerer Werke zu Irenäus bietet *K. N. Booth*, Irenaeus and his Critics: Colloquium 5 (1972) 4–11.
10 Dies wird beispielsweise durch Klemens' Angriff in Strom. III deutlich. Das Fehlen aller sittlichen Ungehörigkeit in den Nag Hammadi-Schriften schwächt nicht diesen Anklagepunkt des Klemens. Gnostiker fanden sexuelle Anspielungen in einem Kochbuch, in einer feierlichen Liturgie oder in einem Evangelium, wie z. B. Lk. 6,30 (Mt. 5,42): „Gib jedem, der dich bittet" (S. III,27,3). Sie trugen keine Bedenken, nach Beendigung des Thomasevangeliums mit höchst feierlichen Worten das Licht zu löschen. Andererseits wußte Klemens, daß es auch asketische Gnostiker gab, und diese stehen anscheinend hinter den meisten Nag Hammadi-Schriften.
11 *Irenäus*, Adversus haereses (= H.) I,4,3–5.
12 *Hieronymus*, De viris illustribus, 53.
13 *Eusebius*, Kirchengeschichte II,2,4.
14 *T. D. Barnes*, Tertullian. A historical and literary study, Oxford 1971. 3 bis 29.
15 Ebd. 211–232.
16 *Klemens*, Stromateis (= S.) I,11,1–3; *Eusebius*, Kirchengeschichte VI,6.
17 *Tertullian*, Adversus Marcionem (= Marc.) 1,3.
18 Bei diesen Ausführungen verdanke ich manches der Diskussion mit *G. W. Clarke* sowie dem 4. Kapitel des Buches von *W. H. C. Frend*, Martyrdom and persecution in the early church, Oxford 1965.
19 *Polybius*, VI,56,6–12.
20 *Cicero*, De natura deorum 2,3,5ff.
21 *Livius*, 5,51,5.
22 *Ennius*, Annalen, Fragm. 467: moribus antiquis stat res Romana virisque.
23 *Livius*, 39,16,6.
24 *Minucius Felix*, Octavius, 6f.
25 *Tacitus*, Historiae, 5,5.
26 Vgl. *W. H. C. Frend*, Martyrdom, 115f.
27 Ebd. 119; vgl. Pap. Oxy. 12,1453, und Corpus Papyrorum Rainerii, ed. Wessely, Wien 1895,224.
28 *Dio Cassius*, 67,14.
29 Vgl. *P. Prigent*, Au temps de l'Apocalypse, I, Domitien: RHPhR 4 (1974) 451–483; II, Le culte impérial au 1er siècle en Asie Mineure: RHPhR 2

(1975) 215–235; III, Pourquoi les persécutions?: RHPhR 3 (1975) 341 bis 363.
[30] W. H. C. Frend, Martyrdom, 215.
[31] Plinius d. J., Briefe, 10,96.
[32] Frend, Martyrdom, 236–267.
[33] Eusebius, Kirchengeschichte VI,28.
[34] H. Dörrie, Die Frage nach dem Transzendenten im Mittelplatonismus, in: Les sources de Plotin, Entretiens sur l'antiquité classique, 5, Genf 1960, 218.
[35] Ebd. 196.
[36] Ebd. 208.
[37] Ebd. 218.
[38] Hier folge ich der ausgezeichneten Untersuchung von H. Dörrie, Die platonische Theologie des Kelsos in ihrer Auseinandersetzung mit der christlichen Theologie auf Grund von Origenes' c. Celsum, 7,42ff.: NAWG, PH (1967) 19–55. Die Übersetzung von Origenes' „Contra Celsum" durch H. Chadwick, Cambridge 1953, eröffnete dieses Gebiet der Untersuchungen. Jetzt besorgte J. Dillon, The Middle Platonists, London 1977, eine umfassende Einführung in diese Periode.
[39] A. H. Armstrong, Plotinus, in: Later Greek and early Medieval philosophy, 256.

DIE GOTTESFRAGE: GOTT IN DER HÖHE

III

Ein einziger Gott – das war der Festpunkt des frühchristlichen Denkens. Sein Einssein bedeutete, daß er nicht verursacht sein konnte und nicht zu beschreiben oder zu sehen war. Negative Attribute klingen abstrakt, wenn man sie nicht auf rechte Weise hört; richtig verstanden deuten sie jedoch auf das erste Gebot: „Du sollst keine anderen Götter haben als mich" (Ex. 20,3). „Der Herr, unser Gott, ist der einzige Herr. Darum sollst du den Herrn, deinen Gott, lieben mit ganzem Herzen und ganzer Seele, mit all deinen Gedanken und all deiner Kraft" (Mk. 12,29f.). Die Entdeckung dieses Gottes durch den gekreuzigten Christus führte Justin und andere zu kraftvollem Denken sowie gläubigem Leben und Sterben. Der Rahmen war eschatologisch; Denken, Leben und Sterben gehörten zusammen: „Wenn wir um unseres Herrn Jesus Christus willen gestraft werden, so hoffen wir gerettet zu sein; denn dies wird unsere Rettung und unser Vertrauen vor dem schrecklicheren Richterstuhl unseres Herrn und Erlösers sein, der die ganze Welt richten wird." „Tue, was du willst, wir aber sind Christen und opfern nicht den Götzen."[1] Die Bedeutung der Einheit Gottes lag für die, die sie annahmen, genau in dem Unterschied, den dies für ihr Leben bedeutete.

Wird Einheit ernst genommen, so ist sie unaussprechlich und transzendent. Wir können nicht sagen, was das Eine ist; wir können nur sagen, was es nicht ist. Platons „Parmenides" ist logisch, wenn nicht gar historisch, von Bedeutung: „Wenn *Eins* ist, so kann doch wohl das Eins nicht Vieles sein? Also darf es weder einen Teil desselben geben noch darf es selbst ein Ganzes sein ... Auf keine Weise also *ist* das Eins ... Also wird es auch weder benannt, noch erklärt, noch eine Meinung von ihm gehegt, noch erkannt von irgendeinem Geschöpf."[2] Die Christen zögerten nicht, die negative Theologie anzunehmen, die die Logik verlangte.

Die Probleme der christlichen Gottesvorstellung lassen sich in vier Hauptfragen gliedern:

1) Gibt es einen Gott und kann man über ihn sprechen?
2) Ist Gott gut?
3) Kann Gott sowohl drei als einer sein?
4) Wird Gott am besten als Erstursache verstanden?

1 Gibt es einen Gott, und kann man über ihn sprechen?

In keinem Stadium ist der Gott der Christen als einer der Götter der klassischen Zeit zu sehen, es sei denn, alle anderen sind schon verschwunden. Er ist ganz anders, weil er Einer ist; aber *wie* ist er anders? Seine Andersartigkeit liegt in seiner Transzendenz, die gewöhnliche Sprache übersteigt, und in der Abtrennung von den üblichen Kategorien des Denkens. Wie gingen unsere Autoren im zweiten Jahrhundert dieses Problem an? Sie folgten den Konsequenzen ihres Glaubens an die göttliche Einheit in Übereinstimmung mit Platons „Parmenides", das das Eine sich nur negativ beschreiben läßt, doch sagten sie auch noch andere Dinge.

Justin stellt als erster klar die Konsequenzen der Einheit Gottes fest.[3] Er bestreitet viele Attribute, die man Gott gegeben hatte und behauptet, Gott sei „unerzeugt", „unaussprechlich" und „unsichtbar", denn Justin möchte die menschlich introvertierte Rede über Gott ausfalten. Klemens vergleicht manche theologische Aussage mit einem Igel, der sich zu einer Kugel zusammenrollt, um über Gott in der Art des eigenen Innenlebens nachzudenken.[4] Justin fing an, den Igel aufzurollen, und Irenäus, Tertullian und Klemens setzten diese Arbeit fort. Justin ist der Innovator; er formuliert seine Gedanken kurz und bündig und ist ganz zufrieden, wenn man ihn einen Atheisten nennt. Christen sind tatsächlich Atheisten im Hinblick auf die sogenannten Götter der Heiden, nicht aber im Hinblick auf den einzig wahren Gott.[5]

Als Christ stellt sich Justin neben Sokrates, der starb, weil er sich weigerte, an die falschen Götter seiner Stadt zu glauben, und weil er die Wahrheit über alles schätzte.[6] Für Justin achtet der Mensch der Wahrheit sogar das eigene Leben geringer als die Wahrheit, die er kennt. (In der Gesellschaft von Sokrates ist es leicht, sich über Götzen lustig zu machen; doch die Verspottung der Götzen schlug am Berg Karmel auf Elija oder auf Deutero-Jesaja zurück. Juden und Christen konnten sich wohl kaum beklagen, wenn Heiden ihnen ihren Spott heimzahlten.)[7] Es ist ungerecht, jene zu strafen, die keine Phantasiegebilde anbeten, und ungerecht, die Wahrheitsliebe zu bestrafen. Christen werden zusammen mit Sokrates als Atheisten dastehen (1 A. 6). Justins Anliegen hatte in der Praxis eine Schwäche, da der Atheismus von seinen Zeitgenossen eher als eine unsoziale und unmoralische Position gewertet wurde, denn als argumentativer Ansatz der Theologie. Verachtung der Götter des Staates war umstürzlerisch aus politischen Gründen, und Justins Aussage nimmt eine moralische Ablehnung vorweg, indem sie auf der sittlichen Qualität des „einzig wahren Gottes, des Vaters der Gerechtigkeit, der Mäßigung und anderer Tugenden, der vom Bösen unbefleckt ist", besteht. Diesem Gott allein schulden Christen ihre ganze Treuepflicht.[8] Die Feinsinnigkeit Justins wird darin sichtbar, wie er seine negative Theologie mit positiver Anthropologie verbindet.[9] Es nutzt nichts, Gott in negativen Begriffen zu beschreiben, wenn es nicht auch einige positive Hinweise auf ihn in der Welt oder im Leben des Menschen gibt. Für Justin wird der unerzeugte oder unverursachte Gott durch das neue Leben erkannt, das er der Seele des Gläubigen einpflanzt; der unaussprechliche Gott wird durch das Wort (Logos) erkannt, das er in das Herz jedes Menschen senkt, und der unsichtbare Gott wird erkannt durch die Lebensweise, die sich an denen beobachten läßt, die auf seine Schönheit und Güte schauen.

Da dies die Stelle ist, an der Justin klar zu erkennen gibt, daß er nicht bloß negative Formeln wiederholt, müssen wir sie näher untersuchen. Die Gnostiker sahen im Gegensatz zu Justin nicht, daß eine Terminologie der Transzendenz nutzlos ist, wenn sie keine klare empirische Anbindung hat. „Es bringt nichts ein, wenn einem gesagt wird, was religiöser Glaube *nicht* ist, solange nicht irgendein Hinweis gegeben wird, was er ist."[10] Im zweiten Jahrhundert geht die Bewegung gleichbleibend von einem empirischen Randgebiet[11] hin zu Gott. Dieses Randgebiet ist fast immer der Aufweis einer neuen Qualität des menschlichen Lebens. Neue Möglichkeiten und Wirklichkeiten menschlichen Verhaltens werden als Erweis des christlichen Gottes genommen. Die wohlgeordnete Welt oder den Wechsel der Jahreszeiten hatte man früher als die Domäne anderer Götter angesehen. Den christlichen Gott sah man in der Verwandlung des menschlichen Lebens.

Justin verdankt seine Bekehrung zu einem guten Teil der Einsicht, daß Christen über die alltäglichen Zwecke und Ziele des menschlichen Lebens zur Transzendenz kamen. Als er sah, wie sich Christen angesichts des Todes verhielten, wußte er, daß die üblen Vorwürfe gegen sie falsch waren. Christen werden von einer Sehnsucht nach ewigem Leben mit Gott in Reinheit und Heiligkeit getrieben (1 A. 8). Weil sie das Königreich Gottes suchen, halten sich ihre Gedanken nicht bei der Gegenwart auf und sind sie vom Tod nicht geängstigt (1 A. 11). Sie beten Gott im Geist und mit Vernunft an, nicht aber mit Blut und Weihrauch (1 A. 13). Fern den Dämonen folgen sie dem einen unerzeugten Gott; von der Unzucht haben sie sich zur Keuschheit gewandt; von der Zauberei wandten sie sich zum guten unerzeugten Gott; von der Jagd nach irdischem Reichtum bekehrten sie sich zur Sorge um andere (1 A. 14). Christliches Verhalten ist etwas ganz Neues, ist besorgt um den Schatz im Himmel und sorgt sich nicht um irdische Dinge (1 A. 15). Die Macht Christi sieht man an jenen, denen Ruhm, Angst und Tod gleichgültig sind (2 A. 10). Bei Justin gibt es den Nachweis *menschlicher* Transzendenz, so daß *göttliche* Transzendenz rational behauptet werden kann.

Die Argumente Justins sind bündig und offen für Überprüfung. Wir werden noch beobachten können, wie differenziert und genau er negative oder transzendente Darstellungen Gottes mit positiven oder optimistischen Beschreibungen des Menschen verbindet. In jedem Falle ist jedoch der Mensch sozusagen ein „empirisches Randgebiet" oder eine „Verlängerung" Gottes, der ja unerzeugt, unsagbar und unsichtbar ist.

a) Unerzeugt

Justin (D. 5) greift zurück auf Platons „Timaios" (41 B), wo der Demiurg zu den Göttern, die er schuf, und zu den Werken, die er hervorbrachte, spricht. Er spricht als ihr Vater, von dessen Willen die Fortdauer ihres Daseins abhängt. Seine Güte stellt sicher, daß ihr Zustand, der gut ist, überdauern wird. Was einen Anfang hatte, das kann auch ein Ende haben; doch der gute Demiurg wird das erhalten, was er gemacht hat, weil es gut ist. Was keinen Anfang hatte, wird auch kein Ende haben. Gottsein bedeutet, auf einzigartige Weise unerzeugt und unvergänglich zu sein. Natürlich spricht Platon hier rätselhaft, sagt Justin:[12] mit „Göttern" meint er die Seele und Dinge im allgemeinen. Justin muß die Begriffe modifizieren, wenn er den Monotheismus aus einer polytheistischen Quelle beweisen will. Er gibt eine neue Definition des Gottesbegriffs, so daß geschaffene Dinge von ihm ausgeschlossen sind und er nur den „einen Unerzeugten" enthält. Im übrigen bleiben die positiven Aussagen über Gott erhalten: Er ist Vater, Bewahrer des Guten und Spender der Unsterblichkeit. Auch die positiven Aussagen über die Seele und die Welt bleiben erhalten; sie sind Gottes gute Schöpfung, und die Seele ist fähig, Sein Geschenk der Unsterblichkeit zu empfangen. Eine ähnliche Argumentationsfigur findet man in Justins Beweisführung zur Erstursache. Das Argument erscheint erstmals in Platons „Gesetze" (893–896) und in der „Metaphysik" des Aristoteles (1071–1075), doch Justin besteht darauf, daß es nicht von äußeren Autoritäten abhängig sei. Gott ist die einzige unverursachte Ursache, der unbewegte Beweger und das notwendige Sein. Was die Seele anlangt (D. 6) bedeutet dies, daß Gott aus sich selbst lebt. Gott ist Leben. Die Seele lebt, da Gott ihr Leben gewährt, da sie an dem Leben teilhat, das Gott ist. Die Einzigartigkeit Gottes besteht in der Beziehung, in der er zu anderen Dingen steht.

b) Unsagbar

Wenn Justin den oft zitierten Ausspruch Platons über die Unzugänglichkeit und Unaussprechlichkeit des Vaters und Schöpfers aller Dinge anführt, so scheint er dem Bericht des Albinus zu folgen.[13] Sokrates kam durch die Ablehnung der Götter seiner Heimatstadt in Schwierigkeiten. Das eine große Anliegen des Sokrates war die Erkenntnis des unbekannten Gottes, aber hinsichtlich des Erwerbs und der Weitergabe dieses Wissens durch die Menschen war er pessimistisch. Doch eben dieses wurde durch Christus erreicht, der Gottes allumfassender Logos ist und die Macht des unsagbaren Vaters. Der Beweis liegt allen öffentlich vor Augen. Während niemand jemals dazu gebracht wurde, für Sokrates zu sterben, gibt es jetzt überall nicht nur Philosophen, sondern auch Arbeiter, die bereit sind, Ehre Angst und Tod um Christi willen zu verachten (2 A. 10). Hier bricht sein Optimismus offen und unumwunden durch – ein Optimismus der Gnade, weil er dem Wort und der Macht Gottes entstammt, weil er aus der Beobachtung gebildeter und ungebildeter Christenmenschen erwächst, die aus dem Wort des unbekannten Gottes gelernt haben, daß irdischer Ruhm, Furcht und Tod keine Rolle spielen. Eben dies war der Weg, auf dem Justin selbst dem unbekannten Gott gefolgt war (2 A. 12). Er hatte gehört, wie man die Christen verschrie, aber als er ihre Verachtung für Sünde und Tod erkannte, da wußte er, daß die Anschuldigungen falsch waren und ging seinen Weg zum unerzeugten und unsagbaren Gott, vor dessen Angesicht ein Christenleben gelebt wird. In einer früheren Aussage heißt es, Gott habe – anders als die Dämonen – keinen Namen (2 A. 6); doch der Platoniker, ob Christ oder nicht, muß dann erklären, was es mit Titeln wie „Vater", „Gott", „Schöpfer", „Herr" und „Meister" auf sich hat, wenn sie keine Gottesnamen sind. Diese Titel sind keine Namen, sagt Justin, sondern Anredeformen, die von Gottes Wohltaten und Werken abgeleitet werden. Justin markiert drei Punkte: Gott tut Gutes, zeigt seine Werke und wird von den Menschen angeredet. Wir sollten nicht *von* ihm sprechen, aber wir können *zu* ihm sprechen. Und dies ist noch nicht alles. Justin geht weiter und spricht vom Sohn Gottes, dem Wort, das bei Gott war, von Gott gezeugt vor der Erschaffung aller Dinge. Er hat die Namen „Christus" und „Jesus". „Christus" ist kein Name, wie „Gott" kein Name ist. Er hat eine Bedeutung, die sich aufdecken läßt, ebenso wie eine unbekannte Bedeutung. „Jesus" bedeutet Mensch und Erlöser; er kam durch den Willen des Vaters um der Gläubigen willen und zur Vernichtung der Dämonen. Die, die in diesem Namen den Exorzismus sprechen, haben Besessene geheilt und heilen sie noch. Die Dämonen werden machtlos und ausgetrieben (2 A. 6).

Die gleiche zuversichtliche Grundstimmung zeigt sich auch in Justins Aussage, daß Gott die Zerstörung der Welt bloß wegen der Existenz der Christen verzögert (2 A. 7). Sie sind der Grund der Kontinuität der natürlichen Ordnung. Wenn diese Ordnung zu Ende geht, so wird dies nicht, wie die Stoiker meinen, auf eine allgemeine und unterschiedslose Weise geschehen, vielmehr die Gerechtigkeit Gottes herausstellen. Auch hier wieder führt die negative Theologie zu einer optimistischen Anthropologie, zu einem Optimismus der Gnade und des Gerichts.

c) Unsichtbar

Vom unsichtbaren Gott wird gesprochen vor dem Hintergrund einer Polemik gegen Götzendiener und Juden. Die Ablehnung der Idolatrie führte zur Anklage des „christlichen Atheismus". Jawohl, sagt Justin, wir sind Atheisten, solange es sich um solch einen Gott handelt. Auch Sokrates war es, und wir sind glücklicher, mit ihm zu leiden, als mit unvernünftigen Menschen rauschende Feste zu feiern (1 A. 5; 6; 13,1). Idole sind falsch, weil Gott nicht jene Art von Gestalt zukommt, von der die Idole angeblich ein Abbild sind. Idole anzubeten, heißt, gegen die Vernunft zu handeln, denn Idole brauchen Menschen zu ihrer Instandhaltung (1 A. 9). Wenn es zur Anbetung von Mäusen, Katzen und Krokodilen kommt, ist die Absurdität himmelschreiend (1 A. 24,1). Idolatrie verleugnet die Wahrheit über Gott und ist letztlich negativ, wie interessant sie zunächst auch erscheinen mag.

Angesichts jüdischer Polemik und Intransigenz gegen die Idole scheint es befremdlich, wie man das Judentum als Idolatrie einstufen kann. Doch eine wörtliche Schriftauslegung muß Gottes Hand, muß seine Füße und Finger als sichtbare Gegenstände nehmen (D. 114), und so hängt die ganze christlichjüdische Auseinandersetzung an der Schriftauslegung. Wenn alle messianischen Prophezeiungen buchstabengetreu erfüllt sein müssen, dann ist der Messias noch nicht gekommen. Dagegen haben die Christen die wahre Beschneidung erlangt (D. 41,4) und wissen, daß der Heilige Geist die Propheten inspirierte (D. 29,2). Und wieder bestätigt eine negative Theologie das, was ihre Gegner bestreiten: sie bestätigt Geist und Vernunft gegenüber dem Buchstaben.

Wie aber sieht man das Unsichtbare? Wiederum kommt Justin auf die platonische Tradition zurück und erklärt, wie das Auge der Seele das reine Sein sieht. Das Sein selbst ist die Ursache für alles Erkennbare, ist jenseits aller Wesenseigenschaften und hat weder Farbe, Gestalt, Größe noch sonst irgendetwas, das das Auge sieht. Doch das Auge der guten Seele sieht es klar; denn das Sein wird den edlen Seelen unmittelbar eingegeben wegen ihrer Verwandtschaft mit ihm und weil sie es schauen möchten (D. 4). So hatte Platon in seinem „Phaedon" 66 gesprochen; diese Gedanken wurden weitergeführt von Albinus (Didaskalikos 10,4) und Maximus von Tyros (Diss. 17,1). Nochmals lieferte Platon den Rahmen für Justins „negative" Darstellung Gottes, wodurch sie einen positiven Inhalt erhielt. Weil Gott reines Sein ist, besitzt er keine sinnlich wahrnehmbaren Qualitäten; darüberhinaus ist dieser Gott jedoch für reine Seelen, die ihm verwandt sind, sichtbar.

Die logische Struktur der Argumente ist konstant. Da Gott unerzeugt ist, ist Gott Leben, und die Seele des Menschen lebt durch Teilhabe an Gott (D. 5–7). Da unsagbar, wird der unbekannte Gott durch seinen *logos* erkannt, an dem die Menschen Anteil haben (2 A. 10). Da unsichtbar, wird Gott mit den Augen der Seele durch ihre sittliche Größe und Reinheit geschaut; das Schauen Gottes kommt ihr nicht mit Notwendigkeit zu, doch ist sie eines solchen Schauens durch Tugend fähig (D. 4,3).

Justins Darstellung des unbekannten Gottes ist durchaus nicht abstrakt. Er beschreibt die göttliche Transzendenz nicht näher, sondern sucht sich seinen eigenen Weg durch das Problem. Irenäus ist hier noch positiver: „Gott der Vater, ungeworden, unendlich, unsichtbar; ein Gott, der Schöpfer des Alls. Das ist das erste Hauptstück unseres Glaubens" (E. 6).

Irenäus beginnt auch mit der Betonung der Transzendenz, die wir bei den Philosophen und Theologen seiner Zeit beobachten: Gott kann vom Menschen nicht erkannt werden (H. IV,20,1; III,24,2; IV,20,4; IV,20,5; II,7,3), und *der Mensch kann nicht angemessen von Gott sprechen*. Trotz all ihrer erhabenen Abstraktionen sind die Häretiker in ihrem Denken nicht erhaben und transzendent genug. Sie sagen, Gott sei unbekannt, doch unterlegen sie ihm alle Gedanken und Leidenschaften des Menschen. Aus der Schrift geht hervor, daß Gott weit über den Menschen und ihren Wegen steht und daß seine Gedanken nicht ihre Gedanken sind. Die einzige Weise, über Gott zu reden, ist die, die religiöse und fromme Menschen gebrauchen: er ist einfach, nicht aus Teilen zusammengesetzt, völlig identisch und beständig, ganz Verstand, Geist, Gedanke, Intelligenz, Vernunft, Hören, Sehen, Licht, die vollkommene Quelle aller guten Dinge. Bei dieser Darstellung haben wir die Idole oder jede körperliche Vergegenwärtigung Gottes weit hinter uns gelassen. Die Einheit Gottes ist allumfassend, jedoch nicht aus Teilen zusammengesetzt; die Betonung liegt auf seiner Ganzheit (H. II,13,3).

Doch Irenäus war noch nicht zufrieden. „Er ist aber mehr als dies und daher unaussprechlich" (H. II,13,4). Er versteht, aber nicht wie der Mensch versteht, er ist Licht, aber nicht wie das Licht, das der Mensch kennt; und obwohl er Vater ist, hat er keine der Schwächen eines menschlichen Vaters. Wir sprechen von ihm in diesen Begriffen, weil wir ihn lieben, doch unsere Vorstellungen von seiner Größe gehen weit über alles hinaus, was wir sagen können. Daher gehen die Gnostiker in die Irre, wenn sie göttliche Attribute hypostasieren und über sie Geschichten verbreiten. Denn was immer man auch sagen mag, es gibt keine Möglichkeit, Verstand, Wort oder Leben von anderen göttlichen Eigenschaften zu trennen, die zusammenbleiben müssen, wenn sie überhaupt wirksam sein sollen (H. II,13,9). Überdies beschreiben die Gnostiker Gott – statt ihn zu erheben – noch immer in Begriffen, die menschlichem Denken und Fühlen entnommen sind; so stellen sie beispielsweise in den gnostischen Äonen den *Menschen* vor das *Wort* (H. II,13,10). Damit begehen sie die gleichen Fehler wie die Götzenanbeter, wobei sie bloß geistige statt körperliche Attribute gebrauchen, um Gott nach dem Bild des Menschen zu gestalten. Irenäus will sagen, daß sie zu wenig und zu viel behaupten: sie behaupten zu wenig, wenn sie seine Attribute einzeln abtrennen, behaupten aber zu viel, wenn sie diese Attribute selbst als ein Letztes behandeln.

Die Liebe findet aber einen Weg, denn der Mensch kann

nicht ohne Gott leben, und Gott will des Menschen Leben und Heil (H. IV,20,1–7). Er hält alle Dinge in seiner Hand, spendet dem Himmel und der Erde das Licht, prüft die geheimsten Gedanken des Menschen, den er zugleich offensichtlich ernährt und kräftigt. Gottes Größe übersteigt unsere Erkenntnis, doch seine Liebe führt uns durch sein WORT zu ihm, und im Gehorsam erfahren wir etwas von der unendlichen Größe, die alle Dinge erschuf, ordnete und in sich birgt. Macht und Liebe gehören zusammen, wo Gott sich selbst, trotz seiner unendlichen Größe, den sterblichen Menschen sichtbar machte; denn nur durch die Schau Gottes konnte der Mensch Leben und Unsterblichkeit empfangen. Der Mensch ohne Gott ist in Dunkelheit, Verderbnis und Tod. Denn es ist unmöglich, ohne Gott zu leben; das Mittel zum Leben ergibt sich aus der Teilhabe an Gott, und das bedeutet, Gott zu sehen und sich seiner Güte zu erfreuen. Daher werden die Menschen Gott sehen, so daß sie leben können und unsterblich werden durch diesen Anblick, und sie werden sogar in Gott eingehen (H. IV,20,7). Der Grund für diese verwirrende Darbietung der Macht und Liebe des allerhöchsten Gottes ist die Bedürftigkeit des Menschen. Der Mensch, der Gottes Gebot gebrochen hat und sein Feind wurde, erlangte die Freundschaft wieder durch die Inkarnation; aus Gnade hat der Mensch Anteil an seinem Schöpfer und ist abhängig von ihm. Jetzt sind seine Sünden vergeben, denn der eine Mittler zwischen Gott und den Menschen gab sich selbst dahin als Sühne für die Sünden der Menschen (H. V,17,1). Die Macht, die der Mensch nicht begreifen kann, ist das Mittel, das Gott gebraucht, um sich den Menschen zu erkennen zu geben: „Da sein unsichtbares Wesen machtvoll wirkt, so gestattet es allen ein geistiges Fühlen und Verstehen seiner machtvollen, ja allmächtigen Größe" (H. II,6,1). Von dieser anfänglichen Einsicht führt die göttliche Macht den Menschen weiter bis zur Schau Gottes. Für Irenäus ist das Schauen jene Weise, auf die das Unbekannte gewußt wird. An diesem Punkt stimmt er mit Platon und sogar mit den Gnostikern überein, doch anders als sie ist er fest an die Inkarnation gebunden.

Der gleiche positive Grundton wird beibehalten bei der Darstellung der *Einheit Gottes*.[14] Gott ist sowohl einfach wie auch universal (H. II,13,3; II,28,4), der eine allgemeine Vater aller

(H. V,18,2), zugleich einer und dreifaltig. Er umfaßt alle Dinge, denn er selbst ist der Schöpfer von allem, was ist (E. 8). Der Gott der Gnostiker hatte Mängel, doch der Gott des Irenäus hat keine Unvollkommenheit, keine Not oder Angst. Da er der eine Gott ist, wird er Tag und Nacht angebetet, wobei die Himmel, der Tempel und der Neue Bund in sein Lob einstimmen (E. 10). Sein absolutes Wesen steht dem Menschen gegenüber, als Schöpfer dem gegenüber, was geschaffen ist, als das, was immer eines und dasselbe ist, dem gegenüber, was einen Anfang hat und der Vollendung entgegenwächst. Wie es einen einzigen Gott gibt, so gibt es nur eine Erlösung, obwohl viele Gebote und viele Schritte den Menschen zu Gott führen (H. IV,9,1–3); denn der eine Gott regiert alle Menschen in den vielen Teilen seiner Heilsökonomie (H. IV,14,2). Die ganze Schöpfung weist auf den einen Gott, der der Herr von allem ist (H. II,6,1).

Gott ist *per definitionem* in allen Dingen, und es kann nicht irgend etwas jenseits von ihm sein, sonst wäre er nicht Gott. Wenn die Häretiker ein anderes *Pleroma* jenseits von Gott postulieren, so wissen sie nicht um den Trugschluß eines *regressus in infinitum*. Entweder gibt es *ein* Wesen, das alle Dinge in sich trägt und alle Dinge aus seinem eigenen Willen erschaffen hat, oder es gibt viele Schöpfer und Götter, die einer aus dem anderen entstehen und die ineinander enden; doch keines jener Wesen, die in der zweiten Alternative genannt wurden, könnte Gott sein, da es stets dessen entbehrte, was den anderen zukommt. Es könnte nicht allmächtig und daher nicht Gott sein. Das Argument lautet: Entweder *ein* Gott oder *kein* Gott (H. II,1,1). Das Thema der Einheit und Souveränität Gottes kehrt ständig wieder: Es gibt nur einen lebendigen Gott, der die Welt formte, dem Menschen Gestalt gab und die Fähigkeit verlieh, zu wachsen und sich zu mehren, und der den Menschen zu noch größeren Dingen in seiner Gegenwart berief (H. II, 28,1). So bestätigt der Verstand jene Wahrheit, die von den Aposteln weitergegeben wurde: ein Gott, ein Christus. Diese Wahrheit zu leugnen, heißt, die Gefährten des Herrn zu verachten, ja den Herrn selbst und den Vater im Himmel (H. III, 1,2).

Irenäus wendet sich einer Stelle des Alten Testaments zu,

die auf die christliche Einstellung Licht wirft. Der Kampf der Propheten gegen die Baale wird von Irenäus und anderen Christen von neuem ausgefochten. Die bewegende Szene auf dem Berg Karmel, als sich Elija, nachdem die Baalspropheten mit Geschrei ihre Tollheiten vollführt hatten, in hilfloser Einsamkeit an den Herrn, den Gott Abrahams, Isaaks und Jakobs wendet, zeigt uns, wo Irenäus sich selbst sah; er verlangt, daß jeder, der sein Buch liest, wissen soll, daß einzig und allein Gott Gott ist und daß er darum die häretisch gottlose Lehre zu meiden hat (H. III,6,2f.). „Daher rufe ich dich an, Herr, Gott Abrahams, Gott Isaaks, Gott Jakobs und Israels, der Du der Vater unseres Herrn Jesus Christus bist, – o Gott, dem es gefiel, durch deine große Barmherzigkeit, uns die Erkenntnis deiner selbst zu gewähren" (H. III,6,4). In der Einsamkeit und den Konflikten seines eigenen Berges Karmel bestimmt Irenäus die Transzendenz des einen wahren Gottes nicht näher, doch besteht er darauf, daß die Gnostiker Gott nicht transzendent genug beschreiben. Die Gottesliebe aber führt die Menschen auf vielen Wegen zu Ihm, weil der eine Gott alle Dinge in sich birgt. Er ist die Quelle von allem, was ist, und es gibt nichts, über das er nicht in Freiheit und Liebe herrscht.

Zunächst scheint *Tertullians* Gebrauch der *negativen Theologie* von geringerer Bedeutung zu sein als seine Loyalität zur biblischen Überlieferung. Sicherlich verwendet er die ganze Begrifflichkeit der Transzendenz, aber konnte sie einem Manne wirklich viel bedeuten, der so leidenschaftlich und engagiert war? Bei genauerem Zusehen erkennen wir jedoch, daß sie einen wesentlichen Teil seiner Polemik gegen den Polytheismus ausmacht und den Mittelpunkt der ausgedehnten Argumentation seines „Apologeticum" bildet.

Christen werden bestraft, weil sie nicht die Götter anbeten, doch sollte man ihnen lieber die Möglichkeit geben zu zeigen, daß diese Götter nicht existieren und daß die Nicht-Existenz jede Forderung nach Anbetung beseitigt (Ap. 10). Wenn man an viele Götter glaubt, dann muß man auch an einen höheren Gott glauben, der diese Götter erschaffen hat. Dies ist der Gott hoch oben, der Gott, der höher ist als alle anderen; doch solch ein Gott würde niemals weitere Götter erschaffen (Ap. 11). Die vielen Götter sind bloß die Namen von Helden vergangener

Zeiten und haben ihrer Substanz nach überhaupt keine Realität. Ihre Bilder sind einfach Stücke bestimmter Materie (Ap. 12); Hausgötter werden gekauft und ausgewechselt wie irgendwelches Haushaltgerät (Ap. 13). Kein Wunder, daß Philosophen wie Sokrates solche Götter nicht annehmen konnten und es vorzogen, eher bei einem Bock oder einem Hund zu schwören als bei diesen Göttern (Ap. 14). Der eine Gott hat alle Dinge durch sein Wort in Übereinstimmung mit seinem souveränen Willen geordnet. Dieser eine wahre Gott kann vom Geist des Menschen nicht erfaßt werden, offenbart sich aber durch seine Gnade. Unser Vermögen mag eine begrenzte Vorstellung von dem bilden, was er ist; aber nur durch ihn selbst kann er wirklich erkannt werden. In seiner Majestät bleibt er transzendent, zugleich bekannt und unbekannt (Ap. 17). Da er der einzige Gott ist, dem Anbetung gebührt (Ap. 24), beten die Christen zu ihm für die Sicherheit ihrer Regierenden (Ap. 30); aber sie können einen Kaiser nicht Gott nennen, weil das eine Verkehrtheit wäre. Sie können den Kaiser Herr nennen, vorausgesetzt, daß dies nicht bedeutet, er sei der eine wahre Herr, der allmächtige und ewige Gott, der der Herr des Kaisers wie auch aller anderen Menschen ist (Ap. 34). Gott ist schwer zu finden, wie schon Platon sagte, und wenn er gefunden wurde, so ist diese Erkenntnis schwer zu vermitteln; und doch, sagt Tertullian, finden sogar christliche Handwerker Gott und zeigen anderen, was und wer er ist (Ap. 46).

Gegen Hermogenes, einen platonischen Dualisten, wird das gleiche Thema der Transzendenz auf abstraktere Weise verfolgt. Der universale Gott ist nur ein einziger, und nichts kann ihm, der einzigartig und einmalig, über allen und vor allen ist, gleichen. Die Materie kann Gott nicht gleichen, weil Gott einer ist und weil er Gott über allem ist (Herm. 4). Weil es den einen Gott gibt, deshalb gibt es eine Erde, die Gott erschuf, und er herrscht über seine Schöpfung (Herm. 26). Die Weisheit Gottes zeigt sich an der Erschaffung aller Dinge aus Nichts, einem geheimnisvollen Akt, den nur Gott begreift (Herm. 45). Die Transzendenz ist Tertullian so wichtig, daß er nicht bereit ist, jene Form von Platonismus, die Hermogenes vertritt, zu akzeptieren, selbst wenn ihm dies bei seiner Zurückweisung des Polytheismus geholfen hätte. Andererseits lobt er die Valentinianer dafür, daß sie der Transzendenz Gottes Beachtung schenken. Auch Häretiker sind nicht immer im Unrecht, denn die Anhänger des Valentinus anerkennen die Größe Gottes und sagen von ihm, er sei unerzeugt, unermeßlich, unsichtbar, unendlich und ewig; doch bei anderen Dingen sind sie im Irrtum (Val. 7).

Vor dem göttlichen Geheimnis gibt es für keinen Menschen natürliche Privilegien;[15] nur die Schrift und die Kirche können Gott erklären. Dies ist der Grund, weshalb christliche Handwerker Zugang zu Einsichten der Philosophie haben, die nicht einmal der weiseste Grieche erreichte, und weshalb Christen zu Gott als „Vater" beten, ein Name, der nicht Mose gegeben wurde, sondern erst durch Jesus kam (Orat. 2).

Tertullian sieht, daß die Christen sogar ein noch schwierigeres Problem haben als die göttliche Transzendenz: „Christus – und Er gekreuzigt!", er behauptet aber, daß dieser Weg ins Gottesgeheimnis führt. Hier können die Philosophen nicht weiterhelfen, denn für sie wäre ein gekreuzigter Gott ebenso schlimm wie ein Idol, wenn nicht schlimmer. Tertullian gibt zu, die Philosophie zu verachten, und schließt aus der göttlichen Transzendenz, daß Gott auf eine Weise handelt, die sich von den Erwartungen des Menschen beträchtlich unterscheidet.

Die berühmte, gewöhnlich falsch zitierte Stelle, an der Tertullian diese Konsequenz zieht, lohnt eine Untersuchung.[16] Marcion hatte die Inkarnation als des Gottessohnes unwürdig und als töricht abgelehnt. Paulus aber bestand darauf, daß Gott die törichten Dinge dieser Welt erwählt, um die klugen zunichte zu machen – und das Leiden und die Demütigung eines gekreuzigten Gottes ist wohl törichter als alles andere. Marcion muß bei seinem Versuch, die „notwendige Schande des Glaubens" zu beseitigen, auf die einzige Hoffnung aller Welt verzichten. Was Gottes unwürdig ist, ist dem Menschen eine Hilfe, der in Sicherheit ist, solange er sich nicht seines Herrn schämt. „Der Sohn Gottes wurde gekreuzigt; das ist nicht schandbar, weil es ein Gegenstand der Schande ist. Der Sohn Gottes starb; das ist glaubhaft, weil es unangemessen ist. Nachdem er bestattet war, stand er wieder auf; das ist gewiß, weil es unmöglich ist." Christus ist zugleich Mensch und Gott. „Warum Christus mit einer Lüge halbieren? Er war ganz Wahrheit." Worum es Tertullian hier geht, ist weder eine Platitüde über das Paradox noch die

Ablehnung des Verstandes. Er möchte zeigen, daß das Sprechen über Gott voller Überraschungen sein muß. Der christliche Weg zur Lösung dieses Problems liegt nicht in der Aussage einer Halbwahrheit, sondern in der Anerkennung der christlichen Torheit, die weiser ist als die Welt. Marcion und die Gnostiker gaben sich mit der halben Wahrheit zufrieden: sie trennten das Göttliche vom Menschlichen. Für die Gnosis war das Ergebnis ein *Pleroma*, das sich nicht mit der Welt vermischte, aber einen Archetyp für die irdische Existenz lieferte. Tertullian weiß, daß das nicht geht; Irenäus hatte hervorgehoben, wie einfältig die Annahme sei, geistige Äonen würden physische Schatten auf die Erde werfen.

Im allgemeinen können wir einer modernen Auslegung zustimmen: „Die Inkarnation scheint für den christlichen Glauben die Stelle zu sein, an der sich unvermeidlich der Schnittpunkt religiöser und nicht-religiöser Sprache befindet; es ist nicht nur zu sagen, daß eine bestimmte Person gekreuzigt wurde, sondern daß diese Person der Sohn Gottes war."[17] Doch aus dem Satz „Es ist glaubhaft, weil es unangemessen ist" folgt nicht als logischer Schluß[18], „Weil es unangemessen ist, ist es unglaubwürdig", denn Tertullian ging es nur darum, daß das Passende *nicht* glaubwürdig ist. Es lag kein Sinn in der Anbetung eines Steines, eines Tieres oder selbst einer hohen Idee. Die hohe Idee mußte in die gewöhnliche Welt passen,[19] und zwar auf eine Weise, die nicht auf die gewöhnliche Welt rückführbar war. Magie war nicht genug. Falls die Welt und Gott gänzlich getrennt sind („Gott offenbart sich nicht *in* der Welt"[20]), dann ist eine religiöse Sprache wie die der Gnostiker zwar sicher, aber bedeutungslos. Den Scheitelpunkt der Transzendenz erreicht man nicht, indem man über das Sein hinausgeht, sondern indem man Gott und die Welt mischt. Dies ist der Weg, auf dem Tertullian zu Transzendenz und Bedeutung gelangt, und wir werden später noch darauf zurückkommen.

Wenn jemand das zu sagen versucht, was nicht zu sagen ist, so wird es dabei Überraschungen geben – das ist das mindeste, was man folgern kann. Auch hier hat Tertullian noch mehr zu sagen. Nach der Logik, die allen vier Autoren gemeinsam war, ist die Existenz eines allerletzten ersten Prinzips ebenso sicher wie dunkel. Ein erstes Prinzip mußte es geben, doch war es schwer, wenn nicht gar unmöglich, es zu beschreiben. Gott war so völlig anders, daß er unzugänglich wurde. Formen oder erste Prinzipien konnten als Wirkursachen, Formalursachen oder Finalursachen verstanden werden. Die Wirkursachen bildeten eine Reihe, die in einer unverursachten Ursache endete. Das Definitionssystem endete in einem Undefinierbaren. Die Reihe der Ziele oder Zwecke hörte mit einem Ende auf, das keinen Zweck oder Zielpunkt hatte. Das Argument vom infiniten Regreß ist kaum anders als ein Disaster anzusehen.

Die *eine* Hoffnung lag im Akzeptieren der völligen Unbestimmbarkeit, die man zum Wesensmerkmal Gottes erhob – die Obergrenze der Transzendenz. Die *andere* Hoffnung lag darin, Gott durch das zu verstehen, was von ihm kam: durch die Gnade, die er schenkt, und durch die Welt, die er erschuf. Tertullian sieht, daß die Gnostiker und Marcion in beiden Punkten abgeirrt sind. Sie machten bei der Erstursache nicht halt, sondern fügten auf der anderen Seite der Ursachenkette noch ein *Pleroma* oder einen höchsten Gott hinzu. Zugleich hatten sie damit den Allerhöchsten von der Welt abgeschnitten und seine Wirkursächlichkeit geschwächt. In völligem Gegensatz hierzu akzeptiert Tertullian beide Aspekte: daß Gott zwar nicht zu definieren – weil jenseits aller Zwecke –, wohl aber durch die Abwärtsbewegung seiner Gnade zu verstehen ist. So sucht Tertullian auf einem anderen Weg an das Problem des unbekannten Gottes heranzukommen, eher kämpferisch als abstrakt, und gleiches läßt sich von seiner Darstellung der Einheit Gottes sagen.

Tertullian ist leidenschaftlicher Monotheist, der uns in die afrikanische Christenheit mit ihrem einzigen allmächtigen Gott, ihrer lautstarken Zurückweisung des Intellektualismus, ihrem Interesse für Dämonen und ihrer Kirche der Heiligen einführt.[21] Diese kraftvolle Überlieferung bereitete übrigens den Weg für den Islam. Marcion erregte Tertullian zutiefst, weil zwei Götter gar keinen Gott bedeuten: „Gott ist gar nicht, wenn er nicht einer ist." Wenn mehr als ein Wesen als Gott bezeichnet wird, dann kann keines der so bezeichneten Wesen der wahre Gott sein. Gott ist der Gott in der Höhe, der große und höchste Gott, der ohne Anfang und ohne Ende für immer existiert (Marc. I,3). Er muß einzigartig und ohnegleichen sein, um der große Allerhöchste zu sein (Marc. I,3), denn wenn zwei Götter verschiedene Teile der Welt unter ihrer Herrschaft hätten, wäre gar keiner der höchste Gott (Marc. I,4). Der höchste Gott ist jenseits jeden Vergleichs (Marc. I,4), ist unabhängig von der Zeit und ohne Anfang oder Ende (Marc. I,8). Gott ist einzigartig an Wissen, Offenbarung, Ursprung und Sündlosigkeit. Gotteserkenntnis kann nur von Gott selbst ausgehen, denn nur Gott kann offenbaren, was Gott selbst zuvor verborgen hat (An. 1). Er ist das einzige Wesen, das unerschaffen, ungeboren und unwandelbar ist (An. 21). Gott allein ist ohne Sünde, und Christus ist der einzige Mensch ohne Sünde wegen seiner Einheit mit Gott (An. 41). Das Dasein, das Wesen und die Güte dieses einen Gottes ist aus seinen Werken zu erkennen (Scap. 2) und durch das allgemeine Zeugnis der Menschen in Zeiten der Drangsal (Scap. 4). Gott aber hat das Zeugnis von Menschen nicht nötig, denn am Jüngsten Tage wird er alle Menschen richten. Es ist töricht, dem Schöpfer aller Dinge irgend etwas anzubieten; er braucht nichts und nimmt einzig unsere Gebete an (Scap. 2). Tertullian stellt auch den Kaiser Gott gegenüber. Der Kaiser ist immer noch ein Mensch und ein Geschöpf; seine Macht und sein Leben kommen nur von Gott. Die Materie würde mit Gott auf dieselbe Ebene gestellt, wenn man sie für ewig hielte, sie kann aber nicht ewig sein, denn Gott muß einzigartig sein (Herm. 4,6).

Es gibt aber auch positive Rede über Gott. In begrenztem Umfang vermag der Mensch Gott zu umschreiben, in einem Umfang, der vom allgemeinen Bewußtsein erfaßt wird: „Gott ist höchste Größe in Ewigkeit, unerzeugt, ohne Anfang und ohne Ende." In Vernunft und Macht ist Gott das größte, was der Mensch erkennen kann (Marc. I,3,2). Seine Alleinherrschaft oder *monarchia* ist eine einzige und einzigartige Macht, doch sie kann durch andere ausgeübt werden und braucht nicht einsam zu sein.[22] Gottes Einheit verträgt sich mit seiner Dreifaltigkeit, weil in Vater, Sohn und Heiligem Geist nur eine Macht und ein Wille ist.

Klemens bietet die ausführlichste Darstellung jenes Gottes, der „nicht" ist, und greift ungeniert auf philosophische Ideen zurück. Er entfaltet die von Justin gebrauchten Begriffe anders als Tertullian und auf eine Weise, die Irenäus für gefährlich gehalten hätte. Die Gefahr entsteht aus der engen Synthese von Platon und Paulus, die um so erstaunlicher ist, als Klemens besonders für seine *negative Theologie* bekannt ist, die einst törichterweise als eine unverarbeitete Anleihe bei zeitgenössischen Heiden verurteilt wurde. Man behauptete: „Sie ist wesentlich eine heidnische Vorstellung und kann folgerichtig nur aufgrund heidnischer Prinzipien entwickelt werden."[23] Das fünfte Buch der „Stromateis" enthält die beiden Hauptaussagen zu diesem Thema, und alle beide stehen in einem paulinischen Rahmen.

Die erste ist jene bemerkenswerte Stelle, die die Reinigung durch Sündenbekenntnis mit kontemplativer Schau durch Analyse verbindet. Der springende Punkt, der Klemens' Lesern gar nicht seltsam erschien, liegt darin: Die Menschen haben falsche Vorstellungen von Gott, weil sie selbst falsch sind.[24] Die zweite Stelle ist eine ausführliche Aussage zur Einheit und Unsagbarkeit Gottes. Wir werden die beiden Stellen in ihrem Kontext betrachten, einem Kontext, der von den Themen Glaube und Mysterium beherrscht ist. Klemens muß seine Geschichte auf seine Weise erzählen.

Gleich am Anfang des fünften Buches der „Stromateis" macht er deutlich, daß nur der Glaube, „das Gehör der Seele", Gott finden kann. Der Glaube im Redenden und im Hörenden verbinden sich zum einzigen Ziel, zum Heil, „wie unser untrüglicher Zeuge, der Apostel" vom Trost durch den gegenseitigen Glauben spricht (Röm. 1,12) und später hinzufügt: „Die Gerechtigkeit Gottes offenbart aus Glauben zum Glauben" (Röm. 1,17); denn die Einheit des Glaubens gestattet eine Vielfalt des Wachsens zur Vollkommenheit. Um das Gute zu erreichen, müssen wir frei wählen; doch „wir werden durch Gnade gerettet", durch Gnade, die unsere Neigungen verwandelt und uns einen gesunden Geist verleiht. Ohne Gnade sieht unser Geist einfach keine geistigen Gegenstände; hier können uns die Sinne nicht helfen. Paulus sagte, daß wir jetzt wie in einem Spiegel sehen, und auch Platon sprach von der Schau, die nach dem Tode kommen mag („Epinomis" 973 C). So erklärt Paulus die Torheit jener Weisheit, die sich auf diese Welt beschränkt (S. V, 8,1).

Die Alten sahen die Notwendigkeit von Orakeln („erkenne dich selbst", S. V,23,1) und Mysterien. Die Weisheit der Welt

67

kreuzigte den Herrn der Herrlichkeit (S. V,25,2), und Gottes Weisheit ist im Geheimnis verborgen (1 Kor. 2,7). Gott hat dem Gläubigen offenbart, was denen bereitet ist, die ihn lieben; das alles gilt dem natürlichen Menschen als Torheit. Die Grundlegung des Glaubens bedarf in der Tat des Aufbaus der Erkenntnis, sollen die Kinder in Christus aufwachsen (S. V, 26,1). Platons Mythen verhüllen die Wahrheit (S. V,58,1–59,6), und Paulus spricht (Eph. 3,3ff.; Kol. 1,26) von Geheimnissen der Fülle Christi und der Offenbarung des ewigen Geheimnisses, das allen Völkern durch den Glauben kundgetan wird (S. V,60ff.). Platon spricht mit Nachdruck von der Notwendigkeit, die göttlichen Geheimnisse zu hüten und von der Gefahr, die höchsten Wahrheiten niederzuschreiben (S. V,65,3; Platon, Brief II, p. 314 BC). Platon sprach sogar von der Notwendigkeit, ein großes und schwer zu beschaffendes Opfer darzubringen, bevor man Untersuchungen über Gott anstellt („Staat" II p. 378 A), und Paulus spricht von solch einem Opfer in Christus, unserem Paschalamm (1 Kor. 5,7; S. V,66,4f.); das Gott wohlgefällige Opfer besteht darin, daß man sich von seinem Körper und dessen Leidenschaft lossagt (S. V,67,1f.), weswegen Sokrates die Philosophie eine Vorbereitung auf den Tod genannt hat („Phaidon" p. 67 D; 81 A).

Warum müssen wir von den Leidenschaften ablassen? Weil die Menschen ihre Leidenschaften und ihre körperlichen Eigenschaften auf Gott übertragen. Sie rollen sich zusammen wie Schnecken und Igel und denken über Gott wie über sich selbst (S. V,68,1).[25] So kommen wir zu der verblüffenden Stelle, an der Sündenbekenntnis und logische Analyse miteinander in Verbindung gebracht werden (S. V,71,2–5):

„Wir gewinnen die Stufe der Reinigung durch Sündenbekenntnis, die Stufe des Schauens, indem wir durch Analyse zur Grundlage des Verstehens fortschreiten und den Anfang mit dem machen, was dem Schauen zugrundeliegt. Wir nehmen dem Körper die natürlichen Eigenschaften weg, berauben ihn auch der Ausdehnung der Tiefe, dann der Breite und schließlich auch der Länge. Denn der Punkt, der dann noch übrigbleibt, ist eine Einheit, die sozusagen nur noch eine Position hat; wenn wir aber von ihr auch noch die Position wegnehmen, so bleibt nur die gedachte Einheit übrig. Wenn wir also alles weggenommen haben, was den Körpern und den sogenannten körperlosen Dingen anhaftet, und uns dann in die Größe Christi versenken und von dort mit Heiligkeit ins Unendliche fortschreiten, dann werden wir uns irgendwie der Wahrnehmung des Allmächtigen nähern und erkennen, nicht, was er ist, sondern was er nicht ist. Man darf sich aber durchaus keine Gestalt oder Bewegung oder Haltung oder Thron oder Ort oder Rechte oder Linke bei dem Vater aller Dinge vorstellen, obwohl auch dergleichen geschrieben steht. Was aber jeder einzelne von diesen Ausdrücken bedeutet, das wird an der richtigen Stelle gezeigt werden. Also ist die Grundursache nicht an einem Ort, sondern erhaben über Raum und Zeit und Name und Vorstellung."

Kapitel 12 (S. V,78) beginnt mit der wohlbekannten Erklärung Platons bezüglich der Schwierigkeiten, den Vater und Schöpfer aller Dinge zu finden und über ihn zu reden. Der Mensch in Christus (Paulus), der bis in den dritten Himmel entrückt wurde, hörte unaussprechliche Worte, weil der Mensch nicht über Gott reden kann; der „Timaios" gibt über die endliche oder unendliche Anzahl der Himmel keine Auskunft. Dem Ausruf des Paulus über die göttliche Tiefe des Reichtums, der Weisheit und der Erkenntnis (S. V,80,2; Röm. 11,33) und anderen paulinischen Bemerkungen zu den göttlichen Geheimnissen folgen Aussprüche von Solon, Empedokles und Johannes (1,18) zur gleichen Thematik.

Danach kommt die bekannteste Stelle über den unerkennbaren Gott (S. V,81–82) und die Ausführungen des Paulus über den unbekannten Gott (Apg. 17).

1) Gott steht als das erste Prinzip aller Dinge an der Spitze der platonischen Philosophie („Staat", 509.511), außerhalb der Reichweite menschlicher Logik und Sprache („Staat", 517). „In der Tat ist dies das allerschwierigste Stück der Gotteslehre. Da nämlich schon bei jeder Sache der Ursprung schwer zu finden ist, so ist doch wohl in jedem Falle der erste und älteste Anfang, der auch für alles übrige Ursache des Entstehens und des Seins nach dem Entstehen ist, schwer aufzuzeigen" (S. V,81,4).

2) Er steht logisch über den Kategorien, die der Mensch zur Beschreibung der Dinge braucht. „Denn wie könnte man

von dem reden, was weder eine Gattung noch eine besondere Art, noch eine Form noch ein Unteilbares noch eine Zahl ist, aber auch kein Akzidenz oder etwas ist, das ein solches Akzidenz besitzt?" (S. V,81,5)

3) Gott ist größer als die Aussagekraft menschlicher Sprache. „Aber auch Ganzes kann ihn niemand im eigentlichen Sinne nennen; denn ‚ganz' gehört zum Begriff der Größe, und Gott ist der Vater der ganzen Welt" (S. V,81,5).

4) Auch gibt es keine Möglichkeit, ihn in verfügbare Teile zu zerlegen. Aus seiner Einheit folgt, daß Gott alle Kategorien transzendiert. Er ist einfach und kein Gemisch verschiedener Inhalte. „Auch von Teilen kann man bei Gott nicht reden; denn unteilbar ist das Eine" (S. V, 81,6).

5) Die göttliche Einfachheit ist so unendlich, daß sie die Verstandeskraft des Menschen völlig übersteigt. Hier kann es keine Dimensionen, Grenzen, Formen oder Namen geben. Wie die blanke Einheit in Platons „Parmenides" ist Gott ohne Anfang, Ende, Mitte, Grenzen oder Gestalt. Hätte er irgend etwas von diesen Dingen, so wäre er mehr als das Eine. „Daher ist es auch unendlich, nicht in dem Sinn, daß man es nicht erschöpfend behandeln kann, sondern daß man es nicht in Abschnitte zerlegen kann und daß es kein Ende hat und demnach gestalt- und namenlos ist" (S. V,81,6).

6) Gott kann keinen Namen haben, denn dies würde ihn zu mehr als Einem machen. Die Namen, die wir ihm geben, sind nicht eigentlich Namen. „Wenn wir ihm einen Namen geben, indem wir es, *ohne den eigentlichen Sinn zu treffen,* entweder Eines nennen oder das Gute oder Geist oder das Seiende selbst oder Vater oder Gott oder Schöpfer oder Herr, . . ." (S. V,82,1).

7) Diese Namen sind nur Stützen für unseren Geist, damit er sich nicht zu weit von Gott entfernt (vgl. Plotinus, Enn. II,9,1). „. . . so bringen wir mit solchen Worten nicht seinen Namen vor, sondern verwenden in unserer Hilflosigkeit nur schöne Ausdrücke, damit unsere Vorstellung sich darauf stützen kann und nicht auf anderes abirrt" (S. V,82,1).

8) Ein Name würde Gott auf die Ebene der Einzeldinge herabziehen. Indirekt zeigt aber die Menge der Namen, daß er kein gewöhnliches Wesen ist. „Denn nicht jede einzelne dieser Bezeichnungen kann das Wesen Gottes deutlich machen, sondern alle zusammen geben einen Hinweis auf die Macht des Allmächtigen" (S. V,82,2).

9) Gottes Unsagbarkeit ist jedoch nicht mystische Leere, sondern offen für logische Bestimmung. Aussagen sind mit ihren Aussagegegenständen entweder deckungsgleich (Wesensart, individuelles Wesen) oder nicht deckungsgleich (Gattung, Differenz, Zahl, Akzidenz, Substanz). Beide Aussagearten würden jedoch Vielheit einführen. „Denn alle Dinge, von denen man spricht, kann man nach den ihnen anhaftenden Eigenschaften bezeichnen oder nach dem Verhältnis, in dem sie zueinander stehen; aber nichts von dem kann man bei Gott anwenden" (S. V, 82,2).

10) Gott läßt sich nicht durch höhere Prinzipien definieren, weil er selbst an der Spitze der logischen Pyramide steht. „Er kann aber auch nicht durch die mit Beweisen arbeitende Wissenschaft erfaßt werden; denn diese stützt sich immer auf vorher Vorhandenes und Bekannteres; nichts aber ist früher vorhanden als das Ungewordene (das also von Ewigkeit her ist)" (S. V,82,3).

11) Daher bleibt Gott unbekannt, abgesehen vom Geschenk seiner Gnade. Er schenkt großmütig seinen Logos.

„Es bleibt demnach nur übrig, daß wir das Unerkennbare durch göttliche Gnade und allein durch den von ihm ausgehenden Logos erfassen, wie auch Lukas in der Apostelgeschichte von Paulus erzählt, daß er gesagt habe: ‚Athener, nach allem, was ich sehe, seid ihr besonders fromme Menschen. Denn als ich umherging und mir eure Heiligtümer ansah, fand ich auch einen Altar mit der Aufschrift: EINEM UNBEKANNTEN GOTT! Was ihr verehrt, ohne es zu kennen, das verkünde ich euch'" (Apg. 17,22f.; S. V,82,4).

Die neueste Paulusforschung macht es leichter, Paulus mit dieser Thematik in Zusammenhang zu bringen. Sein Ausruf über die Tiefe des göttlichen Reichtums (Röm. 11,33) ist nicht bloß ein Stück Rhetorik, sondern die richtige Schlußfolgerung seines eigenen Ringens mit diesem Stoff. Je tiefer man in den Römerbrief eindringt, um so mehr wächst das Bewußtsein, durch unendliche Räume zu wandeln oder Geheimnissen gegenüberzustehen. Man begreift leichter, wie Leute von aufgeblasenem Geist Gnostiker wurden; dagegen leitet sich die Einfachheit des Evangeliums unmittelbar vom Geheimnis der Gnade her. Klemens hilft hier bei der Deutung des Paulus, wie Paulus bei der Deutung des Klemens hilft.

Klemens entwickelt das Thema des Erkennens durch göttliche Gnade noch weiter. Es spielt keine Rolle, ob wir mehr von Gottes Handeln oder von unserem eigenen freien Willen beeindruckt sind; ohne seine besondere Gnade gibt es keine Möglichkeit, Gott zu erreichen. Platon war sich dessen wohl bewußt, daß Tugend und Weisheit von Gott kommen und daß nur der glaubwürdig von Gott reden kann, der göttlichen Geschlechts ist. („Menon", 99 und „Timaios", 40). Jesus sagte, daß niemand den Vater kennt, außer durch den Sohn (S. V, 84,1-3). Daher machen die gleichen Leute, die die Philosophie angreifen, auch den Glauben verächtlich. Der Rest des fünften Buches der „Stromateis" zeigt, wieviel die Griechen der fremden Philosophie der alttestamentlichen Schriften entnommen haben. Das beweist, daß Gott den Menschen jeder Rasse schon immer Gutes erwiesen hat. Nie wird er aufhören, Gutes zu tun. Jeder Mensch kann, wenn er nur will, der Güte Gottes teilhaftig werden (S. V,141,1-3). Für Klemens gehören Gottes Transzendenz und Einheit zusammen. Wenn überhaupt irgend etwas an erster Stelle steht, so Gottes Einheit, und aus dieser einfachen Einheit leitet sich her, daß er für jegliche Beschreibung unzugänglich ist. Die Transzendenz Gottes beherrscht alles, was Klemens schreibt. Weil Gott nicht direkt zu beschreiben ist, müssen Symbol, Parabel und Rätselwort verwendet werden. Diese bieten den Vorteil, daß die Gegenwart des göttlichen Wortes überall zu entdecken ist; ihr Nachteil besteht in ihrer Mehrdeutigkeit und anfänglichen Dunkelheit. In direktem Gegensatz zu Justin ist Klemens zunächst nicht leicht zu lesen; je vertrauter man mit ihm wird, desto klarer wird er, während Justin dunkler wird. Methode und Stil der „Stromateis" sind bedingt durch das Erfordernis, den Inhalt vor Unwürdigen zu verbergen und ihn nur den Geduldigen kundzutun (S. I,20-21).

2 Ist Gott gut?

Das Problem des einen Gottes war noch nicht dadurch gelöst, daß man die Götter Roms einfach leugnete. Für viele Leute bot die Bibel keine innerlich zusammenhängende Darstellung des einen Gottes, denn der Gott des alten Bundes konnte doch nicht der Gott des neuen Bundes sein. Die meisten Christen hielten den Vater Jesu Christi für den einzigen Gott und allegorisierten alles weg, was mit ihm nicht in Einklang zu bringen war. Andere gingen einen anderen Weg. Wenn der Ort, an dem die göttliche Transzendenz zu finden war, die wundersame Liebe des unendlich guten Gottes ist, dann mußte alles, was dieser Liebe zuwiderlief, einem niedrigeren Wesen gehören. So wurde gerade jenes Argument, das der transzendenten Einheit einen christlichen Stempel aufdrückte – die unendliche Liebe – zum Ausgangspunkt der Leugnung eben dieser Einheit. Marcion und seine Anhänger waren nicht dumm – sie hatten einen zentralen Punkt begriffen.

Gegen sie argumentierte *Justin*, daß es niemals einen Gott über dem Schöpfer gegeben habe und es auch nie einen geben könne (D. 11,1). „Niemand ist gut außer Gott allein, *der alle Dinge schuf*", so zitiert er und fügt die letzten Worte hinzu, um Marcion auszuschließen (1 A. 16,7).[26] Die Güte Gottes ist die treibende Kraft aller göttlichen Tätigkeit (1 A. 10,2; D. 23,2).

Gleichermaßen besteht auch *Irenäus* darauf, daß der eine Gott barmherzig und freundlich ist, die letzte Quelle aller Rettung und aller Gaben (H. IV,14,2; V,32,1), die er stets großmütig spendet (H. IV,16,4) und ohne Neid (H. III, Vorrede). Der Mensch dagegen empfängt immer vom guten Gott (H. IV,11,1) und ist das Gefäß der Weisheit und Tugend Gottes (H. III, 20,2); seine Erlösung geht aus dem Willen des Vaters hervor (H. III,17,2). Der Reichtum und die Vollkommenheit Gottes sind getragen von seiner Beständigkeit; seine Gnade versagt nie (H. II,1-3). Er ist dem Menschen immer nahe (H. V,16,1) und handelt aus Liebe (H. III, Vorrede) und aus Erbarmen.

Seine Freiheit steht im Gegensatz zur Notwendigkeit der paganen Götter, und sein souveräner Wille im Gegensatz zur blinden Entwicklung des gnostischen *Pleroma*. In Güte und Freiheit schuf er alle Dinge; denn die Welt stammt weder aus der Unwissenheit Gottes, noch von einem gefallenen Äon, sondern aus der Güte Gottes (H. III,25,5). Der eine allgemeine Vater erschuf alle Dinge (H. V,18,2). Er schuf Adam, nicht weil er Menschen brauchte, sondern weil er jemanden haben wollte, dem er seine Wohltaten erweisen konnte (H. IV,13,1).

Der eine Gott ist zugleich gerecht und gut (H. II,30,7; III, 25,2) und seine Vorsehung regiert alle Dinge mit Geduld. Marcion dagegen spaltet Gott törichterweise in einen guten Gott und einen gerechten Gott, doch Güte ohne Gerechtigkeit ist unmöglich. Die erhabene Würde des Vaters besteht in seiner Weisheit, durch die er Herr, Richter, Gerechter und Herrscher ist. Er ist gut, barmherzig, geduldig und rettet den Menschen; er richtet jene, die das Gericht verdienen, und in all seiner Gerechtigkeit ist er gut; er läßt die Sonne über allen aufgehen und sendet Regen über Gerechte und Ungerechte. Das klare Gespür für den lebendigen Gott der Bibel beseitigt jeden Verdacht, daß Irenäus mit einer abstrakten Monade befaßt ist; und doch begleitet ihn Platon noch immer, wie er ihn schon bei seiner Darstellung des Unsagbaren begleitet hatte. Platon steht für die Verurteilung solcher Ansichten, wie der des Marcion, denn er erkannte, daß Gott zugleich gerecht und gut ist und sagte („Gesetze", 4), daß Gott, wie auch das alte Wort sagt, den Anfang, das Ende und die Mitte aller existierenden Dinge umfaßt. Dieser Gott tut alles rechtens und spricht Recht gegen die, die von seinem Gesetz abweichen. Überdies zeigt Platon im „Timaios", daß dieser gerechte Gott, der alle Dinge schuf und über sie herrscht, ein guter Gott ist. Er spricht vom Schöpfer des Weltalls, der gut und nicht neidisch ist auf das, was außer ihm besteht. Die neidlose Güte Gottes sieht Platon als den Anfang und den Grund der Erschaffung der Welt. Die törichten Gnostiker, die eine andere Ursache suchen, sind völlig im Irrtum (H. III,25,5). Für die positive Darstellung des Irenäus ist es charakteristisch, daß er nicht von Gott reden kann, ohne von der Welt zu reden. Der Unsagbare wird erkannt aus den Wirkungen seiner Macht und Liebe. Seiner Einheit entstammen zahlreiche Aspekte seiner Liebe und Freundlichkeit. Seine Vorsehung regiert alle Dinge. Der Begriff einer letzten Ursache wurde gebraucht, um Gottes Unsagbarkeit, Einheit und Güte zu beschreiben. Negativ bedeutet er, daß es über Gott hinaus keine Ursache gibt, und positiv, daß alles, was ist, von Gott kommt. Wenn du für die Existenz Gottes einen Beweis brauchst, dann schau dich bloß um.

Auch *Tertullian* beschäftigt sich mit der Güte jenes Gottes, der alle Dinge schuf und gab, einer Güte, die er wie Irenäus absolut setzt und sogar noch aktiver versteht. Gottes Güte ist ohne jede Unterbrechung, unwandelbar (Marc. 1,22) und wesenhaft (Marc. 1,25). Seine Güte zeigt sich in seinen glanzvollen Werken, in seinen Segnungen und seiner Vorsehung ebenso wie in seinen Gesetzen, Drohungen und Warnungen. In all diesen Dingen ist Gott gut und barmherzig (Marc. 2,4). Kein Teil der Tätigkeit Gottes ist als böse anzusehen (Marc. 2,6), und er ist frei von aller Schuld am Übel in dieser Welt (Marc. 2,9). Gegen die Sünde des Menschen ist er in seinem Gericht streng, weil er gut ist, denn ein guter Gott ist ein gerechter Gott. Gerechtigkeit und Güte können nicht voneinander getrennt werden und geraten in keiner Weise miteinander in Konflikt (Marc. 2,12–16). Gottes unwandelbare Güte wird nicht dadurch modifiziert, daß ihn etwas reut, denn er ändert seine Haltung nur angesichts wechselnder Umstände; dies gehört zur Aktivität Gottes (Marc. 2,24). Vor allem aber kann Gott in seiner Güte den Menschen, die seine Anbetung vernachlässigen und seiner Zurechtweisung bedürfen, Nöte und Drangsal schicken; er ist der vollkommene Vater und der vollkommene Meister (Marc. 2,13).

Das Beste an Gott ist seine Geduld; er nimmt sich viel Zeit. Er läßt sein Licht leuchten über Böse und Gute und läßt alle Nutzen ziehen aus der Ordnung seines Universums. Selbst wenn sein Name und die Seinen verfolgt werden, bleibt doch das Wunder der Geduld Gottes erhalten (Pat. 2). – Kein Wunder, daß er so wenig Freunde hat! – Wo immer Gottes Geist herniedersteigt, da schenkt er die Gabe der Geduld (Pat. 15). Dieser geduldige Gott ist ein Gott der Einfachheit und Macht, der durch das schlichte Medium des Wassers wirkt (Bapt. 2).

Für *Klemens* gibt es – trotz allen Geheimnisses – über die

Güte Gottes keine Ungewißheit. Die Güte ist jene Eigenschaft, die Gottes Name verlangt. Seine Güte endet nie, und alle Menschen haben Anteil an ihr (S. V,141,1–3). Gott ist auf einzigartige Weise gut und seine Güte tätig. Klemens zitiert den Satz „Niemand ist gut außer Gott" zwölfmal; Marcion hatte ihn zitiert, um den guten Gott vom gerechten Demiurgen zu unterscheiden, doch Klemens – wie vor ihm schon Justin und später Origenes – schließt diese Ansicht Marcions mit aller Umsicht aus. Für Klemens ist der eine Gott gut und der gute Gott ist ein einziger. Aus den Worten Jesu geht klar hervor, daß er gerecht ist und der Schöpfer aller Dinge. „Daher ist es in Wahrheit offenbar, daß der Gott aller Dinge nur einer ist, gut, gerecht, Schöpfer, Sohn im Vater, dem Ehre sei bis in die fernste Ewigkeit, Amen" (Paid. I,74). Gottes tätige Güte ist eine göttliche Kraft, die die gerechte Seele ergreift und ihr das Siegel der Gerechtigkeit aufprägt. Gott ist selig und ewig, nicht weil er seinem Wesen nach gut ist (obwohl dies der Fall ist), sondern weil er auf seine eigene unverwechselbare Weise Gutes tut. „Denn was wäre ein Gutes nütze, wenn es nicht tätig wäre und nicht Gutes wirkte?" (S. VI,104,3) Der Begriff tätiger Güte erinnert sowohl an den paulinischen Begriff göttlicher Gerechtigkeit als einer Kraft (Röm. 1,17),[27] wie auch an Plutarch, der unproduktive Güter mit stehendem Gewässer vergleicht, „da nichts von der Güte, die sie in sich tragen, hervorfließt, und niemand von dem Strom trinkt".[28]

3 Kann Gott sowohl drei als einer sein?

Der unsagbare Eine wird als gut bezeichnet, teils weil seine Güte und Gerechtigkeit angefochten wurde, teils weil Güte ein Letztes ist und daher selbst zur Kategorie des Unsagbaren und Endgültigen gehört. Gerade jetzt, im zweiten Jahrhundert wollten Christen über Gott sprechen als über den einen wie auch dreifaltigen. Sie sahen hierin kein besonderes Problem, bis sie sich mit der monarchianischen Aussage auseinanderzusetzen hatten, die bestritt, daß Gott sowohl drei wie einer sein könne. Allein Tertullian befaßt sich mit diesem Problem ausführlich.

Er spricht als erster besonders über das Wesen, die Substanz

Gottes. Gott ist Geist, und als Geist ist Gott auch Körper (Orat. 28,2). Doch ist der Substanzbegriff für Tertullian ein Mittel, um das Problem der Einheit und Dreiheit Gottes zu lösen, ein Problem, das ihm durch die monarchianische Häresie in ihrer modalistischen Form aufgezwungen wurde. Der Irrtum des Praxeas war genau das Gegenteil des valentinischen Irrtums. Statt Gott zu sehr in die Ferne zu rücken, identifizierte er den Vater mit dem Sohn. Er verjagte den Tröster durch die Verfolgung der Montanisten und kreuzigte den Vater (Prax. 1). Tertullian antwortet, daß Vater, Sohn und Heiliger Geist in ihrem Wirken und Wesen geeint sind. Sie sind eine Dreiheit, die eine Einheit ist, sie sind drei nicht ihrem Zustand *(statu)*, sondern ihrem Rang *(gradu)* nach, nicht ihrer Substanz, sondern ihrer Form nach, nicht ihrer Macht *(potestate)*, sondern dem Aspekt *(specie)* nach. Gott ist ein Gott, Vater, Sohn und Heiliger Geist (Prax. 2). Es ist durchaus richtig, von der Monarchie Gottes zu sprechen, doch ist es ebenso wichtig, von seinem Heilswirken und seiner Unterschiedenheit zu reden (Prax. 3). Die Dreiheit bestreitet nicht die Einheit der göttlichen Regierung, bewahrt aber das Heilswirken der drei göttlichen Personen (Prax. 8). Der Vater ist Gott, der Sohn ist Gott, und der Heilige Geist ist Gott. Jeder ist Gott, doch gibt es nicht zwei Götter oder zwei Herren (Prax. 13). Es gibt nur ein Wesen Gottes, und es gibt drei Personen. Person deutet auf die letzte Einheit des Wesens, ebenso wie Form oder Spezies. Person ist die genaue Bestimmung einer göttlichen Substanz, die sich in drei Personen entfaltet hat.

Wiederum verblüfft Tertullian seine Leser durch tiefes Eindringen in ein Problem und durch unpolierte Kanten, die er stehen läßt. Er nimmt noch nicht all das vorweg, was im vierten und fünften Jahrhundert gesagt werden sollte, doch er führt die spätere Terminologie ein und weist die Richtung, in die das trinitarische Denken gehen wird. Was versteht er unter „Substanz"?[29] Er könnte eine besondere Art von Stoff meinen, wie das Fleisch (Prax. 16,4), oder den Stoff, aus dem alle Dinge zusammengesetzt sind (Herm. 9,1). Auch gibt es Belege, daß er bisweilen vielleicht ein Ding meinte, das aus einer besonderen Art von Stoff zusammengesetzt ist (Herm. 45,3), die Tatsache des Existierens (Marc. 2,5) oder die Natur (Nat. 2,4). Die

„Substanz Gottes" kann einfach „Gott" bedeuten oder seine Existenzweise, seinen Rang und Charakter, oder den „einzigartigen Stoff, der der göttliche *corpus* ist oder aus dem er sich zusammensetzt und den Tertullian als *spiritus* bezeichnet".[30] Der letztgenannte Sinn ist vorherrschend, besonders in „Adversus Praxean", dem Hauptwerk zu dieser Problematik.

Durch die Einheit der Substanz beschreibt Tertullian die Einheit Gottes. Er bejaht einen wirklichen Unterschied zwischen Vater und Sohn, so daß das WORT ein substantielles Etwas ist, das individuell als eine Substanz existiert. Um jedoch einen Tri-Theismus zu vermeiden und die göttliche *monarchia* zu wahren, besteht er darauf, daß Vater, Sohn und Heiliger Geist von einer einzigen Substanz seien.[31] Es gab Meinungsverschiedenheiten darüber, ob „Substanz" für Tertullian ein juridischer oder ein philosophischer Begriff war; doch die Behauptung, es müsse entweder der eine, der andere oder gar beide zusammen gewesen sein, ist eine Vereinfachung.[32] Die Einheit der Substanz wird eher durch den Ausdruck *„eine* Substanz" ausgesagt als durch das spätere Adjektiv „konsubstantial".[33]

Klemens interpretiert die Einheit Gottes auf andere Weise als Tertullian. Er verwendet die gleichen Titel und Funktionen sowohl für den Vater wie auch für den Sohn (S. IV,162; VII,2; VII,37).[34] Dies gleicht der Logik von Joh 14, wo die gleichen Prädikate und Tätigkeiten dem Vater, dem Sohn und dem Parakleten beigelegt werden, wodurch zugleich Einheit und Unterschiedenheit angezeigt sind, ohne daß von Substanz und Trinität gesprochen wird. Die Beziehung zwischen Vater und Sohn gibt eher Anlaß zur Anbetung denn zu näherer Umschreibung: „O wie groß ist Gott! O wie vollkommen das Kind! Der Sohn im Vater und der Vater im Sohn!" (Paid. I,24) Vom Sohn allein kann der wahre Gnostiker Kenntnis vom überweltlichen Grund erhalten, vom Vater aller Dinge, der in schweigender Anbetung und heiligem Staunen zu verehren ist (S. VII,2). Das Unbegreifliche, vor dem die Sprache versagt, ist ein Gott, der seinem Wesen nach fern ist, doch ganz nahe hinsichtlich seiner Macht (S. II,5). Aus diesem Grund darf das Geheimnis nie verloren gehen, und darum entwickelt Klemens Symbol und Rätselrede auf eine Weise, wie es Christen vor ihm noch nie getan hatten. Er übernahm einige Anregungen von Philo und behauptet:

„Man kann also sagen, daß alle diejenigen, die sich um die Erkenntnis der Gottheit bemühten, Barbaren als auch Griechen, die Grundlehren über die Dinge geheimhielten und die Wahrheit durch Rätsel, Sinnbilder, Allegorien, Gleichnisse und andere derartige Übertragungen überlieferten" (S. V,21). Verdeckte Beschreibung durch Symbole bietet viele Vorteile. Sie hält unwürdige Menschen davon ab, Zugang zur Wahrheit zu gewinnen und sie zu profanieren (S. V,19). Sie verlangt eine Lehrtradition, um die wahre Auslegung zu überliefern. Unter machtvollen Symbolen verhüllt, hinterläßt die Wahrheit einen tieferen Eindruck: Symbolen eignet mehr als nur eine Bedeutung und so können sie viele Dinge zugleich sagen (S. V,57).

4 Wird Gott am besten als Erstursache verstanden?

Der Gedanke einer Erstursache zieht sich durch alle Überlegungen zur Gottesfrage und dient einer Vielzahl von Zwecken. Der Begriff einer Erstursache ist durchaus nicht so klar, da er hinsichtlich seiner selbst auf der Leugnung dessen beruht, was in jedem anderen Falle behauptet wird, nämlich daß es verursacht wurde – und andere Dunkelheiten haften ihm auch noch an. Wenn wir in Erwägung ziehen, wie diese Autoren Gott verstanden, so müssen wir einige Probleme, die mit diesem Begriff verbunden sind sowie die unterschiedliche Art ihrer Behandlung, eingehender betrachten.

Der grundlegende Befund läßt sich kurz zusammenfassen. Justin und Tertullian wurden bereits in manchen Einzelheiten dargestellt; Irenäus und Klemens bringen noch einige besondere Aspekte zur Sprache. Für *Irenäus* ist Gott allein die *Ursache aller Dinge;* er geht allem voran und erschafft alles (H. II,1,1 und II,35,3). Ein *regressus in infinitum* der Ursachen ist unmöglich (H. II,1; II,16; IV,9,3); neben Gott gibt es keinen anderen (H. II,16,3). Anders als die heidnischen Götter stammt er nicht von geschaffenen Dingen, vielmehr stammen alle geschaffenen Dinge von ihm (H. II,25,1). Gott erschuf als der einzige zureichende Grund aller Dinge alles durch sein Wort aus dem Nichts (H. I,22). Der Mensch vermag ohne Material nichts herzustellen, Gott aber bedarf keiner Materie; er vermochte die

Materie selbst hervorzubringen (H. II,10,2; II,28,7). Die Dinge, die Gott schuf, künden von seiner Größe und zeigen, wie er ist (H. II,9,1). Indem er Gott als Erstursache beschreibt, sagt Irenäus manches Positive. Er folgt der Glaubensregel im Gegensatz zu den Gnostikern, die alle Bindungen zwischen Gott und den physischen Dingen leugnen; insbesondere leugnen sie die Erschaffung des Universums durch ihn und die Auferstehung des Leibes (H. IV,1,1; IV,5,2; V,1,2 und 2,1). Hier entgleitet den Gnostikern Gott und die Welt; ihre Ablehnung der Welt ist ein Hauptgrund ihrer Unwissenheit über Gott. Niemand, dem die vielfach widerstrahlende Güte Gottes in seiner Schöpfung entgeht, darf hoffen, Gott zu finden und seine Wege zu verstehen. Gott gibt den Himmeln Licht, prüft das Herz des Menschen, nährt und bewahrt ihn und wirkt auf geheimnisvolle Weise. Wer Gottes offenbare Güte nicht wahrnehmen kann, wird nie um seine geheime Größe wissen.

Klemens geht dieses Problem noch differenzierter an, legt aber das Hauptgewicht gleichermaßen stark auf die Schöpfung. Er behandelt die Ursachen ausführlich in den Bemerkungen zur Logik, die im achten Buch der „Stromateis" zu finden sind, vielleicht aber in die „Hypotyposen" gehören.[35] Er teilt die Ursachen ein in ursprüngliche (die einen Prozeß in Gang setzen), ausreichende, begleitende und notwendige. Eine spätere Unterscheidung trennt begleitende und verbundene Ursachen. Eine Ursache ist in Relation zu ihren Wirkungen zu verstehen: ein Schöpfer muß etwas erschaffen. Diese und andere Aspekte der Logik sind wertvoll, weil sie auch Klemens' eigene Gedanken, die schon zuvor in den „Stromateis" zu finden sind, ins rechte Licht setzen. Denn die Vielfalt der Ursachen hilft ihm, das Problem der Vorsehung anzugehen; die Verbindung zwischen Ursache und Wirkung zeigt, warum das Eine nicht von der Welt getrennt werden kann, die es verursacht. Ein göttliches *Pleroma*, das keine sichtbaren Wirkungen hat, läßt sich auf keine Weise sinnvoll denken. Aus diesem Grund spricht Klemens an mehreren Stellen vom transzendenten Gott als der Erstursache. Der Gipfelpunkt des Aufstiegs durch Logik und geistliches Streben ist die Erstursache, „erhaben über Raum und Zeit, Name und Vorstellung" (S. V,71,5). Hier findet der wahre Gnostiker die Vollendung in der Liebe durch die feste Wahrnehmung der

Erstursache, indem er die Wahrheit von der Wahrheit selbst lernt (S. VI,78,5). Gott ist als Erstursache nicht dem Menschen ähnlich, sondern der Mensch ist Gott zu verähnlichen (S. VI, 114,4-6). Die ganze Heilsökonomie, die durch jene Menschen wirkt, die uns am nächsten stehen, läßt sich zurückverfolgen bis auf das Gebot des Sohnes, dessen Macht sich daraus herleitet, daß er der Erstursache am nächsten steht (S. VI,161,6). Er ist die zweite Ursache, Leben und Wissen, und durch ihn schuf die Erstursache alle Dinge (S. VII,16 und 17). Klemens entwickelt die Konzeption der Erstursache aus dem einfachen Begriff, den Justin verwendete. Sie wird nun zum Gipfel intellektueller Tätigkeit und mystischer Schau; wer die Erstursache kennt, der kennt die Quelle aller Dinge und kommt der wahren Philosophie auf die Spur.

Klemens sah aber auch das Problem, den transzendenten Gott mit Schöpfung und Kausalität zu verbinden. Das Eine war nicht bloß das letzte Glied einer Kausalkette, denn die Schöpfung entstand einzig aus dem göttlichen Willen. „Wie gewaltig ist die Macht Gottes! Sein Wille allein genügt, um die Welt zu schaffen; denn Gott allein hat sie geschaffen, da er auch allein wahrhaft Gott ist. Durch sein bloßes Wollen wirkt er, und sobald er nur etwas gewollt hat, folgt sofort das Gewordensein" (Prot. 63,3).

Jeder der Autoren gebraucht das Argument von der Erstursache auf verschiedenartige Weise, doch ist das Argument selbst für unterschiedliche Deutung offen.[36] Wie wurden sie mit diesen unterschiedlichen Möglichkeiten fertig? Führten sie noch andere ein? Keiner von ihnen versuchte, die *Existenz* des Göttlichen zu beweisen; einziges Anliegen war das *Wesen* der Gottheit – ihre Einheit, Güte und Wahrheit.

Justin geht bei seiner Argumentation für die Erstursache von dem Negativum aus, daß die Seele nicht unsterblich sei. Mit großer Freiheit verwendet er die Ansprache des Demiurgen an die niedrigeren Götter und kontrastiert das, was unverursacht, unerzeugt und unvergänglich ist, mit allem übrigen. „Nur Gott ist unerzeugt und unvergänglich" (D. 5,4). Die Seelen können nicht unerzeugt sein wegen ihrer vielen Unzulänglichkeiten, Wandlungen und untergeordneten Stellung. Es kann nicht mehr als einen einzigen Unerzeugten geben, denn „du wirst mit deinen Gedanken stets ins Endlose dringend vor Ermüdung einmal bei einem einzigen Unerzeugten stehen bleiben und sagen: das ist die Ursache des Alls" (D. 5,6). Hier werden die Argumente für eine Erstursache und einen ersten Beweger (wie bei Aristoteles) mit dem Argument eines „notwendigen Wesens" verbunden. „Die Seele ist entweder Leben oder hat (Anteil am) Leben" (D. 6,1). Wenn sie Leben wäre, würde sie auch anderen Dingen Leben vermitteln, so wie die Bewegung anderen Dingen Bewegung mitteilt, doch obwohl die Seele lebt, vermittelt sie nicht Leben so wie Gott. „Denn das Leben gehört ihr nicht in gleicher Weise wie Gott" (D. 6,2).

Bei all dem ist die Einfachheit der logischen Schritte von Bedeutung. Nimmt man die Erstursache ernst, dann kann man weder andere Götter noch unsterbliche Seelen haben. Eben dies würden Platon und Aristoteles im Kern ihrer Philosophie implizieren; während jedoch die Platoniker zu Justins Zeiten zu größerer Wertschätzung der einen transzendenten Erstursache tendierten, zogen sie nach Ansicht der Christen nicht die logischen Konsequenzen aus ihrem Monismus. Sarkasmus liegt in Justins Frage, ob Platon und Pythagoras die Bedeutung des Erstursachen-Arguments wohl entgangen sei. Justin sah die intellektuelle Stärke der christlichen Position; sie war mit der transzendenten Erstursache viel besser vereinbar als der Polytheismus, den Celsus und andere nicht aufgeben wollten.[37]

Bei der Ablehnung jener untergeordneten Stellung, die die Gnostiker dem Schöpfer zuweisen, stellt *Irenäus* die gleichen drei Punkte heraus. Der Schöpfer ist nicht das Produkt eines Verfalls oder einer Defizienz. Es gibt nichts, das höher oder früher wäre als er. Er schuf alle Dinge frei nach seinem eigenen Willen und Plan, durch nichts außerhalb seiner selbst veranlaßt, „da er allein Gott ist, allein Herr, allein Schöpfer, allein Vater, allein in sich alles enthaltend und für alles die Ursache des Daseins" (H. II,1,1). Er ist der erste Beweger, die erste Ursache und das notwendige Sein, das allem anderen Sein gewährt. Hier, wie bei Justin, ist das Argument negativ und sogar noch kraftvoller, da Irenäus nicht bloß die unsterblichen Seelen, sondern die ganze „Menagerie" des *Pleroma* ablehnt. Hat man erst einmal den Höhenweg der Emanationen beschritten, dann weiß man nicht, wo er enden wird. Basilides kennt 365 Himmel und vermag immer noch nicht zu überzeugen. „Daher ist es viel sicherer und vernünftiger, der Wahrheit gemäß von vornherein zu bekennen, daß der Schöpfergott, der die Welt gemacht hat, der einzige Gott ist und daß es außer ihm keinen anderen gibt" (H. II,16,3).[38] In sich selbst trägt er den Plan und die Gestalt der Dinge, die er macht. Er bietet denen, die „nach so ausgedehnten Umwegen" ermüdet sind (H. II,16,3), auf der Suche nach Vorbildern und Gestalten die einzig vernunftgemäße Alternative, und es ist eindeutig besser, dies einzusehen und den sinnlosen Regressus der Häretiker zu vermeiden.

Bei Justin und Irenäus hat das Argument zur Erstursache die gleiche Bedeutung. In jeder seiner drei Formen (Bewegung, Ursache und notwendiges Sein) enthält es eine Negation. Kein Anfang kann mehrfach sein. Viele Götter und viele Äonen sind gleichermaßen zu verwerfen. Justin zeigt die Unvereinbarkeit von philosophischem Monismus und der Vorstellung von unsterblichen Seelen, während Irenäus die logische Schwäche der Vorstellung von Äonen-Emanationen herausstellt. Sowohl Justin wie Irenäus akzeptieren die Schwächen des Erstursachen-Arguments: Läßt sich vom höchsten Wesen eine positive Darstellung geben? Justin geht etwas näher auf die göttlichen Namen ein und verweist auf die Wirkung, die Gott auf das menschliche Leben ausübt. Irenäus lenkt den Blick auf das ständige Wirken dieses Gottes in der Geschichte und auf die Gottesschau, die dem Menschen gewährt wird.

Tertullian geht es ganz besonders um Gott als den letzten Grund der Wahrheit. Wir können nicht begreifen, wie Gott ist, indem wir aufs Jenseits schauen. Doch alle Menschen haben irgendein angeborenes Wissen um ihn. Nicht durch unsere Aufwärts-Projektion ist er zu fassen, sondern durch seine Abwärts-Bewegung. Wie wir gesehen haben, ist Gott gerade in seiner eigenen Bindung an die Welt zu verstehen. Tertullians scharfsinnige Einsicht wird durch seine abschließende Aussage bestätigt, daß das, was durch seine göttliche Herabkunft (über ihn) bekannt wird, nicht bloß unbewiesen, sondern unbeweisbar ist. Diese begrenzte Zurückweisung des Verstandes wird als Konsequenz der Rationalität begründet (genau so, wie Irenäus, wann immer er Gründe für die Angemessenheit der Inkarnation anführt, er irgendein Prinzip *über* die Inkarnation stellt). Die ganze Abhandlung über den Leib Christi ist voller streng begründeter Argumente, um den menschlichen Leib Christi aus seiner Geburt durch die Jungfrau zu erweisen und gegenteilige Meinungen zu widerlegen (Carn. 25). In dem wohlbekannten „Paradox" verficht Tertullian die These von der Torheit Gottes. Nur kann diese Torheit Quelle der Weisheit und Hoffnung sein. „Bewahre die eine Hoffnung aller Welt. Warum zerstörst du die notwendige Schande des Glaubens? Was immer Gottes unwürdig ist, das ist zu meinem Vorteil. Ich bin in Sicherheit, wenn ich mich meines Herrn nicht schäme" (Carn. 5). Was sind die Gründe der Scham, die zu überwinden sind, wenn man „rechtens ohne Scham und glückhaft töricht" sein soll? Sie alle betreffen den Gottessohn. Seine Kreuzigung ist schmachvoll, sein Tod absurd und seine Auferstehung unmöglich. Diese Dinge sind es, deren man sich schämen muß, die man glauben muß, die als sicher bekannt sind. Wie kann Tertullian diese Argumentation in die Abfolge seiner Gründe gegen die Vernünftigkeit des Doketismus einfügen? Sie zeigt, daß die Weisheit dieser Welt, die den Leib Christi leugnet, zu absurden Konsequenzen führt; im Ergebnis zeigt sich die Weisheit Gottes in dem, was die Welt für absurd hält.

Für Tertullian wie für Paulus besteht diese Weisheit im Kreuz Christi. Sie ist letzte Weisheit, da sie nicht aus höheren Prinzipien abzuleiten ist; und weil sie eines Prinzips jenseits ihrer selbst entbehrt, erscheint sie sinnlos und absurd. Genau an diese Stelle rückte Platon das Gute, wo „Geschichte, Gott, Luzifer und die Ideen von Macht, Freiheit, Zweck, Belohnung, ja sogar Gericht, irrelevant werden. Mystiker aller Art wußten dies für gewöhnlich und versuchten, die Nacktheit und Einsamkeit Gottes, sein absolutes Für-nichts-sein durch extreme Aussagen der Sprache darzustellen"[39]. Dieser Aspekt Tertullians – keineswegs der Punkt, an dem er seine Beweisführung abbrach – war sogar sein wichtigstes Argument. Vielleicht hätte er mit Marcion etwas freundlicher umgehen können, der vom Wunder und vom Mysterium derselben göttlichen Liebe überwältigt war; aber Marcion ging von Paulus aus in die entgegengesetzte Richtung, bestritt Gottes Liebe in der Welt und konnte damit nicht ärger im Unrecht sein. Vielleicht hätte Tertullian sehen können, wie das Geheimnis der Gnade den Geist der Gnostiker sprengte; tatsächlich aber sah er, daß die Theosophie keine Fragen beantwortete und kein Evangelium auslegte. Das Kreuz war das Einzige und Letzte, das der Mensch wissen konnte, und es brauchte die Erde, um darauf zu stehen, und das ganze Universum, um es zu verstehen.

Klemens geht es ebenfalls um Gott als Grund der Wahrheit, doch behandelt er das Problem ganz anders als Tertullian. Er gibt die weitest entwickelte Darstellung der Erstursache, eine Darstellung, die Platon mehr folgt als die der anderen.[40] Die Stelle, die die *via negativa* beschreibt, verbindet logische Analyse und Sündenbekenntnis. Der Begriff der Einheit wird erreicht, indem alles Kontingente aus der Darstellung Gottes entfernt wird, ebenso wie die Sünde, die die Gottesschau entstellt. Dann werden wir – recht unvermittelt – aufgefordert, „uns in die Größe Christi fallen zu lassen" und ins Leere vorzudringen.[41] Wir kommen eher zu einer Vorstellung was Gott *nicht* ist, als was er ist. Da gibt es keine Illusionen über einen leichten Weg zu Gott, stattdessen aber die bemerkenswerte Aussage über die „Größe Christi". Ihre Bedeutung ist in Klemens' Darstellung des kosmischen Christus zu suchen und in der engen Verbindung dieser Vorstellung mit dem Leben unter dem Kreuz. Unter dem Kreuz zu leben heißt, in Christus zu leben, und in Christus zu leben bedeutet, Teil einer neuen Schöpfung zu sein, die sich von Golgota bis zum endgültigen Triumph Gottes erstreckt.

Präziser als Justin stellt Klemens jene transzendente platonische Einheit heraus, die alle Kategorien und Namen überschreitet (S. V,81f.). „Es bleibt demnach nur übrig, daß wir das Unerkennbare durch göttliche Gnade und allein durch das von ihm ausgehende Gotteswort erfassen" (S. V,82,4). Der einzige Weg zur Erkenntnis Gottes führt über den Sohn; dies aber durch Symbol und Rätsel. Klemens unterstreicht das Geheimnis Gottes fortgesetzt und akzeptiert die Konsequenzen seiner Transzendenz. Hier ist er weniger vorsichtig als Tertullian; denn das Gotteswort birgt ein Universum geistiger Gegenstände in sich. Für Klemens führt die wahre Philosophie von der Erstursache bis zur Welt des Verstandes und der Wahrheit. Erkenntnis ist Erkenntnis der *noeta* und erforscht die Erstursache, die Struktur des Universums sowie die Funktion seiner verschiedenen Teile. Die Wahrheit über den Menschen sowie über Gut und Böse gehört wesenhaft zur Erkenntnis und stellt sich ein, wenn die Erstursache verstanden wurde (S.VII,17).

Mit solcher Erkenntnis ist wahrhafte Tapferkeit, in Unabhängigkeit von Meinungen und Beschwernissen, zu erringen (S. VII,18). Nicht daß der Mensch jemals die gleiche sittliche Vollkommenheit wie die Erstursache besitzen könnte (S. VI, 114), doch kann er von der Erstursache eine Kenntnis der Wahrheit von der Wahrheit selbst erlangen, und der Spielraum dieser Wahrheit reicht vom Beginn der Welt bis zu ihrem Ende und durchdringt die Schleier des Glaubwürdigen wie des Rätselhaften. Wie ein Steuermann, der den Kurs nach den Sternen bestimmt, legt er seinen Kurs auf Erden fest durch die himmlischen Formen. Er ist nicht zu überrumpeln, noch läßt er sich durch Schwierigkeiten abdrängen (S. VI,78f.). Wie Platons Philosoph, der die Schau des Guten hatte, kann er zu der Höhle oder zur Welt zurückkehren und die Menschen leiten gemäß der Wahrheit, die er sah.

Die Darstellung der Erstursache zusammenfassend, kann man sagen, daß Justin und Irenäus ähnlich argumentieren, um die Einzigkeit des ersten Bewegers, der Erstursache und des notwendigen Seins zu erweisen, wobei eine Pluralität ausgeschlossen wird. Tertullian und Klemens zeigen besonderes Interesse für den letzten Grund der Wahrheit. Während beide auf einer einzigen Quelle bestehen, bleibt diese für Tertullian außerhalb des Beweisgangs, während sie für Klemens die selbst unbeweisbare Quelle aller Beweisgänge ist (S. VIII,3,7).

Bei der Betrachtung der ganzen Spannweite der Probleme sahen wir vier gleichlaufende, aber ganz bestimmte Darstellungen Gottes. Was sind die besonderen Charakteristika einer jeden Darstellung? *Justin* zeigt einen recht derben, direkten Ansatz, der nur durch seine Kürze und unentwickelte Thematik etwas verdunkelt wird. Er verbindet den transzendenten Gott mit der Welt und dem umgewandelten Leben, das er beobachten konnte, weil seine Leser durch abstrakte Rede nicht zu bewegen sind. *Irenäus* geht es ebenfalls darum, das Christentum an Welt und Geschichte zu binden; das transzendente *Pleroma* der Gnostiker ist Unfug. Der Mensch findet den einen Gott in seiner großen Liebestat und Selbsthingabe in Christus, und das

Leben des Menschen ist die Gottesschau. Für *Tertullian* liegt das erhabene Geheimnis Gottes nicht in seiner fernen Hoheit, sondern dort, wo er sich mit seiner Schöpfung vereinigt. Es kann nur einen einzigen Gott geben, die Frage ist nur, ob er zugleich ein Gott der Liebe und der Gerechtigkeit, zugleich ein Gott der Erlösung und der Schöpfung sein kann. Der Mensch findet göttliche Weisheit in der Torheit des Kreuzes. Und *Klemens* schließlich geht über die Gnostiker hinaus; wo Irenäus die göttliche Fülle auf die Erde brachte und Tertullian den Schnittpunkt göttlicher Liebe und himmlischer Wirklichkeit zum zentralen Geheimnis erhob, greift Klemens dieses Geheimnis auf und vergißt nie seine Spannungen. Gott ist über der Welt der Dinge und Menschen zu finden, und es gilt, einen Pfad zu erklimmen. Worte haben keine unmittelbare Bedeutung, wenn sie von Ihm sprechen; Symbol und Rätsel umgeben uns von allen Seiten. Doch dies ist Gottes Welt, die Welt, in der sein Sohn lebte und starb, und die Welt, in der die Freunde Christi ihn überall finden.

---

[1] Acta S. Justini et sociorum, 5.

[2] *Platon*, Parmenides, 137.141.142.

[3] Natürlich finden sich Vorläufer in *Philo Judaeus*, ganz zu schweigen von *Aristides*, Apol. 1,4 und neutestamentlichen Stellen wie 1 Tim. 1,17 und 6,16.

[4] *Klemens*, S.V,68,1. Vgl. *Philo*, De sacrificiis Abelis et Caini, 95.

[5] *Justin*, 1 A.6.

[6] 1 A.5 und 6. Vgl. *E. Osborn*, Justin Martyr, 26f. und 81f.

[7] Beispielsweise: „Alexamenos betet seinen Gott an", mit Abbildung eines Eselskopfes. Vgl. *J. Preaux*, Deus Christianorum Onokoetes: Latomus 44 (1960) 639–654; *W. H. C. Frend*, Martyrdom, 252.

[8] 1 A.6.

[9] Vgl. *E. Osborn*, Empiricism and transcendence: Prudentia 8 (1976) 115 bis 122, in diesem Abschnitt gekürzt wiedergegeben.

[10] *R. B. Braithwaite*, An empiricist's view of religious belief, in: Christian ethics and contemporary philosophy, London 1966, 88.

[11] *A. Boyce Gibson*, Theism and empiricism, London 1970, 63ff.

[12] Über den Grund, weswegen Justin Platon Rätselsprache zuschreibt und ihn frei auslegt, gibt es eine sonderbare Erörterung. *N. Hyldahl*, Philosophie und Christentum, Kopenhagen 1966, und *E. P. Meijering*, Orthodoxy and Platonism in Athanasius. Synthesis or antithesis? Leiden 1968, 28, sehen wohl, daß Atticus' Ablehnung der Rätselsprache polemisch sein könnte. Hierzu schreibt Meijering: „Atticus und Justin könnten beide eine mittelplatonische Quelle benutzt haben, in der es heißt, Platon rede in enigma-

tischer Sprache. Justin kann diese Formulierung übernehmen, wogegen Atticus – ein sehr formalistischer Platoniker – seine Quelle korrigiert." Man stutzt: Justin benutzt doch einen Text, der von vielen Göttern spricht, um die Einzigkeit des einen Gottes zu beweisen; er *muß* Platon für enigmatisch halten oder nicht wörtlich zu verstehen. Die logische Notwendigkeit ist offenkundig, die historische Verbindung dagegen nicht.

13 Vgl. *Justin*, 2 A.10 und *Albinus*, Didaskalikos, 27.
14 Eine Zusammenfassung der Belege bietet *A. Benoit*, Saint Irénée, 204ff., wo die Einheit als Hauptthema von „Adversus haereses" verstanden wird.
15 *Tertullian*, Apologeticum 34,3. Vgl. den Kommentar hierzu von *J. M. Hornus*, Etude sur la pensée politique de Tertullien: RHPhR 38 (1958) 35f.
16 *Tertullian*, De carne Christi, 5.
17 *B. Williams*, Tertullian's paradox, in: *A. Flew, A. MacIntyre* (eds.), New essays in philosophical theology, London 1955, 203.
18 Ebd. 211.
19 Ebd. 207.
20 *L. Wittgenstein*, Tractatus Logico-Philosophicus, 6. 432 (zitiert von *B. Williams*, Tertullian's paradox, 202).
21 *R. Braun*, Aux origines de la chrétienté d'Afrique. Un homme de combat, Tertullien: Bulletin Budé 5 (1965) 203ff. Die Ähnlichkeit mit dem Islam wird auf S. 208 vermerkt und eine Bemerkung von *Stephen Gsell* zitiert: „De très loin Carthage a préparé les Berbères à recevoir le Coran, livre saint et code."
22 *K. Wölfl*, Das Heilswirken Gottes durch den Sohn nach Tertullian: AnGr 112 (1960) 45.
23 *C. Bigg*, The Christian Platonists of Alexandria, Oxford 1886, 65.
24 Nach Auffassung der Pythagoräer und Platoniker war die Beseitigung der Leidenschaften eine ebenso wesentliche Voraussetzung für die Betrachtung des Einen wie das logische Argument.
25 *Philo*, De sacrificiis Abelis et Caini, 95.
26 Justin bringt den antimarcionitischen Zusatz, weil Marcion diese Schriftstelle verwendet hatte. Die Veränderung von Worten Jesu im zweiten Jahrhundert erörtert *L. E. Wright*, Alterations to the words of Jesus in the second century, Harvard 1952. Zu Klemens siehe weiter unten; zu Origenes vgl. *E. Osborn*, Origen and justification: the good is one; there is none good but God (Matt. 19.17 et par.): ABR 24 (1976) 18–29.
27 *Vgl. E. Käsemann*, Gottesgerechtigkeit bei Paulus, in: *ders.*, Exegetische Versuche und Besinnungen, Göttingen ²1965, Bd. 2, 181–193.
28 *Plutarch*, Moralia, 1129; De latenter vivendo, 4.
29 Die folgende Erörterung stützt sich auf *G. C. Stead*, Divine substance in Tertullian: JThS 14 (1963) 46–66.
30 Ebd. 62.
31 Vgl. *J. Moingt*, Théologie trinitaire de Tertullien, vol. 2: Substantialité et individualité, Paris 1966, 297–430.
32 Ebd. 668. Vgl. auch *A. Harnack*, Dogmengeschichte, hier zit. nach der engl. Übers.: History of dogma, 2nd ed. (London 1897–1899, Übers. der 3. Aufl.), vol. 4, pp. 122f. Vgl. auch *J. Bethune-Baker*, Early history of

[33] Vgl. *G. C. Stead*, Divine substance, 202ff.
[34] Vgl. *E. Osborn*, Philosophy of Clement, 40; *G. C. Stead*, Divine substance, 187.
[35] Vgl. die wohlbegründete Erörterung bei *P. Nautin*, La fin des stromates et les hypotyposes de Clément d'Alexandrie: VigChr 30 (1976) 268–302.
[36] Das Argument der Erstursache begegnet auf unterschiedliche Weise in den drei ersten der fünf Wege des Thomas von Aquin.
[37] Vgl. *Origenes*, Contra Celsum, 7,47; 7,62; 7,66; 8,4; 8,5; 8,13. Polytheismus ist nicht immer mit göttlicher Einheit unvereinbar. Eine höchste Gottheit kann niedrigere göttliche Wesen beherrschen, oder man versteht die vielen Götter einfach als verschiedene Namen des einen göttlichen Wesens; vgl. *G. C. Stead*, Divine substance, 181. Justins Engel sind dem einen Gott untertan und erhöhen seine Majestät. Origenes scheint seinen Monotheismus mit seinen „Göttern" abzugleichen. An einer wichtigen Stelle in „Contra Celsum" behauptet Origenes, es gäbe andere Götter über den Göttern der Heiden (die Dämonen seien) und daß der eine Gott über den geringeren Göttern stehe. Es gibt eine Götterversammlung (Ps. 82,1), und es gibt viele Götter und Herren (1 Kor. 8,5). Der Christ lebt über diesen Göttern und weit über den Dämonen, die die Heiden als Götter anbeten. Wenn Paulus sagt: „So haben doch wir nur einen Gott, den Vater. Von ihm stammt alles, und wir leben auf ihn hin" (1 Kor. 8,6), „so meint er mit dem ‚wir' sich selbst und alle die, die sich zum höchsten Gott der Götter und zu dem höchsten Herrn der Herren erhoben haben" (Contra Celsum, 8,4). Dienst an den geringeren Göttern oder Dämonen kann niemals Dienst am höchsten Gott sein.
[38] *F. R. Tennant*, Philosophical theology, vol. 2, Cambridge 1930, 125: „Die Abstufungen zwischen dem unendlich Einen und dem endlich Vielen, die von Philo, Plotin, Spinoza u. a. eingerichtet wurden, führen dem Abgrund näher, überbrücken ihn jedoch nicht."
[39] *I. Murdoch*, The sovereignty of Good, London 1970, 92.
[40] Vgl. *Maximus von Tyros*, Dialexeon, 11.
[41] Vgl. *Iris Murdoch* zu Platon: „Der Abgrund des Glaubens liegt jenseits von Bildern und auch jenseits der *logoi*" (The Fire and the Sun [Why Plato banished the artists], Oxford 1977, 70).

PROBLEME UND PARALLELEN

Auf jeweils unterschiedliche Weise befaßten sich die vier Autoren mit dem gleichen Problem. Wenn Gott wirklich Gott ist, so muß er ein einziger Gott sein; ist er jedoch einer, so kann er nicht erkannt werden. Die Erstursache aller Dinge liegt jenseits gewöhnlicher Erklärung. Justin konnte nur auf das Leben der Christen verweisen, Irenäus die Gnade preisen, die Gott uns nahe bringt, Tertullian die göttliche Torheit des Kreuzes rühmen, und Klemens konnte bewußt das Geheimnis, das Symbol und ein notwendiges Wachsen in Reife und Erkenntnis annehmen. Gibt es Probleme des gegenwärtigen Denkens, auf die von den Fragen, die diese Autoren bewegten, neues Licht fällt?

1 Am Rande der Empirie?

Die empirisch geprägte Philosophie, die im Laufe dieses Jahrhunderts die angelsächsische Welt beherrschte, verlangte nach einer Antwort der Religion. Der logische Positivismus läßt zwar keinen Raum für Aussagen über Gott, die logische Analyse aber bietet Spielraum für einen empirischen Zugang zur Sprache der Religion.

Den bei weitem umfangreichsten Beitrag hierzu lieferte *Ian T. Ramsey,* für den die Rede über Gott eine Sprache des Sich-Einlassens (commitment) und des Gewahr-Werdens (discernment) ist. In Erschließungssituationen „fällt der Groschen", und man wird der Gegenwart Gottes gewahr. Von Gott kann man nur in „besonders qualifizierter" Weise sprechen; „diese qualifizierte Objekt-Sprache wird auch zur gültigen Währung für jenes ungewöhnliche Gewahr-Werden (discernment), das mit dem religiösen Sich-Einlassen (commitment) notwendig verbunden ist"[1].

Ein wichtiger früher Beitrag stammt von *Austin Farrer,* der das Faktum akzeptiert, daß die Sprache der Religion indirekt und verdeckt sein muß; sie ist keine unmittelbare Beschreibung, sondern ein Gleichnis der Wahrheit, die sie vermitteln will. Hier erhebt sich die Frage: Wie sind diese Gleichnisse mit der Wirklichkeit verbunden, und auf welche Bereiche menschlicher Erfahrung sind sie zu beziehen? Farrer verwies auf die sittliche Erfahrung, worin der Anspruch eines Nachbarn anerkannt wird. Dieser Anspruch – ein absoluter Anspruch – wird nach christlicher Überzeugung letztlich von Gott erhoben. Die sittliche Erfahrung, behauptet Farrer, deckt jene Stelle auf, an der man deutlich sieht, wie der Glaube sich auf das menschliche Leben auswirkt.[2]

Boyce Gibson schrieb eine sehr sorgfältige Studie über Empirie und Glauben.[3] Er lehnt den Versuch ab, den religiösen Glauben auf den Glauben an einen abstrakten Gott zu reduzieren, der allen Religionen gemeinsam sei. „Weder der Gott des höchsten gemeinsamen Faktors, den der Deismus des achtzehnten Jahrhunderts vertrat, noch der Gott des kleinsten gemeinsamen Nenners, den ein Synkretismus im zwanzigsten Jahrhundert fordert, ist im mindesten anbetungswürdig" (S. 57). Die verschiedenen Religionen sollten selbstverständlich miteinander reden. „Es sind aber die Besonderheiten der bestimmten Religionen, durch die der Funke aus dem Stein geschlagen wird" (S. 58). Ein Sprechen über Gott kann nur aus gemeinsamer Gotteserfahrung erwachsen. Hinter aller Theologie steht eine „durchhaltende Erfahrung"; obgleich die Beschreibungen dieser Erfahrung voneinander abweichen, bleibt diese selbst im Zentrum. „Der Ausruf des Petrus: ,Du bist der Christus' war keine Theorie; er wurde durch das, was er sah, aus ihm herausgepreßt. Was er sah, war so außergewöhnlich, daß es nicht mit gewöhnlichen Begriffen einzufangen war" (S. 58).

Das Gewahr-werden der Gegenwart Gottes und eine Beschreibung dieses Gewahr-werdens ist möglich, weil es „Verlängerungen" Gottes oder „Ränder" seiner Tätigkeit gibt, die der menschlichen Erfahrung zugänglich sind. Diese Erfahrungen sind angesiedelt in der Ordnung und Kreativität innerhalb der Welt oder in sittlichen Werten wie der Freiheit, die etwas vom Unendlichen an sich hat.[4] Dem offenkundigen Gegenteil begegnet der Glaube, der als „Mut des Geistes" fungiert. Obwohl Personen und Werte nicht Gott sind, weisen sie über sich selbst hinaus und werden durch die Gegenwart Gottes verwandelt. Für Boyce Gibson läßt sich Gott nicht durch ein großartiges System der Metaphysik beweisen oder beschreiben. „Wir können aber alle Bruchstücke der Gotteserkenntnis, die uns begegnen, zusammenfügen, ... zu einem beweglichen und sich immer weiterentwickelnden Muster ... Wir werden stets im Entdecken vorankommen, im Glauben, daß es noch immer mehr zu entdecken gibt und werden der Gegenwart Gottes während der ganzen nie endenden Reise gewahr" (S. 273).

2 Kann uns die negative Theologie etwas sagen?

Die Behauptung, wir könnten nur sagen, was Gott *nicht* ist, und könnten nicht sagen, was er ist, wirft ihre eigenen, ganz besonderen Probleme auf. Wie Klemens zeigte, besitzt Gott nicht jene abertausend Eigenschaften, die er den Einzeldingen seiner Schöpfung verlieh und „abertausend" ist zweifellos noch untertrieben; es ist offensichtlich unmöglich, Gott mit Hilfe der zahllosen irdischen Qualitäten, die er gar nicht besitzt, zu beschreiben. Daher ist es fast genau so schwierig – wenigstens einigermaßen adäquat – zu sagen, was Gott nicht ist, wie zu sagen, was er ist. Kein Gegenstand läßt sich dadurch beschreiben, daß man sagt, was er nicht ist. „Negative Fakten" haben keinen End-Punkt. In dieser Hinsicht ist Gott nicht einzigartig. Nochmals: Läßt nicht die negative Theologie alles ungesagt und sagt, wortwörtlich verstanden, überhaupt nichts? Ein Schriftsteller des neunzehnten Jahrhunderts schrieb einem gewissen Gentleman die Kenntnis nur zweier Melodien zu, „deren eine, sagt er, ist ‚God Save The King', die andere aber nicht".[5]

Fangen wir mit diesem Jahrhundert an, in dem es eine übertriebene Vorliebe für negative Attribute gab, wenn sie nur eine kraftvoll positive Bedeutung vermittelten. Eine bemerkenswert lange Reihe von Kriegsschiffen trug den Namen *Invincible*, ganz zu schweigen von *Indefatigable, Inflexible, Indomitable, Irresistible, Implacable, Impregnable, Itrepid*[6] wie auch *Dreadnought* und *Sans Pareil*. Ein Theologe behauptete, daß die negativen Umschreibungen Gottes wie „unsichtbar", „unsagbar", „unvorstellbar" positive Bedeutung hätten, während positive Beschreibungen Gottes wie „gut" und „liebend" von negativer Bedeutung seien. Die erstgenannten verwiesen auf „letzten Selbst-Stand und universale Verantwortung", während die letzteren „dieser Eigenschaften ermangelten".[7]

Die Grundzüge des jüdisch-christlichen Gottesbegriffs sind Einheit und Transzendenz. Transzendenz läßt sich als bedeutungsvoller Begriff erweisen, und Einheit ist durch Beobachtung der Welt abzuleiten.[8] Die Einzigkeit Gottes kann auf verschiedene Weise gesehen werden: in der Überlieferung des Alten Testaments erscheint die Einheit Gottes nicht abstrakt und philosophisch begründet, sondern verweist auf eine Einheit von

Zweck und Eigenart in der den Propheten und Priestern Israels geschenkten Offenbarung. Gott wird als personaler Wille oder als schöpferische Forderung verstanden, auf die der Mensch zu antworten hat. Ähnlich ist Gott für den Christen „einheitlich, alle Vorstellungen vereinigend um das Bild Jesu als des Herrn; und Gott ist transzendent, indem er den lebendigen Herrn allen Menschen überall darbringt"[9].

Der Begriff des reinen Seins ist jedoch in hohem Maße mehrdeutig.[10] „Er, der ist", kann die allgemeinste Kategorie sein, die auch auf alle Dinge anwendbar ist, oder aber die geheimnisvollste, weil kein Prädikat in Reichweite des menschlichen Verstandes kommt. Während Klemens' *via negativa* zu einem abstrakteren Begriff führt – als Ergebnis des Wegnehmens aller Eigenschaften – entsteht zugleich der Begriff göttlicher Fülle, des vollkommenen Seins oder der Summe aller positiven Attribute. Diese Darstellung findet sich sowohl bei Klemens wie bei Irenäus, wo sie an Xenophanes erinnert: „Er ist ganz Auge, ganz Geist und ganz Ohr." In jedem Fall wird das Verb des Xenophanes durch ein Substantiv ersetzt. Der Grund hierfür liegt auf der Hand: die negative Theologie könnte den Gläubigen mit etwas ähnlichem wie dem gnostischen *fructus extremitatis*, außerhalb des göttlichen Pleroma, belassen. Irenäus und Klemens mußten darauf bestehen, alle göttliche Fülle sei im Vater, den sie anbeteten. Klemens verwendet diese Ausdrücke für den Sohn (S. VII,5) ebenso wie für Gott Vater (S. VII,37), während Irenäus' Darstellung der Zusammenfassung aller Dinge in Christus die Fülle ebenso zum Attribut des Sohnes wie des Vaters macht.

Mit Nachdruck ist zu betonen, daß die *via negativa* des Klemens mit der göttlichen Fülle durchaus vereinbar ist. Man muß schon über die Attribute gewöhnlicher Dinge und falscher Götter hinausgehen, um den Gott zu finden, der das vollkommene Urprinzip des Universums ist. Als das Sein, als das Gute und als Geist ist er das Urprinzip der Sphären des Seins, der sittlichen Werte und der Logik (S. IV,162). Im „Gastmahl" spricht Platon von der höchsten Entdeckung der einzigartigen Erkenntnisweise, der Erkenntnis jener Schönheit, die universal und ewig ist. Diese Schau richtet sich nicht auf ein bestimmtes schönes Antlitz, auf einen schönen Körper, auf Wortpassagen, Teilerkenntnisse oder bestimmte Dinge, sondern auf eine ewige Liebenswürdigkeit, an der alles Liebenswerte Anteil hat, so daß die gesamte Schönheit ein ungemindertes Ganzes bleibt, während ihre Teile sich wandeln („Gastmahl", 211).

Doch Schwierigkeiten bleiben, und man sollte sensibel auf die starken Einwände reagieren, die gegen den unbekannten Gott erhoben wurden, wie auch auf die gelegentliche Verteidigung jener Art von Göttlichkeit, die die Christen leugneten und dem Spott preisgaben. Man argumentierte, daß man nur ein *notwendiges* Wesen anbeten kann, daß dies aber ein in sich widersprüchlicher Begriff sei und demzufolge ein wahrer Gott gar nicht existieren könne. Gott kann nicht kontingent sein. Er muß alles sonstige unendlich übersteigen;[11] doch bringt ihn das nicht aus der Reichweite aller Erkenntnis und Sprache? Nur eine einzige sorgfältige und kritische Abhandlung hat die Schwierigkeiten aufgezeigt, die sich aus der Behauptung ergeben, daß das Paradox und die *via negativa* über sich selbst hinaus auf irgend etwas Wirkliches überhaupt verweisen könnten.[12]

Ferner ist zuzugeben, daß der Begriff Gottes als des „ganz Anderen" seltsam unklar ist, teils wegen des Gebrauchs des bestimmten Artikels, teils weil er nur ein Vorspiel des Schweigens sein sollte. Andererseits ist es durchaus sinnvoll zu sagen, daß die Theologie immer dann, wenn sie die raumzeitlichen Kategorien unseres gewöhnlichen Denkens gebraucht, unverständlich werden muß.[13]

Der Skeptiker mag vielleicht mit der Möglichkeit eines Zeus ähnlichen Übermenschen rechnen, der Bäume zerschmettert und sichtbar in die physische Welt eingreift. Aber daran sind die Gläubigen nicht interessiert; sie glauben nicht an solch einen Gott.[14] Die Theologie der Comics ist die Antithese christlicher Theologie; solch ein gezähmter Gott ist zu klein, ist der menschlichen Phantasterei, die der Christ ja zerstören will, allzu nahe. Christen tun sich schwer, einen Skeptizismus ernst zu nehmen, der die Bedeutungslosigkeit eines solchen Gottes nicht einsieht.

Das Christentum hat eine größere Chance, in einer säkularisierten Welt als in einer pagan religiösen verstanden zu werden. Denn das Christentum hat größere Schwierigkeiten mit den Götzen als mit den Gottlosen. Das Eingeständnis, daß Gott – ob er existiert oder nicht – kein Teil dieser Welt ist, ist dem

Hans Urs von Balthasar schrieb über den unbekannten Gott und wie er dem modernen Menschen verborgen ist. Nach alter Gewohnheit in der Natur geheimnisvolle Abgründe ausfindig zu machen, in denen man Gott entdeckt, das hat ein Ende: „Die Welt ist nicht Gott. Soviel ist heute dem Theisten wie dem Atheisten klar."[25] Die Zeichen der Zeit deuten auf Atheismus, was viele erschreckt, doch könnte dies der Weg sein, auf dem wir zu einer angemesseneren Gottesidee vordringen. Urs von Balthasar wendet sich den späteren Platonikern zu, deren Religiosität „eine gewisse Verwandtschaft mit der modernen Kühle des Geistes"[26] hatte. Jene Darstellungen Gottes, die wir zuvor betrachteten, eröffnen einen Weg, denn nur solche Christen, die die äußerste Transzendenz Gottes erfaßt haben, sind in der Lage, den heutigen Menschen hilfreich anzusprechen. Hier wird einzig das Kreuz in seiner Einsamkeit und seinem schweigenden Gehorsam bedeutungsvoll: „Denn der Sohn hat die Welt nicht durch humanitäre und soziale Taten erlöst, sondern durch das Blut seines Gehorsams, das in offenkundiger Vergeblichkeit am Kreuz vergossen wurde, durch das er über die Sphäre der sozialen wie auch der personalen Faktoren vordrang bis in das namenlose und antlitzlose Schweigen der Gottheit."[27] So hat der Christ zusammen mit dem heutigen Menschen in der Dunkelheit seiner gott-losen Welt zu stehen, wenn er einen Weg zu dem einzigen Gott finden soll.

Urs von Balthasar kennt aber auch eine positive Seite, die im Gebet, in der Kontemplation und in der Liebe zu finden ist. Gebet und Kontemplation sind jedoch nicht als ein Auftanken zu verstehen, um mit der Welt fertig zu werden; sie sind vielmehr Weisen, dem Selbst abzusterben und zu Gott zu gelangen. „Die wahren Heiligen wollten nur ein einziges: die höhere Ehre der Liebe Gottes... Sie sind in Gott verborgen, haben keinen Halt in sich selbst. Sie wachsen an Gestalt, nicht aber um ihre eigene Mitte, sondern um Gott, dessen unbegreifliche Gnade immer größere persönliche Freiheit jenem Geschöpf verleiht, das sich befreit, um einzig für Gott zu existieren."[28] Die zentrale Wirklichkeit des Christentums ist die Liebe und einzig die Liebe; diese wird im Tun gelebt und bietet den einzig wahrnehmbaren Grund für die Glaubwürdigkeit der christlichen Botschaft.

Die christliche Argumentation zerbrach die meisten Einwände gegen ihren eigenen Gottesbegriff, indem sie sich jener Gründe bediente, die Philosophen in anderem Zusammenhang aufgestellt hatten und nun schwerlich in diesem Kontext leugnen konnten, was sie anderswo behauptet hatten. Doch wie aller Platonismus lief auch die Beweisführung der Christen auf das Geheimnis hinaus, das nicht zu erklären ist, und so blieb eine gewisse Berechtigung für jenes Graffito aus dem zweiten Jahrhundert, das einen Menschen mit einem Eselskopf am Kreuz zeigt: „Alexamenos betet seinen Gott an."[29]

Eine neuere Erörterung von Wunder, Ironie und Tragödie schließt *D. M. Mackinnon* mit der seltsamen Episode der Auferweckung des Lazarus und dem darauf folgenden Tod Jesu. Die endgültige Darstellung der Allmacht Gottes geschieht gar nicht im Wunder.[30] Es ist vielmehr das Tragische, das überdauert, und die Christen könnten für sich in Anspruch nehmen, einen Glauben zu bieten, „der sie standhaft an der Bedeutung des Tragischen festhalten läßt"[31]. Eine Erwägung der Extremsituationen des menschlichen Lebens, wie etwa durch Sophokles und Shakespeare dargestellt, verweist auf die Transzendenz als einzige Zuflucht vor der Trivialität. Der Begriff der Gegenwart bietet eine Erklärung bedeutsamer Aspekte der Erfahrung. „Die Sittengesetze ... werden oft mißachtet; doch liegt in ihrer Mißachtung insofern etwas Seltsames, als sie, wenn sie grundlegend ist (wie im Falle des radikalen Selbst-Betrugs), zur Selbstzerstörung wird."[32] Glauben ist „Sehen als", ist eine andere Sicht der Welt wegen der Hingabe, die vollzogen wurde. Der Klumpen eines zerschellten Flugzeugs wurde von einem Landschaftsmaler als „totes Meer", als „monströse Gestalt menschlicher Verwüstung" gesehen.[33] Der Beitrag des Künstlers und Schriftstellers besteht darin, die Wahrnehmung anderer zu vergrößern; Glauben ist in ähnlicher Weise erweitertes Gewahrwerden. „Jesus wird von denen, die seine Lebensgeschichte brauchen, um die Welt auf besondere Weise sehen zu lernen, als jemand aufgenommen, der ein Prinzip nicht bloß erläutert und illustriert, sondern es irgendwie erringt und ins Dasein bringt."[34]

6 Die Nähe Gottes

Das Verblüffendste liegt wohl in Tertullians Behauptung, daß in der Menschwerdung Gottes die Glorie zu sehen ist. Der Gipfel der Transzendenz liegt nicht außerhalb der Welt, sondern in der Welt, wo sich die Inkarnation ereignet. Wenn man Tertullians Behauptung als hitzköpfigen Anti-Rationalismus ansieht, wäre dies nur ein Anzeichen dafür, daß man das Neue Testament wie auch Tertullian mißverstanden hat. „Das Wort ist Fleisch geworden, und wir haben seine Herrlichkeit gesehen", dies ist für das Johannesevangelium thematisch und nicht bloß beiläufig: Der fortgesetzte Hinweis auf die Kreuzigung Jesu als auf sein „Erhöht-sein" oder „Verherrlicht-sein" ist die schlichte Aussage dessen, worum es Tertullian geht. Und auch die Feststellung des Paulus, daß er sich einzig im Kreuze Christi rühme, ist nichts geringeres als die Mitte seiner Theologie. Im Gegensatz zur landläufigen Ansicht sagt Tertullian nichts, was Justin, Irenäus und Klemens in Frage stellen würden; für sie alle ist das Kreuz der Ort, an dem man der göttlichen Transzendenz begegnet. Man hat jedoch erst in jüngster Vergangenheit Tertullians Argumentation untersucht, und die Kreuzestheologie des Klemens wird noch weithin übersehen.[35]

Eine neuere Darstellung eben dieser Transzendenz beginnt mit der Behauptung: „Gottes Sein ist im Werden". Wir kennen Gott nur, wie er „für uns" ist im Sinne des paulinischen „Ist Gott für uns, wer ist dann gegen uns?" (Röm. 8,31) Daß Gott „für uns" ist, wissen wir nur durch das Christus-Ereignis. In diesem Ereignis legt Gott für uns aus, was er ist. Gottes Sein ist stets „für" jemanden da, und dieses Sein ist in der Beziehung des Vaters, des Sohnes und des Heiligen Geistes ebenso wie im Ereignis der Offenbarung zu finden. Der verborgene Gott ist der gleiche Gott, der sich selbst in *dem* Ereignis offenbart, durch das er „für uns" wird.[36] Die Verbindung zwischen Transzendenz und Inkarnation ist hier der Auffassung Tertullians sehr nahe.

Diese Sicht wurde in der bemerkenswerten Darstellung Gottes als „Geheimnis der Welt" entfaltet.[37] Das Wort ist das Mittel, durch das der abwesende Gott gegenwärtig ist, und Glaube ist das Mittel, durch das das Ereignis des Wortes ergriffen wird (S. 246). Nur durch die Einheit Gottes mit der Kontingenz wird es Gott möglich, zum Gegenstand unseres Denkens zu werden. Was uns übersteigt, bedeutet uns nichts (S. 248ff.). Die Einheit Gottes und die Kontingenz sind aus dem Sein Gottes herzuleiten (S. 270), aus dem Tod des gekreuzigten Gottes. Gottes Sein ist stets in seinem Werden; er muß in das Reich dessen eintreten, was nicht ist. Die Bewegung nach außen ist der innerlichste Akt seines Seins.[38] Glaube, Liebe und Hoffnung bringen auf menschliche Weise die Wahrheit zum Ausdruck, daß Gottes Sein in seinem Werden ist.[39] Im Glauben kehrt man zu dem Gott zurück, der von sich selbst her zur Welt kam; in der Liebe wird man mitgenommen von dem menschlichen Gott, der auch im Tode zu sich selbst kommt; und in der Hoffnung geht man Gott entgegen, der als Gott kommt und so der Liebe zum Sieg verhilft. So wahrt der Mensch Gott als das Geheimnis der Welt.

„Gottes Sein ist im Kommen" (S. 521). Der dreieine Gott ist das Geheimnis der Welt. Denn Gott kommt aus Gott, er ist sein eigener Ursprung und sein eigenes Leben. Und Gott kommt zu Gott, doch er kommt auch zum Menschen. „Er *ist* in der Person Jesu Christi zum Menschen gekommen" (S. 524). In der Entfremdung des Todes kommt Gott zu sich selbst und stürzt den Tod. Endgültig kommt Gott als Gott; obwohl sein Tod Entfremdung ist, bleibt er Quelle und Ziel, sich selbst geeint als Vater und Sohn; „kurz: daß Gott sich selber Vermittlung ist – das ist die dritte Seinsweise Gottes, das ist Gott der Heilige Geist" (S. 531).

7 Schweigende Anbetung

Wegen der Schwierigkeiten, die mit solcher Sprache verbunden sind, hat man zu recht vorgeschlagen, die Hauptaufgabe der Theologie heute in der Antwort auf die Frage zu sehen, *welches* Schweigen und *welche* Ablehnung jeden Bildes die höchste Liebe, die „in Christus, dem Gekreuzigten" ist, gegenwärtig am besten vermitteln könne. Dies aber ist kein leichter Weg, denn „wir wagen nur im Kontext strengster Disziplin des Schweigens solch eine Wirklichkeit zu denken"[40].

Die Thematik des Schweigens vor Gott kommt kraftvoll zur Sprache in *Simone Weils* Darstellung des „Aufmerkens" (attention) oder „Wartens auf Gott".[41] Wir können uns nicht vertikal auf Gott zubewegen oder zu ihm gehen; wir können nur unsere Blickrichtung ändern und ihm unsere Augen zuwenden (S. 167). Die Erlösung liegt einzig in der Sehnsucht nach Gott und im Verzicht auf alles andere. Diese „wartende oder aufmerksame und gläubige Unbeweglichkeit, die unbegrenzt andauert und nicht erschüttert werden kann" (S. 149), ist wie der Glaube des Neuen Testaments, der mit leeren Händen kommt und durch Standhaftigkeit ausgezeichnet ist.[42] Wie der Glaube wendet sie sich vom Selbst und von der Phantasie ab, von jener Traumwelt, deren Mittelpunkt das Selbst ist (S. 115), hin zu Gottes reiner Wirklichkeit, die sie zugleich sucht und fürchtet (S. 129). Der Gehorsam Gott gegenüber ist wie die Transparenz einer Fensterscheibe (S. 89), und die Liebe zu Gott ist eine Einheit, in der die Vielheit verschwindet (S. 85). Freundschaft mit den Freunden Gottes ist die mächtigste Hilfe zur Gottesschau (S. 40) und „Schauen ist das, was uns rettet"[43].

Manches ist an den modernen Religionsanalysen deshalb unzutreffend, weil es die Anbetung und das Gebet nicht berücksichtigt. Das Christentum auf eine humanistische Ethik zu reduzieren bedeutet, es völlig zu entschärfen, da der „wesensmäßige Gottesbegriff unlösbar mit der Praxis der Anbetung verbunden ist"[44]. Niemand sah die Verbindung zwischen Gebet und Wissen klarer als Klemens und Origenes. Nach Klemens findet der wahre Gnostiker Vollendung in ständigem Gebet (S. VII,56f.), das keiner Worte bedarf. „Es ist also möglich, das Gebet auch ohne das gesprochene Wort zu Gott zu senden, wenn man nur in seinem Inneren entsprechend der unverrückbaren Hinwendung zu Gott alle seine Geisteskraft auf die Stimme des Geistes sammelt" (S. VII,43,5). Solches Gebet nimmt den Endzustand der Erkenntnis vorweg, der als unwandelbares Licht ewig in der Gegenwart Gottes scheint.

Origenes betont ausdrücklich, daß das Gebet ein Testfall für die Erkenntnis des unbekannten Gottes ist (Orat. 1 und 2) und ein Weg, der durch die Unwissenheit des Menschen hindurchführt (Orat. 13) durch das Wahrnehmen spiritueller Schönheit (Orat. 17). Den Sinnen sind die Türen verschlossen, so daß der Vater, der auch im Geheimen hört, zu dem, der betet, kommen kann (Orat. 20). Das Gebet führt zu einem Wachsen der Wahrnehmung. „Dein Reich komme" bittet darum, daß dieses Reich in dem, der betet, entstehe und zur Vollkommenheit heranwachse (Orat. 25). Weisheit und Wahrheit bleiben das Höchste, und der Geist bewahrt das Geheimnis der Zeiten (Orat. 27). Wie für Platon niemand ohne Geometrie, so kann für Origenes niemand ohne Gebet zum Urprinzip aller Dinge vordringen. Ähnlich ist auch für Plotin das Gebet eine Angelegenheit des Geistes (Enn. V,8,9), und die Seele neigt sich durch das Gebet zu Gott als die Einsame zu dem Einsamen (Enn. V,1,6).

Doch Schweigen ist noch nicht genug. Die Unsagbarkeit Gottes bedeutet nicht, daß für Worte kein Raum ist. Jeder der vier Autoren schrieb – und verstand das Schreiben – anders. Jeder mißtraute der literarischen Kunst mehr noch als Platon ihr je mißtraut hatte, doch keiner fand wie er eine Darstellungsweise, die als Modell einer literarischen Form erhalten blieb. Justin versuchte es mit Dialog und Apologie, doch bleibt eher seine Textflickerei in Erinnerung als eine durchhaltende, besondere Qualität. Irenäus sagt, er könne nicht schreiben, analysiert jedoch seine Gegner gut und argumentiert mit Geschick, wobei als äußerer Stimulus die göttliche Herrlichkeit in Christus seinem Schreiben Tiefe und Farbe verlieh.[45] Tertullian war schreibgewandt, schrieb aber einen ungezügelt individuellen Stil. Klemens schreibt im „Protreptikos" und im „Paidagogos" einfach; doch in den „Stromateis" widersagt er ausdrücklich einer offenen Darlegung und behauptet: Wenn Worte etwas über göttliche Wahrheit sagen sollen, müßten sie verdeckt reden.[46] Er schrieb jedoch ziemlich offen, trat fest gegen gnostische Immoralität auf und packte mehr in seine Sätze als andere Autoren. „Kunst beflügelt die Philosophie wie sie auch die Religion beflügelt; sie war zum Schreiben für Platon ebenso nötig, wie sie es für die Evangelisten war, damit das Wort nicht steril bleibt und das Anliegen des Vaters als berechtigt zu erkennen ist."[47]

Nach Aufdeckung der Schwierigkeiten, denen eine christliche Darstellung Gottes begegnet, ist die heutige Schlußfolgerung ebenso positiv wie die des zweiten Jahrhunderts. Heute wie damals fördert ein erhöhtes Problembewußtsein bezüglich der

Rede von Gott die Einsicht in die Notwendigkeit, über ihn zu sprechen. Ein empfindsamer und produktiver Theologe unserer Zeit behauptet, wir seien zu einer neuen Entscheidung für Gott gerufen, zur Suche nach der Erscheinung jenes Gottes, den der moderne kritische Mensch in Demut und Freude anbeten kann. Mit weitem Horizont – wie schon das zweite Jahrhundert – ist er sicher, daß dieser Gott den Gott der Philosophen mit dem Gott Abrahams, Isaaks und Jakobs, dem Gott Jesu Christi, verbinden wird.[48]

1 *I. T. Ramsey*, Religious language, London 1957, 47.
2 *A. Farrer*, A starting point for the philosophical examination of theological belief, in: *B. Mitchell (ed.)*, Faith and logic, London 1957, 30.
3 *A. Boyce Gibson*, Theism and empiricism, London 1970.
4 *A. D. Lindsay*, The moral teaching of Jesus, London 1937, 91, zit. von Boyce Gibson, aaO. 87.
5 *R. S. Surtees*, Jorrocks' Jaunts and Jollities, London 1911, 108.
6 Vgl. *H. S. Lecky*, The King's Ships, vol. 3, London 1914. Es gab anscheinend vier „Implacables", vier „Impregnables", sechs „Indefatigables", drei „Indomitables", vier „Inflexibles", vier „Intrepids", fünf „Invincibles" und vier „Irresistibles".
7 *G. L. Prestige*, God in patristic thought, London 1952, 41. Diese Behauptung dürfte sich schwerlich halten lassen, da es irgendeine gemeinsame Basis zwischen Gott und den anderen Subjekten geben muß, von denen gesagt wird, sie seien „gut". Sie gehört noch zu einer Epoche, die auf religiöse Aussagen größeres Vertrauen setzte.
8 *K. Ward*, The concept of God, Oxford 1974, 106.
9 Ebd. 109.
10 Vgl. *G. C. Stead*, Divine substance, 105–109 und 188f.
11 Vgl. *J. N. Findlay*, Can God's existence be disproved? in: *Flew, MacIntyre (eds.)*, New essays. 51f. Ein fast entgegengesetzter Einwand behauptet, Platons Darstellung der logisch nicht aussagbaren Erkenntnis könne als möglich angenommen werden, doch sei die Bindung einer solchen Erkenntnis an ein allmächtiges und allwissendes Wesen, das man Gott nennt, schwierig; vgl. *H. J. McCloskey*, God and evil, Den Haag 1974, 52. Platon selbst schrieb jedoch der Form des Guten ähnliche Qualitäten zu, wobei er zugleich darauf bestand, daß sie das Sein und die Wahrheit transzendiere. Vgl. auch *Ninian Smart*, The concept of worship, London 1972, 55f.
12 *K. Nielsen*, Scepticism, London 1973, 58: „Wenn das, was ich über die Unsagbarkeit und über die *via negativa* gesagt habe, im wesentlichen richtig ist, dann kann es nicht richtig sein zu sagen oder zu denken – wie manche Theologen, daß die paradoxe Natur der Rede über Gott (*God-talk*) die ‚Unsagbarkeit der Religion' (*inexpressibility of religion*) zeige – die unsagbare Wirklichkeit, auf die zu verweisen die paradoxe religiöse Sprache bestimmt ist – und es kann nicht richtig sein zu sagen, daß der religiöse Ge-

brauch der Sprache dazu verhelfe, ‚die Leute über die menschlichen Begriffe hinaus' auf das Unsagbare zu verweisen."

[13] *M. Durrant*, Theology and intelligibility, London 1973, 196.
[14] *K. Nielsen*, Scepticism, 90f.
[15] *I. Murdoch*, The Fire and the Sun, 88.
[16] *A. Farrer*, An English appreciation, in: *H. W. Bartsch* (Hrsg.), Kerygma und Mythos, zit. nach der engl. Übers.: Kerygma and myth, London 1957, 222f.
[17] *H. Küng*, Heute noch an Gott glauben? München 1977, 47.
[18] *H. Duméry*, Le problème de Dieu en philosophie de la religion, Paris 1957, 139.
[19] Ebd.
[20] *I. Murdoch*, The Sovereignty of Good. Vgl. auch die neuere Vorlesung „The Fire and the Sun".
[21] *I. Murdoch*, The Sovereignty of Good, 100.
[22] Ebd. 88.
[23] Ebd. 101.
[24] Ebd. 74.
[25] *H. U. von Balthasar*, Science, religion and Christianity, London 1958, 93 (dt.: Wissenschaft und Religion 1955, 59–76).
[26] Ebd. 97.
[27] Ebd. 119.
[28] Ebd. 98.
[29] *Vgl. J. Preaux*, Deus Christianorum Onokoetes: Latomus 44 (1960), 639 bis 654.
[30] *D. M. Mackinnon*, The problem of metaphysics, Cambridge 1974, 121.
[31] Ebd. 135.
[32] Ebd. 154.
[33] Ebd. 161.
[34] Ebd. 163.
[35] Die Meinung, die Metaphysik habe die frühe Kirche zur Aufgabe einer Kreuzestheologie gezwungen, ist ein weitverbreiteter Irrtum. Vgl. z. B. *E. Jüngel*, Gott als Geheimnis der Welt, Tübingen 1977, 49.
[36] *E. Jüngel*, Gottes Sein ist im Werden, Tübingen ²1966, 120.
[37] *Ders.*, Gott als Geheimnis der Welt.
[38] Ebd. 305: „*In das Nichts gehend* und dabei doch immer *von sich selber her kommend.* So gewiß Gott – *von Gott* kommt, so gewiß kommt er doch nicht zu sich selbst, ohne sich *dem Nichts* auszusetzen. Sein Weg *hinaus* ist nichts anderes als das *innerlichste* Werk seines Seins."
[39] Ebd. 542: „Im Glauben auf den von sich selbst her zur Welt gekommenen Gott zurückkommend, in der Liebe von dem auch im Tode zu sich selbst kommenden menschlichen Gott mitgenommen und in der Hoffnung dem als Gott kommenden und so der Liebe zum Sieg verhelfenden Gott entgegengehend, wahrt der Mensch Gott als das Geheimnis der Welt."
[40] *D. M. Mackinnon*, The inexpressibility of God: Theol 79 (1976) 206.
[41] *Simone Weil*, Attente de Dieu, Paris 1948, deutsche Übers.: Das Unglück und die Gottesliebe, München 1953, ²1961.

⁴² Vgl. *G. Ebeling*, Das Wesen des christlichen Glaubens, Tübingen 1959, 212–226.
⁴³ *S. Weil*, Attente de Dieu: „Die Bronze-Schlange wurde aufgerichtet, damit die, die in den Tiefen der Erniedrigung gelähmt darniederlagen, gerettet würden, indem sie sie anblickten" (übers. aus dem Englischen: Waiting on God, Fontana 1977, 145).
⁴⁴ *N. Smart*, Concept of worship, 74. Hare, Wisdom, Ramsey, Flew, Martin und Braithwaite sind die Philosophen, die hier genannt werden.
⁴⁵ Vgl. *F. Sagnard*, La gnose valentinienne et le témoignage de Saint Irénée, Paris 1947, 70–77: „L'hellénisme d'Irénée".
⁴⁶ Klemens erörtert die Eigenart des Schreibens im ersten Kapitel der „Stromateis"; sein Gedankengang wird näher untersucht in meinem Beitrag „Teaching and writing in the first chapter of the Stromateis of Clement of Alexandria: JThS 10 (1959) 335–343.
⁴⁷ *I. Murdoch*, The Fire and the Sun, 88.
⁴⁸ *H. Küng*, Heute noch an Gott glauben? 48.

DAS VERNUNFTBEGABTE, LACHENDE LEBEWESEN IV

Nach Sokrates entging die griechische Philosophie nie wieder der Frage nach dem Menschen und dem Leben, das er führen sollte. Der Mensch rückte in den Mittelpunkt des Alls, ethische Fragen wurden zu Grundfragen und eine introspektive Reflexion wie die des Mark Aurel kam auf. Philosophen und Gnostiker fragten: „Woher kam der Mensch, und wie ist er beschaffen?"[1] Christliche Denker fragten auch aus anderen Gründen nach dem Menschen. Sie sahen eine neue Menschlichkeit in Christus, eine universale Brüderlichkeit, die jede Schranke der Rasse und Klasse niederriß. Das Ziel der Geschichte war die Freiheit der Kinder Gottes, eine Freiheit, die an Christus zu sehen war und seinen Nachfolgern geschenkt wurde. Falls der Mensch im Mittelpunkt des Sinngefüges aller Dinge stand, wie auch die Stoiker behaupteten, was war er dann? Und wenn das Ziel der christlichen Predigt wie auch der esoterisch religiösen Heilslehren die Erlösung des Menschen war – weshalb bedurfte er dann noch der Rettung? Auch hier wieder behaupteten die Christen als Beweis für die Wahrheit ihres Gottes die sittliche Umwandlung von Menschen aller Art und jeden Standes. Diese zuversichtliche, wenn auch nicht ungefährliche Aussage behielt den Menschen im Zentrum des Gedankengangs. Schließlich gab es ja nur diese eine gemeinsame Basis, auf der man allen Gegnern des Christentums begegnen konnte: Polytheisten, Philosophen, Juden, Gnostikern, Marcioniten – die mit ihren internen Divergenzen zu den meisten Fragen nichts als ihre Menschlichkeit gemeinsam hatten. Wenn daher die Apologeten von Mensch zu Mensch sprachen, so ging es um die einzig gemeinsame Fragestellung.

Nach einer Definition des Klemens ist der Mensch ein vernunftbegabtes, sterbliches, irdisches, gehendes und lachendes Lebewesen.[2] Die Vernunftbegabung steht an erster Stelle, weil sie die Affinität des Menschen zu Gott anzeigt. Der Mensch ist *logikos*, und Gott wird erkannt durch seinen *logos*. Das Wissen des Menschen um sich selbst ist der erste Schritt zu Gott. Der

Mensch hat jedoch vieles an sich, das Gottes unwürdig ist: so brauchte man dringend eine Darstellung von Sünde und Erlösung. Der letzte Schlüssel zum Zustand und zu den Möglichkeiten des Menschen liegt ja in seinem freien Willen. Wichtig war daher sein „Zusammengesetztsein" aus Leib, Seele und Geist oder *logos*. Und schließlich – wenn der Mensch als vernunftbegabtes Wesen begann, blieb ihm dann nicht doch noch ein Weg offen, die Wahrheit zu erkennen? Kurz zusammengefaßt lauten die Fragen:

1) Wie ist der Mensch auf Gott bezogen?
2) Läßt sich das gegenwärtige Elend des Menschen mit seiner göttlichen Abstammung vereinbaren?
3) Ist der Mensch frei?
4) Woraus besteht der Mensch?
   (Besteht er aus Teilen wie Leib, Seele und Geist, und wenn ja – wie sind diese aufeinander bezogen?)
5) Kann der Mensch die Wahrheit erkennen?

Von Anfang an sollten wir den offensichtlichen Widerspruch dieser Darstellung des Menschen zur vorhergehenden Darstellung Gottes beachten. Nachdem die Christen die Gottheit weit über die geistige Reichweite des Menschen hinaus erhoben und die vielen Götter der Heiden lächerlich gemacht hatten, erlaubten sie sich das, was man die „Demokratisierung Gottes" genannt hat. Das Recht, Söhne Gottes zu sein, ist allen gegeben, die glauben. Genau dies behaupteten die Christen, und zweifellos brachte dies viele Polytheisten in Verwirrung, denen die Polarisierung von Transzendenz und Immanenz über ihren Verstand ging. Der christliche Gott war zugleich weiter entfernt und doch viel näher als die Götter, die die Menschen bisher kannten. Man kann dies in der Apostelgeschichte lesen. Paulus und Barnabas protestieren in Apg. 14,15, sie seien nicht Götter, sondern „nur Menschen, von gleicher Art" wie ihre ungebetenen Anbeter, doch in Apg. 17,23–28 spricht Paulus von einem unbekannten Gott, nach dessen Art die Menschen sind, in dem sie leben, sich bewegen und sind. Wir sahen bereits, wie sich Justin einer optimistischen Anthropologie bedient, um seine negative Theologie auf der Erde zu verankern.

1 Wie ist der Mensch auf Gott bezogen?

Justin bringt, wie gewöhnlich, eine gedrängte Darstellung, deren Einfachheit bald schwindet, um unlösbare Schwierigkeiten zu hinterlassen. Sein Begriff des *logos spermatikos* sei kurz skizziert.[3] Der Mensch ist ein rationales *(logikos)* Wesen (D. 93,3), das Anteil hat (1 A. 46) am vollkommenen Logos (2 A. 10), welcher Christus ist. Der gleiche Logos offenbarte sich bereits dem Sokrates, den Griechen und Barbaren, und wurde dann später Mensch (1 A. 5). Er, der einst sowohl in einer Wolkensäule wie auch in nicht-physischer Gestalt erschienen war, ist jetzt Mensch geworden und erduldete Leiden (1 A. 63). Die Differenz zwischen der natürlichen Ausstattung des Menschen und der Fülle Christi ist die Differenz zwischen einem eingepflanzten Samen des *logos* und der Erkenntnis oder der Schau des ganzen Logos (2 A. 8). Gesetzgeber und Philosophen wurden früher durch einen Teil des Logos geleitet, doch der ganze Logos dehnt seine Herrschaft nun auch auf die Einfachen und Ungebildeten aus, da er eine Kraft des unsagbaren Gottes ist, nicht aber ein Produkt des menschlichen *logos* (2 A. 10). Der Unterschied zwischen der Weisheit der weisesten Menschen und dem göttlichen Logos ist der Unterschied zwischen partieller Wahrheit und ganzer Wahrheit, zwischen dunkel und klar, zwischen Same und Fülle, zwischen Abbild und Wirklichkeit (2 A. 13).

Über Justins *logos spermatikos* gab es solche Meinungsverschiedenheiten, daß es einiger Erklärung dieser Kontroverse bedarf. Es gibt wenigstens drei klar erkennbare Gründe für die Unvereinbarkeit der Interpretationen. Erstens sind Justins Begriffe nicht logisch präzis, sondern metaphorisch zu verstehen. Was bedeutet es, ein Teil, ein Same, ein dunkles Abbild des göttlichen Logos zu sein? Zweitens kommt der einzig philosophische Begriff der „Teilhabe" von Platon her und ist durch klare Definition auch nicht zu fassen; und drittens widerspricht sich Justin selbst: der *gleiche* Logos sprach unter *verschiedenen* Gestalten, doch der *ganze* Logos kam *nur* in Christus. Trotz all dieser Schwierigkeiten bleibt Justins Darstellung des *logos* ein wichtiger, wenn auch nicht ganz präziser Gedankenfortschritt. Die Universalität des Christus durchbricht alle Schranken von

Raum und Zeit: Das einzige, was für den Menschen zählt, ist die Frage, ob er mit oder ohne *logos* lebt. Justin sieht den Menschen rational, universal und in unterschiedlichen Graden auf Gott bezogen.

Irenäus[4] bestreitet nicht die Stellung der Vernunft in der Beziehung des Menschen zu Gott, doch spricht er mehr vom Menschen, der Gott sieht und hört sowie über das Leben, das von Gott her dem Menschen zufließt. Rationale Elemente werden von ästhetischen und ontologischen Erwägungen überlagert, einfacher gesagt: „Gottes Ruhm ist der lebendige Mensch, das Leben des Menschen aber ist die Anschauung Gottes." Irenäus hat vieles über das zu sagen, was wir Geschichte, Schöpfung und das WORT nennen würden; doch am Ende befaßt er sich nur mit Gott und dem Menschen.[5] Geschichte ist die Geschichte von Gottes Handeln am Menschen, Schöpfung ist der Beginn jener Geschichte, ihre Inszenierung und ein Unterpfand ihres Fortbestehens, während das fleischgewordene Wort einfach die Vereinigung von Gott und Mensch ist. Gott und Mensch sind nicht die getrennten Seiten eines allerletzten Dualismus – sie sind interdependent, wechselweise aufeinander bezogen. Der Mensch ohne Gott ist nichts; Gott – ohne den Menschen zu retten – kann nicht Gott sein. Der einzig wahre Gott schenkte sich selbst den Menschen, um sie zu retten, und ihre Erlösung bedeutet, daß sie wie Er werden sollen, um ewig zu leben. Die Abstraktionen der Gnostiker und die Idole der Völker sind aus entgegengesetzten Gründen falsch: sie erkennen nicht, wie weit entfernt und doch wie nahe Gott dem Menschen ist. Von all dem spricht Irenäus in einer herrlichen Passage:

„Deswegen verteilte das Wort die Gnaden des Vaters zum Nutzen und traf wegen der Menschen seine gesamten Anordnungen, indem es ihnen Gott zeigte und sie dem Herrn darstellte. Dennoch bewahrte es aber die Unsichtbarkeit Gottes, damit der Mensch Gott nicht verachte und nicht aufhöre, nach ihm vorwärts zu streben. Durch vielerlei Anordnungen jedoch machte es andererseits Gott für die Menschen sichtbar, damit der Mensch nicht gänzlich von Gott abfalle und aufhöre zu sein. Denn Gottes Ruhm ist der lebendige Mensch, das Leben des Menschen aber ist die Anschauung Gottes. Wenn nämlich die Erkenntnis Gottes mittels der

Schöpfung allen, die auf Erden leben, das Leben verleiht, dann muß umsomehr die Offenbarung des Vaters durch den Sohn das Leben denen verleihen, die ihn schauen" (H. IV, 20,7).

Hier finden wir zwei komplexe Wahrheiten klar betont: der unsichtbare Vater erniedrigt sich nicht selbst, um nicht verachtet zu werden, doch sein Ruhm besteht im Leben und in der Erlösung des Menschen; andrerseits findet der Mensch das Leben in der Anschauung Gottes. Gottes Ruhm ist der lebendige Mensch, und das Leben des Menschen ist die Anschauung Gottes. Der Ausgangspunkt ist rechtens diese Nähe von Gott und Mensch: der Mensch erfreut sich einer besonderen Affinität zum Sohne Gottes, da der Mensch nach Gottes Bild geschaffen wurde, und Gottes Ebenbild ist sein Sohn (E. 22). Die Beziehung des Menschen zu Gott findet ihren Ausdruck in seinem Verstand und seiner Freiheit und nicht, wie die Gnostiker behaupteten, im Stoff, aus dem er gebildet wurde. Der Verstand zeigt dem Menschen, daß es einen einzigen Gott gibt, der über alles herrscht (H. II,6,1f.). Ein König kann ein Bild seines Sohnes malen und kann es dann mit doppeltem Recht sein Bild nennen, weil es seinen Sohn darstellt und weil er es gemacht hat. Auf ähnliche Weise schafft der himmlische König und Vater sein Ebenbild unter den Menschen, und er anerkennt den Namen Jesu in aller Welt, weil der Name seines Sohnes auch sein eigener Name ist und weil sein Sohn zum Heil der Menschen dahingegeben wurde (H. IV,17,6). In seiner Vorliebe für visuelle Bildhaftigkeit spricht Irenäus vom Licht des Vaters, das am Leibe Jesu aufstrahlt, um dem Menschen die Unvergänglichkeit zu bringen (H. IV,10,2). Denn der Mensch steht im Mittelpunkt des geschaffenen Kosmos, und allein der Mensch ist fähig, an der Weisheit und Macht Gottes teilzuhaben (H. V,3,2).

Doch gibt es Grenzen, die der Nähe des Menschen zu Gott gesetzt sind. Da der Mensch Gefäß Gottes ist, erwartet er die Hand seines Künstlers, um Gottes Weisheit und Macht zu spüren, und daher macht nicht er Gott, sondern Gott macht ihn (H. IV,39,2). Während Gott stets der gleiche bleibt, ist der Mensch im Werden (H. IV,10,3; 11,1) und braucht Zeit, um zur Reife heranzuwachsen (H. IV,4,1; E. 12). Einige übertragen auf unvernünftige Weise ihre Schwächen auf Gott und bemerken gar nicht, wie andersartig Gott ist. Das Wesen des Menschen zeigt sich zuallererst an Christus. Die Häretiker gründen ihre Erzählung über die göttlichen Äonen auf ihr Verständnis des Menschen. Sie sind aber im Irrtum, diese Dinge auf Gott zu übertragen (H. II,13,9). Sie verstehen nicht einmal den Menschen richtig und behaupten, daß er das WORT hervorbringe, da doch in Wahrheit das WORT den Menschen hervorbringt (ebd.). Der Mensch bleibt immer unendlich geringer als Gott, bleibt abhängig von seiner Gnade, empfängt immer nur einen Anteil und wird niemals Gott gleich. Er kann die Dinge nicht so erfahren und verstehen wie Gott sie versteht. Er ist ein Geschöpf der Zeit, während Gott ungeschaffen ist. Durch die Güte Gottes kann er jetzt lernen, was das Wort für ihn getan hat (H. II,25,3), und er möge seine Gebete Gott darbringen, nicht weil Gott irgendwelcher Opfer bedürfe, sondern weil dem, der betet, die Herrlichkeit zuteil wird, wenn sein Gebet von Gott angenommen wird (H. IV,18,1f.).

So schwach und doch so herrlich ist der Mensch auf ein Endziel hin geschaffen. Seine Hoffnung und Vollendung ist die Anschauung Gottes, sein Lebensziel der Zugang zum Unerzeugten, da er nach der Vollendung strebt, die Gott allein besitzt (H. IV,38,3). Der Mensch ist *gemäß* dem Bild und Gleichnis Gottes gemacht, und darum auch *auf* das Bild und Gleichnis *hin*, d. h. hinweisend auf das, was er noch nicht in Fülle empfangen hat (H. III,22f.; V,1,3; IV,37,4f.; V,1,1). Sogar jetzt besitzen alle Menschen noch immer das Bild Gottes, die meisten aber haben die Gottebenbildlichkeit verloren, indem sie seinen Geist zurückwiesen (H. V,6,1). Die Größe des Menschen liegt in seinem Anfang, als er nach dem Bild und Gleichnis Gottes erschaffen wurde, wie auch in seinem Ende, wenn er das Leben findet in der Anschauung Gottes (H. III,18–20; III,23,1). Da der Mensch wie der menschgewordene Sohn Gottes gestaltet ist, so wird er auch durch ihn zum Vater gebracht (H. V Vorrede; V,1; V,16,1). Obwohl seine Ebenbildlichkeit moralisch ist, betrifft sie doch auch den Leib des Menschen physisch (H. V,9,2). Christus versammelt die Seinen in die Umarmung seines Vaters (H. V,2,1). Für Irenäus ist wahre Menschlichkeit nur möglich durch Christus, da der Satan die Menschlichkeit zerstört. „Christus ist gerecht, und sein Leben ist ganzes und unvermindertes menschliches Leben."[6] Gott ist die einzige Quelle menschlichen Lebens, und die Inkarnation gibt dem Menschen Zugang zu dieser Quelle.[7]

Der Mensch wird spirituell und vollkommen durch den Geist, der mit dem Sohn zusammen im Menschen wirkt (H. IV,14,2; IV,20,6; V,8,1). Da der Geist die Glieder des Menschen erbt oder übernimmt, trägt er sie in die Königsherrschaft Gottes (H. V,9,4). So ist der ganze Mensch auf dem Weg zum Heil, und der ganze Gott (Vater, Sohn und Geist), der sein Werk im Menschen begann, setzt es fort und wird es vollenden.

Irenäus spricht hier von Gott und dem Menschen auf eine Weise, die von Johannes und Paulus hergeleitet ist, jedoch der dualistisch düsteren Tendenzen entbehrt. Der Grund für seine Überschwenglichkeit ist offenkundig. Er reagiert auf den Dualismus, weil er die gnostische Gefahr bekämpft, und zwar zu einer Zeit, als die „Verachtung für den Zustand des Menschen und der Haß auf den Leib eine endemische Seuche in der gesamten Kultur jener Epoche" war und als „die fortschreitende Abwertung des Kosmos" eine „entsprechende Abwertung der normalen menschlichen Existenz" mit sich brachte.[8] Sein Vertrauen und seine Begeisterung heben die Einschätzung des Menschen auf die höchste vorstellbare Ebene: nur in einem lebendigen Menschen ist Gottes Ruhm zu finden.

Für *Tertullian* ist das Band zwischen Mensch und Gott psychologisch und natürlich – die Seele des Menschen ist der Atem Gottes. Das berühmte „Zeugnis der Seele, die von Natur aus christlich ist", bedeutet ein Zweifaches, das sorgfältiger Prüfung bedarf: erstens, daß die Seele mit Gott verbunden ist, und zweitens, daß diese Bindung bei allen Menschen naturgemäß ist. Als Gott den Menschen schuf und dabei an Christus dachte, der eines Tages ebenfalls Staub und Fleisch werden würde, sagte er zu seinem WORT: „Laßt uns den Menschen machen nach unserem Bild und Gleichnis" (Res. 6). Dies überrascht und ist von Bedeutung, da Tertullian der Ansicht ist, alle Wirklichkeit, einschließlich der des Geistes, sei physisch *(corpus)*, und weil er jenen irdischen Realismus besitzt, der zu einem christlichen Materialisten paßt. Das Bild Gottes wird entstellt, wenn das Gesicht eines Menschen getreten und geschlagen wird (Spect. 18), weswegen brutale Sportarten des Menschen unwürdig sind

(Spect. 22). Auf solche und ähnliche Weise hat sich der Mensch von seinem Schöpfer abgeschnitten, so daß er nicht mehr das reine Werk Gottes ist (Spect. 2). Die Seele jedoch hat immer noch Anteil am Wesen Gottes, und selbst wenn sie verdorben ist, hat sie „jenes Ursprüngliche, jenes Gottähnliche und Echte, das ihr eigentliches Wesen ausmacht. Denn das, was von Gott stammt, ist nicht ausgelöscht, sondern nur verdunkelt; es kann verdunkelt werden, weil es nicht Gott ist; es kann aber nicht ausgelöscht werden, weil es von Gott stammt" (An. 41). Das großartigste Zeugnis für Gott kommt aus der Seele des Menschen in ihrem einfachen, ungelehrten Zustand. Nicht daß die Seele von Geburt an christlich wäre; der Mensch muß einen besonderen Akt vollziehen, um Christ zu werden. Hierin folgt Tertullian den Stoikern, die der Ansicht waren, daß unbeschadet dessen, wieviel ein Mensch gelernt hatte oder wie gut er lebte, seine Hinwendung zur Weisheit sich zu einem ganz bestimmten Zeitpunkt ereignet.[9] Das Zeugnis der Seele für den Herrn aller Dinge und Menschen zeigt sich in Ausrufen wie „Gott mag es schenken!", „Wenn Gott will" oder „Gott ist gut!" So sprechen Menschen, selbst wenn sie in heidnischen Tempeln stehen oder neben den Statuen heidnischer Götter. Für die Wirklichkeit Gottes, der überall ist, kann es schwerlich einen eindeutigeren Beweis geben. Das Zeugnis der Seele ist einfach, wahr, alltäglich, allgemein, natürlich und göttlich (Test. 5). Wenn sich der Mensch fürchtet, Christ zu werden, so soll er seine Seele fragen, warum sie den Namen des christlichen Gottes anruft und doch einen anderen verehrt (Test. 6). Die Seele kann von Gott reden und ihn dennoch nicht suchen, und trotz eines Anflugs von Christentum kann sie in ihrer Unwissenheit die Christen sogar verfolgen.

Die Seele ist vernunftbegabt, und alle Menschen besitzen das gleiche Anfangswissen von Gott, ob sie Ägypter, Syrer oder wie Marcion in Pontus gebürtig sind (Marc. 1,10; Idol. 14). Durch diese gemeinsame Natur sind alle Menschen zu einer Gemeinschaft vereint, der jeder einzelne angehört (Idol. 14; Marc. 4,16). Nur durch die Vernunft vermag der Mensch auf gewisse Weise, den einzig wahren Gott zu erkennen, denn die Vernunft ist in ihrem Innersten göttlich, nicht bloß an der Oberfläche (Res. 3).

Die Natürlichkeit des Christentums bedeutet, daß der Christ menschlicher wird. Er gehorcht dem Zeugnis der Seele, die den Namen Gottes ausspricht, wann immer sie zu sich selbst kommt. So kommt der Mensch zu sich selbst, wenn er Gott gehorcht, wogegen Idolatrie Mord ist, weil der, der Idole anbetet, sich selbst zerstört (Idol. 1). Weil er das Bild Gottes trägt, sollte sich der Mensch nur Gott allein übergeben, wie auch die Münzen, die das Bild des Kaisers tragen, dem Kaiser gegeben werden (Idol. 15). Die Natur selbst stützt die Regeln christlicher Praxis und verbietet beispielsweise das Tragen festlicher Blumengebinde oder Blütenkronen auf dem Haupt als unchristlich wie auch unnatürlich (Cor. 5), und ebenso lehrt die Natur auch alle Menschen, da Gott sein Gesetz in die Herzen aller Menschen eingeschrieben hat (Cor. 6).

Klemens bindet den Menschen ethisch und intellektuell an Gott. Wie bei Justin kommt auch bei Klemens die Vernunft an erster Stelle: der göttliche Logos fiel wie Regen auf alle Menschen. Wie bei Irenäus lebt der Mensch nur durch die Anschauung Gottes. Wie bei Tertullian ist der Mensch das Abbild Gottes, den alle Menschen kennen. Der Mensch ist nach dem Bilde Gottes geschaffen, für und durch das Ebenbild. Er ist Gott viel näher als jedes Götzenbild. Gegen die Heiden hält Klemens den Menschen hoch, um die Unterlegenheit der Idole zu betonen; gegen Gnostiker und Philosophen hält er ihn hoch mit dem Anspruch, daß jeder Mensch, der glaubt, die Höhen erreichen kann, nach denen Gnostiker und Philosophen streben, ohne sie je zu erreichen.

Klemens beginnt den „Protreptikos" und beendet die „Stromateis" mit freudigem Erstaunen über das, was Gott im Menschen zu tun vermag. Das Wort Gottes verwandelt Steine in Menschen. Gott schenkt Leben, wem er will, und rettet Menschen vom Tod und von der Sünde. Der Mensch ist Gottes Harfe, Gottes Flöte und Gottes Tempel; Gott spielt auf der Harfe, bläst auf der Flöte und lebt in dem Tempel. Er schuf den Menschen nach *seinem eigenen Bilde*, als höchsten Gegenstand seiner Liebe (Prot. 5,3–6,5). Das „Bild" ist rein geistig und nie physisch, wie bei Tertullian; dennoch gebraucht Klemens den Begriff längst nicht präzise.[10]

Die Idole, die von Menschen angebetet werden, sind dem

Menschen eindeutig unterlegen. Kein großer Bildhauer könnte mit irgendeinem anderen Medium arbeiten als mit der Erde, zu der er gehört. Keiner schuf je ein Bildwerk, das atmen konnte, keiner verwandelte jemals Erde in Fleisch. Der Jupiter des Olymp ist das Bild eines Bildes; er ist von der Wahrheit einen Schritt weiter entfernt als der Mensch. Hier hören wir ein Echo des paulinischen Arguments von Röm. 1,23ff. oder von Platon, „Staat", Buch 10. Der Mensch ist nur eine Stufe von Gott entfernt, und Gottes Wort ist das Verbindungsglied. Das Bild Gottes ist der göttliche Logos, das Licht, das vom Lichte kommt. Das Bild des Logos ist der wahre Mensch oder der Geist, der im Menschen ist. Der Mensch wurde nach dem Bilde Gottes geschaffen und nach Gottes Ebenbild, doch die Götter der Heiden sind bloß irdische Kopien der sichtbaren Gestalt des Menschen. Der Mensch wurde zur Gemeinschaft mit Gott geschaffen. Der unsterbliche Mensch ist ein Lobeshymnus auf Gott; er ist in Gerechtigkeit aufgerichtet und die Weissagungen der Wahrheit sind ihm eingeschrieben. Im Gegensatz zum Menschen entbehren die Tiere der Vernunft und können Gott nicht erkennen (Prot. 108,1). Gott, der alle Dinge schuf, pflanzte allen Menschen etwas von Erkenntnis seiner selbst ein, und die Kraft der Vernunft wendet sich Gott zu, denn es gibt kein Volk, das nicht irgendeinen Glauben an ein höheres Wesen hat (S. V,133,7f.).[11]

So erfahren wir in unterschiedlicher Kombination einiger Themen von der Abhängigkeit des Menschen von Gott und von der Nähe Gottes zu den Menschen. Ob durch den eingepflanzten *logos*, ob durch wahre Menschlichkeit, ob durch die Seele, die auf natürliche Weise christlich ist, oder ob durch lebensspendende Teilhabe an Gott – es gibt ein Band zwischen Gott und Mensch, das nicht völlig zu zerbrechen ist. In der unpräzisen Sprache von Bild und Gleichnis gesagt: das Bild ist immer da, um immer wieder hergestellt zu werden.

2 Läßt sich das gegenwärtige Elend des Menschen mit seiner göttlichen Abstammung vereinbaren?

Die gemeinsame Antwort lautet: Der Mensch hat die Sünde frei gewählt und ist von seiner ursprünglichen Gemeinschaft mit

Gott abgefallen. Das Abbild Gottes wurde durch die Sünde zerschrammt und verkürzt. *Justin* geht das Problem recht gefällig von außen her an: *Fast* könnte man sagen, es gibt gar keine Sünde als solche; es gibt nur Sünder. Doch die Macht der Sünde ist offensichtlich, besonders im letzten Akt des menschlichen Verrats – der Kreuzigung des Gottessohnes. Justins Darstellung des Menschen beginnt auf der obersten Ebene. Wie einst ein ganzes Volk seinen Namen von Israel übernahm, so werden jetzt jene, die die Gebote Christi halten, von ihm zu Kindern Gottes gemacht; sie tragen seinen Namen und haben Anteil an der Wirklichkeit seiner Sohnschaft (D. 123). All dies erregte Justins jüdische Hörer so sehr, daß er fortfahren und erklären muß, wie alle Christen unsterblich werden, was ja Sohnschaft Gottes bedeutet. Die Erörterung (D. 124) dringt tiefer ein und läßt die Hörer verstummen. Er muß sich ihrer Heiligen Schriften bedienen und wendet sich daher dem Psalm zu, der im vierten Evangelium zitiert wird, um die göttliche Sohnschaft Jesu zu begründen. In Psalm 82 sprach der Heilige Geist von Christen, die durch Christus versammelt werden, um alle Völker zu richten; „Gott stand in der Versammlung von Göttern; in ihrer Mitte hält er über die Götter Gericht". Der unbescheidene Anspruch zeigt die Höhe an, von der der Mensch *gefallen* ist. „Wie ein Mensch sterbt ihr und fallet wie einer der Fürsten." Diese Stelle ist mehrdeutig. für Justin aber enthält sie einen Tadel jener Menschen, „die zur Gottähnlichkeit, zur Freiheit von Leiden und Tod – vorausgesetzt, daß sie Gottes Gebote halten – erschaffen worden waren und die Würde erhalten hatten, von ihm Söhne Gottes genannt zu werden; aber sie wurden wie Adam und Eva und brachten den Tod über sich" (D. 124). Jene, die Götter und Söhne des Allerhöchsten hätten sein können, folgen Adam und Eva ins Gericht, in Verdammnis und Tod.

Mit Sorgfalt verweist Justin darauf, daß es der freiwillige Ungehorsam jedes einzelnen Menschen ist, der ihm die Verurteilung einträgt. Der Mensch wird nicht als Sünder geboren, er muß irgend etwas dazu tun und wird erst Sünder durch den Ungehorsam. Von Adam an ist das Menschengeschlecht unter der Macht der betrügerischen Schlange dem Tode verfallen, „da jeder sich selbst mit Schuld belud und sündigte" (D. 88,4).[12]

Im Gegensatz zu späteren Darstellungen der Ursünde ist Adams Sünde nicht die größte. Die Geschichte Israels ist eine Geschichte der Sünde (D. 13,1; 17,1; 21,1), die ihren Höhepunkt in der Kreuzigung Christi erreicht, gefolgt von der Verfluchung seiner Anhänger: „Ihr habt sogar an Christus Hand angelegt und verharrt noch heute in euren Sünden, und ihr verflucht diejenigen, die beweisen, daß der von euch gekreuzigte Jesus der Christus ist" (D. 93,4). Gott kann denen, die seinen geliebten Sohn gewaltsam ergriffen, nur das härteste Urteil sprechen (D. 137,2). Dennoch kam aus dem Leiden Christi die Erlösung des Menschen. „Sprecht doch nichts Sündhaftes wider Jesus, den Gekreuzigten! Spottet nicht über seine Striemen, durch die wir geheilt worden sind" (D. 137,1). Er ist der König, der vom Holze herab herrscht (1 A. 41,4; D. 73,1) und dessen Kreuz das Weltall durchdringt (1 A. 55).

Irenäus geht das Problem der Sünde nicht so episodenhaft und von außen her an; Sünde ist eine kosmische Katastrophe, und als der Mensch sie beging, gerieten die Folgen völlig aus seiner Kontrolle. Doch der immer handelnde Gott war durchaus in der Lage, mit diesem Unheil fertig zu werden, und auf Dauer gesehen, läßt sich kaum sagen, wie es hätte besser gehen können: „O felix culpa!"

Gewiß war der Mensch aus seinem ersten Zustand gefallen. Er hatte seine Gestaltung aus den Händen Gottes selbst empfangen, geformt aus reinster, feinster Erde und durchströmt von Gottes Kraft, nach dem Bilde Gottes geschaffen empfing er den Odem Gottes; er war Gott ähnlich nach Odem und Gestaltung; er war frei geschaffen, um über die ganze Erde zu herrschen. Gott übergab ihm die ganze Schöpfung, und so gab der Mensch allem Lebendigen Namen und lebte mit Eva in Unschuld und Reinheit. Der Lebensodem bewahrte sie beide vor dem Verstehen gemeiner und niedriger Dinge. Doch der Mensch wurde Gott ungehorsam, er wurde aus dem Paradies vertrieben, weil er von der verbotenen Frucht gegessen hatte (E. 11–16). Der Sündenfall war jedoch bloß seine Verwundung, nicht sein Tod. Gottes Macht vollendet sich in Schwachheit (H. V,2,3), das Herz des Menschen wird durch das Wort des Evangeliums verwandelt, und das Kommen des Herrn Jesus Christus war notwendig, um dem Menschen die Wahrheit über Gott zu schenken (H. III,12). Der Mensch ist noch nicht, was er sein sollte, doch durch Gottes Gnade und ständiges Heilswirken wird der Mensch Unvergänglichkeit und Unsterblichkeit erlangen. Denn so wie ein Arzt sich an seinen Patienten erweist, so offenbart sich Gott durch die Menschen, die er heilt. Er kam in Jesus, um es dem Menschen wieder möglich zu machen, Gott zu erkennen und in ihm zu wohnen (H. III,19). Und das Leben, das aus Gottes Offenbarung in Christus, seinem Wort, herstammt, ist noch überschäumender als das Leben der Geschöpfe dieser Erde (H. IV,20,7).

Warum wurde der Mensch nicht gleich von Anfang an als ein Vollkommener geschaffen? Gott konnte den Menschen nicht vollkommen machen, weil geschaffene Dinge weniger vollkommen sein müssen als ungeschaffene. Doch gibt es auch andere wichtige Faktoren: Der Mensch war noch gar nicht bereit, die Vollkommenheit zu empfangen, als er geschaffen wurde; er hätte die Kraft Gottes und Gottes Vollkommenheit gar nicht empfangen können, denn er hatte eine Zeit der Kindheit und des Wachsens zu durchlaufen (H. IV,38). Der Mensch muß zur Erkenntnis seiner Schwäche kommen und dann entdecken, daß diese Schwäche durch Gottes Gnade stark gemacht wird (H. IV, 38,4), denn der Mensch ist Gottes Kunstwerk und muß auf die Hand Gottes warten, der alle Dinge zur rechten Zeit tut. Der Mensch soll Gott sein Herz geben, solange es weich und willig ist, so daß er die Gestalt bewahren kann, die ihm Gott gegeben hat und er nicht die Spuren der Finger Gottes verliert (H. IV, 39,2). Obwohl er ein ungehorsamer Sohn Gottes ist, der sein Erbe verlor und nicht mehr Sohn war (H. IV,41,3), entkommt der Mensch dennoch nicht den Händen Gottes und wird einst wieder nach Gottes Bild und Gleichnis gestaltet (H. V,1,3). Während alle von Adam abstammen und unter seinem Versagen leiden (H. III,23), sind nun jene, auf die einst der Tod Anspruch erhob, vom Tode befreit (H. III,18,7) und durch das Blut Christi erlöst (H. V,2,1).

Nach Justins episodenhafter Darstellung der Sünde und dem Heilsoptimismus des Irenäus ist *Tertullians* Bestandsaufnahme in der Tat düster. Er sieht die Sünde als eine allgemeine Seuche. Der Same des Menschen ist krank, und Hauptaufgabe der Kirche ist es, die Krankheit zum Stillstand zu bringen und Anstekkung zu vermeiden. Es gibt keine leichten Heilmittel, doch bleiben aktive Maßnahmen auf der ganzen Linie möglich. Die Erkenntnis der epidemischen Ausmaße der Sünde ist ein erster Schritt zu ihrer Begrenzung.

Die Gotteserkenntnis des Menschen war immer nur fragmentarisch, da er jedoch auf den vollkommenen Lehrer der Gerechtigkeit, den Gott gesandt hat (Ap. 40), nicht hörte, hat seine Unvollkommenheit keine Entschuldigung mehr (Ap. 48). Jetzt *handelt der Mensch gegen Gott* und gegen die Vernunft. Er ist wie ein Schiff ohne Steuerruder, denn die Vernunft ist das einzige Ruder, durch das er sicher steuern könnte (Paen. 1). Die Schwachheit des Fleisches ist keine Entschuldigung, denn der Mensch ist Fleisch und Geist (Ux. 4), und beides kann Werkzeug der Sünde oder der Gerechtigkeit sein (Paen. 3).

Irenäus' Motiv des Wachsens ist auch bei Tertullian zu finden, doch wird es überschattet von Sündenfall und Erbsünde.[13] Der Mensch verlor seine Gottebenbildlichkeit durch die Sünde, und obwohl er sie durch die Gnade wiedergewinnen kann (Bapt. 5), ist seine Lage doch weniger glücklich als Irenäus meinte, denn Adams Sünde brachte Verderben über das Menschengeschlecht: *totum genus de semine infectum* (Test. 3). Diese Infektion wird weitergegeben, wenn die Seele von den Eltern auf das Kind übertragen wird – der stoische Materialismus ist hier evident –, und die Verderbnis des Menschen verändert auch seine Natur (An. 41). Die menschliche Geburt ist unvermeidbar unrein, wenn sie von götzendienerischem Aberglauben umgeben ist, der die Gegenwart der Dämonen von Anfang an verbürgt (An. 39). Trotz dieser beiden Quellen des Verderbens, der Erbsünde und der bösen Geister, wird der göttliche Teil des Menschen niemals völlig zerstört: Obwohl manche Menschen sehr schlecht und andere sehr gut sind, ist doch etwas Gutes auch im Schlechtesten und etwas Schlechtes selbst im Besten (An. 41). Für den sündigen Menschen ist die Buße die einzige Medizin, die seine Krankheit heilen kann (Paen. 7). Obwohl Gott durch die Buße des Menschen versöhnt wird (Paen. 9), kommt doch nicht alles wieder rasch ins Lot. Über die Aussichten des Sünders bleibt Tertullian geteilter Meinung. Die Sünde exkommuniziert ein Glied der Kirche, indem sie es von der Gemeinschaft abschneidet, und es gibt für den

Sünder keinen Weg zurück in die Kirche, weil die Kirche immer die Gemeinschaft der Heiligen ist. Er kann Buße tun, doch dies bringt den Menschen nur bis zur Schwelle der Kirche, und die Gemeinde muß weiterhin für den Sünder beten. Tertullian gibt aber auch eine zweite Darstellung: Die Kirche hat die Macht der Sündenvergebung und kann sie ausüben, wenn dies nach ihrem Urteil angemessen ist.[14] Der Ausblick ist nicht ermutigend, denn obwohl der Mensch Gnade empfängt, die durch die Taufe bestärkt wird, kann diese Gnade doch durch die Sünde zerstört und vertan werden. Und überdies gilt, daß manche Sünden zwar vergeben werden, Sünden gegen Gott jedoch nicht vergeben werden können, da sie den Tod bringen und die Gnade zerstören.[15] Dennoch hat Tertullian noch Raum für die Liebe und Gnade Gottes, der den Bewohnern von Ninive vergab, als sie Buße taten (Pud. 10,3), und das Mitleid der Christen mit dem reuigen Sünder ist ein Zeichen des Gesetzes der Gnade, das für Tertullian, auch nachdem er Montanist geworden war, Gültigkeit behielt (Pud. 6,4).

In der Darstellung der Gnade als einer besonderen göttlichen Huld und Hilfe (Pat. 1) setzt er einen positiveren Aspekt, doch am Ende dominiert die Rechtsstruktur. Gott ist der Richter, der jeden Fall verhandelt, wie er es verdient (Paen. 2,11). Angefangen mit der Taufe, durch die frühere Sünden abgewaschen werden, gewinnt man Verdienst vor Gott, und das Ausmaß der Verdienste bestimmt die Stellung des Gläubigen in der himmlischen Glückseligkeit (Paen. 6,1 und Res. 48).

Klemens ist nicht so extrovertiert wie Justin, nicht so rasch mit Synthesen zur Hand wie Irenäus und kein so düsterer Epidemiologe wie Tertullian. Dennoch ist die Sünde wirklich vorhanden und schlimm. Sie umgibt die Menschen zu jeder Zeit, in jedem Winkel wie eine unsichtbare und heimtückisch angenehme Art von Giftgas. Klemens vertritt einen kräftigen Optimismus, der auf die Gnade baut, und er scheint nicht so besorgt zu sein wie Tertullian. Dennoch findet man überall bei Klemens einen Horror vor der Ansteckung durch die Sünde. Der Skythenkönig tat recht, als er ein verdorbenes Subjekt niederschoß (Prot. 24,1), denn allzu wenige Leute sehen die Gefahr der Sünde. Nur die Dämonen, die den Menschen hassen, können die Menschenopfer verzeihlich finden, die man den Götzen darbringt (Prot. 42). Mit der Verehrung von Idolen tut der Mensch seiner eigenen Natur Gewalt an und glaubt nicht dem wahren Gott, um eine Entschuldigung für die Befriedigung seiner Leidenschaften zu haben (Prot. 61). Der „Paidagogos" insistiert, daß die Schlechtigkeit der einzig wahre Grund für Scham und Schande ist (Paid. II,52,1–3), liefert aber auch unglaublich detaillierte Anweisungen, wie diese Schande zu vermeiden sei. Klemens schreibt nicht wie ein prüder Christ, der wegen Geringfügigkeiten viel Staub aufwirbelt; er schreibt wie einer, der die Macht der Sünde in den überfeinerten Zirkeln des alexandrinischen Heidentums kennt und fürchtet. Schließlich zeigt uns das dritte Buch der „Stromateis" Klemens im erbitterten Kampf gegen jene Sünde, die von sich sagt, sie sei eine höhere Form von Gerechtigkeit und Gemeinschaft. „In die Bordelle freilich führt eine solche Gemeinschaft" (S. III,28,1).

Vor diesem düsteren Hintergrund ist Klemens dennoch zuversichtlich. Das Licht der ursprünglichen Verbindung des Menschen mit dem Himmel, das einst durch die Unwissenheit des Menschen verdunkelt wurde, kam wieder zum Durchbruch in dem reinen, göttlichen Licht Jesu Christi (Prot. 27). Die Bedürftigkeit des Menschen dient dazu, die Größe des Erlösers zu zeigen. „Die Toten haben das Leben nötig, die Schafe brauchen einen Hirten und die Kinder einen Lehrer; doch die ganze Menschheit braucht Jesus" (Paid. I,83), und „alle Menschen sind sein eigen" (S. VII,5,6). Seine erste Eigenschaft ist die Liebe zu den Menschen und sein einziges Werk ist ihre Erlösung (Prot. 82–88 passim). Klemens abschließende Ermahnung fordert die Menschen auf, als gottgeliebte und Gott ähnliche Ebenbilder des Logos das Joch Christi in Liebe aufzunehmen (Prot. 121,1), um von ihm zu lernen. Ein großer Teil der Erlösung des Menschen erfolgt durch die Lehre Jesu, der den Menschen zeigt, wie das Ebenbild Gottes leben soll, denn für ein solches Leben wurde der Mensch geschaffen (Paid. I,103). Jesus ist der unvergleichliche Lehrer, der die Menschen in das wahre Leben einübt. Im Anfang formte er den Menschen aus Staub, ließ ihn durch Wasser wiedergeboren werden, förderte ihn durch den Geist im Wachstum, so daß der Erdgeborene, durch sein Wort erzogen, zu einem heiligen und himmlischen Menschen umgebildet werde (Paid. I,98,2). Gott brachte die Menschen zur Gemeinschaft mit ihm selbst, indem er ihnen das gab, was ihm gehörte; Gott schenkte ihnen seinen eigenen Logos, nachdem er alles für alle Menschen geschaffen hatte (Paid. II,120).

Klemens findet neue Worte, um die Antwort auf die Sünde, um die Erlösung zu beschreiben. Glaube bedeutet, daß man in ihm zu etwas Einheitlichem wird (S. IV,157,2) und mit ihm wächst. Das Ende des Menschen ist die Gottähnlichkeit. „Gott ähnlich werden, soweit es möglich ist, so daß der Mensch gerecht und heilig mit Weisheit" wird, das ist das Ziel des Glaubens und auch das Hauptgut des Menschen (S. II,133). Es ist dem Menschen jedoch unmöglich, Gotteserkenntnis zu erlangen, solange er noch von seinen Leidenschaften beherrscht wird; er kann dem Herrn nicht ähnlich werden, wenn er den physischen Lüsten ausgeliefert ist (S. III,42), und daher schließt die Gottverähnlichung die *apatheia* ein.

So sieht jeder Autor die Sünde auf ganz unterschiedliche Weise, um zu erklären, wo der Mensch jetzt steht. Keiner versucht, das Unheil zu verkleinern. Jeder Heilsoptimist hat auch Furcht vor der Sünde, und jeder Pessimist hat dennoch Hoffnung auf das Heil, wobei es natürlich unterschiedlichen Optimismus und Pessimismus gibt. Selbst Tertullian mit all seiner Düsternis über das gefallene Menschengeschlecht erhebt den Anspruch zu wissen, was zu tun sei und wie man einen Ausweg findet.

3 Ist der Mensch frei?

Der Sinn für die Mächte des Schicksals lastet schwer auf den Menschen des zweiten Jahrhunderts. Die Furcht vor dem göttlichen Ratschluß ging zurück bis auf die Anfänge der klassischen Antike, und die Sterne dehnten ihr Macht über die Menschen weiter aus. Der Gnostizismus war gefährlich wegen seines strengen Determinismus und weil er sich gern mit dem schlichten Glauben verband, den er zu überbieten behauptete. Christliche Autoren brauchten jedoch nicht lange nach Argumenten gegen den Determinismus zu suchen, denn diese waren überall zur Hand,[16] da sie Teil einer ständigen Debatte zwischen Stoikern und Platonikern waren. Man mußte sie jedoch vorsichtig gebrauchen, weil vieles am christlichen Glauben dem Determinismus kongenial erschien: das göttliche Vorherwissen und die Erwählung, ganz zu schweigen von der Sklaverei des Menschen unter der Sünde.

Justins Darstellung des freien Willens bestätigt seinen praktischen, extrovertierten Charakter; dies ist zwar nicht der ganze Justin, wohl aber ein wichtiger Aspekt von ihm. Er erzählt, wie er erst am Ende eines langen Weges zum Christentum gekommen ist. Seine persönliche Vitalität wird offenkundig in der geschliffenen Beschreibung seiner langen Wanderschaft, selbst wenn man in Rechnung stellt, daß seine Argumente den Zauderer überzeugen sollen. Eine kühle Entscheidung verbirgt sich hinter den Worten: „Dies ist der Weg, und dies sind die Gründe, die mich zum Philosophen gemacht haben" (D. 8,2). Selbstbestimmung ist eines seiner liebsten Themen. Er findet sie in der dramatischen Entscheidung, vor die Israel gestellt wurde: „Siehe, vor dir liegen Gut und Böse; wähle das Gute" (Dtn 30,15–19). Und ebenso klar kommt sie in dem vielzitierten Wort Platons zum Ausdruck: Die Schuld trifft den, der wählt; Gott ist schuldlos.

Gott muß alle Menschen richten; ein letztes Gericht ist jedoch undenkbar, wenn der Mensch nicht frei und verantwortlich ist. Der Mensch zeigt seinen freien Willen, wenn er von einer bestimmten Handlungsfolge zu einer ihr entgegengesetzten übergeht. Menschen und Engel unterscheiden sich von anderen Geschöpfen durch die Kraft ihres freien Willens. Das Schicksal kann nicht die bunte Mischung sittlicher Antriebe in den meisten Menschen erklären, wohl aber beseitigt es den Unterschied zwischen Gut und Böse (1 A. 28,4). Die Prophezeiung künftiger Ereignisse impliziert nicht einen Mangel an sittlicher Verantwortung des Menschen, denn den Propheten geht es hauptsächlich um diese Verantwortung, da doch Belohnungen und Drohungen einen Großteil ihrer Rede ausmachen (1 A. 43). Die Welt besteht weiter, weil Gott will, daß die Menschen Zeit zur Wahl haben; im Interesse der Freiheit des Menschen wird das Ende hinausgezögert (2 A. 6). Der Verlauf der Menschheitsgeschichte ist gekennzeichnet durch Perioden der Freiheit und Bosheit des Menschen, interpunktiert durch die Gerichtstaten Gottes. Gott ließ die Menschen Babel bauen und sich das Gericht zuziehen (D. 102), wobei er stets die Kontrolle behielt, indem er den Menschen die Freiheit gab zu handeln und danach gerichtet zu werden.

Justins Gebrauch des neuen Wortes *autexousios* ist ein letzter Hinweis auf die zentrale Stellung, die er der Verantwortung und dem freien Willen einräumt.[17] Seine Motive sind klar. Die Leugnung des freien Willens durch die Gnostiker trug den Sittenverfall in die Reihen der Christen, während die stoische Annahme des Schicksals die Verfolger gegen das Unrecht, das sie begingen, abstumpfte. Justin ist überzeugt, man könne mit dem Kaiser oder mit den Juden kein sinnvolles Streitgespräch führen, falls sie nicht durch eigenen Willensentscheid ihre Handlungsweise ändern könnten.

Irenäus gräbt tiefer und erkennt, daß es etwas Merkwürdiges mit einem Evangelium der Erlösung auf sich hat, das behauptet, alle Menschen seien ohnehin frei. Zumindest hatten die Gnostiker mit ihrem Argument einen Pluspunkt: der Mensch muß gefangen sein, sonst brauchte er nicht befreit zu werden. Es gibt zwei Arten von Freiheit: die, die alle Menschen haben, und die, die der Mensch nur durch Gottes Gnade haben kann. Der Mensch ist nicht der Sklave des Schicksals, er ist aber auch nicht völlig frei; ihm war Willensfreiheit und Autorität über sich selbst verliehen, und daher ist er für das, was er ist, verantwortlich – ob Weizen oder Spreu. Obwohl er als vernunftbegabtes Wesen geschaffen wurde, lebte er ohne Verstand und wider die Gerechtigkeit Gottes. Wie der Psalmist sagt: „Da der Mensch in Ehre war, hat er es nicht verstanden; er ist den unverständigen Tieren gleich geworden" (H. IV,4,3; Ps 49,13). Da Gott immer wirkt, um den Menschen auf den rechten Weg zurückzubringen, ließ er ihm die Freiheit der Rückkehr vom Götzendienst zu Gehorsam und Unsterblichkeit (H. IV,15,2). Der freie Wille des Menschen, der freie Wille Gottes und die Gottebenbildlichkeit des Menschen sind die drei Faktoren, die in der Berufung des Menschen, nach Gottes Willen zu leben, wirksam sind (H. IV,37,4).

Wenn auch die Freiheit des Menschen eine Widerspiegelung der Freiheit Gottes ist, so kann doch der Mensch ohne die Gnade Gottes nicht wahrhaft frei sein. Nur Christus bringt den Menschen zur Erkenntnis Gottes als des Vaters und zum Gehorsam ihm gegenüber in Worten, Taten und Gedanken (H. IV, 16,5). Die Gnade stellt die Freiheit wieder her, mit der der Mensch geschaffen wurde (H. III,5,3). Das Rätsel menschlicher Freiheit findet Ausdruck in der Behauptung, der Mensch sei immer frei und zugleich immer auch ein Knecht. Ist er ein Knecht der Sünde, so ist er für seine Wahl verantwortlich; ist er ein Knecht Gottes, dann ist er wahrhaft frei (H. IV,15,2).

Hier hat Irenäus einen Hauptunterschied zwischen Freiheit als freiem Willen und Freiheit als Zügellosigkeit geklärt. Mit Paulus bejaht er den freien Willen und erteilt der Zügellosigkeit eine Absage. Der gefallene Mensch ist voll verantwortlich, ist aber ein Knecht der Sünde. Die Gnostiker leugnen die generische Verantwortlichkeit des Menschen, der als „Hyliker" materiell, als „Physiker" seelisch und als „Pneumatiker" spirituell von Geburt an ist, bejahen aber die ungehinderte Freiheit des geistlich königlichen Geschlechts, zu dem sie allein gehören. Wie für Paulus ist auch für Irenäus die Hauptfrage an den Menschen: Wessen Knecht ist er? Welche Macht herrscht über ihn? Nur wenn er ein Knecht Gottes wird, kann er am Ende die wahre Freiheit finden.

Tertullian untersucht das Paradox, daß der Ursprung menschlicher Sünde und Tragödie gerade jene Qualität ist, die den Menschen in die Nähe Gottes rückt. Die Rechtsstruktur von Tertullians Denken besteht nur dann zu Recht, wenn der Mensch für das Gute und Böse, das er hervorbringt, auch verantwortlich ist. Die Seele des Menschen ist mit der Vollmacht des Wählens ausgestattet, mit *autexousia* (An. 21). Dieser freie Wille ist aber auch die Quelle des Übels in Gottes Welt (Cast. 2) und spielt in der Beweisführung gegen Marcion stets eine Hauptrolle. Dennoch bleibt der freie Wille des Menschen sein höchstes Attribut, denn er konstituiert seine ursprüngliche Gottebenbildlichkeit und wurde vom gottgegebenen Gesetz bestätigt, vom Gesetz, das den Menschen vor die Wahl stellte zwischen Gut und Böse, Leben und Tod. Die Erschaffung eines frei Handelnden war besser als jede andere Alternative. Marcions Gott ist „irrational" gut; die wahre göttliche Güte handelt mit Plan und Ziel. Tertullians Argument ist folgendermaßen aufgebaut:

1) Es war gut, daß Gott erkannt werden sollte;

2) es war angemessen, daß jemand dieser Erkenntnis würdig sei;
3) niemand ist würdiger als Gottes eigenes Bild und Gleichnis;
4) der freie Wille ist als das entscheidende Merkmal des göttlichen Bildes und Gleichnisses anzusehen;
5) es war angemessen, daß dem Bild und Gleichnis Gottes der freie Wille zukommt;
6) der freie Wille versetzt den Menschen in die Lage, spontan das Gute zu tun.

Tertullians Darstellung der göttlichen Güte und des menschlichen freien Willens bietet dem sittlichen Handeln eine verständlichere Grundlage als jene, die Paulus oder den Platonikern zugänglich war. Für Paulus wie für Platon war niemand gut außer Gott; das Gute war eines. Der Mensch konnte gut sein nur durch Anteilhabe an göttlicher Gnade oder Güte. Tertullian dagegen sieht die Freiheit des Menschen als Quelle seiner Fähigkeit, Gutes hervorzubringen. Gott allein bleibt gut aufgrund seines Wesens, und er ist der letzte Urheber alles Guten; dem Menschen aber ist die Freiheit gegeben, die es ihm möglich macht, das Gute spontan zu vollbringen.

„Daß der Mensch jetzt schon die Gutheit, die ihm von Gott gewährt wird *(emancipatum)*, als sein Eigen besitze und daß jetzt schon im Menschen die Eigenschaft der Gutheit und in gewisser Weise deren Natur sei, daher wurde ihm kraft (göttlicher) Anordnung wie einem Verwalter der von Gott gewährten Gutheit die Freiheit und die Macht der Entscheidung verliehen. Sie sollte bewirken, daß jetzt schon die Gutheit wie ein Eigentum spontan vom Menschen bewirkt werde" (Marc. 2,6).[18]

Klemens vertritt die andere Ansicht, daß die Freiheit des Menschen sich von einer zunehmenden Abhängigkeit von Gott herleitet. Das bedeutet, daß er wie Paulus und Irenäus den freien Willen von der Freiheit unterscheidet. Während für Tertullian und die Stoiker der göttliche Funke geschenkt wird und der Weise dann die Freiheit durch Unabhängigkeit von den äußeren Dingen erlangt, legt Klemens die Betonung auf die Vollendung der Freiheit als einem totalen Gottesdienst und einer totalen Abhängigkeit von der Gnade.

Solche Erfüllung oder Vollendung des Menschen ist nur zu erreichen durch seine freie Wahl und mit Hilfe der göttlichen Gnade (S. V,7,1-8). Gegen die Bedrohung durch den gnostischen Determinismus betont Klemens ständig die menschliche Wahlfreiheit. Der Mensch ist keine Marionette (S. II,11,1); er wurde frei geschaffen, um zu wählen. Für die Wahl des Menschen trifft Gott keine Schuld, und der Mensch beurteilt durch sein eigenes Gewissen, was recht ist (S. I,5,2). Wenn wir vor der Wahl stehen, von der die Heilige Schrift spricht, so wählen wir den Weg des Glaubens und des Lebens, und wir glauben Gott in seinem WORT (S. II,12,1). Der wahre Gnostiker wählt jene Dinge, die in sich gut und wünschenswert sind; er kennt keine verheimlichten Motive (S. VI,96-104 passim).[19] Doch in seiner Wahl findet er die Freiheit und verdankt dies alles Gott. Er ist von Engeln umgeben, die ihm beistehen, Gottes Willen zu erfüllen (S. VI,157). Er wird vom Geiste Gottes geleitet und ruft „Abba, Vater". Nur in dieser Erkenntnis des Vaters, zu dem der Mensch betet, wird die Freiheit gefunden (S. IV,67), denn obwohl jeder einen freien Willen hat, sind doch nicht alle frei.

Diese Darstellung der Freiheit, die jeder Autor mit unterschiedlichem Akzent versieht, bietet eine zweifache Verneinung gnostischer Behauptungen. Für den Gnostiker waren die Menschen von vornherein stofflich, seelisch oder pneumatisch determiniert, und nur der pneumatische Mensch fand die Freiheit in personaler Autonomie und in der Zurückweisung jeglicher äußerer Maßstäbe oder Forderungen. Gegen solche Ansichten bestehen die christlichen Autoren auf zwei Punkten: Erstens sind alle Menschen frei in ihrer Wahl und daher auch verantwortlich, und zweitens ist das Wachsen in der Freiheit ein Wachsen in Abhängigkeit von der Gnade und in Gehorsam zu Gott.

4 Woraus besteht der Mensch?

Besteht er aus Teilen wie Leib, Seele und Geist, und wenn ja, wie sind sie aufeinander bezogen? Der verbreitetste Irrtum bei der Erörterung dieser Begriffe besteht darin, sie als eine Art höherer oder geistiger Anatomie aufzufassen: nachdem wir in

Anatomie I etwas über Arme und Beine gehört haben, lernen wir in *Anatomie II* den Leib als Teil eines größeren Komplexes zu sehen. So aber ist es nicht, selbst wenn für Tertullian die Seele etwas Physisches ist. Die Anthropologie soll die Beziehung des Menschen zu Gott und zum Universum, zu Leben und Tod beschreiben. Von Doxographen ist nicht zu erwarten, daß sie dies auch so sehen; doch im zweiten Jahrhundert wird es besonders deutlich, wenn der gleiche Autor zwei verschiedene Begriffssysteme verwendet, um unterschiedliche Dinge vom Menschen auszusagen, ohne sich dabei zu widersprechen.

Justin gibt zwei verschiedene Darstellungen der „Zusammensetzung" des Menschen. In der ersten beschreibt er den Menschen als Leib, Seele und Geist (D. 5–7), in der zweiten als Leib, Seele und *logos* (2 A. 10). Der Grund für die verschiedenen Darstellungen ist einfach und folgt der inneren Logik der Apologetik. Ein Apologet will ja den Glauben gegen eine Vielfalt von Angriffen verteidigen. In den Einwänden, denen er begegnet, steckt kein System, da sie normalerweise aus ganz verschiedenen Richtungen kommen. Dennoch muß er jedem Einwand mit einer Widerlegung begegnen, die verständlich und mit der Logik des Einwands vereinbar ist. Er mag seine eigenen Leitideen haben, doch dürfen diese nicht seine Argumentation beherrschen; falls sie das doch tun, kann er von denen, die Einwände erheben, nicht verstanden werden. Die Unterschiedlichkeit der Apologetik des Justin ist daher nur unter dem Aspekt von Einwand und Widerlegung zu verstehen.

Die Darstellung des einzigen Unerzeugten antwortet auf den Einwand: warum sollte es nur einen einzigen Gott und nicht viele Götter geben? Die Widerlegung dieses Einwands besteht im Argument gegen den *regressus in infinitum*. Es kann nur einen einzigen Unerzeugten, nur eine unverursachte Ursache, nur einen Wesensgrund allen Lebens, nur ein reines Sein geben. Der Mensch empfängt das Leben durch die Gabe des göttlichen Geistes. Wenn dieser Geist vom Menschen weicht, hört seine Seele auf zu existieren und kehrt zu ihrem Ursprungsort zurück. Der lebenspendende Geist ist die gleiche Macht, die Christus von den Toten auferweckte und die den Christen bei der Taufe die Wiedergeburt bringt.

„Daß die Seele lebt, wird niemand bestreiten. Wenn sie aber

lebt, lebt sie nicht, weil sie Leben ist, sondern weil sie am Leben Anteil hat; das, was Anteil hat, ist etwas anderes als das, woran man Anteil hat. Die Seele aber hat Anteil am Leben, weil Gott will, daß sie lebe. Das Leben gehört ihr nicht in gleicher Weise wie Gott. Im Gegenteil, gerade so wie der Mensch nicht immer existiert und nicht immer der Körper mit der Seele verbunden ist, sondern die Seele dann, wenn diese Vereinigung gelöst werden muß, den Körper verläßt und der Mensch nicht ist, so weicht auch von der Seele, wenn sie nicht mehr sein soll, der lebenspendende Geist" (D. 6,1f.).

Auf welche Weise hat der Wille Gottes eine Wirkung? Die Seele hängt ebenso vom Geist ab, wie der Körper von der Seele. Im „Dialog" heißt es weiter: „So weicht auch von der Seele, wenn sie nicht mehr sein soll, der lebenspendende Geist, und dann ist sie nicht mehr, sondern kehrt eben dahin zurück, woher sie genommen wurde." Die letzten Worte sind das Echo einer Stelle aus Platons „Phaidros" (248): „... zu dem Ort, von wo sie gekommen ist", und erinnert auch an die Worte aus dem Buch Kohelet 12,7: „Zur Erde kehrt wieder der Staub, wie er war, und der Geist kehrt wieder zu Gott, der ihn gegeben." Für Justin kehrt jedoch der Staub nicht einfach zur Erde zurück. Der Leib ist zur Auferstehung bestimmt. Dennoch gibt es eine bestimmte Rangordnung. Der Leib hängt von der Seele ab und die Seele vom Geist. Der Leib kann nicht ohne die Seele leben. Die Seele kann nicht ohne den Geist leben. Der Geist aber kann ohne die Seele leben, denn er *ist* Leben und hat nicht bloß Anteil am Leben (D. 5–7).

Die Darstellung Gottes als des Unsagbaren und Unerkennbaren ist Teil der Antwort auf den Einwand: „Was neu ist, kann nicht wahr sein." Wie kann das Christentum eine derart arrogante Überlegenheit über alle anderen Lehren beanspruchen, wenn es ein so junges Gewächs ist? Die Widerlegung dieses Einwands besteht in der Darstellung a) des partiellen und des vollkommenen *logos*, b) der Teilhabe am *logos* und c) des Logos selbst. Christus ist der ganze Logos, und er erschien auf Erden um unseretwillen als Leib, *logos* und Seele. Bevor dies geschah, konnten die Menschen schon Richtiges sagen, indem sie irgendeinen Teil des Logos entdeckten und überdachten. Sie nahmen jedoch unterschiedliche Teile des Logos auf und widersprachen sich daher gegenseitig. Christus aber war und ist der *logos* in jedem Menschen, so daß alle Wahrheit ihm gehört. Vom *logos spermatikos* oder Verstand ausgehend, kann sich der Mensch entweder auf Christus zubewegen, um in Christus Anteil zu haben am ganzen Logos, oder er geht in die andere Richtung zu seinen eigenen geistigen Entwürfen und damit letztlich zum Verkehrten. Die Wahl liegt beim Menschen (2 A. 10). Nach dieser Darstellung ist das dritte Element im Menschen der *logos*, nicht der Geist.

Die beiden Darstellungen vom Menschen, die Justin gibt, sind durchaus verständlich innerhalb der Logik der Einwände, denen er zu begegnen sucht, und die Einwände sind verständlich gemäß der Logik jener Probleme, die eine Lösung verlangen. In keinem der beiden Fälle geht es um eine „Anatomie des Geistes", denn der erste Fall befaßt sich mit Leben und Tod und mit der Beziehung des Menschen zu Gott, während es im zweiten Fall um die Erkenntnis der Wahrheit geht.

In gleicher Weise spricht auch *Irenäus* vom Menschen. Ihm geht es vor allem um den Leib nach dem Tod. Der Mensch besteht aus Leib und Seele und bedarf des Geistes von Gott. Die Seele lehrt den Leib und teilt ihm jede geistige Einsicht mit, die ihr zuteil wurde. Zugleich gibt die Seele dem Körper das Leben, beherrscht und besitzt ihn (H. II,33,4). Der Leib ist nicht dasselbe wie die Seele, sondern solange mit der Seele verbunden, wie Gott will. Die Seele ist nicht Leben, hat aber Anteil am Leben, das Gott schenkt; denn Seele und Leben bleiben getrennte Wesenheiten (H. II,34,3). Der Geist ist es, der Leib und Seele des natürlichen Menschen zur Vollständigkeit bringt. Seele und Leib brauchen den Geist Gottes. Dieser Geist verwandelt Seele und Leib (H. V,6,1). Leben wird nur durch Gottes Gnade gegeben. Der Leib ist zur Unsterblichkeit bestimmt und nicht einfach abzutun. Seele und Leib empfangen den Geist des Vaters; dieser Geist rettet und der Leib ist gerettet (H. V,9,3). Doch die Seele muß mit dem Geist in dieser Umwandlung zusammenwirken, um das Ende des Menschen seinem Anfang gleich zu machen, so daß der ganze Mensch gerettet wird (H. V,20,2).

Die Ehrfurcht vor dem Leib, die sich schon bei Justin findet und von Irenäus weiterentwickelt wird, bekundet auch *Tertul-*

lian, der sie noch deutlicher zum Ausdruck bringt. Tertullian schrieb über die Seele ein eigenes Werk, das sich in vielen Punkten von Soranus von Ephesus herleitet.[20] Doch bleibt es ein bemerkenswertes Werk – der erste westliche Traktat zur Psychologie,[21] der zweihundert Jahre lang von keinem anderen christlichen Autor neu erarbeitet wurde. Tertullian stellt hier seine Fähigkeit unter Beweis, abstrakte Themen auch ohne den Stimulus eines verhaßten Gegenspielers zu analysieren und darzulegen. Er vertritt die Ansicht, die Seele werde von den Eltern auf das Kind übertragen (Traduzianismus), sie sei also weder existent, noch werde sie bei der Geburt erschaffen. Weder geht die Seele dem Körper voran, noch der Körper der Seele. Beide beginnen gleichzeitig mit der Empfängnis (An. 27), und bis zu ihrer Trennung im Tod (An. 51) bilden Leib und Seele eine physische Einheit. Sein Hauptanliegen ist stets die Überwindung des Dualismus (der Mensch ist ebenso sehr Körper wie Seele, Res. 32), und seine wichtigste Errungenschaft ist nicht der Traduzianismus, der nur noch von historischem Interesse ist, sondern die glaubwürdige Darstellung des Menschen als einer Einheit.[22]

Während die Philosophen endlos über die Seele streiten, haben die Christen eine genaue Kenntnis über sie, weil sie die Wahrheit von Gott erfahren. Die Seele ist in Verbindung mit dem Leib zu sehen, und die Sinne dürfen nicht so verachtet werden, wie Gnostiker und Platoniker sie verachtet haben. Die Seele stammt vom Odem Gottes. „Daher bestimmen wir die Seele als aus Gottes Odem geboren, als unsterblich, körperlich, einfach der Substanz nach, sich selbst verstehend, vielgestaltig in ihren Vollzügen, voll in ihrer Wahlfreiheit, Zufällen ausgesetzt, wechselnd in ihren Fähigkeiten, vernunftgemäß, beherrschend, fähig, in die Zukunft zu schauen und aus einer einzigen ursprünglichen Quelle erfließend" (An. 22). Die Seele ist nicht, wie Platon behauptete, selbst-existent und göttlich. Sie ist unsterblich, doch weit unter Gott (nur *afflatus*, nicht *spiritus*) und wird von den Eltern auf das Kind übertragen. Tertullian sieht als „Materialist" den Einfluß vieler physischer Faktoren auf die Seele. Fitness ist wichtig: ein dicker Mensch lernt wenig, während magere und hungrige Menschen scharfsinnigen Geistes sind. Der Geist kann durch wissenschaftliche Tätigkeit geschärft oder durch Trägheit und Laster abgestumpft werden (An. 20). In kälterem Klima wird der Geist träge, doch bei warmer Luft ist er tätig und scharf (An. 25).

Tertullians Darstellung der Seele ist für sein Denken charakteristisch sowohl in der systematischen Argumentation mittels Definitionen, die aus sorgfältiger Nachforschung hergeleitet sind, wie auch in ihrer frischen Erdgebundenheit, die aus einem ehrfürchtigen und demütigen „Materialismus" stammt. – Die Bewegung eines Kindes im Mutterleib beweist, daß die Seele schon vorhanden ist. Die Sinne sind uns von Gott gegeben, so daß der Mensch die Werke Gottes begreifen und genießen kann. Sind die Sinne einmal in Mißkredit gebracht, so ist die Ordnung der Natur, die Vorsehung Gottes und die menschliche Existenz entwertet (An. 17). Tertullian ist jedoch kein so starrköpfiger Empiriker, wie es seine Verteidigung der Sinne vielleicht nahelegen könnte. Er akzeptiert die Vision einer montanistischen Schwester, die die physische Gestalt einer Seele gesehen hatte; sie sei in Visionen und Offenbarungen sehr gut (An. 9). Weniger glücklich ist er über die Erzählung vom Gebet einer Leiche, doch nimmt er das Ereignis hin und deutet den Bericht so, daß er nicht seiner Grundthese widerspricht: Ein unvollständiger Tod ist kein Tod (An. 51). Der Reiz seines erdhaft bissigen Humors zeigt sich in einem kurzen Zwischenspiel. Selbst die Seelenwanderung hat ihre drollige Seite: Empedokles behauptet, einst ein Fisch gewesen zu sein. „Warum nicht eine Melone, da er so dumm, oder ein Chamäleon, da er vor Dünkel so aufgeblasen war?" (An. 32) Kein Zweifel, sagt Tertullian, daß er als Fisch in die vulkanische Bratpfanne des Ätna sprang, um seine Seelenwanderungen fortzusetzen (An. 32) – allerdings ohne Chips-Beilage . . .

Klemens hat nicht wie Irenäus und Tertullian das erkenntnisleitende Interesse an allem Physischen, obwohl auch für ihn der Körper immer noch wichtig ist. Er hat wenig zu dem hinzuzufügen, was schon gesagt wurde, doch seine Darstellung der Seele ist abgerundet und seine Terminologie ist biblisch wie auch philosophisch.[23] Wie Justin sieht er die Verbindung von Leib und Seele im Tod aufgelöst (S. VII,71) und betont ebenfalls, daß die Seele hinsichtlich ihres Lebens von Gott abhängt. Sein großes Thema ist der Mensch als Geschöpf, als Werk des einen Gottes (S. III,34). Der Mensch steht nicht durch Wesensgemeinsamkeit in Beziehung zu Gott – er ist vielmehr Geschöpf des Willens Gottes (S. II,75).

Die vier Autoren geben ein klares Bild des Menschen als Leib, Seele und Geist (oder logos). Der Mensch ist ein Geschöpf und hängt mit seinem Leben ganz von Gott ab, doch ist er offenkundig der wichtigste Teil der Schöpfung Gottes. Tertullians detaillierte Darstellung sagt aber ebenso viel über ihn selbst wie über den Menschen.

5 Kann der Mensch die Wahrheit erkennen?

Dies war die allgemeine Frage des zweiten Jahrhunderts. Eine volkstümliche Antwort bot die mystische Schau, die aber wenig Spielraum ließ für Argumentation und Beweis. Selbst der Platonismus dieser Zeit war eher religiös als logisch eingestellt, und der Gnostizismus als dogmatischer Ansatz gab das diskursive Urteil schon am Anfang statt erst am Ende des Erkenntnisprozesses auf.[24] Für jeden unserer vier Autoren bedeutet die Erkenntnis der Wahrheit ein unmittelbares Erfassen der letzten Wirklichkeit; doch in jedem Fall bleibt das *Argument* wichtig, und unverzichtbar ist auch das Wachstum und die Entwicklung der Erkenntnis selbst.

Erkenntnis der Wahrheit war auch die zentrale Triebkraft in Justins Leben, doch unternahm er keinen Versuch, eine konkurrierende Gnosis zu entwickeln. Der Mensch kann Gott erkennen durch den Logos, der aus der Schrift spricht und in Jesus Mensch wurde. Wenn *Justin* das Versagen der weltlichen Philosophie sieht, wird er auf die Propheten verwiesen, die allein „die Wahrheit gesehen und sie den Menschen, ohne sie zu fürchten und ohne ihnen zu schmeicheln, verkündet haben. Sie haben ja nur das gelehrt, was sie, vom Heiligen Geiste erfüllt, gehört und gesehen hatten" (D. 7,1). Die letzte Wahrheit kann nur unmittelbar erkannt werden. Sie ist nicht aus anderen Prinzipien abzuleiten, sonst wäre sie nicht letzte Wahrheit. Jene, die gehört und gesehen haben, geben von der Wahrheit Zeugnis. Die Erkenntnis Gottes kommt den Menschen nicht auf natürliche Weise; sie kommt nur jenen, die die Gottesgabe des Heiligen Geistes empfangen (D. 4) und deren Leben Gottähnlichkeit aufweist. Die Wahrheit der Propheten wird bestätigt durch die sichtbare Erfüllung ihrer Prophezeiungen. Justin schließt mit den Worten: „In meiner Seele aber fing es sofort an zu brennen, und es erfaßte mich die Liebe zu den Propheten und jenen Männern, welche die Freunde Christi sind" (D. 8,1). Hierin beruft sich Justin streitbar auf seine Erfahrung. Dieser Hauptpunkt seiner Wissenslehre ist der einzige Grund, ihn als einfachen und unkomplizierten Denker anzusehen. Doch auch hierin ist er ebenso Platoniker wie eh und je.[25] Das unmittelbare Erfassen der Wahrheit kommt erst nach der Untersuchung und nach einem Argumentationsprozeß. Es ist das letzte Wissen, das auch die Gnostiker für sich in Anspruch nehmen, aber es verachtet nicht die Argumentation.

Irenäus bringt, wie wir schon sahen, eine Darstellung der Gottesschau, die die Gnostiker auf eigenem Terrain schlägt. Er zeigt, daß seine Art der Ästhetik die Phantasien der Gnostiker ausschließt und strenge Regeln für die Erkenntnis der Wahrheit aufstellt. Ständig spricht er vom „Sehen" und „Zeigen" des Wahrheitsbeweises. Ihm geht es nicht um Träume oder Vermutungen, sondern um die Wirklichkeit, und ständig spricht er von dem, was „wahr" und „fest" ist (H. II,27; II,28; I,24,3; I,30,1f.). Das fleischgewordene Wort befreit die Christen von den Phantasien und Karikaturen der Gnostiker. Diese Phantasien müssen völlig durchleuchtet werden, denn Argumente an einzelnen isolierten Stellen können sie noch nicht als unhaltbar erweisen. Wenn aber der Inhalt dieser Lehren aufgedeckt wird, kann er nicht mehr mit Philosophie oder wahrer Erkenntnis verwechselt werden, sondern wird als unsinnige Phantasterei erkannt. Man kann den gnostischen Mythos nicht unter rationaler Kontrolle halten; er ist ein Produkt dessen, was Augustinus später *fornicatio fantastica* nannte. Geschichten über Gurken und Melonen kann man auf die gleiche Weise fabrizieren, und wenn „jeglicher nach seinem Belieben die Namen (und Begriffe) wählen darf, warum sollte man denn nicht *diese* Namen (Gurken und Melonen) wählen, die doch viel glaublicher, gebräuchlicher und allgemein bekannt sind (als die der Gnostiker)?" (H. I,11,4)

Durch den Glauben ist Gott zu sehen und seine Wahrheit

erkennbar. Der Glaube sieht die Dinge, wie sie sind und ihrer Natur entsprechend (E. 3). Gott läßt sich aus seinen Werken erkennen (H. II,30,2; III,12,1). Hier haben wir eine Ausweitung von Justins Erfahrungsdenken. Justin ging es hauptsächlich darum, jene zu diskreditieren, die nicht sehen konnten. Irenäus verwandelt die Theologie nahezu in eine „Ästhetik" – das einzige, worauf es ankommt, ist die Gottesschau – doch ist er weit entfernt von gnostischer Ekstase. Erkenntnis oder Schau wird von drei Weisungen beherrscht:[26]

1) Die Natur des Gegenstands ist zu achten und die Wahrheit zu lieben;
2) auf das Wesen der Erkenntnisfähigkeit ist zu achten und die Ordnung sowie die Grenzen der Erkenntnis sind zu beachten; der Mensch kann nicht mehr als nur einen kleinen Teil der Summe allen Wissens erlangen;
3) der Mensch wird in der Erkenntnis vorankommen, wenn er den beiden ersten Weisungen folgt; dies wird sein Weg zur Wahrheit sein.

Selbstlose Achtung vor der Wirklichkeit und gebührende Anerkennung der Endlichkeit des Menschen, das ist die Demut, durch die allein der Mensch Gott erkennen kann. Der Hauptfehler der Gnostiker dagegen ist ihre Unrast (H. V,20,1). Sie versuchen immer, die Dinge um und um zu wenden und mehr zu wissen, als der Mensch wissen kann. Weil das Geheimnis in Gott bleibt, muß der Anspruch des Menschen auf Erkenntnis immer begrenzt sein (H. II,28). Letztlich wird Erkenntnis innerhalb der Kirche gefunden: das Geschenk der Wahrheit kommt zum Bischof als dem Nachfolger der Apostel, denn die Jünger lernten die Wahrheit von Christus und hinterlegten den ganzen Reichtum dieser Wahrheit in der Kirche.[27]

Die Wahrheitserkenntnis bringt uns auf ein Hauptproblem der Tertullian-Auslegung. Seine oft zitierte Antithese im Hinblick auf Athen und Jerusalem und sein falsch zitierter Kommentar zu Glaube und Absurdität legen die Vermutung nahe, er habe wenig übrig für Verstand und Beweis; doch schon die rasche Lektüre von „De Anima" oder „Adversus Marcionem" zeigt mehr Beweisführung, als von den meisten christlichen Autoren vorgebracht wurde. Wie verstand *Tertullian* den Erkenntnisprozeß? Bestand er nur in der schlichten Annahme der Glaubensregel, oder war er zur Erforschung Gottes bestimmt? Nach herkömmlicher Ansicht war Tertullian ein streitbarer Fideist, der alle weltliche Kultur zurückwies und am Herzstück des christlichen Glaubens festhielt. Man kann diese Ansicht nicht mehr guten Gewissens vertreten.

Folgen wir den Hauptstücken des Beweismaterials.[28] Bei Tertullian finden sich zwar zahlreiche Angriffe auf Philosophie und Philosophen, doch diese Attacken haben auch viele Parallelen bei seinen Vorgängern und Zeitgenossen. Da werden recht schwerwiegende Einwände gegen Philosophen vorgebracht: die Unstimmigkeiten unter ihnen, der Kontrast zwischen ihrer Lehre und ihrem Leben, ihre Voreingenommenheit für die Logik statt für die Wahrheit, doch selbst diese Einwände sind bei Tertullian von seiner Forderung nach Einfachheit motiviert. Die Philosophen haben Mangel an jener Einfachheit und Armut gezeigt, die für den Christen wesentlich ist.[29]

Die Antithese „Athen – Jerusalem" findet sich bei Paulus,[30] und Tertullians Gebrauch rhetorischer Fragen oder paralleler Antithesen ist weit verbreitet. In Ap. 46,18 und Praescr. 7,9 behauptet Tertullian einfach die Überlegenheit des Christentums über die Philosophie und greift den Mißbrauch der Philosophie durch die Häretiker an. Die Philosophie als solche wird nicht verurteilt. Das Paradox „Es ist glaubwürdig, weil es unangemessen ist", wurde bereits untersucht. Tertullian möchte die Tiefe des göttlichen Geheimnisses zeigen. „Man ist auf der falschen Spur, wenn man in diesem ‚Paradox' eine Art Manifest gegen Vernunft und Philosophie sieht."[31] Tertullian verfolgt zwei Ziele: erstens die Ursprünglichkeit und Einzigartigkeit des Christentums zu bewahren, so daß es nicht bloß eine Philosophie unter anderen ist, und zweitens das Grundmuster des christlichen Glaubens zu erhalten gegen alle Entstellungen der Häretiker, die mit der Philosophie nur spielen. Die Philosophie bereitet den Weg zur Gotteserkenntnis, indem sie auf Gott hinweist (Marc. II,27,6; Virg. 11,6), auf die Unsterblichkeit (Test. 4,1–8) und auf die Auferstehung (Test. 4,9–11). Zwischen Christen und Philosophen gibt es viele Punkte der Übereinstimmung (Ap. 14,7; 22,5); nicht nur Seneca ist „häufig einer von uns" (An. 20,1), sondern auch die Vorsokratiker (An. 14,9),

Pythagoras (An. 28,2) und selbst Lucretius (An. 5,6) haben verwandte Stellen. Mit Zustimmung verweist Tertullian auf Justin als „Philosophen und Martyrer" (Val. 5,1), und er setzt das Thema fort, das seit Justin die ganze frühe Kirche bewegt, wenn er vom Christentum als von der „besseren Philosophie" spricht (Pal. 6). Statt die weltliche Kultur zurückzuweisen, fordert Tertullian, sie nur für die Förderung des Evangeliums zu nutzen.[32]

Diese neue Würdigung Tertullians und der Philosophie läßt uns begreifen, daß er keineswegs ein engstirniger Frömmler war, der mit der Kompromißhaltung der anderen Christen immer unzufriedener wurde, sondern ein ruheloser Christ, dem keine Einstellung genügte, die hinter der schlichten, alleinigen Hingabe an Christus zurückblieb. Das Suchen muß immer weitergehen, bis die Fülle Christi gefunden ist (Praescr. 9,4). „Niemand sollte sich der Fortschritte schämen; denn sogar in Christus geht die Erkenntnis über verschiedene Stadien" (Pud. 1,11–12).

In seinem früheren Werk „Über die Geduld" macht Tertullian starke Anleihen beim stoischen Denken, während er im folgenden Werk „Über die Flucht" seine Darstellung der Geduld mehr aus christlichen und biblischen Gedanken entwickelt. Und während er die Wißbegier an einer Stelle verurteilt, empfiehlt er Wißbegier und Kultur an anderer Stelle, wenn sie nützlich auf ein gutes Ziel gerichtet sind. Der Christ mag die weltliche Kultur kennenlernen, soll sie aber nicht lehren; doch in seiner eigenen Gelehrsamkeit zeigt Tertullian die ganze unersättliche Wißbegier seiner Zeit. Weder Apuleius noch Aulus Gellius übertreffen ihn im Hunger nach Einzelerkenntnissen der verschiedensten Art. Sein Interesse an der Physiologie ist offenkundig. Er lobt Hadrian als einen „Erforscher aller Dinge" (Ap. 5,7). Wie Irenäus verurteilt auch er die Neugier und Rastlosigkeit der Häretiker;[33] wie Irenäus hat auch er seine eigene christliche Wißbegier, die über die ersten einfachen Dinge (Res. 2,11) mit einer Rastlosigkeit hinausgeht, die ihn vom Heidentum zum Glauben, zum Montanismus und weiter treibt. Kompromisse in jeder Form werden immer mehr abgelehnt; man könnte von einer ständigen Konversion sprechen. Die offensichtliche Tragödie Tertullians liegt darin, daß er nicht zu einer beseligenden Schau kommt und nicht in den geistlichen Garten eines Klemens gelangt, sondern in Einsamkeit und Versagen endet.[34]

Vieles an Tertullians Argumentationen ist polemisch und kurzgeschlossen. Er ist tatsächlich ein christlicher Sophist,[35] der nur ein oder zwei Züge braucht, um einen Gegner in Mißkredit zu bringen. Anders als die Sophisten kann er aber auch die Höhe tragfähiger, systematischer und konstruktiver Beweisführung erreichen. Zweifelhaft bleibt, ob er wußte, wie viel er aufgebaut hatte, denn er schreibt wie jemand, der gar nicht erwartet, allen Verbindungen des universalen Logos auf die Spur zu kommen oder das Ganze der Wahrheit zu schauen. Am Ende ist er weniger orthodox, weniger konservativ und unsicherer als seine drei Zeitgenossen; nur er beschließt sein Leben außerhalb der sichtbaren Großkirche. Doch sein Werk wurde niemals als das eines Schismatikers abgetan oder verleugnet. Jene, die nach ihm kamen, wußten besser als er, wie viel er erreicht hatte. Er hinterließ der Theologie als *habitus* eine sokratische Feindschaft gegen aufgeblasene, anmaßende und wertlose Beweisführung; der Theologie als *doctrina* hinterließ er eine Abhandlung zum Problem des Bösen, Darlegungen zur Trinität und Christologie sowie zu anderen Themen, über die noch zu sprechen ist.

Tertullian nimmt das Pallium, den Philosophenmantel, weder zum Ärgernis seiner Mitbürger noch als höhnische Geste gegen die Karthager, ja nicht einmal als eine christliche Neuerung, die auf die einzig wertvolle Philosophie hinweisen soll. Der Mantel verweist auf „Brauch" und „Disziplin", auf einen Weg und nicht auf ein Ziel; diese Disziplin ist asketisch und für die Welt seltsam fremdartig (Pal. 5,4). Tertullian verteidigt sein Recht, das Pallium angesichts von Mißverständnis und Entfremdung zu tragen, und er trägt es, um der ständigen Wandlung Ausdruck zu verleihen, die sein Leben und Denken kennzeichnet. Für ihn wird man nicht als Christ *geboren*, sondern man *wird* Christ; niemand sollte sich schämen, Fortschritte zu machen, und das Symbol der Wandlung ist der Wechsel von der Toga des Bürgers zum Pallium des Philosophen. Hier wird die Denkrichtung Tertullians verständlich. Die negative Seite bleibt: er hat keine Zeit für Häretiker, die die Glaubensregel im Stich lassen. Die positive Seite ist jedoch erstaunlich: Es gibt ein Voranschreiten und Wachsen, das dem Christen keine Ruhe läßt. Als eine *theologia viatorum* ist Tertullians Werk ernst und schwer; es steht dem Neuen Testament nahe und vor allem Paulus, der die Rastlosigkeit, die Einsamkeit und das Versagen Tertullians vorweggenommen hat.[36] Doch für beide ist das letzte Wort ein Wort der Freude. „Gaude pallium et exsulta – Freue dich Pallium und frohlocke!" (Pal. 6,2) – „Freut euch im Herrn zu jeder Zeit! Noch einmal sage ich: Freut euch!" (Phil. 4,4)

Klemens hat auch etwas von Tertullians Rastlosigkeit: „Es ist ein Wagnis edlen Mutes, unseren Weg zu Gott zu gehen" – doch er ist überzeugt, daß der Weg mit untrüglicher Hoffnung beschritten werden kann und daß es eine wahre Gnosis gibt, die auf Erden erreichbar ist und im Himmel erweitert wird. Die Trennungslinie zwischen Erde und Himmel ist nicht immer klar. Der Christ ist in der Tat ein König, der über die Tiere um sich her und über die Leidenschaften in sich selbst herrscht (S. VI,115,2). Im redlich gerechten Menschen ist das ewige WORT gegenwärtig, „der einzige Heiland für jeden einzelnen und für alle zusammen". Solch ein Mensch wird ein drittes göttliches Abbild, das, so weit wie möglich, dem WORT ähnlich wird, der Quelle des wahren Lebens (S. VII,16,5f.). Die Erkenntnis ist sozusagen eine Vervollkommnung des Menschen als Menschen und erreicht ihren Höhepunkt in der Erkenntnis göttlicher Dinge und in einem Leben, das mit dem göttlichen Wort übereinstimmt. Der Glaube, der Gott bekennt, macht durch die Gnade Fortschritte, um ihn soweit zu erkennen, wie es der Mensch nur vermag (S. VII,55,1-3). Der Gnostiker, der den einzig wahren Gott liebt ist der „wahrhaft vollkommene Mensch und Freund Gottes". Er wird als Gottes Sohn angenommen und findet geistliche Ruhe in Gott (S. VII,68,1-5). Der Mensch muß auf die Vollendung hinarbeiten, obwohl niemand außer dem Herrn selbst in allen Dingen zugleich vollkommen ist.

Dies ist das Bild des Menschen, das man mit Klemens gemeinhin in Verbindung bringt (S. VII); an Optimismus und Schönheit hat es in der christlichen Literatur nicht seinesgleichen. Es wurde jedoch geschrieben, um andere Darstellungen des Aufstiegs des Menschen zu Gott zu übertreffen und um Kritiker der Frömmigkeit des wahren Christen eines Besseren zu belehren (S. VII,2,1). Spiritualität im Wettbewerb ist immer eine gefährliche Sache, weil sie zuviel auf andere Mitstreiter achtet und sie auf ihrem eigenen Boden übertreffen möchte. Im vierten Buch der „Stromateis" gibt es eine systematische Darstellung des Menschen, die ein klareres Bild zeigt. Hier folgt Klemens Paulus und Platon und legt eine Theologie des Kreuzes vor, die auf das sittliche Leben bleibenden Einfluß behielt. Denn schließlich fand die frühe Kirche die vollkommene Tapferkeit und Menschlichkeit einzig im Martyrium. Klemens geht von der Frage aus: Was macht den Menschen menschlich? Paulus sah das Leben als Trennung von der Sünde, als Dienst vor Gott, als ein Der-Welt-gekreuzigt-sein und Bürger-des-Himmels-sein. Wahre Philosophie hat noch Raum für die Furcht, und für Platon war Philosophie Praxis des Todes, Trennung der Seele vom Leib.[37] Wahre Menschlichkeit, sagt Klemens, ist daher im Martyrer zu finden, den sein Erlöser als Bruder willkommen heißt, da sie einander ähnlich sind, und der Mensch wird im Martyrium vollendet, weil dies die höchste Tat der Liebe ist (S. IV,14,1-3). So sagt auch Platon, daß der in der Schlacht Gefallene zum goldenen Geschlecht gehört (S. IV,16,1). Für Klemens ist dieser Gipfel aber nicht bloß denen vorbehalten, die für Christus den physischen Tod sterben. Das höhere „gnostische" Martyrium erlangen jene, die alles für das Evangelium und für den Namen Christi verlassen. „Wenn das Bekenntnis zu Gott ein Zeugnisgeben ist, so ist jede Seele, die in der Erkenntnis Gottes einen reinen Wandel führte und den Geboten gehorsam war, ein Zeuge durch Leben und Wort, wie sie auch immer vom Körper scheiden mag, da sie das ganze Leben lang und noch in ihrem Hinscheiden ihren Glauben gleich ihrem Blut darbringt" (S. IV,15,3). Diese Umschreibung soll das falsche Martyrium des Häretikers ausschließen, der aus Haß auf den Schöpfer und wegen eines falschen Bekenntnisses stirbt, – wie auch die Haltung des Feiglings, der meint, daß ein Bekenntnis des wahren Glaubens ihn davon entbindet, sein Leben zu riskieren.

Der Christ widersteht den Mächten, die ihn bedrohen; als Schlachtschaf angesehen, geht er als glänzender Sieger hervor. Wie Simonides sagt, ist der Gipfel der Tapferkeit nur durch sauren Schweiß und Mühsal zu erreichen. Größerem Tod wird größeres Los zuteil, sagt Heraklit (S. IV,47-49). Paulus sieht die Apostel zu Tod und Schande bestimmt (1 Kor. 4,9–13), wie auch Platons Gerechter gemartert wird. Der wahre Gnostiker, der vollkommene Mensch, schaut über die irdischen Dinge hinaus auf die königliche Freundschaft mit Gott. Schande und Tod können ihn nicht aus seiner Freiheit und erhabenen Gottesliebe vertreiben (S. IV,52).

Der ideale Mensch des Klemens ist nicht so einsam wie der des Tertullian. Die Einsamkeit Christi war größer als die seiner späteren Nachfolger.

„Allein also trank der Herr ‚den Kelch' zur Reinigung der Menschen, die ihm nachstellten und derer, die ihm nicht glaubten. Seinem Vorbild folgten die Apostel und litten, um Vollkommenheit zu erlangen, als wahre Gnostiker für die Kirchen, die sie gegründet hatten. So müssen also auch die Gnostiker, die in den Spuren der Apostel wandeln, sündlos sein und aus Liebe zum Herrn auch den Nächsten lieben, damit sie, wenn die Umstände es erfordern, für die Kirche die Drangsale erdulden, ohne ein Ärgernis daran zu nehmen, und den Kelch trinken" (S. IV,75,1f., wobei hier einmal Stählins Verbesserung abgelehnt wird).

Die endgültige Position des Klemens ist nicht in mystischer Abstraktion zu finden. Es ist unvermeidlich (S. IV,95,1–96,2), daß die, die Christus gehören, Verfolgung und Feindschaft erleiden, da sie mitten im Wirkungsbereich des Teufels leben. Doch selbst in diesem tobenden Inferno kann die Christen in ihrer vollkommenen Tapferkeit nichts von der Liebe Gottes in Christus ihrem Herrn trennen; die Geschöpflichkeit des Menschen und die Liebe Gottes kommen zusammen.

Der vollkommene Mensch ist also nach Klemens ausgezeichnet durch seine Nähe zu Gott, durch den Kampf gegen die Sünde, sowie durch Freiheit und Freundschaft mit Gott. Sein Ideal findet sich nicht im vollen Optimismus eines geistlichen Paradieses: am Ende ist die Vollkommenheit allein im Martyrium zu finden. Dies ist ein seltsames Ende für das vernunftbegabte, lachende Lebewesen. Bei Klemens sind jedoch die beiden Extreme von Tod und Göttlichkeit eng zusammengehalten. Wenn wir sorgfältig nachschauen, so finden wir vieles über das Martyrium im siebenten Buch der „Stromateis" und vieles über göttliche Vollendung, Einheit und *apatheia* im vierten Buch.

Im siebenten Buch schreibt Klemens von der höchsten Schau:
„Die Erkenntnis versetzt den Menschen auch leicht in den göttlichen und heiligen Zustand, der der Seele verwandt ist, und mit einem nur ihr eigenen Licht führt sie ihn durch die mystischen Entwicklungsstufen, bis sie ihn zu dem alles überragenden Ort der Ruhe gebracht und den, der ‚reinen Herzens' ist, Gott ‚von Angesicht zu Angesicht' mit klarem Wissen und mit vollem Verständnis zu schauen gelehrt hat" (S. VII,57,1).

Der gleiche Mensch lebt in der Welt, dankt seinem Schöpfer und liebt seine Mitmenschen (S. VII,62). Er stürzt sich nicht töricht ins physische Martyrium. Er und die Seinen kennen die Gefahren und treffen vernünftige Vorsichtsmaßnahmen: „Aber dann, wenn Gott sie wirklich zu sich ruft, geben sie sich freudig hin und werden ihrer Berufung dadurch gewiß, daß sie sich dessen bewußt sind, keine voreilige Handlung begangen zu haben; ihren tapferen Sinn aber lassen sie in der wahrhaft vernünftigen Tapferkeit sich bewähren *(ton andra en tei kata aletheian logikei andreiai exetazesthai parechontai)*" (S. VII,66,4). So denkt das vernunftbegabte, lachende Lebewesen und ist froh bis ans Ende. Und falls jemand bezweifelt, daß der Mensch auf diese Weise als Freund und Sohn Gottes alt werden könne, „mäßig und leidenschaftslos, von Lust und Leid unberührt, wie es der Erzählung nach der Diamant gegenüber dem Feuer ist" (S. VII, 67,8), für den hat Klemens seine Antwort bereit: „Die Ursache davon ist die Liebe, die alles Wissen an Heiligkeit und Selbst-Beherrschung übertrifft" (S. VII,68,1).

---

[1] *Tertullian*, De praescriptione, 7.
[2] *Klemens*, S. VIII,21,1; vgl. *Aristoteles*, De anim membr. III,10 p 673 a8. Paid.II,46,2: „Man darf nicht deswegen, weil der Mensch ein Lebewesen ist, zu dessen wesentlichen Merkmalen das Lachen gehört, immerfort lachen, da ja auch das Pferd, dessen Kennzeichen das Wiehern ist, nicht immerfort wiehert."
[3] *C. Andresen*, Justin und der mittlere Platonismus: ZNW 44 (1952/1953) 157–195; *R. Holte*, Logos spermatikos, Christianity and ancient philosophy according to St. Justin's Apologies: STL 12 (1958) 109–168; *R. Joly*, Christianisme et philosophie, Brüssel 1973, Kap. 2; *N. Pycke*, Connaissance rationelle et connaissance de grâce chez S. Justin: EThL 37 (1961) 52–85; *E. Osborn*, Justin Martyr, 140–147.

[4] Die umfassende Arbeit von *A. Orbe*, Antropologia de San Ireneo, Madrid 1969, ist von grundlegender Bedeutung.

[5] Vgl. *G. Wingren*, Man and incarnation, Edinburgh 1959.

[6] Ebd. 99 und 213.

[7] Ebd. 213. Hier scheint Wingren sein Anliegen zu überziehen: „Man, in order to be man, must continually transcend himself, and have God within himself. Man's life is dependent on communion with God, and if this communion is broken, man is lost. But it does not break and cannot break."

[8] *E. R. Dodds*, Age of anxiety, 35ff.

[9] *E. Bickel*, Fiunt, non nascuntur christiani, in: Pisciculi, Festschrift für F. J. Dölger, Münster 1939, 61.

[10] Vgl. *J. Daniélou*, Histoire des Doctrines chrétiennes avant Nicée, Vol. 2: Message évangelique et culture hellénistique aux IIe et IIIe siècles, Paris 1958, 408ff.

[11] Das Argument für den Glauben an Götter oder an Gott, das aus dem *consensus gentium* abgeleitet wird, hat in seiner langen Geschichte viele Verfechter gehabt. Vgl. *Cicero*, De natura deorum, 2,2 und *Seneca*, Ep. moral., 117.

[12] In 1A.61 stellt Justin jedoch die erste Geburt der Notwendigkeit der zweiten Geburt der Freiheit gegenüber.

[13] Vgl. *N. P. Williams*, The ideas of the fall and original sin, London 1927, 231–245; *F. R. Tennant*, The sources of the doctrines of the fall and original sin, Cambridge 1903, 328: „The beginning was made by Tertullian."

[14] *E. Altendorf*, Einheit und Heiligkeit der Kirche, Leipzig 1932, 28f.

[15] *K. Rahner*, Sünde als Gnadenverlust in der frühkirchlichen Literatur: ZKTh 60 (1936) 504ff.

[16] Vgl. die eingehende Abhandlung bei *D. Amand*, Fatalisme et liberté dans l'antiquité grecque, Louvain 1945.

[17] *Justin*, D. 102,4; 2 A.7,5; D. 88,5; D. 141,1. Vgl. *W. Telfer*, AUTEXOUSIA: JThS (1957) 124. Autexousios = selbständig.

[18] Die stoische Vorstellung des Menschen als eines göttlichen *apospasma* war weit verbreitet.

[19] Die Ähnlichkeit der Erkenntnis bei Klemens mit Platons Schau der Schönheit im „Symposion" und dem gereinigten Willen in Dantes „Purgatorio" (27) ist bemerkenswert. Vgl. *I. Murdoch*, The Fire and the Sun, 34f.

[20] Soranus von Ephesus (98–178) studierte in Alexandria, arbeitete und schrieb in Rom. Vgl. *H. Diels*, Doxographi Graeci, Berlin 1879, 203–213; *H. Karpp*, Sorans vier Bücher Peri Psyches und Tertullians Schrift De Anima: ZNW 33 (1934) 31–47; *J. H. Waszinck (Hrsg.)*, De Anima, Amsterdam 1947, 21–44.

[21] *H. Karpp*, Probleme altchristlicher Anthropologie, Gütersloh 1950, 231: „Der Umstand, daß Schriftsteller wie Tertullian nicht einfach biblische Aussagen über die Seele sammelten, sondern die vorliegende antike Überlieferung in ausgewählten Stellen oder sogar in einem gegebenen literarischen Zusammenhang benutzten, ließ eine abendländische Psychologie entstehen, deren geschichtliche Einheit sowohl in den Fragen als auch in den Antworten von den Griechen bis in unsere Tage reicht."

²² Ebd. 90: „Auch der scharfe, gewandte Kampf gegen die Gnosis und die Psychologie unter der Voraussetzung, daß die Seele des Menschen, dieser selbst und die ganze Menschheit eine einzige, von Gott geschaffene, aber dann verdorbene und zu erlösende Einheit sind, ist eine bedeutende literarische und theologische Leistung."

²³ Eine breit angelegte Darstellung von Klemens' Sicht der Seele bietet *H. Karpp*, ebd. 92–131. Bei aller Ähnlichkeit der Vorstellungen von Tertullian und Klemens gibt es doch wichtige Unterschiede. Klemens lehnt den stoischen Materialismus und den Vererbungsmakel der „Erbsünde" (*original sin – peccatum originale*) ab. Er bestand auf der Vorherrschaft des rationalen oder spirituellen Elements im Menschen und bereitete damit den Weg für Origenes' Konzept präexistenter Seelen wie auch für spätere asketische Strömungen. Ihm lag daran zu zeigen, wie der Mensch über einen längeren Zeitabschnitt hinweg im geistlichen Leben vorankommen kann. „Die realistische Eschatologie Tertullians hat er abgeschwächt zu einem zielstrebigen Geschichtsverlauf, der für die Menschheit eine vergeistigende und versittlichende Entwicklung bedeutet" (ebd. 131). Karpps Diagnose ist richtig, doch seine Bewertung ist etwas vorschnell.

²⁴ Aus diesem Grund lehnte Platon die Kunst ab. *I. Murdoch*, The Fire and the Sun, 66: „Art thus prevents the salvation of the whole man by offering a pseudo-spirituality and a plausible imitation of direct intuitive knowledge (vision, presence), a defeat of the discursive intelligence at the bottom of the scale of being, not at the top."

²⁵ Vgl. „Staat", 505–511, und *Maximus von Tyros*, Dialexeon, 17,1.

²⁶ *D. B. Reynders*, Optimisme et théocentrisme chez Saint Irénée: RThAM 8 (1936) 229–232.

²⁷ Vgl. unten: VII „Das Wort – kurz und bündig", Anm. 23: „charisma veritatis certum".

²⁸ Vgl. *J. C. Frédouille*, Tertullien, et la conversion de la culture antique, Paris 1972.

²⁹ Ebd. 316.

³⁰ Vgl. 2 Kor. 6,14ff. zum Stil, und 1 Kor. 1 zum Inhalt.

³¹ *J. C. Frédouille*, Tertullien, 333.

³² Ebd. 357.

³³ Ebd. 432.

³⁴ Ebd. 442. Zwischen Tertullian und Klemens bleiben Unterschiede, doch sind sie subtiler, als die Interpreten annahmen.

³⁵ Vgl. *T. D. Barnes*, Tertullian, 211–232.

³⁶ Denn Paulus war ein eschatologisch gesinnter Mensch, der wußte, daß es keinen Weg zur Auferstehung gibt, der am Kreuz vorbeiführt. Vgl. *C. K. Barrett*, The signs of an apostle, London 1969, 42f., und *A. Fridrichsen*, The apostle and his message, Uppsala 1947, 3. Vgl. auch *E. Käsemann*, An die Römer, Tübingen 1975, 17, zu Röm. 1,8–15: „Selbst am Ende seines Weges steht er im Zwielicht ungeklärter Situationen, im Widerstreit gegensätzlicher Beurteilung."

³⁷ *Platon*, Phaidon, 67D.

PROBLEME UND PARALLELEN

Von den zahlreichen Problemen, die den Menschen betreffen, sind es vor allem zwei, die neues Licht auf gegenwärtige Fragestellungen werfen. Das erste ist die Beziehung des Menschen zu Gott und ob der mit Christus vereinte Mensch göttlich werden kann. Das zweite ist das Verhältnis des freien Willens zur Freiheit und die Frage nach deren Existenz angesichts mächtiger äußerer Ursachen. Die gnostischen Äonen verleiteten den Menschen des zweiten Jahrhunderts zu einem ähnlichen Determinismus wie die Naturgesetze der Wissenschaft in der Neuzeit.

1 Ist jemand für Vergöttlichung?

Dieser Begriff irritiert mehr moderne Leser als jeder andere Aspekt frühchristlicher Theologie und wird von den meisten Christen der Gegenwart abgelehnt: „Will aber heute noch ein vernünftiger Mensch Gott werden? ... Unser Problem heute ist nicht sosehr die Vergöttlichung, sondern die *Vermenschlichung des Menschen.*"[1] Alles hängt von der *Methode* ab, die man gebraucht, um dieses schwierige Thema zu klären. Als mögliche Hauptalternativen einer Problemerhellung sahen wir die kulturgeschichtliche, die doxographische und die problemorientierte Methode an;[2] es ist wichtig, sich diese Unterschiede in Erinnerung zu rufen.

Die erstgenannte Methode findet man in einigen Darlegungen der Theologie und des Ethos der Ostkirche. Hier ist der Glaube an Vergöttlichung Teil eines ganzen Komplexes von Vorstellungen und Überlieferungen.[3] Ein gesteigerter Sinn für das göttliche Geheimnis, eine Konzentration auf Gebet und Kontemplation und ein feinfühliger Zugang zu den ästhetischen Aspekten der Anbetung – all dies hat hier seinen Platz. Es ist leicht, die Vergöttlichung als Teil dieses kulturellen Ganzen zu sehen, doch ist schwer zu verstehen, was sie für jemanden bedeutet, der außerhalb dieses Kulturkreises steht – wenn also die kritische Frage nach ihrer Bedeutung gestellt wird. Auch ist es falsch, die allgemeine Vermutung zu übernehmen, daß diese Überlieferung homogen sei und eine enge Kontinuität der Gedanken der griechischen Väter des zweiten, vierten und sechsten Jahrhunderts bestünde.[4] Der kulturelle Zugang zu diesem Problem ist nicht ohne Wert, doch letztlich unbefriedigend, weil er eine Einheit voraussetzt, die nicht existiert.

Anderswo stellt man die Darlegung östlicher Theologen zur Vergöttlichung des Menschen neben das katholische Konzept der geschaffenen Gnade und neben die protestantische Version des Kampfes gegen die Sünde.[5] Dies sind drei verschiedene Versionen der Rechtfertigungslehre und der beherrschende Faktor ist wiederum das unterschiedlich kulturelle Umfeld. Offensichtlich gibt es einen bestimmten Sinn, in dem die Meinungen der Theologen die Welt widerspiegeln, in der sie sprechen, und die gleichen Dinge müssen zu verschiedenen Zeiten und an anderen Orten auf unterschiedliche Weise gesagt werden. Mit der paulinischen Darstellung der Rechtfertigung beginnt auch die Idee der Vergöttlichung. Das Etikett „Vergöttlichung", „geschaffene Gnade" und „Kampf gegen die Sünde" deckt sich jedoch nicht völlig mit den östlichen, katholischen und protestantischen Darstellungen. Das Etikett setzt zuviel Homogenität innerhalb jeder einzelnen Tradition voraus und zu wenig Homogenität der Traditionen untereinander.

Die (kontroverstheologische) Problemgeschichte leugnet im Grunde die Eigengesetzlichkeit jeder Darstellung und setzt voraus, daß jeder Autor das gleiche Problem erörtert. Unterschiedliche Ansichten können daher einander gegenübergestellt werden und mithin „richtig" oder „falsch" sein. Unter kulturgeschichtlichem Aspekt kann *jeder* im Recht sein, doch aus kontroverstheologisch problemgeschichtlicher Sicht kann nicht jeder Recht haben. Diese Forschungsmethode, die unterschiedliche in der Vergangenheit vorgeschlagene Lösungen untersucht,[6] hat ihre Schwierigkeiten bei der Frage der Vergöttlichung, die an den Nerv rührt und im Lauf der Jahrhunderte merkwürdige Reaktionen hervorrief.[7] Im Ergebnis wird dann Vergöttlichung verurteilt als „die ernsteste Verirrung ... (und) unheilvoller Riß im griechisch christlichen Denken"[8]. Nach Auflistung einiger Auszüge aus Klemens und Origenes ist leider „kein Raum, die Konsolidierung der Lehre bei den nachfolgenden Vätern oder ihre spätere mystische Ausarbeitung mit weiteren Beispielen zu belegen", und Daniélous Warnung vor einer anachronistisch einförmigen Beurteilung der frühen und späteren griechischen Väter wurde „registriert", aber nicht wirklich beachtet.[9] Ein strenger Verbalismus behindert das Problembewußtsein: „Die Eschatologie des Klemens ist kaum in sich schlüssig", weil die Vergöttlichung als begonnen, nicht aber als vollendet angesehen wird. Da die Spannung zwischen Verheißung und Erfüllung wesentlich zu jeder Aussage des Evangeliums gehört, das eine naive Apokalyptik ebenso wie naiven Enthusiasmus vermeidet, ist sie überhaupt keine Schwäche. Überdies versteht es Klemens durch subtile Verbindung (S. II,22 passim) des platonisch zweifachen Ziels mit der zweifachen Hoffnung des Paulus den Begriff der Teilhabe so zu gebrauchen, daß die „Inkonsistenz" im christlichen Denken auf eine Weise wie noch nie zuvor erklärt wurde. Augustinus, der predigte: „Gott will dich zu einem Gott machen; nicht von Natur wie sein Sohn, sondern durch seine Gabe und durch Adoption" (Serm. 166,14,4), wird in der Frage der Vergöttlichung zu Unrecht unter die guten westlichen Theologen versetzt, die den schlechten östlichen Widerstand leisteten, und ein abschließender Bezug auf Klemens, der als „absurd" bezeichnet wird, provoziert erneut die Warnung: „Nur allzu oft machen derart polemische Schriften bloßen Strohpuppen den Vorwurf, sie hätten kein Hirn."[10]

Über Vergöttlichung zu schreiben wäre Zeitverschwendung, wollte man nicht versuchen, das Problem zu klären. Jeder christliche Autor muß sich fragen, was es bedeutet, aus Gott geboren zu sein, wiedergeboren zu werden und ein Kind Gottes zu sein; er hat dies auf eine Weise zu beschreiben, die nicht den Unterschied zwischen Schöpfer und Geschöpf beseitigt, denn ein großer Teil des Neuen Testaments richtet sich gegen die Anstrengung des Menschen zur Selbst-Transzendenz. Das Kreuz bekräftigt die Stellung des Menschen als eines Geschöpfes und verurteilt jeglichen Versuch, aus eigenen Kräften zu Gott aufzubrechen.[11] Ob eine Darstellung der Vergöttlichung dieses leugnet, läßt sich mit Sicherheit erst sagen, nachdem das Problem klar erkannt ist. Klemens und Irenäus folgen der Thematik der *sola gratia* und richten ihre Darlegung gegen den gnostischen Anspruch auf jedwede göttlich-menschliche Identität; andrerseits sind sie beide Enthusiasten, die in einer Atmosphäre des Martyriums leben, und Beschränkung ist nicht ihre Stärke. Auch für Tertullian schließt die exklusive Einheit Gottes die Vergöttlichung des Menschen nicht aus, sondern bestimmt sie vielmehr. Was Gott gehört, gehört ihm allein; alles was wir von ihm haben, kommt von ihm allein. Wenn wir „sogar Götter sein werden" – nach Psalm 82 – „so kömmt das durch seine Gnade und nicht aus irgendeinem unserer Vermögen, denn er allein kann Götter machen" (Herm. 5).

Die Bedeutung des Wortes ist nur in seinem Gebrauch zu finden und nirgendwo anders. Die Aufmerksamkeit muß sich daher auf die jeweilige Bedeutung richten, die wir bei unseren vier Autoren vorfinden. Ihre Behauptung, daß die Götter Roms nichts seien und es nur einen einzigen Gott gäbe, wäre zunächst mit ihrer Überzeugung in Einklang zu bringen, daß sie alle Söhne Gottes und daher in gewisser Weise göttlich sind. Justin argumentiert an einer Stelle (1 A. 21), daß an der Geschichte von der Himmelfahrt eigentlich nichts Neues sei: die Götter Roms hätten so etwas auch gemacht; das einzige Problem bestehe darin, daß sie nicht so lebten, um der Unsterblichkeit würdig zu sein. Justin gebraucht also „Unsterblich-werden" als Äquivalent für „Zu-einem-göttlichen-Status-aufsteigen"; in ähnlicher Weise weist auch bei jedem der anderen Autoren die Hauptbedeutung von Vergöttlichung auf Unsterblichkeit.[12] Klemens zitiert sogar Heraklit (Fragm. 62) mit dem Ausspruch „Götter sind Menschen, Menschen sind Götter", obwohl Heraklit anderen Quellen zufolge tatsächlich gesagt hat: „Unsterbliche sind Sterbliche, Sterbliche sind Unsterbliche" (Paid. III, 2,1).[13] Was einen Menschen göttlich macht, das ist seine von Christus verliehene Kraft, ewig zu leben. Das ist in der Tat ein maßloser Anspruch, und es ist gut, diese Maßlosigkeit auch zu sehen. Das Christentum vertrat diese Glaubensüberzeugung in irgendeiner Form jedoch fast immer; daher kann das Herausgreifen des Begriffs „Vergöttlichung" zwecks Sonderbehandlung entweder nur aus der Unwissenheit über die Funktion von Worten und Begriffen kommen oder aus dem Mangel, das Ärgernis der Unsterblichkeit zu akzeptieren.

Jeder der Autoren macht deutlich, daß die Seele nicht aus Eigenem göttlich oder unsterblich ist.[14] Justin führt vom Platonismus her den Grund an, daß Gott allein Leben ist und daher alle Seelen hinsichtlich ihres Lebens von Gott abhängig sind.

Tertullian behauptet, die Seele sei unsterblich, aber nur weil sie der Odem Gottes ist; überdies ist sie Gottes *afflatus* („Anhauch"), nicht aber sein *spiritus* („Geist"), also herkünftig und nicht wesenhaft (Gott selbst) (Marc. 2,9). Und Klemens weist heftig die gnostische Ansicht zurück, der Mensch könne von gleicher Tugend oder gleichen Wesens sein wie Gott.

Die „Tauschformel" (X wurde Y, damit Y zu X werde) wurde allgemein falsch ausgelegt. Erstens verneint sie eine ursprüngliche Identität oder Gemeinschaft zwischen Gott und Mensch. Es ist eindeutig, „daß diese Vergöttlichung zwischen dem Menschlichen und dem Göttlichen keinerlei Gemeinsamkeit des Wesens, keine Konsubstantialität impliziert"[15]. Wenn X zu Y wird, dann war es ursprünglich nicht Y. Zweitens wird keine Identität behauptet; X und Y werden nicht deckungsgleich. Der Mensch erwirbt nicht alle Attribute Gottes, so wenig Gott alle Attribute des Menschen annimmt. Eine weitere Qualifikation liegt in der Unterscheidung zwischen der Sohnschaft Jesu und der aller anderen Menschen. Das vierte Evangelium bezeichnet Jesus als *monogenes* (eingeboren), auch wenn er der erste von vielen Brüdern ist (Röm. 8,29). Die „Tauschformel" klingt viel präziser als die Bedeutung, die Irenäus und andere von ihr herleiten. Was wiederum bedeutet, daß es nur einen sicheren Führer zur Bedeutung gibt – den Gebrauch der Worte und Begriffe.

Gottähnlichkeit und Vergöttlichung beinhalten überdies Freiheit von Leidenschaften wie auch Freiheit vom Tod. Klemens vertrat die Ansicht, Platon und Paulus hätten gesehen, daß die, die sich an Gott hingeben, kein sterbliches Leben führen sollten, weil sie sonst das Göttliche, das in ihnen wohnt, mit ihren Lastern beflecken würden (Paid. II,100f.). Die ganze ethische Dimension menschlicher Existenz erhält die Überschrift: Gottverähnlichung. Das bedeutet, daß der Mensch von Gott abhängt, von seiner Gnade, die seine sittliche Umwandlung bewirkt. Klemens wollte festhalten, daß weder die leidenschaftlichen Götter der Griechen noch die leidenschaftlichen Gnostiker von Alexandria als wirklich göttlich zu betrachten sind. Gottähnlichkeit *(homoíosis)* bedeutet Freiheit von Leidenschaft *(apátheia)*. Zur Verbindung von *apátheia* und *homoíosis* bringt Klemens ein bemerkenswertes Maß an Argumenten vor. Im zweiten Buch der „Stromateis" betont er, daß Teilhabe an Gott „kein natürliches Verhältnis (ist) wie die Stifter der Irrlehren es wollen", sondern eine Sache der Gerechtigkeit und des Gehorsams (S. II,73,4–74,3). Gottes Güte zeigt sich in seiner Freundlichkeit gegen jene, die ihrem Wesen nach anders sind als er, dann aber kommt es vor allem auf das Wollen des Menschen an und auf die Wahl, die er trifft (S. II,77), wie auf die Nachahmung der göttlichen Gerechtigkeit (S. II,80f.). Wie Gleiches sich zu Gleichem gesellt, so ahmt der wahre Gnostiker so weit wie möglich Gott nach, indem er Enthaltsamkeit und Geduld übt, gerecht lebt, seine Leidenschaften beherrscht, von seiner Habe mitteilt und gute Werke tut (S. II,97,1). Das Gott-Ähnlichwerden ist keine physische, sondern eine vernunftmäßige und ethische Angelegenheit. Ausdauer und Freiheit von Leidenschaften gehören zur Gott-Ähnlichkeit (S. II,103f.). Im Gegensatz hierzu frönen die Anhänger des Nikolaos ihrer Lust wie die Böcke (S. II,118). Doch gibt es keinen anderen Weg zum Frieden und zur Freiheit als durch ständigen Kampf gegen Wollust und Leidenschaft. Die Martyrer zeigten den Weg, wie man sich als wahrer Gnostiker über die Leidenschaften erhebt und ein göttliches Leben führt. Schon die Philosophen sahen die Notwendigkeit, die Lust zu zerstören, und Selbstbeherrschung ist das größte Geschenk, das Gott uns geben kann. Indem Klemens Platons „Theaitetos" (p. 176 B) zitiert, unterstreicht er den ethischen Inhalt der Gottverähnlichung (S. II131f.). Gleiches liebt Gleiches, und das geordnete, geeinte Leben ist in Übereinstimmung mit dem einen Gott; das ungeordnete Leben stimmt nicht einmal mit sich selbst überein und ist daher unfähig, mit Gott oder mit irgend etwas jenseits seiner selbst in Einklang zu stehen („Gesetze" 716 CD).

Im dritten Buch der „Stromateis" befaßt sich Klemens noch einmal ausdrücklich mit jenen, die sich auf ihre Verwandtschaft mit Gott berufen, aber ihren Lüsten frönen. „Wie sollte aber der sein Leben nach Gottes Willen führen, der sich jeder Begierde völlig hingibt?" (S. III,31,1) Solche Menschen gehören nicht zum königlichen Geschlecht, das vom Gesetz frei ist, denn jeder, der sündigt, ist ein Sklave der Sünde – wie Paulus sagt. Er fällt zurück in die Unvereinbarkeit von Lüsternheit und Göttlichkeit (S. III,42): „Wie ist es aber möglich, daß man

Gott ähnlich wird oder zur Erkenntnis Gottes kommt, wenn man den Lüsten des Körpers erliegt?" Der Logos wird uns durch die Schrift zur Gottähnlichkeit führen. Das bedeutet Reinigung der Seele von Vergnügungen und Lüsten, so daß sich die Seele nur dem hingibt, was göttlich ist. „Denn wenn unser Sinn rein und von aller Bosheit befreit ist, so ist er einigermaßen fähig, die Macht Gottes in sich aufzunehmen, da dann das Bild Gottes in ihm aufgerichtet wird" (S. III,42,6). Reinheit ist unerläßlich für jene, die auf den Herrn hoffen. „Die Erkenntnis Gottes zu erlangen ist aber für die unmöglich, die sich noch von ihren Leidenschaften leiten lassen" (S. III,43,1). Wer noch nicht zur Freiheit von der Macht körperlicher Lust gekommen ist, steckt einfach noch in Unwissenheit über Gott. Lust kann nicht das höchste Gut sein, wenn Gott allein gut ist. Wie der Baum an seinen Früchten erkannt wird, so der Mensch an seiner Lebensweise. Wer Sklave der Lust ist, der kann nicht frei sein. „Denn wir haben als Freiheit nur die kennengelernt, zu der der Herr allein uns freimacht, indem er uns von den Lüsten, den Begierden und den übrigen Leidenschaften erlöst" (S. III,44,4).

Die Stellung, die die *apatheia* im Wachsen des Gnostikers vom Glauben zur Liebe und zur Gottähnlichkeit einnimmt, läßt sich überreich aus der Schrift belegen, obwohl dieser Begriff seltsam erscheint *(hōs eipein)*. Klemens zitiert wenigstens eine Ermahnung zur *apatheia*, um das Thema nicht ganz zu vernachlässigen. Die Leidenschaft, auf die er sich hier bezieht, ist die Feindschaft unter den „Heiligen"; einige der Christen aus Korinth waren gegen andere vor Gericht gegangen. Der wahre Gnostiker erleidet Ungerechtigkeit ohne zu vergelten und betet für seine Feinde. Wer Unrecht tut, der wird das Reich Gottes nicht erben (1 Kor. 6,9). Für den wahren Christen gehören solche Dinge der Vergangenheit an. „Mit Erkenntnis habt ihr die Leidenschaften der Seele von euch abgewaschen, so daß ihr, soweit es möglich ist, der Güte der göttlichen Vorsehung ähnlich wurdet" (S. VII,86,5).

Die Themen der Vergöttlichung und Gott-Verähnlichung werden betont mit der Aussage verbunden, daß niemand gut ist außer Gott.[16] Nur der gute Gott kann den sündigen Menschen retten, und er kann nur retten, indem er sich selbst dem Menschen schenkt. Der Mensch findet keine Güte außerhalb von Gott. Christus ist seine einzige Gerechtigkeit. In dem Maße er gerettet ist, ist er auch vergöttlicht. In der Sprache des zweiten Jahrhunderts bedeutet Vergöttlichung *sola gratia*.

Überdies wird die Vergöttlichung des Menschen, besonders bei Klemens, mit einer Kreuzestheologie verbunden. Der Martyrer ist es, der ein vollkommener Mensch und zugleich göttlich ist;[17] er eilt geradenwegs zur unmittelbaren Gegenwart Gottes; er ist der wahre Philosoph, der den Tod erfahren hat. Die Verfolgung bringt sowohl eine Theologie der Verherrlichung wie eine Kreuzestheologie hervor, denn Verfolgung bedeutet Förderung, nicht Strafe. Das Ideal des Klemens ist dem Kreuz unterworfen, und der einzige Grund seines Enthusiasmus liegt einfach darin, daß er von Menschen wußte, die als Martyrer zur Vollendung gelangt waren. Um dieser Menschen willen pries er Gott und setzte dem, was Gottes Gnade je bewirken mochte, keine Grenzen. Hier geht es um wertvolle Einsichten in die komplexe Beziehung einer Kreuzestheologie zu einer Theologie der Verherrlichung. Der größere Teil des vierten Buchs der „Stromateis" befaßt sich mit der Vollendung auf dem Weg des Kreuzes; doch hier, wie auch im siebenten Buch der „Stromateis", ist der Weg des Kreuzes immer auch der Weg zur Herrlichkeit. Dies wurde mit dem altgriechischen Ideal der Tapferkeit verbunden, die den Ruhm im tödlichen Konflikt fand; doch im Zeichen des Kreuzes wurde dies noch weitergetrieben, und in der Aktualität der Verfolgungssituation war das dem ruhig klaren Denken nicht immer förderlich. Der Enthusiasmus geht mit Klemens durch, wenn er von der Freude des hl. Petrus angesichts des Martyriums seiner Frau berichtet und von seinem Zuruf an sie, des Herrn eingedenk zu sein (S. VII,63,3).[18] Es war nicht leicht für die, die eher bereit waren, dem Tod ins Auge zu schauen als sich zu anderen Göttern zu bekennen, sich gegenseitig als Vergöttlichte zu bezeichnen. Sie wußten aber, daß der einzige Zweck der Inkarnation darin bestand, viele Söhne Gottes zur Herrlichkeit zu bringen, und daß sie – allem zum Trotz – ihm ähnlich sein würden, sobald sie Gott sehen. Vielleicht gibt es keinen sicheren Weg, diesen Teil des Evangeliums genau zu bestimmen; Theologie ist nun einmal ein gefährliches Geschäft, und die Zurückweisung des Begriffs „Vergöttlichung" löst nicht die Probleme, die dahinter liegen.[19]

Es gibt aber auch moderne Autoren, die diesen Begriff nicht scheuen, sondern ihn in enger Beziehung zum Kreuz und zur Stellung des Menschen als eines Gotteskindes sahen. Vergöttlichung bei Klemens läßt sich durch den Begriff der *décréation* („Entwerdung") bei Simone Weil verstehen; durch diesen Akt geht etwas in das Ungeschaffene über, indem es seine eigene Existenz aufgibt und nichts wird. Freude kommt durch das Wissen, daß Gott ist und wir nicht sind, durch das Tragen des Kreuzes an jedem Tag; die Demut weigert sich, außerhalb Gottes zu existieren.[20] Dies ist der Weg zur Erkenntnis und zur Unsterblichkeit. Erkenntnis muß falsche Illusionen und Phantasien durchbrechen; der einzige Weg, eine falsche Perspektive zu vermeiden, führt über die Welt hinaus zu Gott.[21] Prestige ist die Illusion, die die Gesellschaft beherrscht – ist ein Schatten und eine Lüge. Christus genoß wenig Prestige während seines Lebens und keines in seinem Tod; das aber ermöglichte ihm zu zeigen, was Gerechtigkeit ist. Der Illusion zu entgehen und die Wahrheit zu lieben, ist nur möglich, wenn wir bedingungslos bereit sind, den Tod anzunehmen. „Das Kreuz Christi ist die einzige Pforte zur Erkenntnis."[22] Wahrheitsliebe muß sich ständig sagen: „Nein, nein und nochmals nein zur leichthin vorschnellen Sicht der Phantasie, die nur das eigene Selbst beschützt und fördert."[23]

Unsterblichkeit heißt nicht, den Tod zu überleben, sondern ihn so vorwegzunehmen, wie schon einem Platon und Klemens bekannt, denn „Unsterblichkeit hat mit der Einstellung eines Menschen zur Selbst-Auslöschung und Nächstenliebe zu tun, die beim Sterben des Selbst eine wichtige Rolle spielt"[24]; sie ist der Höhepunkt eines Lebens, in welchem der Tod Tag für Tag eingeübt wurde. Die großen Religionen stimmen darin überein, daß der Zustand des gefallenen Menschen oder seine Trennung von der letzten Wirklichkeit „in seinem Ego-ismus, in der Anbetung seines Selbst statt seines Gottes"[25] liegt und daß er der Fülle nahekommt, je kleiner sein Ego und je größer er als Person wird.[26] So führt der Weg des Kreuzes zur personalen Erfüllung des Menschen. Die Gemeinschaft des Menschen mit Gott ist die Quelle „von allem, was er weiß, und der Grund dessen, was in ihm recht und vernünftig ist"[27]. In dieser Gemeinschaft wächst der Mensch in jene Einheit mit Gott und in jene Gotteserkenntnis, die die Väter Vergöttlichung nannten, weil Gott uns nur zugänglich ist „durch die Gegenwart seines Geistes, der uns das Wissen schenkt, daß wir Kinder Gottes sind und ihn ‚Abba' nennen dürfen"[28]. Dieser Freiheitsruf gilt der ganzen Schöpfung,[29] die sehnsüchtig wartet auf das Offenbarwerden der Kinder Gottes.

2 Freiheit

Die Darstellung der Freiheit durch christliche Autoren des zweiten Jahrhunderts schien so ganz anders als jene Gefangenschaft des Menschen, die Paulus beschrieb.[30] Wir sahen jedoch, daß dies nicht der Fall ist. Paulus ging es darum, die Verantwortung des Menschen für seine Entscheidung ebenso zu betonen wie die Möglichkeit seiner Befreiung durch die Macht des Heiligen Geistes. Klemens steht im dritten Buch der „Stromateis" vor dem gleichen Problem wie Paulus in den Korintherbriefen. Da gab es jene, die mit der christlichen Freiheit noch nicht umgehen konnten. Ihnen mußte man zeigen, daß sie noch nicht zu jener königlichen Freiheit gelangt waren, auf die sie Anspruch erhoben; denn daß sie der Sünde unterworfen waren, ging ganz offensichtlich aus ihrem Lebenswandel hervor. Die gleiche Frage nach christlicher Freiheit steht heute wieder im Mittelpunkt. Klemens' Darstellung der christlichen Freiheit ist eine Neuformulierung der Wirklichkeit im Bewußtsein der Gefahren, die schon Paulus gesehen hatte.

Die Frage nach der Freiheit als Gegensatz zur Determination fand in den letzten Jahren besondere Aufmerksamkeit. Bei einer Untersuchung des Gödelschen Theorems konnte man zeigen, daß mathematische Systeme, die den Anspruch auf Vollständigkeit erheben, tatsächlich unvollständig sind. Jedes mathematische System enthält Aussagen, die es nicht beweisen kann, die aber als wahr anzunehmen sind. Erst recht kann ein menschliches Wesen nicht auf einige physikalische Variable reduziert werden, die durch vorhergehende Kombination ihrer Werte bereits determiniert sind. Jede Form eines physikalischen Determinismus läßt sich als logisch inadäquat erweisen. „Jeder Anspruch, Menschen oder menschliche Handlungen zurückzuführen, zu erklären oder vollständig zu beschreiben, steht künftig als widerlegt da, sofern die Rückführung, Erklärung oder Beschreibung allein auf Gesetzmäßigkeiten beruht."[31] Partielle Rückführungen oder Erklärungen von Gesetzmäßigkeiten stellen kein Problem dar, weil sie nicht den Anspruch auf Vollständigkeit erheben. Die universale Verursachung kann als methodisches Prinzip behandelt werden und schafft unter diesem Aspekt keine ernsthaften Probleme. Wird sie aber zum Gesamtbild der Welt erhoben, so gibt es für die Anerkennung der Wahlfreiheit des Menschen keine Grundlage mehr. Die Vernunft ist hier das Fundament: Menschen handeln aus Vernunftgründen, nicht bloß wegen irgendwelcher Ursachen.

Das Geheimnis bleibt. „Weshalb X *dies* tat und nicht *jenes*" – das läßt sich untersuchen und beschreiben; wir können seine Gründe erfahren, wir können aber nicht erklären, warum er dachte, daß diese Gründe angemessen sind. Wir können auch nicht erklären, warum in manchen Fällen X die Gründe für *jenes* zwar für stärker hielt als die für *dieses* und sich dennoch für *dieses* entschied. Menschen von gleichem Hintergrund, die sich der gleichen Gründe bewußt sind und in derselben Situation stehen, entscheiden sich unterschiedlich. Es gibt hierfür keine Erklärung, die über „Sie-taten-es-eben" hinausführt. Denn „ich bin für meine Taten verantwortlich. Ich bin frei, zu wählen, was ich tun soll. Aber ich, und nur ich, bin für meine Entscheidung verantwortlich. Ich kann den ‚Schwarzen Peter' nicht weitergeben."[32]

Die Vereinbarkeit von freier Entscheidung und kausaler Folge wurde anderweitig ebenso einfach nachgewiesen. Eine einfache Handlung, wie etwa der Nichtbesuch einer Vorlesung, ist Teil einer Kausalkette. „Nichts an dieser Abfolge von Ereignissen und nichts von diesem Kausalzwang muß mich entmächtigen ... Mein Nichtbesuch war keineswegs das Ergebnis meiner Machtlosigkeit zur Teilnahme an der Vorlesung, sondern einfach das Ergebnis der Tatsache, daß ich abgeneigt war hinzugehen."[33] Die Freiheit, etwas anderes zu tun als man tatsächlich tut, ist gegeben, vorausgesetzt, es liegen keine außergewöhnlichen Kausalfaktoren wie Hypnose oder Zwang vor. Auch göttliche Allwissenheit ist mit menschlicher Freiheit vereinbar. Denn Gott weiß im voraus, was ich tun werde, nicht was ich tun muß. „Wenn Gott weiß, daß *p*, dann muß es der Fall sein, daß *p*" – diese Aussage ist wahr, vorausgesetzt, sie bedeutet: „Notwendigerweise ergibt sich: wenn Gott weiß, daß es der Fall ist, daß *p*, dann ist es der Fall, daß *p*." Sie kann nicht zu der Bedeutung ausgeweitet werden: „Wenn Gott weiß, daß es der Fall ist, daß *p*, dann ist es notwendigerweise der Fall, daß *p*."[34]

Aus guten Gründen sollte das Problem von Freiheit und Determination wieder aufgenommen werden. Vielen hat das simple Bild der Natur, das uns vom Prinzip der Verursachung geliefert wird, die Realität menschlicher Entscheidung verschleiert. Gewiß sind die Grenzen menschlicher Freiheit so offenkundig wie seit eh und je; die unfreiwilligen Zwänge und verborgenen Faktoren von Umwelt und Vererbung sind evident. Niemand ist völlig verantwortlich für alles, was er tut; er kann aber diese Einschränkung nicht zu einer allgemeinen negativen Aussage machen. Solch eine Schlußfolgerung würde, abgesehen von ihrer mangelnden Logik, auch die große Vision des Paulus zerstören, die er dem zweiten Jahrhundert überlieferte: daß die vergeblichen Mühen und das Seufzen der Welt doch noch ans Ziel gelangt in der Freiheit der Kinder Gottes und daß der Mensch jetzt zu dieser Freiheit berufen ist.

Die Determination ist nicht und war auch nicht das Hauptproblem im Kontext der menschlichen Freiheit. Der rechte Gebrauch des freien Willens oder der optativen Freiheit ist noch wichtiger als das bloße Faktum ihrer Existenz.[35] Natürliche Freiheit, die Fähigkeit zum Erreichen von Dingen, die gut sind, ist für ein menschliches Leben wesentlich.[36] Die gnostische Verwechslung des freien Willens mit der Freiheit und ihre Beschränkung auf eine Elite war ebenso gefährlich wie der gnostische Determinismus. Klemens und Irenäus betonten, daß alle Menschen freien Willen haben und daß alle die Freiheit im vollen christlichen Leben erlangen können. Nur wenige gelangten bis zur Fülle des Lebens, doch Klemens' Hauptanliegen war es, andere dazu zu ermutigen.

Die Hindernisse einer natürlichen Freiheit waren damals nicht viel anders als in den westlichen Ländern des zwanzigsten Jahrhunderts. „Vertreter hedonistischer Raffgier ..., die immer heftiger um die Befriedigung ihrer unersättlichen Forderungen kämpften, verbittern, sich gegenseitig mißtrauen und das System anfeinden, das sich als unfähig erwiesen hat, die maßlosen Hoffnungen und Begierden zu erfüllen, die es erst geweckt hat."[37] Nach Klemens ist das Leben des Christen bei allem Aufstieg zu Gott ebenso auf volle Menschlichkeit in der Welt ausgerichtet. „Den Kampf um die Freiheit führen nicht nur in den Kriegen die Frontkämpfer, sondern auch bei Trinkgelagen und auf dem Ehebett und in den Gerichtsstätten diejenigen, die sich mit dem Logos zum Kampf gerüstet haben und die sich davor schämen, Kriegsgefangene der Lust zu werden" (S. VI,112,2). Der freie Wille ist notwendig, doch der Begriff der Freiheit ist noch wichtiger. Die Häretiker, die diese Unterscheidung leugneten und aus der Freiheit eine Art Selbst-Lossprechung machten, verfehlten das Wichtigste am Evangelium. Für Klemens gab es Freiheit nur durch Liebe, und der Weg der Befreiung war der Weg des Kreuzes. Wie Jesus den Kelch für jene trank, die ihn verfolgten, so trinkt der Christ den Kelch um der anderen willen. Vergöttlichung ist nicht Selbst-Erfüllung, sondern Selbst-Aufgabe. Heute laufen Befreiungsbewegungen immer noch Gefahr, dem gnostischen Irrtum zu erliegen; der moderne Mensch wird jedoch die Freiheit nicht finden, solange er die in sich selbst geschlossenen Vorstellungen des liberalen Kapitalismus gebraucht. Die Gnostiker, von der Vorstellung ihrer eigenen königlichen Freiheit besessen, waren die bedauernswertesten Sklaven der Sünde und ohne jedes Anliegen für die Befreiung anderer. Das Christentum löst nicht alle Probleme der Freiheit, aber von Anfang an ging es ihm um zwei Dinge:

1) Trotz des freien Willens ist der Mensch Sklave der Sünde, bis er befreit wird im Dienste Christi. Hierzu verdient ein Problembewußtsein jüngeren Datums unsere Aufmerksamkeit:

„Hobbes ... würde mit St. Thomas übereinstimmen, daß natürliche Glückseligkeit stets ein unvollkommener und vergänglicher Zustand ist. Der Weg zu ihr ist für jeden Einzelnen mühsam und lang. Die Minderheit, die diese Glückseligkeit erlangt, erreicht sie nur unvollständig und zeitweilig. Nur eine kleine Weile blüht sie auf und bereichert die Menschheit durch ihre Werke; doch alle vergehen letztlich in Narretei, Leiden und Tod. Vielleicht liegt dieser Gedanke der Bemerkung des Aristoteles zugrunde: ‚Die Natur der Menschen ist in vielerlei Hinsicht in Banden befangen'."[38]

2) Der Weg der Freiheit ist der Weg des Kreuzes, der Weg einer Liebe, der es nicht um die Befreiung des Selbst, sondern um die der anderen geht; sogar das Martyrium führt in die Irre, wenn es aus selbstischen Motiven erlitten wird. Für Klemens gilt die grundsätzliche Verallgemeinerung: „Eigenliebe ist aber für jedermann jederzeit Ursache aller Verfehlungen. Deshalb darf man nicht den Ruhm vor Menschen erstreben und selbstsüchtig sein, sondern muß Gott lieben und in der Tat heilig mit Weisheit werden" (S. VI,56,2). Das bürgerlich liberale Ideal, das auf Selbstbefreiung und Selbstverwirklichung zielt, überlebt noch immer in vielen Freiheitsbewegungen. Für den Christen findet sich die Freiheit jedoch in der Befreiung anderer; nur dann kann sie mit dem Mann aus Nazaret in Verbindung gebracht werden, der sein Leben als Lösegeld für die Vielen gab. „Sie wird gewonnen und bewahrt, nicht in der Festung eines unangreifbaren inneren Lebens, sondern auf dem Schlachtfeld der Erde ... Mit christlichen Worten: Sie wächst unter dem Kreuz und ist die Macht des gekreuzigten als unseres erhöhten Herrn."[39]

---

[1] *H. Küng*, Christsein, München 1974, 433.

[2] Vgl. die Erörterung oben im 1. Kapitel sowie *J. Passmore*, History of philosophy, 1–32.

[3] Vgl. *V. Lossky*, The mystical theology of the Eastern Church, London 1957, bes. die Kap. 1; 9; 10; 11. Man beachte aber die Implikation, daß die griechischen Väter alle das Gleiche meinten, wenn sie von Vergöttlichung sprachen: *T. Ware*, The Orthodox Church, Penguin Books 1963, 29, und *A. J. Philippou (ed.)*, The Orthodox ethos, Oxford 1964, 27.

[4] Es gibt nur spärliche Anzeichen von Kontinuität in der Darstellung der Vergöttlichung im zweiten, vierten und sechsten Jahrhundert. Eine sorgfältige Untersuchung der Anschauungen des vierten Jahrhunderts bietet *D. L. Balas*, „Metousia Theou", man's participation in God's perfections according to Saint Gregory of Nyssa, Rom 1966. Der Unterschied wiederum zwischen diesen Jahrhunderten und Gregorios Palamas (1296/97 – 1359) ist ebenso auffallend; vgl. *J. Daniélou*, Einleitung zu *M. Lot-Borodine*, La déification de l'homme, Paris 1970, 15.

[5] Vgl. *E. L. Mascall*, The openness of being, London 1971, Anhang III, zur

Erörterung des Berichts „The theology of grace and the ecumenical movement", hrsg. von *L. Moeller* und *G. Philips*, London 1961.

[6] *C. D. Broad*, Five types of ethical theory, London 1930, 1, zit. von *J. Passmore*, History of philosophy, 7.

[7] *B. J. Drewery*, Deification, in: *P. Brooks (ed.)*, Christian spirituality, essays in honour of Gordon Rupp, London 1975, 33–62, bes. 61f.

[8] *B. J. Drewery*, Origen and the doctrine of grace, London 1960, 200.

[9] *Ders.*, Deification, 53.

[10] *J. Passmore*, History of philosophy, 13.

[11] Vgl. *E. Käsemann*, Die Heilsbedeutung des Todes Jesu bei Paulus, in: *ders.*, Paulinische Perspektiven, Tübingen 1969, 61–107, und auch: Der Ruf zur Freiheit, Tübingen ^{5}1972, 89f.

[12] Vgl. die Erörterungen bei *A. Harnack*, Dogmengeschichte, Bd. 1, 119f., und *W. Völker*, Der wahre Gnostiker nach Clemens Alexandrinus, Berlin Leipzig 1952, 614. Vgl. auch *J. Gross*, La divinisation du chrétien d'après les pères grecs, Paris 1938, 142f.: „Tous les apologistes enseignent que la vie éternelle offerte par le christianisme ne saurait être qu'une immortalité participée... La déification du chrétien... est nettement eschatologique. Elle n'en suppose pas moins une préparation terrestre, qui consiste surtout dans l'acquisition de la connaissance de Dieu et dans une vie parfaite."

[13] *J. Pépin*, Idées grecques sur l'homme et sur Dieu, Paris 1971, 49f.

[14] Vgl. *J. Pépin*, ebd. 8f., zum Unterschied von *syggeneia* und *homoiosis*; man beachte auch den Mangel an präziser Ausdrucksweise in der alten Mischung von Anthropologie und Theologie, auf die Pépin gegen Ende dieses Kapitels verweist.

[15] Ebd. 27. Zu den Tauschformeln vgl. *A. Bengsch*, Heilsgeschichte und Heilswissen. Eine Untersuchung zur Struktur und Entfaltung des theologischen Denkens im Werk „Adversus Haereses" des hl. Irenäus von Lyon, Leipzig 1957, 157f.

[16] Vgl. *E. Osborn*, Origen and Justification. The Good is One: ABR (1976) 18–29.

[17] *Klemens*, S.IV, 13–18; 42–55; 70–75; 78–80.

[18] Die Erzählung zeigt Auswirkungen der Verfolgung.

[19] Zugleich wurde der Begriff „Vergöttlichung" im 20. Jahrhundert vom effektiven Gebrauch ausgeschlossen, da man ihn zumindest im Westen mißverstand. Wir enden da, wo wir anfingen: Vermenschlichung, nicht Vergöttlichung, ist der Weg, der vor uns liegt. *J. Passmore*, The perfectibility of man, London 1970, 327: „Denn zweifellos ist der Mensch eine ‚nutzlose Leidenschaft', wenn seine Leidenschaft Gott sein soll. Doch seine Leidenschaften sind nicht nutzlos, wenn sie ihm helfen, ein wenig menschlicher, ein wenig zivilisierter zu werden."

[20] *Simone Weil*, La Pesanteur et la Grâce, Paris 1947, deutsch: Schwerkraft und Gnade, München ^{3}1981, 47–58.

[21] *Simone Weil*, Intimations of Christianity among the ancient Greeks, London 1957, 134, = Auswahl aus „Intuitions pré-chrétiennes", Paris 1951 (deutsch: Vorchristliche Schau, München Planegg 1959) und „La source grecque", Paris 1955.

[22] Schwerkraft und Gnade, 84.
[23] I. *Murdoch*, The Fire and the Sun, 79.
[24] D. Z. *Phillips*, Death and immortality, London 1970, 54.
[25] J. *Hick*, Death and eternal life, London 1976, 454: „his false belief in the independent reality of the ‚I', his *cor curvatus* [sic!] *in se*, the heart turned in upon itself."
[26] Ebd. 460.
[27] F. D. *Maurice*, The doctrine of sacrifice, London 1854; zit. von G. *Lampe*, God as Spirit, 180.
[28] Ebd. 175.
[29] Die christliche Darstellung der Welt stellt den Menschen aus einem sehr merkwürdigen Grund in den Mittelpunkt: er ist abhängig von Gott und muß noch abhängiger werden; denn „wir müssen unsere eigene Abhängigkeit von Gott als eine Art Schlüssel akzeptieren, der uns erschließt, wie alle Dinge von ihm abhängig sind", so A. *Farrer*, Reflective faith, London 1972, 161.
[30] Vgl. F. *Buri*, Clemens Alexandrinus und der paulinische Freiheitsbegriff, Zürich Leipzig 1939.
[31] J. R. *Lucas*, The freedom of the will, Oxford 1970, 167.
[32] Ebd. 172.
[33] R. *Young*, Freedom, responsibility and God, London 1973, 168.
[34] Ebd. 174.
[35] Zur optativen Freiheit vgl. B. *Gibbs*, Freedom and liberation, London 1976, 17.
[36] Ebd. 22.
[37] Ebd. 139.
[38] Ebd. 26, einschließlich *Aristoteles*, Metaphysik 982B 29.
[39] Vgl. E. *Käsemann*, Protestant exegesis on the way to the world Church: ABR (1978) 10f.; vgl. auch *ders.*, Der Ruf zur Freiheit, Tübingen ⁵1972, 55–78: Das Evangelium der Freiheit.

WELTALL UND SCHÖPFUNG V

Man zögerte wohl, über Gott zu reden, nicht aber über den Menschen und seine Beziehung zu Gott, und man zögerte ebensowenig, über die Welt zu sprechen. Sie ist Gottes Welt: er schuf sie, ordnet sie und regiert sie. Der erste Zugang zu seinem Geheimnis führt über seine Macht, das menschliche Leben zu verwandeln; der zweite Weg führt über die Welt, die er schuf. Jeder der vier Autoren nimmt die Schöpfung ernst. Justin zeigt irdischen Optimismus: Gott schuf die Welt aus Materie um des Menschen willen. Doch Justin ist ein Stadtmensch, der für Stadtmenschen schreibt – er sagt uns wenig über seine Welt, abgesehen davon, daß er Gott in ihr durch das kosmische Kreuz findet. Anders Irenäus: er hat ein Auge für Farbe und Bewegung und ist wißbegierig auf Gestalt und Struktur. Die Schöpfung ist irdisch, sie ist aber auch schön. Tertullian überragt alle als standfester Verteidiger der Schöpfung und härtester Gegner Marcions. In diesem Kampf ist er mit dem Herzen dabei, denn Gottes Welt erregt sein Interesse und seine Wißbegier. Alle Geschöpfe, ob groß oder klein, besonders aber die kleinen und komplizierten, erzählen ihm von Gott. Er möchte aufzeigen, daß Gott ohne die Welt nicht Gott wäre. Die Weltregierung ist keine abstrakte Tätigkeit, denn Gott schleudert die Blitze, bewirkt Erdbeben und ist bereit, jeden zu schlagen, der es verdient. Mit Klemens sind wir wieder in der Welt der Straßen und der Menschen; da hat man Interesse an der Physiologie des Menschen, an der Frische der Blüten und den Kamelen der Wüste. Bloß das Reisen ist für gewöhnlich ein Mißgriff, und nichts geht über die Ankunft im Hafen, da man endlich Ruhe findet.

Hier könnte man vier Fragen stellen:
1) Ist die Welt von dem einen höchsten Gott erschaffen?
2) Was ist geschehen, daß Teile der Welt ihrem Schöpfer so unähnlich wurden?
3) Wo in der Welt ist Gottes Hand zu erkennen?

4) Läßt sich das Böse in der Welt mit ihrem göttlichen Schöpfer vereinbaren?

1 Ist die Welt von dem einen höchsten Gott erschaffen?

Justins Darstellung der Schöpfung ist kurz und bündig; er bringt einfach Platon mit der „Genesis" zusammen.¹ Gott in seiner Güte brachte alle Dinge ins Dasein. Er ist die eine unerzeugte Erstursache, und nach ihm kommt alles andere ins Sein und vergeht wieder. Gott existiert ewig, alles andere ist nur kontingent. Der Zweck der Schöpfung ist gut und auf das Wohlergehen des Menschen gerichtet. Das bedeutet, daß Marcion auf zweifache Weise im Irrtum ist: Er leugnet, daß der Schöpfer der höchste Gott ist, und er leugnet, daß der Schöpfer gut ist. Justin macht nicht immer deutlich, warum er sich so über Marcion erregt, doch ist klar, daß Marcion für ihn der Erzhäretiker ist: „Tryphon, es wird nie ein anderer Gott sein, noch war von Ewigkeit her ein anderer Gott als der, der dieses Weltall gemacht und geordnet hat" (D. 11,1). Die Einheit und Güte des Schöpfergottes ist in jedem Punkt zu verteidigen.

In seinem Kampf gegen die Gnostiker ist die geschaffene Welt für *Irenäus* ein Teil des Rohmaterials seiner Theologie. Die Welt wurde von dem einen höchsten Gott erschaffen, der ohne seine Schöpfung weder verständlich noch zugänglich wäre. Menschen befinden sich im Irrtum über Gott, weil sie sich im Irrtum über die Welt befinden, die er schuf. Schau nur das Firmament, die Sonne, den Mond und die Sterne! Sie kommen von Gott, und sie bestehen durch sein Wort. Noch wunderbarer ist das Geschenk des Lebens; es kommt durch seine Gnade und verweist uns an ihn (H. II,34,2f.).

Könnten die Häretiker nur die Wunder und die Vielfalt der Welt erkennen, dann wären sie in ihren vielen Fragen und Antworten nicht so vermessen, die wahre Erkenntnis Gottes zurückzuweisen. Wir sollten in das Geheimnis und in die Weltregierung des lebendigen Gottes, der so Großartiges für uns getan hat, tief eindringen. Er läßt das Kind reifen bis zur Geburt und den Weizen bis zur Ernte. Wir können jedoch nicht erwarten, alle Geheimnisse Gottes zu begreifen, da es so vieles in seiner Schöpfung gibt, was wir nicht verstehen. Warum steigt der Nil? Wohin ziehen die Vögel im Winter? Was verursacht bei den Gezeiten die Ebbe? Was wissen wir über das Zustandekommen des Regens und über Blitz und Donner, über Wolkenbildung, Wind, Schnee und Hagel? Was läßt den Mond zu- und abnehmen? Was gibt verschiedenen Flüssigkeiten, Metallen und Steinen ihre unterschiedlichen Eigenschaften? Wir mögen viel von unserer Forschung berichten, doch die letzte Wahrheit liegt bei Gott allein, und einige Fragen läßt man am besten in seinen Händen ruhen (H. II,28,2). Gottes Schöpfung zu kennen, heißt seine Macht zu kennen, die alle Dinge schuf, und seine Weisheit, die sie in ein harmonisches System einfügt, wie auch seine Güte, die sich mit verschwenderischer Freigebigkeit ergießt (H. IV,24,1).

Wer die Schöpfung leugnet, ist im Irrtum über Gott (H. I, 19,1). Es muß eine Erstursache geben; er mag sich geringerer Wesen als seiner Werkzeuge bedienen, ist aber dennoch der einzige Schöpfer (H. II,2,2). Die Torheit liegt darin, daß die Häretiker, wie jeder andere, einen einzigen höchsten Gott anerkennen, aus dieser Überzeugung aber nicht die logischen Konsequenzen ziehen (H. II,2,5). Sie sehen nicht ein, daß die Materie nicht von Gott unabhängig sein kann. Der Mensch kann nichts ohne Materialien machen, Gott aber erschafft sein eigenes Material (H. II,10,2; 19,1f.). Sie sehen auch nicht ein, daß den Engeln der höchste Gott nicht verborgen bleiben konnte, da seine Vorsehung allen deutlich war (H. II,6,1).

Überdies muß die Erstursache die einzige Ursache sein, sonst könnte sie auch nicht die erste sein. Es gibt nichts über oder in dieser Welt, das nicht Gott erschaffen hätte, denn wie schon das Evangelium sagt, ist nichts ohne ihn geworden, und ohne ihn wurde nichts, was geworden ist (H. III,8,3; Joh. 1,3). Der Mensch ist Teil der Schöpfung. Gott erschafft, der Mensch aber ist erschaffen. Gott ist in allen Dingen vollkommen, der Mensch aber muß wachsen und sich auf Gott hin vervollkommnen. Wenn der Mensch dankbar vor Gott steht, um seine Güte zu empfangen, dann findet der Mensch die Herrlichkeit; wenn er aber Gottes Güte undankbar zurückweist, steht er unter dem Gericht (H.IV,6,4f.), und gleichermaßen wird der verurteilt, der vergißt, daß er ein Geschöpf ist und behauptet, weiser und besser als Gott zu sein, der ihn schuf (H. II,26,1).

Nach Irenäus also sagt die Welt dem Menschen etwas über Gott und über ihn selbst. Durch ihre wundervolle Verflochtenheit bringt sie den Menschen zum Bekenntnis der Erhabenheit und des Geheimnisses des Schöpfers wie auch zur demütigen Abhängigkeit des Geschöpfes. Es kann nur eine Erstursache geben, und diese muß angemessen sein, um alles Seiende zu erklären.

Tertullian war kein glücklicher Mensch; dennoch glüht er vor Staunen, wenn er von der Welt spricht:

„Ich denke an eine einzige winzige Heckenblüte, ganz zu schweigen von den Wiesenblumen, an eine einzige winzige Muschel aus einem der Meere, ganz zu schweigen vom Roten Meer. Ein einziger kleiner Flügel vom Auerhahn, ganz zu schweigen vom Pfau, wird dir wohl zeigen, was für ein ‚armseliger Handwerker' ihr Schöpfer war. Und während du dich jener kleineren Tiere erfreust, die ihr ruhmreicher Schöpfer wohlüberlegt überreich mit aller Art von Instinkt und Kräften ausgestattet hat ... versuche doch, wenn du kannst, die Behausung der Bienen, die Hügel der Ameisen, die Netze der Spinnen und die Fäden der Seidenraupen nachzumachen" (Marc. 1,13f.).

Da gibt es winzige Geschöpfe, die stechen und beißen, da gibt es die größeren Tiere und schließlich gibt es den Menschen. Gott zeigte seine Liebe für die Menschengestalt, indem er als Mensch auf die Erde kam und in seinen Sakramenten Wasser, Öl, Milch, Honig und Brot verwendete. Für Gott ist die Welt gut genug, und für den Menschen ist sie eine Quelle der Freude und des Staunens (Marc. 1,13 und 14). Tertullian wäre ohne die Welt niemals von sich selbst losgekommen. „So ist das", sagt eine moderne Autorin, „wenn man plötzlich imstande ist, die Welt zu sehen, zu lieben und von sich selbst loszukommen."[2] Kein Teil der antiken Welt wurde in kräftigeren Farben gezeichnet als das Land und das Meer, wie Tertullian es kannte und liebte; die Mosaiken des Bardo-Museums von Tunis sind in Farbe und Lebendigkeit der Darstellung unübertroffen, so daß man dort leicht versteht, weswegen Tertullian so lebhaft spürte, er könne ohne die Welt nicht an Gott glauben. Gott war nicht dazu gezwungen, sondern entschloß sich frei zur Schöpfungstat, um zu zeigen, wie sehr er liebt; der Mensch aber braucht die Welt, denn durch sie erkennt er Gott. „Niemand leugnet, weil jeder weiß, daß Gott, wie die Natur selbst bezeugt, der Schöpfer des Weltalls ist" (Spect. 2,4). Gott ist der höchste Künstler und Handwerker, und die Welt ist seiner Kunst wert.[3]

Die Schöpfung muß *ex nihilo* sein, soll sie die Größe Gottes zeigen (Res. 11,6), daher beginnt die Glaubensregel mit Gott als dem Schöpfer aller Dinge, die er aus nichts erschuf (Praescr. 13), und die Schrift erzählt von der „Genesis" bis zu den Evangelien von Gottes Schöpfungstat (Herm. 22,3). Hermogenes, ein platonischer Dualist, behauptet, die Materie sei zur Erklärung der Schöpfung ebenso notwendig wie Gott (Herm. 1). Was erklärt die Materie? Sie kann das Böse ebensowenig erklären wie das Gute. Wahr ist, daß Gutes und Böses in der Welt zu finden sind; doch gibt es keinen Grund dafür, das eine durch Gott und das andere aus der Materie zu erklären. Wenn es anscheinend eine Dualität in Gott gibt, dann sollte es dem Anschein nach auch eine Dualität in der Materie geben (Herm. 12,13). Warum sollte man für das Böse eine besondere Substanz annehmen, nicht aber für das Gute? (Herm. 15) Die „Genesis" erwähnt keine präexistente Materie, gibt aber eine geordnete und kurze Darstellung der Schöpfungsabfolge. Die Welt kam ins Dasein und wird wieder vergehen; Gott allein bleibt ewig.

Tertullian nimmt einige sorgfältige Abgrenzungen vor, um den Begriff einer Schöpfung aus dem Nichts zu erklären. Natürlich stammen Gras, Früchte, Vieh und Menschen von der Erde, wie Vögel und Fische aus dem Wasser stammen; doch der ursprüngliche Stoff, das „Material", wurde von Gott geschaffen (Herm. 33). Schöpfung aus dem Nichts bedeutet, daß man von allem – außer von Gott – sagen kann, daß es eine Zeit gab, da es noch nicht existierte. Nachdem er den Beweis des Hermogenes zerpflückt hat, schließt Tertullian mit der sarkastischen Bemerkung, er würde Hermogenes dennoch zugestehen, er habe ein gutes Selbstporträt gemalt, weil alle Eigenschaften, die er der Materie zuschreibt, auch seine eigenen Eigenschaften sind: *inconditum, confusum, turbulentum, ancipitis et praecipitis et fervidi motus* – grundlos, konfus, unruhig, verwirrt, doppeldeutig, überstürzt und von brodelnder Bewegung (Herm. 45).

Was also bedeutet Schöpfung für den Menschen und für Gott? Für den Menschen bedeutet sie, daß Christen keine indischen Mystiker sind, die vor der Welt flüchten und vor dem menschlichen Leben ins Exil gehen. Sie verachten niemanden, den Gott erschaffen hat, und bedienen sich der Gaben, die Gott ihnen vorsetzt (Ap. 42). Sie sehen eine Widerspiegelung der Schöpfung in der Taufe, wenn der Heilige Geist durch das Wasser kommt, um den Menschen neu zu machen (Bapt. 3). Für Gott bedeutet die Schöpfung sogar noch mehr: sie macht ihn glaubwürdig. Marcions höchster unschöpferischer Gott ist eine Absurdität. Er schuf nicht, weil er entweder nicht konnte oder nicht wollte. Wenn er nicht konnte, dann war er nicht Gott; wenn er aber nicht wollte, was für ein Gott ist er dann? Er ist dann bestimmt nicht der Gott der unendlichen Liebe, von dem Marcion spricht (Marc. 1,11):

„Jetzt genügt die Bemerkung, daß keiner als existent erwiesen ist, von dem gar nichts zu beweisen ist. So auch der Schöpfer, der als solcher auch Gott ist, ganz zweifellos Gott, weil alle Dinge ihm gehören und ihm nichts fremd ist; daher ist der andere Gott gar kein Gott, weil nichts sein eigen ist und ihm daher alle Dinge fremd sind. Wenn aber das Weltall dem Schöpfer gehört, dann sehe ich keinen Platz für irgendeinen anderen Gott. Alle Dinge sind ihres Urhebers voll und von ihm besetzt ... Marcions Gott hätte als sein Eigen wenigstens eine winzig kleine Erbse hervorbringen sollen."

Tertullian betont die beiden Punkte, die schon Justin aufgestellt und Irenäus entwickelt hatte: der Schöpfergott ist der einzige Gott, und er ist wunderbar gut. Er wendet sich gegen andere Darstellungen; gegen Hermogenes, der mehr als ein einziges erstes Prinzip behauptet, und gegen Marcion, nach dessen Meinung das höchste Prinzip nichts hervorbringt.

Klemens ist weniger erdbezogen als Tertullian, vertritt aber denoch in seiner Welt der Menschen und Bücher eine durchaus positive Würdigung der Welt. Die Kargheit der Wüste zieht ihn an, die Wellen des Meeres faszinieren ihn – was man in Alexandria auch erwarten kann. Da sind Momente der Begeisterung für die Blumen, die im Frühling blühen und ihn ins Freie locken; doch ist es verkehrt, sich diese Blüten als Krone aufs Haupt zu setzen, wo man sie weder sehen noch riechen kann. „Wie die Schönheit, so ergötzt auch die Blume nur dadurch, daß man sie sieht, und man sollte das Schöne durch Anschauen genießen und seinen Schöpfer preisen" (Paid. II,70,5). Die Schönheit der Blumen zu gebrauchen, statt sich ihrer zu freuen, ist schädlich und verkehrt. Rasch tritt ihre Vergänglichkeit zutage, denn beide verwelken, die Blume und die Schönheit.

Abschließend läßt sich sagen, daß unsere Autoren die Notwendigkeit eines einzigen Schöpfers oder einer Erstursache konsequent vertraten, nicht aber einem dürren Gottesbegriff verfielen, den solche Argumentation mit sich bringen konnte. War Gottes Einzigkeit durch dieses Argument erst festgestellt, dann tat die Welt das Übrige. Bei Irenäus, vor allem aber bei Tertullian, findet sich ein solches Entzücken an Gottes Schöpfung, daß jedem klar wird: Kein Gott liebt inniger oder wirkungsvoller als der wunderbare Schöpfer aller Dinge.

2 Was ist geschehen, daß Teile der Welt ihrem Schöpfer so unähnlich wurden?

Trotz all ihrer Erhabenheit bleibt die Welt doppeldeutig und ambivalent, und auch das Problem ihres Verfalls verlangt eine Antwort. *Justin* behauptet, die gute Welt sei nicht durch ein Unvermögen des Schöpfers in die Irre gegangen, sondern durch den Ungehorsam und die Sünde des Menschen. Alles fing mit Adam an, geht aber immer noch weiter. Der Mensch muß sich entscheiden, ob er dem Weg seiner sündigen Vorväter und dem der boshaften Dämonen folgen will oder ob er zu dem Weg zurückkehrt, auf dem Gott in Christus ihn führt. Bei ihrer Wahl sind die Menschen nicht ohne Hilfe, denn die Taufe führt zu einer zweiten Geburt und zur Befreiung von den Zwängen der Notwendigkeit, die die erste Geburt und das alte Leben beherrschten (1 A. 61,10). Der Mißbrauch des freien Willens erklärt die Sünde des Menschen und alles Unheil, denn jeder Mensch wiederholt Adams Entscheidung für sich selbst.

Irenäus befaßt sich weniger mit der uranfänglichen Katastrophe als vielmehr damit, auf welche Weise Gott bei seiner Schöpfung blieb. Auch die gefallene Welt ist immer noch Gottes Welt, und Gottes Schöpfungswerk geht weiter. Das WORT wird Fleisch, um die Güte seiner Schöpfung zu verkünden. Auf der Hochzeit zu Kana wurde der bessere Wein zwar zuletzt gereicht, doch der erste Wein wurde nie zurückgewiesen, denn er kam von der Erde, die das WORT erschaffen hatte (H. III, 11,5). Der Schöpfer hat niemals aufgehört zu sorgen (H. V, 12,6); als das WORT den Augen des Blinden die Sicht wiedergab durch das Auflegen eines Teigs aus Erde, da setzte ER das Schöpfungswerk fort. Der Teig sollte auf die Hand Gottes hinweisen, die den Menschen aus Erde gebildet hatte, und was diesem Menschen zunächst vorenthalten war, das Augenlicht, das ersetzt ihm der Schöpfer in aller Öffentlichkeit. Die gleiche Hand schuf uns am Anfang, gestaltet uns noch vor der Geburt, bringt uns zurück, wenn wir uns verirrt haben und trägt uns als verlorenes Schaf auf den Schultern des Hirten nach Hause (H. V,15,2). Der Mensch hat gesündigt, ist aber schon auf dem Rückweg, und die *felix culpa* brachte uns einen wunderbaren Erlöser. Die Unvollkommenheit der Welt kommt aus ihrem Unvollendetsein; sie braucht Zeit, um das Ziel ihres Schöpfers zu erreichen.

Allein *Tertullian*, der Hauptverteidiger der Schöpfungsordnung, wittert die Fäulnis der Dinge. Er sieht auch die dunkle Seite der Welt, die ein Gefängnis ist, aus dem die Seele des Menschen durch das Martyrium entkommen kann (Mart. 1,2). Ein riesiger Unterschied besteht zwischen der Reinheit, in der Gott die Dinge schuf, und der Verderbnis, in die sie jetzt geraten sind (Spect. 2). Die Welt gehört Gott, der Verweltlichte aber dem Teufel (Spect. 15). So leben die Christen in Gottes Welt, folgen aber nicht den Wegen dieser Welt. Sie haben ihre eigenen Festfeiern und beteiligen sich nicht an den Freuden der Welt. Christen sind frei in der Hand Gottes, und weltliche Freiheiten bedeuten ihnen wenig, denn in der Welt ist nichts wirklich, sondern alles bloß ein Name (Cor. 13). Die Welt urteilt nach einer falschen Wertordnung; sie krönt und verherrlicht viele Dinge, die Christen als falsch erkennen (Cor. 13). Die ganze Welt kann vergehen, wenn man himmlische Güter gewinnt; man sollte bereit sein, Geringeres zu verlieren, um das Größere zu gewinnen (Pat. 7).

Was immer das heißen mag, es bedeutet keine Zurückweisung des Körpers und Leibes. Die physischen Sinne dürfen nicht verachtet oder von der Vernunft getrennt werden. Von ihnen kommt Gewerbe, Handel und Zivilisation des Menschen (An. 17). Hermogenes ist nicht ernst zu nehmen, wenn er törichterweise zwischen körperlicher und unkörperlicher Materie unterscheidet (Herm. 36). Tatsächlich ist der Hauptpunkt aller Häresie, das einzige, womit sich Häretiker anscheinend befassen, die Leugnung des Adels und der Erhabenheit des Leibes. Für sie ist er immer unrein, weil er aus Erde geformt ist und durch menschlichen Samen weitergegeben wird (Res. 5). Christen aber glauben, daß alles durch das Wort Gottes erschaffen wurde, und „alles" beinhaltet auch das Fleisch (Res. 5). Alles Beweismaterial deutet in die christliche Denkrichtung, denn niemand wird den Leib verachten, wenn er sieht, was er in Treue zum Namen Christi zu leisten vermag. Mag er dem Haß der Menschen ausgeliefert sein, mag er im Gefängnis oder im Exil leiden, mag er schlaflos bleiben oder ans Strohbett gefesselt sein – am Ende, wenn alle Agonie erduldet ist, bringt er Christus sein letztes Opfer dar, indem er für ihn stirbt und Todesqualen leidet. Der Leib, der seinem Meister Jesus Christus eine so große Schuld zurückzahlen kann, ist gesegnet und herrlich (Res. 8). Der Leib stirbt, um wiedergeboren zu werden, denn Gottes Schöpfungswerk wird wiederholt, wenn er den Leib bei der Auferstehung neu schafft und wiederherstellt (Res. 11).

Der Optimismus des Irenäus und der Pessimismus Tertullians finden ein Echo bei *Klemens*, der über der Welt zu schweben scheint, wenn er zu Christen und Heiden spricht, – und der defensiv argumentiert, wenn er zu Marcioniten oder anderen Dualisten redet. Im „Protreptikos" und im „Paidagogos" finden wir die Mahnung, sich über die Welt zu erheben. Gott, der alle Dinge schuf, darf nicht mit der Erde verwechselt werden, die er erschaffen hat, und daher ist der Mensch töricht, die Materie, wie kostbar sie auch sein mag, so zu ehren, als wäre sie Gott (Prot. 46–63). Der Mensch kann die Materie zu glanzvollen Dingen formen; er kann Häuser, Schiffe, Städte bauen und Bilder malen, aber läßt sich das mit dem vergleichen, was Gott tut? Das ganze Weltall ist Gottes Werk: das Firmament, die Sonne, Engel und Menschen sind alle von ihm erschaffen. Durch das bloße Wollen Gottes trat das ganze Weltall ins Dasein. Der Mensch darf nicht das Weltall vergöttern, sondern soll den Schöpfer suchen, der alle Dinge schuf und durch dessen Willen sie existieren (Prot. 63,1–5). Die Anbetung irdischer Götzen ist ein schändliches Geschäft und erniedrigt jene, die sie vollziehen. Das schönste Idol ist bloß das Bild eines Bildes, die Nachbildung der physischen Gestalt des Menschen. Das einzige Ebenbild Gottes ist sein Logos, und das einzige Ebenbild des Logos ist der wahre Mensch, eine vernunftbegabte Seele, die sich mit ihren Affekten an ihn bindet. Materielle Nachbildungen der physischen Gestalt des Menschen sind offenkundig weit von der Wahrheit entfernt; sie spiegeln bloß den Wahnsinn, mit dem der Mensch am Materiellen klebt (Prot. 98,4; 99,1). Solcher Aberglaube und schlimmer Brauch bringen Zerstörung statt Heil; die Götzendiener haben schmutzverfilzte Haare und an den Fingern Nägel wie Krallen. Gott kommt seinen Kindern, denen von Götzen Gefahr droht, wie eine Vogelmutter zu Hilfe, die ihr aus dem Nest gefallenes Junges vor der Schlange rettet. Sicherlich kann jeder die Ungeheuerlichkeit einsehen, die Menschheit, die Gottes eigenes Werk und besonderes Eigentum ist, dem Feinde Gottes und dem Feind des Guten zu weihen (Prot. 91,1–92,3). Das Wort der Wahrheit bringt den Menschen zur Wahrheit und errichtet den Tempel Gottes im Menschen. Gott selbst möchte im Menschen wohnen, den er ja schuf (Prot. 117). Der Mensch hat sich nicht wie ein Kind zu benehmen und nach dem Erdenstaub zu greifen oder sich am Boden zu wälzen. Er soll sich nach oben strecken, fort von der Welt und von der Sünde, strebend nach heiliger Weisheit, auch wenn er immer noch in der Welt ist (Paid. I,16,3).

Was die Speise betrifft, so soll sich der Mensch nicht wie das Feuer an die brennbare Materie hängen; er schaut auf zur göttlichen Speise der Wahrheit und findet in der Kontemplation den Geschmack ewiger und reiner Freude (Paid. II,9). Die Natur ist nicht in sich selbst schlecht; der verkehrte Gebrauch der Natur durch den Menschen und daß er den Luxus der Wirklichkeit vorzieht, das zieht ihn nieder. Die Einfachheit der Barbaren wird empfohlen: Kelten und Skythen hassen den Luxus, und junge Araber durchqueren die Wüste auf Kamelen, die nicht nur alles transportieren, sondern auch noch die nötige Nahrung liefern. Das natürliche, unbelastete Leben der Barbaren ist wegweisend für den Christen in der Nachfolge seines Herrn (Paid. III,24f.). Auf diese Weise gebraucht, ist die Natur gut, und so wenig man sich seines Knies oder Schienbeins schämen muß, so wenig auch der anderen Körperteile oder der Namen, mit denen man sie bezeichnet. Die Bosheit ist der einzige Grund zur Scham (Paid. II,52).

Klemens verteidigt die Welt ganz allgemein und die Ehe im besonderen gegen die Marcioniten und andere Dualisten. Da sind jene, die unter dem Vorwand der Erkenntnis und höherer Frömmigkeit die Welt und alle Dinge, die zu ihr gehören, ablehnen. Doch man sollte sich der Ehe nicht enthalten, da Gott dem Mann die Frau zur Hilfe gab und die Menschen um ihres Vaterlandes willen, zur Erhaltung der Familie und wegen der Vervollkommnung der Welt heiraten sollten (S. II,140). Die Gnostiker verachten den Leib; sie sollten bedenken, daß es ohne die Harmonie des Körpers kein Verstehen geben kann, das zum Gutsein führt. Platon fordert die Fürsorge für den Leib um der Seele willen und weil *der* zur Erkenntnis kommt, der dem Pfad des Lebens und der Gesundheit folgt (S. IV,18). Jene aber befinden sich im Irrtum, die lehren, daß der Schöpfer ein anderer ist als der erste Gott, und die verkünden, daß die Welt ein böser Ort sei. Die Sünde ist jedoch eine Tat des Menschen und nicht Gottes; Sünde ist ein Tun des Menschen und nicht ein Sein, das aus eigenem Recht besteht (S. IV,93). Gott hat alle Dinge gut gemacht: er schuf den Menschen so, daß seine Gestalt aufrecht zum Himmel weist und alle seine Anlagen auf ein gutes und rechtes Leben hingeordnet sind, nicht aber auf die Lust (S. IV,163). Die Himmelskörper, die Sterne hoch oben, wurden den Völkern gegeben, um ihre Gedanken zum Schöpfer emporzuführen, doch die Menschen verfielen der Anbetung von Steinen (S. VI,111).

Die gemeinsame Antwort auf die Verderbnis in der Welt ist eine Antwort kraftvoller Verteidigung. Was immer auch schief ging, kann nicht Gott angelastet werden, der alle Dinge gut erschuf und für alles sorgt, was er gemacht hat. Ebensowenig kann man dem Leib oder der Materie die Schuld geben, da auch sie von Gott erschaffen sind. Ein einziger Gott schuf die eine Welt, und sie ist gut. So müssen wir tiefer sondieren, um erstens zu sehen, wie die Welt Gottes Tun widerspiegelt, und zweitens, wie das Böse zustandekommt.

3 Wo in der Welt ist Gottes Hand zu erkennen?

Für die Bibel, für Platon wie auch für die Stoiker zeigte sich die göttliche Tätigkeit gleichermaßen durch Ordnung und Harmonie. *Justin* stellt dies schlicht und einfach dar: Der Schöpfungsakt Gottes brachte das Chaos in eine Ordnung, indem er der formlosen Materie die Ordnung aufprägte (1 A. 59). Justin macht sich keine Sorgen über die dualistischen Möglichkeiten dieser Formel. Er kennt nur eine einzige Erstursache, so daß auch die Materie von Gott stammt.[4]

Justin liegt daran, daß Gott sich auch mit dem Stofflichen befaßt. Hierin läßt er sich auch von seiner Art des Platonismus nicht ablenken. Die Auferstehung muß eine Auferstehung des Leibes sein. Das Fleisch wird durch Gott zerstört werden, doch wird es für Gott nicht schwieriger sein, die Leiber aus dem Staub erstehen zu lassen, als sie aus ihren gegenwärtigen biologischen Vorgegebenheiten zu erschaffen. Menschlicher Same und der zu Staub zerfallene Mensch sind dem menschlichen Körper gleichermaßen unähnlich: Geburt und Auferstehung werden hier in einer Zusammenschau gesehen.

Gott behandelt den Stoff auf eigene, ganz bestimmte Weise. Schon Platon hatte dies gesehen, als er das Universum zuinnerst als kreuzgestaltig beschrieb.[5] Kreuze gibt es überall – an den Schiffsmasten, am menschlichen Körper, an Werkzeugen, die der Mensch gebraucht – und sie verweisen überall auf die göttliche Tätigkeit. Justin ist sicher, daß die Schöpfung durch das Zeichen des Menschensohnes geordnet und erhalten wird. Ein einziger Gott ist es, der erschafft und erlöst; das Kreuz ist das „höchste Symbol seiner Macht und Herrschaft" (1 A. 55,2). Die, die glauben und gerettet werden, werden zum Samen für die Welt, zur Quelle ihres Lebens und zum Grund ihrer Erhaltung (2 A. 7,1). Hier deutet Justin das von Platon gezeichnete, schon an sich kraftvolle Bild vom Demiurgen, der die Weltseele in

Streifen schneidet und kreuzweise ausspannt. Christen sind die Seele der Welt, ihre einzige Hoffnung auf Leben und Heil.[6]

Wie auch an anderen Stellen vertieft *Irenäus* die aufblitzenden Einsichten Justins zum Thema Ordnung und Harmonie. Er fühlt und sieht die Schöpfungsordnung; es wäre verkehrt, wollte man Gott in isolierten Einheiten suchen, sozusagen in den Buchstaben oder Silben der Schöpfung. So wie viele verschiedene Noten eine Melodie oder Harmonie bilden, so paßt auch die Schöpfung in all ihren Einzelheiten unter der Hand Gottes zusammen (H. II,25,2). Ganz allein von Gott geht diese Ordnung oder dieser Plan aus. Es ist nur eine weitere häretische Absurdität zu behaupten, der Schöpfer hätte seinen Plan von einer übergeordneten archetypischen Quelle beziehen müssen. Der Plan ist des Schöpfers entscheidendes Werk, und wenn er dieses nicht ausführt, so hört er auf, Schöpfer zu sein (H. II,7,5). In seiner Weltordnung haben alle Dinge, ob tierischer, pflanzlicher oder geistiger Natur, ihren Platz (H. II,2,4). Wie ernst Irenäus die wechselseitige Beziehung der Dinge nahm, läßt sich seinem Argument entnehmen, das von den vier Lebewesen und den vier Winden zu den vier Evangelien führt. Wenn die Evangelien zu der Gestalt der Dinge passen (H. III,11,8), dann müssen sie, wenn sie lebendig sind, vierfach sein, und wenn sie allgemeingültig sind, so müssen sie sich nach Norden und Süden, Osten und Westen erstrecken. Die Häretiker „heben die Gestalt des Evangeliums auf" (H. III,11,9). Dieser Abschnitt der Argumentation des Irenäus ist ein klassisches Beispiel dafür, daß das, was jedem Anfänger stets als ein Witz erscheinen muß – „Es muß vier Evangelien geben, weil es vier Windrichtungen gibt" –, als wichtig und erhellend angesehen wird, wenn man den Kontext der Argumentation näher untersucht. Weil der einzige Gott Schöpfer und Erlöser ist, gibt es wahrnehmbare Parallelen (wie z. B. die Vierfältigkeit) zwischen unterschiedlichen Teilen seines Schöpfungswerkes wie eben den Lebewesen, den Windrichtungen und den Evangelien.

Tertullian, ein „besserer Stoiker" als die drei anderen, lebt nach dem Gesetz und nach der Ordnung, die er in Gottes Welt vorfindet. Die Welt ist ein Kosmos, ein Ort der Ordnung und Proportion in ihrer unendlichen Vielfalt, und ihre Schönheit verweist auf Gottes Ruhm und Weisheit (Ap. 17). Die Ordnung ist das Kennzeichen der Natur und ein Grund zur Ehrfurcht, wogegen alles, was über die Natur hinausgeht, verkehrt ist (An. 27). Einerseits wird die Welt von Tag zu Tag ein geordneterer und besserer Ort: jetzt ist es leichter zu reisen; schreckliche und verlassene Einöden wurden in Landgüter verwandelt, wilde Tiere verjagt und durch Herden ersetzt; Sümpfe wurden trockengelegt und Städte gebaut (An. 30). All dies folgt der Ordnung, die Gott am Anfang der Schöpfung gab (Herm. 26 und 29). Während die Seele ganz unzweideutig auf Gott verweist, trägt auch die ganze Schöpfung seinen Stempel (Ap. 17; An. 43).

Doch andererseits lehnt der Mensch die Ordnung Gottes ab und weigert sich, der Natur zu folgen. Man beteiligt sich an Spielen, bei denen ein Faustkämpfer verletzt oder ein Gladiator von einem Löwen zerfetzt wird (Spect. 23). Tertullian tut sich mit seinen Argumenten zur natürlichen Ordnung allerdings auch nicht leichter als andere, die nach ihm kamen. So ist es seiner Ansicht nach unnatürlich und verkehrt, sich zu rasieren, denn „sollte wohl derjenige Gott wohlgefällig sein, der sein Aussehen mit Hilfe des Rasiermessers verändert, untreu gegen sein eigenes Antlitz?" (Spect. 23) Das Färben von Wolle sei gegen die Ordnung der Natur, denn Gott hätte ja Schafe mit purpurroter oder blauer Wolle erschaffen können, doch tat er dies nicht, und so ist es offenkundig nicht sein Wille, daß es Wolle dieser Farbe geben soll.[7] Gott erschuf alle Dinge, doch der Mensch gebraucht sie nicht auf gottgegebene Weise (Cult. 8). Das Verlangen des Menschen nach seltenen Dingen macht ihn blind für das, was Gott ihm ganz nahe zur Verfügung stellt und läßt ihn nach entlegenen und daher unnatürlichen Dingen jagen[8] (Cult. 9). Die Struktur der Ehe wird von der Schöpfung her klar: Adam hatte mehr als nur eine Rippe, doch Gott nahm nur eine, weil er wollte, daß der Mensch nur eine einzige Frau haben soll und die beiden zu einem Fleisch werden. Die Heilige Schrift, die Natur und die Zucht weisen in eine einzige Richtung. Ein Gesetz, von der Schrift aufgestellt, wird von der Natur bestätigt und durch christliche Zucht durchgesetzt. „Die Schrift ist Gottes, die Natur ist Gottes und die Zucht ist Gottes" (Virg. 16).

Die Ordnung der Welt spiegelt sich in politischen Strukturen.

Die Legitimität des Imperiums und des Kaisers steht nicht in Frage, denn das Imperium ist Teil der Schöpfung Gottes und manifestiert seinen Willen (Nat. 1,17,4); doch der Kaiser ist im Rahmen der Schöpfungsordnung zu sehen. Er ist geringer als der Himmel und als der Schöpfer des Himmels, denn er war Mensch, ehe er Kaiser wurde, und er ist abhängig von der schöpferischen und souveränen Macht Gottes (Ap. 30,3). Der Gehorsam des Christen dem Imperium gegenüber ist in zwei Punkten begrenzt: zunächst kann die Autorität des Imperiums nur im Hinblick auf Gott Bestand haben; wo immer es ihm unterworfen ist, da ist der Christ gehorsam. Sodann ist das Imperium trotz seiner Macht und Ausdehnung nur ein Teil der Brüderlichkeit und Ordnung, durch die das Ganze konstituiert ist. Die Welt ist das wahre Vaterland, und alle Menschen sind Brüder.[9]

Klemens kennt die gleiche Spannung zwischen der Ordnung Gottes und der Unordnung des Menschen, zwischen der gottgeschenkten Schönheit und jener Güte, die der Mensch erst noch erreichen muß. Der Mensch ist berufen, als Teil des Kosmos ein geordnetes Leben zu führen. Die Ordnung Gottes beherrscht die Welt, den Himmel, die kreisende Sonne und die wandernden Sterne. Er ordnet alles um des Menschen willen, sein ganzes Erstlingswerk der Schönheit und des Ebenmaßes. Der Mensch braucht nur der Eingebung der universalen Harmonie Gottes zu folgen, um seinen rechten Lebensweg zu finden (Paid. I,6,5f.); doch er versteht weder die Weisheit des Schöpfers noch die Schöpfungsordnung. Obwohl Gott die lebenswichtigen Dinge wie Wasser und Luft allen Menschen zur freien Verfügung gibt, die nicht-notwendigen Dinge jedoch in der Erde und im Wasser verborgen hat, graben und schürfen törichte Menschen nach Gold und Edelsteinen, die sie nicht brauchen. Während Gott seine Gegenwart offen durch die Herrlichkeit des Himmels zeigt, wenden Menschen sich ab, um nach verborgenem Gold zu graben (Paid. II,120).

Nur der wahre Gnostiker folgt der göttlichen Ordnung und lebt als ein König in der Welt und als ein Priester vor Gott. Er preist Gott beim Pflügen seiner Felder; er singt Hymnen, wenn er über das Meer segelt. (So sieht Klemens von Alexandrien die Welt außerhalb der Großstadt.) Er schwelgt nicht in

Theaterbesuchen, kostbaren Wohlgerüchen und Weinen, sondern spendet Speisen, Trank und Salben Gott, der alles gegeben hat. So dankt er Gott, in dessen Gegenwart er immer lebt, denn Gott hört, sieht und kennt alles; er flieht nicht vor der Welt, sondern beherrscht sie und gibt sie Gott zurück, der sie erschuf (S. VII,36,2–5).

Wie ist die Welt als Gottes Werk zu erkennen? Auch hier gibt Justin das Thema an, das auf diese Frage antwortet: Die Ordnung verweist auf Gott. Auf Justins Bild vom kosmischen Kreuz folgt Irenäus' Vorstellung von mannigfaltigen Harmonien und Entsprechungen. Tertullian vertritt eine stärker erdbezogene Ordnung, die universal und ethisch ist: es gibt ein Naturgesetz, dem der Mensch und die Natur im Gehorsam gegen den Schöpfer der Natur folgen müssen. Auch Klemens hat einen Blick für die Natur, folgt jedoch einer allumfassenden kosmischen Ordnung eher durch das Gebet als durch das Gesetz.

4 Läßt sich das Böse in der Welt mit ihrem göttlichen Schöpfer vereinbaren?

Die Achtung vor der Ordnung der Welt fordert vom Menschen, das Leben so zu leben, daß es stets von ebendieser Ordnung und Schönheit beherrscht ist. Viele Menschen entschieden sich aber, diese Forderung zu mißachten – mit katastrophalem Ergebnis. Ist dies schon die ganze Erklärung, oder hat das Unheil auf Erden noch weitergehende Bedeutung? Schließt es den Glauben an einen guten Schöpfer aus?

Justins erster Ansatz zur Lösung der Frage nach dem Bösen ist unkompliziert. Das Böse kommt aus der freien Wahl der Menschen und Engel. Der Anteil des Menschen wurde schon dargestellt. Die ungehorsamen Engel wurden zu Dämonen, als sie von den ihnen zugewiesenen Aufgaben abwichen, die Grenzen, die Gott ihrer Tätigkeit gesetzt hatte, überschritten und von der Begierde überwältigt wurden (2 A. 5). Nun bearbeiten sie den Menschen mit Träumen und Verlockungen, doch vor allem bringen sie als die Götter der Heiden die Menschen in grausame Gefangenschaft (1 A. 5; 1 A. 14). Gott hat ihrem

Zeitraum geschäftiger Untaten eine Grenze gesetzt; ihr Gericht und ihre Vernichtung stehen kurz bevor (1 A. 28). Die Gewißheit ihres nahenden Untergangs macht sie den Menschen gegenüber um so bösartiger, da sie versuchen, in ihren letzten bösen Jahren so viel wie möglich zu bewältigen (D. 55; 88; vgl. Irenäus, H. V,26). Dennoch ist es für die römische Obrigkeit – wie für jedermann – immer noch möglich, das Gute zu wählen und vom Bösen abzulassen; eben das ist ja der Grund, weswegen Justin schreibt. Seine gedrängte Darstellung befaßt sich mit einem weiten Feld von Ideen, die – wie immer – ohne klare Entwicklung nebeneinander stehen. Gottes Güte und Sorge um den Menschen in der Schöpfung, das Ordnen des Chaos, das Tolerieren des Bösen für eine gewisse Zeit, die bald enden wird – all diese Gedanken sind schlicht und auch anderswo zu finden. Justin gelingt es jedoch, Probleme aufzuwerfen, wie etwa den ungeklärten Ursprung der Materie oder die Verschiebung des Eschaton, weil einige noch ungeborene Menschen bereuen werden, oder auch die Spannung zwischen christlichem „Atheismus" und dem Okkulten. Seine Kürze und Komplexität bleiben problematisch. Er sieht aber eine Verbindung zwischen Schöpfung und Auferstehung. Die Schöpfung ist für die Christen wichtig, die sich „alle am Sonntag versammeln, weil es der erste Tag ist, der Tag, an dem Gott die Dunkelheit und die Materie verwandelte und die Welt erschuf, und ebenso der gleiche Tag, an dem Jesus Christus, unser Erlöser, von den Toten auferstand" (1 A. 67,7). So ist das letzte Wort ein Wort des Lebens und der Hoffnung, und die Geschichte wird die endgültige Antwort auf das Böse geben. Die Darstellung dieser Thematik durch *Irenäus* erfolgt hauptsächlich im Rahmen seiner Konzeption der Geschichte. Seine Antwort werden wir im nächsten Kapitel untersuchen.

Tertullian bietet bei der Erörterung der Frage nach dem Bösen seine ganze logische und rhetorische Fähigkeit auf. Hier lag ja die Schwierigkeit von Marcions Angriff auf den Schöpfergott und sein Beharren auf zwei Göttern, von denen der geringere der Weltenschöpfer war. In seinem ersten Buch „Gegen Marcion" beweist Tertullian die Nicht-Existenz von Marcions zweitem Gott: Einheit und Vollkommenheit gehören zu Gottes Wesenseigenschaften. Gott ist nicht Gott, wenn er nicht ein einziger ist. Im zweiten Buch befaßt sich Tertullian mit dem Problem des Bösen unmittelbar. Für ihn ist Marcions Gott aus Gründen der Moral ungeeignet, und er beantwortet Marcions Einwände gegen Gott und die Welt.[10]

Tertullian behandelt das Problem des Bösen klar und eindeutig, weil er einem ganz bestimmten Gegner antwortet, der gegen Gottes Güte ganz bestimmte Einwände erhebt. Die beiden Hauptpunkte seiner Argumentation sind: 1.) Der freie Wille des Menschen als notwendige Voraussetzung für das höchste Gut des Menschen, und 2.) Güte und Gerechtigkeit bedingen einander gegenseitig. Beide Punkte werden vor stoischem Hintergrund entwickelt, auf den sich Tertullian bezieht.[11]

Gott ist letzte Gutheit; er erschuf alle Dinge und ordnete die Weise, auf die seine guten Werke vorankommen sollten.[12] An Gottes Tun ist nichts vermessen oder unvollkommen. Von Güte inspiriert ist jede seiner schöpferischen Taten.

1) Die Sünde kommt aus der freien Wahl des Menschen;[13] warum aber läßt Gott es zu, daß der Mensch sündigt?

   a) Das Vorherwissen Gottes um die Auflehnung des Menschen macht Gott nicht für diese Auflehnung verantwortlich. Der Mensch muß frei sein, wenn er das Ebenbild Gottes sein soll. Der Mensch mußte nicht sündigen; Gott aber wußte, daß er es tun würde und setzte die Zucht des Gesetzes fest, um dem Ungehorsam des Menschen eine Drohung entgegenzusetzen (Marc. 2,5). Das Gesetz wäre sinnlos, wenn der Mensch für seine Sünde nicht verantwortlich wäre (Marc. 2,6).

   b) Angenommen, Gott hätte interveniert, um die Sünde zu verhindern und hätte dem Menschen die Freiheit wieder entzogen, dann wäre Marcion rasch mit der Anklage zur Hand, Gott sei unbeständig und treulos. Gottes Güte zeigt sich an der Beständigkeit seiner Gaben und an seiner Bewahrung der menschlichen Freiheit (Marc. 2,7).

   c) Gottes Güte, dem Menschen die freie Wahl zu gewähren, wird offenkundig durch die großen Erwartungen, die er in den Menschen setzt: der Mensch sollte nicht bloß leben, er sollte vielmehr tugendhaft leben.¹⁴ Dieser Plan wird noch einmal bestätigt durch den Gehorsam des zweiten Adam, der Gottes guten Willen erfüllt. Denn es ist die gleiche Menschheit, die den gleichen Teufel besiegt, indem sie in Gehorsam gegen Gott den rechten Gebrauch von eben dieser Freiheit macht (Marc. 2,8).

d) Der Einwand, daß Gott dennoch für die Sünde des Menschen verantwortlich sei, weil die menschliche Seele ein Teil Gottes ist, trifft nicht zu, weil die Seele nur der Odem Gottes *(afflatus)*, nicht aber sein Geist *(spiritus)* ist. Gott ist Geist, der Mensch ist Abbild Gottes, und *afflatus* ist das Abbild des Geistes. Es war dem *afflatus* Gottes möglich, wenn auch unangemessen, Gott ungehorsam zu sein (Marc. 2,9).

e) Der Teufel verführte den Menschen zur Sünde, und auch der Teufel war ein Geschöpf Gottes; auch hier wird die Verteidigung des freien Willens fortgesetzt. Als jener Engel, den Gott erschuf, war er gut und frei; aber frei wählte er das Böse. In seiner Güte verschob Gott die Vernichtung des Teufels und die Wiederherstellung des Menschen, auf daß der Teufel nach seiner Niederlage, die ihm der Mensch bereitet, um so angemessener bestraft würde. Gottes Güte wird überdies noch weiter bestätigt, indem er den Menschen am Ende in ein besseres Paradies versetzt.¹⁵

2) Der zweite Einwand richtet sich gegen die Gerechtigkeit Gottes. Warum straft Gott den Menschen für seine Sünde, indem er ihm physische Übel zufügt? Das mag sicher gerecht sein, doch ist es gut? Tertullian unterscheidet drei Hauptpunkte:

a) Gerechtigkeit und Güte müssen zusammengehen. „Wo das Gerechte ist, da ist auch das Gute" (Marc. 2,12). Gerechtigkeit bewahrt die Güte *(tutela bonitatis)* und ist die Funktion Gottes in seinem Amt als Richter *(ordinem Dei judicis operarium et protectorem catholicae et summae illius bonitatis)*. Gerechtigkeit ist für die Güte wesensnotwendig. Die Straße zum Untergang ist so breit, daß jedermann abgleiten würde, gäbe es nicht die Furcht vor der göttlichen Gerechtigkeit.¹⁶

„Wir fürchten die erschreckenden Drohungen des Schöpfers und wenden uns dennoch kaum vom Bösen ab. Was würde geschehen, wenn diese Drohungen nicht über uns hingen?" (Marc. 2,13) Die göttliche Gerechtigkeit stellt die Fülle Gottes dar, der ein vollkommener Meister ist, um als Vater geliebt und als Meister gefürchtet zu werden.

b) Zwischen den Übeln der Sünde und den Übeln der Strafe besteht ein großer Unterschied. Die ersteren *(mala culpae)* kommen vom Teufel, die letzteren *(mala poenae)* aber von Gott. Die Annahme des physischen Übels als Strafe Gottes ermöglicht dem Menschen, alle Dinge als aus Gottes Hand gesandt anzunehmen.[17] „Gott ist es, der dir bei allen Gelegenheiten begegnet: er schlägt, aber er heilt auch, er tötet, macht aber auch lebendig, er demütigt und erhebt dennoch" (Marc. 2,14). Gott verhärtete das Herz des Pharao, weil der Pharao dies verdiente. Er strafte sein eigenes Volk wegen dessen Undankbarkeit. Er schickte sogar Bären, um Kinder aufzufressen, die Elischa „Alter Glatzkopf" nachgerufen hatten.

c) Was ist zu Emotionen zu sagen, die die Strenge erfordert, wie etwa Zorn, Eifersucht oder Härte? Um Richter zu sein, muß Gott auch Zorn und Zurückweisung zeigen. Dies sind sozusagen seine Berufswerkzeuge, ähnlich den Instrumenten eines Chirurgen. Man kann einen Chirurgen beschuldigen, seine Instrumente ungeschickt zu gebrauchen, aber man kann ihm nicht ihren Gebrauch untersagen und zugleich erwarten, daß er seine Arbeit tut. Doch in Gott übersteigen alle Formen therapeutischer Strenge ihr menschliches Gegenstück. Er mag zornig sein, doch nie verliert er die Kontrolle über sich. „Von all diesen Gefühlen wird er auf eine ihm ganz eigene Weise bewegt, auf eine Weise, die vollkommen angemessen ist." Er sorgt dafür, daß der Mensch durch Emotionen bewegt wird, die entschieden menschlich sind (Marc. 2,16).

Danach befaßt sich das zweite Buch auf lesenswerte Weise mit der Verteidigung des Schöpfergottes gegen die Anklagen der Marcioniten. Das Gebot, die Ägypter zu berauben, wird glänzend verteidigt: die Ägypter erhoben Anspruchsrecht auf ihre Gold- und Silbergefäße; die Hebräer stellten eine Gegen-Forderung auf Zahlungsrückstände. Wenn man die ganze Rechtslage untersucht, wird offenkundig, daß die Ägypter eigentlich hätten mehr zahlen müssen und noch sehr gut weggekommen sind. „Wenn daher die Hebräer eine klare Rechtssache führten, dann hatte der Schöpfer eine ebenso gute" (Marc. 2,20). Tertullian verteidigt Gott nicht einfach gegen die Beschuldigungen Marcions. Er bringt diese Anschuldigungen in Verbindung mit der göttlichen Herablassung, die in der Ankunft Christi gipfelt. „Was in deinen Augen die größte Schande meines Gottes ist, ist in Wirklichkeit das Unterpfand der Erlösung des Menschen. Gott sprach mit dem Menschen, damit der Mensch lerne, wie Gott zu handeln" (Marc. 2,27).

Tertullians Verteidigung ist überstark. Von Marcions Einwänden läßt er überhaupt keinen Grund gelten. Wenn er das Aufgefressenwerden frecher Kinder durch Bären als ein Beispiel der göttlichen Gerechtigkeit anführt, so wird er wohl kaum jemanden damit überzeugen außer sich selbst. Wenn er sich zu der alle Begriffe vermengenden Banalität versteigt, daß Gott alles – einschließlich seines Zornes – auf völlig nicht-menschliche Weise tut, so steht er nah am Rande des Unverständlichen; sein Gott ist dann fast ebenso fremd wie der Gott Marcions. Doch er sieht, daß nach gegenwärtiger Beweislage sein Problem noch nicht gelöst ist. Der Teufel ist noch nicht vernichtet und der Mensch noch nicht wiederhergestellt. In seiner Güte hat Gott dem Menschen in der Geschichte Raum gelassen, um seine Freiheit wieder zu gebrauchen, nicht unterzugehen, sondern durchzukommen „und somit auf angemessene Weise sein Heil durch einen Sieg zu gewinnen". Der Teufel wird um so mehr dadurch bestraft, daß er von einem seiner früheren Opfer besiegt wird, und Gottes Güte wird um so offensichtlicher, weil er dem Menschen die Möglichkeit gab, „von diesem Leben in ein herrlicheres Paradies zurückzukehren mit der Erlaubnis, die Frucht vom Baum des Lebens zu pflücken" (Marc. 2,10). Marcion hat also Unrecht; doch vom Problem des Bösen bleibt etwas zurück. In dem spezifisch christlichen Anliegen bringt

Tertullian die beiden stärksten Argumente: Gott begann in Christus, die Dinge wieder ins Lot zu bringen, und es steht immer noch Zeit zur Verfügung, sein Werk zu vervollkommnen; auf gewisse Weise ist das Problem des Bösen ein Zeiger, der auf jene völlige Entehrung Gottes weist, die das Unterpfand der Erlösung des Menschen ist.

Die Antworten des *Klemens* auf diese Fragen sind nicht so direkt und selbstgewiß wie die von Tertullian, und obwohl sie auf der gleichen stoischen Grundlage aufbauen, sind sie subtiler. Klemens geht das Problem des Bösen auf ganz eigene Weise an. Die Möglichkeit des Martyriums bot ernsten Grund für Zweifel hinsichtlich der Güte oder der Allmacht Gottes. Basilides hatte dies klar erkannt und seine Frage verlangte nach einer Antwort: „Wenn Gott für euch sorgt, warum werdet ihr denn verfolgt und getötet?" (S. IV,78,1) Klemens, dessen Denken die Vorstellung des freien Willens als einziger Quelle des Bösen beherrscht, verweist auf vier Punkte:[18]

1) Das Böse geschieht, weil Gott es nicht verhindert. Gott will nicht das Leiden der Martyrer, dennoch kann nichts ohne seinen Willen geschehen. „Es bleibt also nur übrig, zusammenfassend zu sagen, daß solches geschieht, ohne daß Gott es verhindert. Diese Auffassung allein wahrt sowohl die Vorsehung als auch die Güte Gottes. Wir dürfen also nicht annehmen, daß Gott selbst die Bedrückungen bewirke; das ist völlig undenkbar. Wir sollten vielmehr überzeugt sein, daß er diejenigen, die sie bewirken, nur nicht hindere" (S. IV,86,3–87,1). Früher verwendete Klemens eine stoische Form[19] dieses Arguments (S. I,81f.). Der Schild, der nicht schützt, kann nicht der Grund für die Wunde sein, die der Speer zufügt. Die Ursachen der Sünde sind des Menschen Wahl und Begierde, die durch Verführung durch die Dämonen verstärkt werden. Gott tut alles, was möglich ist, um die Sünde zu verhindern, nur nimmt er dem Menschen nicht den freien Willen. „Er machte alles, was kein Hindernis für die freie Wahl des Menschen ist, zu Hilfsmitteln bei Erlangung der Tugend" (S. VII,12,1).

2) Wenn der Mensch gesündigt hat, verwandelt Gott die Auswirkungen der Sünde. „Er kehrt die bösen Taten der

Widersacher zum Guten" (S. IV,87,1). Dies ist die größte Tat der göttlichen Vorsehung, die nicht bloß darauf aus ist, Gutes zu tun, sondern „vor allem durch das von irgend jemand ersonnene Böse ein gutes und heilsames Ergebnis herbeizuführen" (S. I,86,3). Platon („Staat" 613 A) wie auch Paulus (Röm. 8,28) waren der Ansicht, daß dem guten Menschen alle Dinge zum besten gereichen. In den „Gesetzen" (902f.) richtet Platon sein Augenmerk darauf, daß die Vorsehung sich auch um die kleinsten Dinge kümmert, und um die individuellen Seelen tut sie dies auf eine Weise, die unlängst so beschrieben wurde: „Gott ist nicht bloß stets mit der Geometrie beschäftigt, er spielt auch immer Schach."[20] Klemens ging auch auf stoische Quellen zurück, die das Übel als Teil eines guten Universums betrachteten[21] und die göttliche Tätigkeit darin sahen, „alle Dinge vom Schlechten in das Eine und Gute zu bringen"[22]. Doch Klemens gibt dieser göttlichen Tätigkeit einen viel einsichtigeren Stellenwert, weil seine Darstellung Gottes weit personaler und seine Einschätzung der Geschichte realistischer ist.

3) Das Übel wird auf komplexe Weise besonders auch als Zuchtmittel gebraucht. Die meisten Menschen werden für ihre eigenen Sünden gezüchtigt. Jesus und seine Apostel aber empfingen Leiden und Züchtigung für die Sünden anderer; durch das Leiden des Herrn werden wir geheiligt (S. IV,87). Auch bei Platon strafen Götter die Menschen nur zu ihrem Guten („Staat" 380 AB).

4) „Das Sündigen besteht im Tun, nicht im Sein" (S. IV, 93,3), und ist daher ein Werk des Menschen und nicht ein Werk Gottes. Dies ist zutiefst platonisch, weil abhängig von einer monistischen Struktur, die von der Form des Guten beherrscht wird. Mit der weiteren Entwicklung des Platonismus wird der Gedanke immer offenkundiger, daß das Übel negativen oder privativen Charakter hat. Das Böse kann nicht vom Guten kommen („Staat" 380 B), aber alles, was ist, kommt von Gott, daher kann das Böse nicht sein. Dies wird bei Plotin bis zur ausdrücklichen Schlußfolgerung vorangetrieben.[23]

Kurz, das Problem des Bösen beruht nach Klemens auf dem freien Willen des Menschen. Dem wird der freie Wille jener Geistwesen hinzugefügt, die sich – wie Satan – entschieden haben, Gott entgegenzutreten. Gott aber straft nicht einfach die Übeltäter, er spielt selber mit und wendet das Irren des Menschen zu manch guter Wirkung. Zu dieser heilsgeschichtlichen Vorstellung fügt Klemens das platonische wie auch biblische Thema hinzu, daß das Gute, das Gott wirkt, für immer weiterwirkt, wogegen sich die menschliche Sünde selbst negiert und hinter dem wahren Sein zurückbleibt.

Noch wichtiger ist Klemens' Erkenntnis, daß der Mensch – so wie die Welt jetzt ist – für dieses Problem keine Lösung finden kann. Klemens verweist jenseits dieser Welt auf den Tod des Sünders (S. III,64), auf das reinigende Feuer, durch das der Gläubige geht (Paid. I,61,1), und auf die vielen Wohnungen, in denen die Gläubigen ihr angemessenes Unterkommen finden werden (S. VI,105f.). Bei Klemens gab es, wie bei seinen Zeitgenossen, keine vollständige Antwort auf das Problem des Übels in seiner Zeit. Er erwartete die eine Herde unter dem einen Hirten (Paid. I,53), zu der der Herr die Seinen bringen würde, wenn er wiederkommt in Herrlichkeit (Ecl. 56). Anders als bei seinen Zeitgenossen bot für Klemens der Himmel mehr Hoffnung als die Geschichte; daher ist es ganz verkehrt, ihm liberalen Optimismus zu unterstellen.[24]

---

[1] Eingehender erörtert in meinem Buch „Justin Martyr", Kap. 3.

[2] *I. Murdoch*, The Italian Girl, Penguin Books, 1967, 162. Vgl. auch *B. Nisters*, Tertullian, seine Persönlichkeit und sein Schicksal, Münster 1950.

[3] Vgl. *K. Wölfl*, Das Heilswirken Gottes, 32.

[4] Atomistische Aussagen machten einigen seiner Ausleger Sorgen. Nimmt man die Worte in dem Sinn, den andere ihnen beilegten, dann ist „gestaltlose Materie" (*formless matter*) mit Justins Monismus unvereinbar; mangelnde Beachtung unterschiedlicher Bedeutung, die gleiche Worte in verschiedenem Kontext haben, war in der patristischen Forschung ein so offensichtlicher Irrtum, daß es hier keiner weiteren Zurückweisung bedarf. Vgl. auch die Erörterungen weiter unten S. 350 ff.

[5] Timaeus, 36B. Platon spricht von der Form des Buchstabens *chi*. Justin behauptet, daß Platon Mose (Num. 21,9) mißverstand und ein *stauros* durch ein *chi* ersetzte.

[6] Dieses Bild ist eines der „denkwürdigsten Bilder in der europäischen Philosophie", so *I. Murdoch*, The Fire and the Sun, 87. Zu „Christen als Seele

der Welt" vgl. Ad Diog. 5 und 6 sowie der kosmische Christus bei Klemens und Paulus' Darstellung des Leibes Christi.

[7] Dies ist in der christlichen Literatur die erste eindeutige Aussage jenes verheerenden Naturrechts-Arguments, das von statistisch normalen Zuständen oder Verhaltensweisen auf das schließt, was gut ist. Vgl. *D. J. O'Connor*, Aquinas and natural law, London 1967, 81.

[8] Dieser Einwand findet sich bei *Klemens* Paid. II,3-4 und anderweitig.

[9] *J. M. Hornus*, Etude, 38.

[10] Die Argumente Tertullians kommen im Text durchaus zur Geltung. Es gibt jedoch auch eine kurze, brauchbare Zusammenfassung von *V. Naumann*, Das Problem des Bösen in Tertullians zweiten Buch gegen Marcion: ZKTh 58 (1934), 311-363 und 533-551.

[11] Ebd. 331f. *K. Gronau*, Das Theodizeeproblem in der altchristlichen Auffassung, Tübingen 1922, 74 (zur Güte des Schöpfers); ebd. 82 (zum kosmischen *syndesmos* und dem freien Willen des Menschen). Andere Vorstellungen sind die des Menschen als *apospasma* Gottes (*V. Naumann*, Das Problem, 340) sowie die Verbindung von *bonitas* und *rationalitas*. Chrysippus umschreibt Gott als „*zoion*", athanaton, logikon, teleion e noeron en eudaimoniai, kakou pantos anepideikton, pronoetikon kosmou te kai ton en kosmoi (ebd. 536).

[12] Dies ist die Grundprämisse Platons („Staat", 380B): „Aber zu behaupten, daß Gott, der doch gut ist, jemandem Ursache von Übeln werde, dagegen ist auf alle Weise zu kämpfen."

[13] Die Sinnspitze der berühmten Behauptung Platons im „Staat", 617E, liegt nicht in der Erklärung des Ursprungs des Übels, sondern im Aufweis der Autonomie der sittlichen Handlung des Menschen. Vgl. *Hal Koch*, Pronoia und Paideusis, Berlin 1932, 201.

[14] Eben das ist es, was auch bei Platon zählt. Ungerechtigkeit trägt ihre eigene Strafe in sich selbst: „Gesetze", 728B und 854D; Theaitetos, 177: „Dafür büßen sie dann die Strafe, daß sie ein dem Vorbilde, dem sie sich ähnlich machen, entsprechendes Leben führen."

[15] Auch Platon ist überzeugt, daß für den Gerechten sich alle Dinge zum Besten wenden („Staat", 613A).

[16] Auch für die Stoiker sind natürliche Unglücksfälle providentielle Warnungen (SVF, vol. 2, 1175f.), und Widrigkeiten sind zur Erlangung von Tugend notwendig (SVF, vol. 2, 1152; 1173; vgl. auch *Seneca*, De Providentia, 2,3).

[17] Die Einheit des Gesamtplans der Dinge wurde von den Stoikern mit größerer Entschiedenheit aufgegriffen als von anderen (SVF, vol. 2, 1171; 1178). Die oben erwähnten Hinweise werden von *Hal Koch*, Pronoia und Paideusis, 192-215, miteinander verglichen. Sein großes Verdienst besteht in der Erkenntnis der begrenzten Bedeutung, die den Parallelen zukommt. Er bemerkt zu Origenes: „Er ist gewillt, in einzelnen Punkten von den Stoikern zu lernen, aber im großen ganzen verhält er sich sehr reserviert" (S. 215).

[18] Vgl. *E. Osborn*, Philosophy of Clement, 69-78.

[19] SVF, vol. 2, 353.

[20] I. *Murdoch*, The Fire and the Sun, 63.
[21] *Plutarch*, De stoic. repugn. 35 u. 36; SVF, vol. 2, 1181; 1182.
[22] *Cleanthes*, in: *Stobaeus*, Anthologium, ed. *C. Wachsmuth*, Berlin 1884 bis 1912, Bd. 1, 25.
[23] *Plotin*, Enneaden, I,8. Die Darstellung des Übels als einer *privatio* ist subtiler als bisher anerkannt. Einerseits läßt sie sich vertreten, um das Problem des Übels anzugehen, und andererseits gibt sie immer noch eine verständliche Darstellung der Macht des Bösen. Vgl. *McCloskey*, God and evil, 28ff., zur Erörterung dieses Problems.
[24] Neben seinen Hauptargumenten erwähnt er noch zahlreiche andere Faktoren. Viel nützliches Material findet man im Buch von *W. E. G. Floyd*, Clement of Alexandria's treatment of the problem of evil, Oxford 1971, doch gepaart mit einer merkwürdig unkritischen Übernahme von Lovejoy's Schema der Great Chain of Being. Die starke Kritik, die an Lovejoy geübt wurde, ist nicht zur Kenntnis genommen. Klemens selbst liefert kräftige Einwände gegen die Methode Lovejoy's, die

„schwerwiegende Nachteile hätte: sie würde uns häufig von jenen Charakteristika des Werkes eines Autors wegführen, die höchstwahrscheinlich für sein Anliegen von zentraler Bedeutung und auch für seinen geschichtlichen Einfluß besonders wichtig sind. Sie könnte uns auch dahin bringen, die Unabhängigkeit des Denkens eines Autors zu verkleinern, indem sie historische Verbindungslinien vermutet, wo solche Verbindungen nicht geknüpft wurden und vielleicht nie bestanden haben" – so

M. Mandelbaum, History of ideas, intellectual history, history of philosophy: HThS 5 (1965) 41.

PROBLEME UND PARALLELEN

1 Ein Gott, eine Welt

Die Stärke der Schöpfungsthematik lag bei diesen vier Autoren in der Zurückweisung einer zweiten Welt oder eines zweiten Gottes.[1] Der Herausforderung Marcions begegnete man mit dem einzigen Gott, und eine einzige Welt hielt man den Gnostikern entgegen. Justin spricht einfach von jenem Gott, der die Welt aus formlosem Stoff, der seinem Willen unterworfen ist, erschuf. Da gibt es keinen Hinweis, daß Gott ein Zwischenmedium braucht, um den Abgrund zwischen sich und der Schöpfung zu überbrücken. Er sprach einfach sein Wort: „Laßt uns machen." Irenäus spricht von den Händen Gottes, von Christus und vom Heiligen Geist, die den Menschen bilden und erhalten. Die Zwischenwelt oder höhere Welt der Gnostiker war nur ein törichtes Phantasiegebilde. Für die meisten bedeutet Platonismus die

Lehre von den Formen oder Ideen,[2] und das spätere christliche Denken sollte auf die höhere Welt großes Gewicht legen. Im Gegensatz hierzu benutzten die Christen des zweiten Jahrhunderts Platon, um die sichtbare Welt gegen die Angriffe der Gnostiker zu verteidigen. Der Himmel dieser Christen bestand nicht aus platonischen Formen. Der Himmel war wichtig, denn die Martyrer befanden sich schon dort, und man sah das neue Jerusalem schon am Himmel schweben. Da gab es eine Himmelsleiter, die zu ersteigen war. All dies gehörte eher zur Welt der Apokalyptik als zur Logik.[3] Dies wird besonders klar an Tertullians Ablehnung rein logischer Aussagen und seiner Begeisterung für die Werke seines Schöpfers. Valentinus, so sagt er, entlehnte seine „Äonen" und „Formen" und die dreifache Teilung des Menschen von Platon. Logische Spekulation kann der Christenheit nicht helfen, sie könnte nur die Schärfe des Evangeliums, die gewaltigen Forderungen und die Gaben Christi verharmlosen (Praescr. 7). Der wunderbare Schöpfer aller Dinge hat seine Gaben auch auf die winzigsten seiner Geschöpfe ausgegossen und beweist durch die Biene mit ihren Waben, die Ameise mit ihrem Hügel, die Spinne mit ihrem Netz und durch die Seidenraupe mit ihren feinen Fäden, daß sich Größe auch in bescheidener Geringfügigkeit zeigt (Marc. 1,14).

Andererseits spricht Klemens vom Nous oder Logos als dem Ort der Ideen und weist den ansteigenden Weg der Logik. Dieser Weg aber ist das WORT selbst, und die pure Einheit Gottes wird in diesem Wort ergriffen, denn der wahre Gnostiker macht aus seinem Leben ein ununterbrochenes Fest des Lobpreises. „Überzeugt, daß Gott überall zugegen ist", singt er Loblieder während er das Feld bebaut oder zur See fährt (S. VII,35,5f.). Wie fremd auch der Christ den weltlichen Dingen gegenüberstehen mag, er betet Gott durch sein tägliches Leben an. „Es ist uns geboten, den Logos anzubeten und zu verehren, in der Überzeugung, daß er unser Heiland und Führer ist, und durch ihn den Vater. Wir sollen dies nicht wie manche andere nur an besonders ausgewählten Tagen, sondern ununterbrochen das ganze Leben hindurch und auf jede Weise tun" (S. VII,35,1). Der wahre Gnostiker führt sein Leben auf Erden, indem er dem überirdischen Vorbild folgt, so wie die Seefahrer ihr Schiff nach den Sternen steuern (S. VI,79,1).

Ganz offensichtlich bestand Klemens ebenso wie Tertullian streng auf der einen und einzigen Welt. Der Doxograph gerät hier in Verwirrung: Wie können Tertullian, der gegen die Logik Anschuldigungen erhebt, und Klemens, der eine wahre Logik preist, bezüglich der einen einzigen Welt völlig übereinstimmen? Einfach deshalb, weil sie Begriffe auf unterschiedliche Weise gebrauchen. Um den einen Gott und die eine Welt darzutun, bedarf es keiner Intervention logischer Darlegung, die Tertullian für eine gefährliche Gedankenspielerei hält; sie ist überflüssig, weil man nach Christus und dem Evangelium nichts mehr weiter braucht. Klemens sagt dasselbe, aber auf subtilere Weise.[4] Wahrheit und logische Auseinandersetzung stehen nicht zwischen Gott und der Welt; denn Christus selbst ist die ganze Wahrheit und Logik. Er ist der Ort der Ideen, der vollkommene Logos, Eines wie Alles; in ihm kommen die Wahrheit der sichtbaren und unsichtbaren Dinge, ihr wirkliches Wesen und ihr Ziel zusammen. In ihm läßt sich alle Wahrheit und Güte verstehen und lernen. „Der Sohn ist Weisheit und Wissen und Wahrheit und was sonst diesem verwandt ist ... Und alle Kräfte des Geistes werden zu einer einzigen Macht zusammenkommen und eine einzige Wirkung hervorbringen, nämlich den Sohn" (S. IV,156,1). Dies macht ihn zum „Wissen und zum geistlichen Garten" des wahren Gnostikers oder zum Ganzen der Wahrheit, von dem die Menschen ein Stück herausreißen und als das Ganze ausgeben. Klemens ging es darum, Menschen durch Ideen zu fangen und den häretischen Gnostiker wegzulocken zu der wahren Logik des Christus. Wir wissen nicht, ob er damit Erfolg hatte; doch wenn wir auf die Probleme schauen, statt auf fragmentarische Aussagen, dann wissen wir, worum es ihm ging und was er versuchte, wogegen der Doxograph dies niemals herausfindet. Der Mittlere Platonismus verhielt sich ambivalent zur Welt der Formen, die stets einige Kritiker in der platonischen Tradition gefunden hatte.[5] Drei Dinge steigerten die kritische Einstellung zu den Formen. Auf der einen Seite ließ die erhöhte Bedeutung der Erstursache die Zweitursache weniger wichtig erscheinen;[6] auf der anderen Seite wurde die kosmische Einheit der Stoiker zum Teilbestand des Platonismus und sog die Formen in sich auf.[7] Und schließlich erregte die gnostische Schwarzmalerei der sichtbaren Welt eine feindselige Haltung, die im Angriff Plotins ihren Höhepunkt fand.[8] Christen wie Justin und Klemens übernahmen die beiden Aussagen des Mittleren Platonismus – transzendente Erstursache und kosmische Einheit – und entfalteten sie im Interesse ihrer Aussagen über den einen Gott und die eine Welt. Andererseits lehnte Tertullian den Platonismus ab, weil er glaubte, er sei an die Formen gebunden. Die Tendenz zum Monismus war breiter als Platonismus und Christentum.[9]

Wir können nicht mit Sicherheit sagen, ob sich die Christen darüber klar waren, auf der Höhe der Fragestellung ihrer Zeit zu stehen, denn die Wurzeln der Schöpfungslehre lagen ja im Zentrum der christlichen Botschaft. Seit Paulus stand der Gedanke der Schöpfung aus Nichts in Parallele zu zwei zentralen Glaubensartikeln: zur Rechtfertigung der Sünder und zur Auferstehung der Toten.[10] Das Rätsel der Schöpfung muß gewahrt bleiben. Eine Lehre von „Zwischenstufen" ist für die Aussage des Evangeliums ebenso katastrophal wie der Legalismus der Galater oder die Annahme unsterblicher Seelen, weil sie die schlichte Abhängigkeit von dem einen, allgenügenden Gott der Gnade leugnen.

2 Durch eine kleine Erbse bekehrt?

Die starke Betonung der Schöpfung im zweiten Jahrhundert ist wirklich überraschend, denn die äußerste Transzendenz Gottes und der Höhenflug des Menschen sollten eigentlich nahelegen, daß man die Welt hienieden am besten übergeht oder vergißt. Es gab jedoch zumindest zwei wichtige Gründe, die Aufmerksamkeit auf die *Welt* zu richten: sie war der Menschwerdung würdig, und sie verwies auf eine Ursache jenseits ihrer selbst. So fügte sich zu dem Gott in der Höhe und zu dem Gott im Inneren noch die Definition des höchsten Gottes als des Vaters und des Schöpfers aller Dinge.

In gewisser Weise war die Aussage über die Welt wirklich auch eine Aussage über Gott. Denn wenn nicht der Gott des Evangeliums die Welt erschaffen hatte, dann mußte es ein anderer Gott getan haben; ja schlimmer noch, wenn der allerhöchste Gott nicht alles erschuf, wie konnte man dann noch an ihn glauben, wie war er dann noch aus dem Niemals-Nirgendwo der Phantasie herabzuholen! Tertullian ist bereit, sich zu Marcions fremdem Gott zu bekehren. Er braucht nur irgend etwas, das dieser Gott hervorgebracht hat, und sei es nur eine einzelne kleine Erbse. Die Schöpfung ist notwendig ein Werk Gottes, das ihn mit dem Menschen verbindet, ihn außerhalb der Abstraktion im Konkreten verankert und die Welt zu einem Ort macht, an dem Gott geglaubt werden kann. Es ist nicht leicht, an einen Schöpfer zu glauben, der so wie Jesus war – daher war Marcion ernst zu nehmen. Der Jesus des Evangeliums brachte wirklich etwas Neues, das schwerlich zum Alten und zur Härte der Welt paßte. Daher mußte man die Schöpfung nochmals genau besehen, bis das Universum – mit Hilfe der Stoiker – in das neue Lied des Logos einstimmen konnte: die ganze Schöpfung deutete durch ihre Harmonie und Güte auf den Einen, von dem her alles zum Sein kam.

3 Reine Freude in der Welt

Zweierlei machte die Schöpfung glaubwürdig: der Prozeßgedanke, den Paulus im achten Kapitel des Römerbriefs aufgegriffen hatte, und die reine Freude an der Welt, die erst aufkam, als die Götter verschwanden. Ersteres war an eine Geschichtsauffassung gebunden, an ein neues Erkennen des Leidens und der Vergeblichkeit, an eine Hoffnung, daß der Mensch sein Ziel erreichen würde, nicht indem er die Welt hinter sich läßt, sondern sie mitnimmt oder wiederfindet. Das war eine Welt, die mit dem Zeichen des Kreuzes bezeichnet war und nun in der Zeit zwischen ihrer Neuschöpfung durch die Auferstehung Christi und ihrer Wiederherstellung bei der endgültigen Vollendung aller Dinge lebte.

Der zweite Punkt ist ebenso subtil. Die Welt war nun leer von jenen freundlichen Geistern, die Bäume und Flüsse bevölkert hatten. Wie sah sie aus? Kann heute der Wissenschaftler, der Freigeist die Welt noch so klar sehen, wie sie der Mystiker sieht? Man hat gesagt:

„Der Glaube macht die Welt zu dem, was sie in Wahrheit ist, nämlich zur Schöpfung Gottes. Er entdämonisiert und entmythisiert die Welt und läßt sie wieder das sein, was sie nach Gottes Willen ist. Weil der Glaube frei macht *von* der Welt, macht er gerade frei *für* die Welt ... Und weil er Lust wie Unlust der Welt vertreibt, schafft er Raum für die reine Freude an der Welt."[11]

Der Antike fiel es leicht, die Welt zu verehren, aber auch zu verachten. Christen waren jedoch der Meinung, daß sich Heiden wie Gnostiker im Irrtum befanden. Die Welt war gut, aber sie war nicht Gott. Man ging auf ihr, aber man betete sie nicht an. Glücklicherweise gab es genug *humanitas* in der Antike, um die Schönheit der Welt zu schauen, und so konnten Christen dort weiterbauen; allerdings bauten sie in dem Maße, wie sie Götzendienst und Weltflucht zurückwiesen, etwas Neues.

4 Schöpfung als Prozeß

Der Prozeßgedanke fand in diesem Jahrhundert viele Anwälte, und die Vielfalt ihrer Vorstellungen ist verwirrend.[12] Das hilfreichste Buch hierzu stammt wohl vom späten *Charles Raven*. Raven war als Theologe und Wissenschaftler der Meinung, die Christen des zweiten Jahrhunderts hätten die Welt besser verstanden als alle ihre Nachfolger. Er schreibt:

„Doch diese Theologie hatte das Eine, wirklich Notwendige: eine umfassende und ausgewogene Vorstellung von Gottes Wesen und Werk. Sie hatte das, was keine nachfolgende Epoche bisher wiedergewann: eine wirkliche Lehre von der Kontinuität und Kraft des Wirkens Gottes in der Welt – d. h. eine angemessene Theologie des Heiligen Geistes ... Für sie (sc. die Christen des 2. Jhs.) war die ständige, belebende Tätigkeit Gottes in seiner Welt das Wesenselement ihrer Lehre."[13]

Raven sah die Bedeutung des achten Kapitels des Römerbriefs. Die traditionelle christliche Abhängigkeit vom Buche „Genesis" hatte sich während der Evolutions-Kontroverse des neunzehnten Jahrhunderts als Mangel erwiesen. Bei den meisten Themen waren die Theologen im Irrtum und behielten die Evolutionisten Recht. Paulus dagegen bot eine andere Darstellung der Schöpfung, deren Wahrheit nicht im Widerspruch zur wissenschaftlichen Entwicklung und zur neuen Erkenntnis der Evolution steht.

„Statt des Schöpfungsaktes ist hier ein Prozeß, statt vollkommen zu sein, ist die Schöpfung gemindert und unvollständig, statt durch den Teufel verdorben, ist sie von Gott der Vergeblichkeit unterworfen, und statt daß Gott durch sie wirkt, liegt sie selbst in Wehen, erwartet die Geburt der Kinder Gottes und erfährt Hilfe in ihren Qualen durch Gottes eigenen Geist."[14]

Raven übernahm vertrauensvoll jene Philosophie der Evolution, die Lloyd Morgan vertrat, weil sie von gemeinsamer Entwicklung der Schöpfung sprach, die auf einen einzigen Geist, der in ihr lebt, zurückgeführt wurde. Dies bedeutet, daß sich der Mensch der sichtbaren Welt der Natur zuwenden soll, nicht um seine eigenen Gefühle bestätigt zu finden oder darzustellen, sondern um in der Erkenntnis zu wachsen und von Gott zu lernen.[15] In der komplizierten Struktur der Welt der Natur gab es genug zu entdecken und zu meditieren, um eine Ewigkeit lang beschäftigt zu sein.[16] Die Weise, wie sich die Natur entwickelt, ist das rechte Material für Philosophen und Theologen; da gibt es zunehmende Komplexität und Anpassungen, die zu immer größerer Lebensfülle führen.[17] Sogar Frustration hat ihre Bedeutung. Jesus hat uns gezeigt, daß Liebe auch Freiheit, Mitgefühl und Opfer einschließt und bietet einen Schlüssel zum Verständnis des Leidens in der Welt. Raven zitiert Fabre – einen philosophisch denkenden Wissenschaftler – zum Opfer in der Struktur des Universums und kommentiert begeistert: „Eingewebt in Schuß und Kette des Universums ist das Muster des Kreuzes, so daß die Natur auf den Geist Jesu getauft ist und die Erschaffung des Menschen durch dasselbe Mittel vollbracht wurde wie seine Erlösung."[18] Das Studium der Natur bringt den Menschen schrittweise zu einem tieferen Verstehen Gottes als des Künstlers, des Lehrers und letztlich Vaters. Raven vergleicht solches Wachsen mit dem des wahren Gnostikers bei Klemens – reifend vom Glauben zur Erkenntnis, zur Liebe und zum Erbe.[19]

In einer späteren Untersuchung über die Entstellung des Evangeliums in einer entstellten Kirche betont Raven die Notwendigkeit, die Natur wieder zu gewinnen und die Geschichte neu zu würdigen. Unter Wiedergewinnung der Natur verstand er die Wertschätzung der Gesamtheit der ganzen Natur als wertvollen Beitrag der Biologen. Die große Gelegenheit für die Kirche bestehe darin, eine echte Wertung der Natur vorzulegen: „Zum Wesensbestand ihres Glaubens gehört die Überzeugung vom Wert, von der sakramentalen Bedeutung und vom ‚Geheimnis' der Natur."[20] In seinen Gifford Lectures formulierte Raven seine Position nochmals kraftvoll und klar. Zwei einzigartige Sakramente erschließen die letzte Bedeutung: das Universum und Jesus Christus.[21] Es kann keinen vernünftigen Glauben geben, wenn die Schöpfung nicht auf das wahre Wesen ihres Schöpfers hinweist.[22] Vom biologischen Beweismaterial der Evolution ausgehend, verweist er auf einen „zweckdienlichen Drang, der nicht nur weitere Felder der Betätigung erschließt, umfassendere Individuation und schließlich das Auftauchen des Personseins, sondern auch eine Harmonie in der Verschiedenheit, die schrittweise Erfüllung eines Plans und die Integration der besonderen Elemente des Entwurfs zu einem komplexen und alles umfassenden Muster"[23]. Vieles vom Versagen im Bereich der Schöpfungstheologie mag damit zusammenhängen, daß man dem Wirken des Heiligen Geistes zu wenig Beachtung schenkte, nachdem man schon die Logos-Lehre aufgegeben hatte. Denn der Heilige Geist ist das Wirken Gottes innerhalb seiner Schöpfung; er gibt dem Geschöpf Kraft zur Antwort.[24] Wir müssen lernen, Gott auch außerhalb der akzeptierten Kanäle der Offenbarung zu suchen. „Alle Schönheit, alle Wahrheit und alle Güte sind Zeichen Seiner Gegenwart und zumindest potentiell auch Instrumente Seiner Zielsetzung; im Maße unserer Fähigkeit zur Wahrnehmung und zur Antwort können wir – die wir irgendwie ‚nach seinem Ebenbild geschaffen' sind – Seine Gaben erkennen, schätzen und annehmen."[25] Ravens Werk bleibt von Bedeutung und bedarf einer Neueinschätzung durch jene, die seine Kompetenz in Naturwissenschaft wie auch in Theologie besitzen. Kein Zweifel, daß er viel von den frühen Vätern, vor allem den Alexandrinern, gelernt hat und daß seine Deutung ihrer Gedanken wie auch der des Paulus wohlbegründet ist.

5 Eine weltliche Welt

Wir müssen nun die positiv weltliche Einstellung des Christen betonen und seine Freude an der Welt, die er ohne Götter sah. Hier lohnt es, eine kritische Stimme zum Mystizismus einiger überkonservativer Zeitgenossen zu hören. Auf diesem Gebiet ist allerhand Plunder zu beseitigen, und *John Passmore* nennt zuerst „mystizistischen Plunder, nämlich die Ansicht, Mystizismus könne uns retten, wo die Technik dies nicht kann".[26] Er attackiert auch die „Ganzheitsphilosophie", für die Raven einige Sympathie zeigte, jedoch unter Kontrolle seiner Wissenschaftlichkeit behielt. Passmore betont: „Die Wissenschaft ist nicht *zuinnerst* atomistisch", und das Anliegen des Ökologen, vor Kettenreaktionen stets auf der Hut zu sein, hebt ihn nicht über alle Wissenschaft hinaus. Auch wäre es von keinerlei Nutzen, die Natur wieder wie einst als geheiligt anzusehen. Das „Geheimnis" der Natur ist kein Geheimnis, das dem Verstand widersteht, sondern eines, das zur Erforschung einlädt. Hätten die „ökologischen Mystiker" auf diesem Gebiet recht, so brauchte man die göttliche Natur nicht zu beschützen. Um einen Ausweg aus den ökologischen Problemen der Gegenwart zu finden, ist die Erkenntnis wichtig, daß „weder der Mensch noch die Natur geheiligt oder quasi-göttlich" sind.[27] Zweierlei muß man begreifen: erstens, der Mensch ist völlig von der Natur abhängig, und zweitens, die Natur ist durch die zerstörerische Ausplünderung, die der Mensch betreibt, verwundbar. Mensch und Natur sind gleichermaßen durch Zerbrechlichkeit und Kontingenz gekennzeichnet; für den Christen sind sie Geschöpfe und nicht Schöpfer.

Der Mensch kann übrigens nur leben, indem er „plündert"; aber nur auf eine ganz bestimmte Weise darf er die Natur beherrschen. Zivilisation kann nur entstehen, wenn der Mensch seine Umwelt auf vernunftgemäße Weise kontrolliert. Tertullians Freude an der Natur machte ihn nicht blind für die Größe menschlicher Errungenschaften bei der Trockenlegung von Sümpfen und der bäuerlichen Kultivierung des Landes.

Und schließlich noch ein Plädoyer für eine sensiblere Einstellung zur Natur. Man sagt, Augustinus und Platon hätten den Menschen der westlichen Hemisphäre zu einer Abkehr von

Auge und Ohr bewegt. Der Ursprung dieses Aspekts ist jedoch vielschichtiger. Es gab zwei Strömungen im Platonismus, und eine davon sorgte für heftigsten Widerstand gegen den gnostischen Dualismus und vertrat aufs eifrigste die Schönheit der physischen Welt. So blieb auch Augustinus immer ein „Sensualist" und schrieb lange nach seiner Konversion („Bekenntnisse" II,5):

„Schöne Dinge sieht das Auge gern, auch Gold, Silber und dergleichen; dem Fleisch tut die Berührung wohl mit einem Körper, der seiner Art verwandt und angemessen ist, und so findet jeder Sinn an körperlichen Dingen eine Eigenschaft, die ihm entsprechend ist... Und auch das Leben, das wir hier auf Erden leben, hat seinen eigenen Reiz und Zauber, eigenartig in seiner Schönheit und rein zusammenklingend und verbunden mit diesen Erdengütern."

In Passmore's Kritik ist jedoch immer noch so viel Wahrheit enthalten, daß der Theologe bis ins zweite Jahrhundert zurückgehen muß, um auf Tertullians Freude an der Welt zu stoßen, wie auf die Begeisterung des Klemens für Wüsten und Kamele, auf die derben Witze, die Irenäus über die transzendente Muffigkeit der Gnostiker macht und auf die Leidenschaft, mit der sie alle gegen Marcion auftraten.

6 Gott und das Böse

Drei Faktoren werden bei der Darstellung des Problems des Bösen immer wieder angesprochen: die Hoffnung, der gekreuzigte Gott und die Vergeltung. Keiner der vier Autoren sucht nach einer Lösung des Problems in der Gegenwart: wenn alles gesagt ist, ist nur die Zukunft gesichert wegen dem, was Gott bereits getan hat. Die Diskussion der Schöpfungsfrage gibt nur die halbe Antwort auf die Frage nach dem Bösen; die andere Hälfte liefert eine Untersuchung der Geschichte. Wichtig ist, daß die Schöpfung keinen unzweideutigen Beweis für Gott abgibt, denn das würde bedeuten, daß die Schöpfung vollendet und vollkommen ist und Gott ohne jede Einschränkung aus seiner Welt verstanden werden kann. „Die Welt ist noch nicht fertig, sondern wird als in Geschichte befindlich begriffen."[28]

Sie ist weder Himmel noch Hölle, sondern die Welt des Möglichen. Daher wird Gott durch das Vokabular der Zukunft verstanden. Denn Paulus „spricht nicht vom Wesen oder Wirken der Kreatur, von *actio, passio* oder Bewegung, sondern mit einer neuen, seltsamen und theologischen Vokabel spricht er von der Aussicht der Kreatur *(exspectatio creaturae)*"[29].

Der gekreuzigte Gott ist beispielsweise das Thema von *Moltmanns* zweitem Hauptwerk. Auschwitz steht hier für die Macht des Bösen im zwanzigsten Jahrhundert, doch es könnte keine Theologie geben, die *über* Auschwitz mit Begriffen von Schuld und Sühne Rechenschaft ablegt – weil sich Auschwitz eben auch für den Theologen als theologische Herausforderung stellt –, wenn es *in* Auschwitz keine Theologie gegeben hätte. „Wer nachträglich in unlösbare Probleme und Verzweiflung kommt, muß sich daran erinnern, daß in Auschwitz das Sch'ma Israel und das Vaterunser gebetet wurden,"[30] daß Gott selbst am Galgen hing, daß aller Gram und alles Leiden in Gott aufgehoben sind, daß Gott in Auschwitz war und Auschwitz in Gott: dies sind die Gründe der Hoffnung des Christen. „Er muß sich an die Märtyrer erinnern, um nicht abstrakt zu werden."[31] Eben dort standen die Autoren des zweiten Jahrhunderts – innerhalb einer Märtyrer-Kirche. Wegen dieses Faktums ist ihre Darstellung des Leidens und des Bösen um so bedeutsamer. In der westlichen Welt von heute ist der Glaube für viele deswegen so schwierig, weil Gott nicht die Völker belohnte, die ihn in aller Öffentlichkeit ehrten;[32] die deuteronomistische Anschauung, daß Apostasie ins Unheil führt, wogegen Buße und Gehorsam zum Siege führen, ist kaum auszurotten. Menschen wenden sich gegen Gott wegen ihrer eigenen privaten Nöte oder des nationalen Niedergangs. Doch der wahre Gott wird „nicht durch seine Macht und Herrlichkeit in Welt und Weltgeschichte erkannt, sondern durch seine Ohnmacht und sein Sterben am Schandpfahl des Kreuzes Jesu".[33] Zwischen den Göttern der Macht und des Reichtums dieser Welt und dem Gott, der in Jesus zu finden ist, besteht keinerlei Verbindung, sondern nur Gegensatz. Moltmanns Behauptung: „Nur ein Christ kann ein guter Atheist sein", und Blochs Behauptung: „Nur ein Atheist kann ein guter Christ sein" sind gleichermaßen gültig.[34]

Der Gedanke der Vergeltung gewann an Glaubwürdigkeit

durch ein Nachdenken über die Nazi-Kriegsverbrechen und die Bestrafung von Kriegsverbrechern. Die Ansicht, menschliche Bosheit sei für etwa vier Fünftel alles menschlichen Leidens verantwortlich[35], wurde mit dem Thema der Tragödie verknüpft, daß Strafe sein muß, um das sittliche Gleichgewicht, das durch diese Bosheit gestört wurde, wieder herzustellen. Mitten im Christentum hat man sogar behauptet: „Das Kreuz kündet ebenso beredt von Gottes Sorge um das Sittengesetz wie seine Liebe."[36] Das ist einfach eine Übersteigerung. Auf der Grundlage des Neuen Testaments haben Strafe und Vergeltung keinen Platz mehr im christlichen Denken. Leiden, das aus disziplinären Gründen oder zur Abschreckung auferlegt wird, wurde häufig mit Leiden verwechselt, das zur Strafe und Vergeltung verhängt wird; ersteres ist mit dem Evangelium vereinbar, letzteres aber nicht. Es fand Eingang ins christliche Denken durch Verwechslung und Mißverständnis.[37] Die Autoren des Neuen Testaments schreiben innerhalb eines Vorstellungsrahmens, der eine quantitative Gerechtigkeit und Vergeltung einschließt, doch ihre eigenen Aussagen zu diesen Vorstellungen sind reduziert und begrenzt. Vielleicht ist die „Offenbarung des Johannes" eine Ausnahme, da in Offb. 16,5f. und 19,1f. das Blut der Märtyrer durch eine vergeltende, wenn nicht gar rächende Gerechtigkeit geahndet wird.[38] Einer unangemessenen Anwendung des Vergeltungsdenkens auf die zentrale Botschaft des Evangeliums muß man aber widerstehen, denn die Rede von Lohn und Strafe findet in der Beziehung des Menschen zu einem liebenden Gott keinen Raum.[39]

Unlängst wurde auf die Beständigkeit aufmerksam gemacht, mit der Justin und die anderen drei Autoren von der Bestrafung der Sünder sprechen. Es ist eine Überraschung für die, die bisher sanfte Mäßigung als besonderes Charakteristikum für Justin, Irenäus und Klemens angesehen hatten, nun zu entdecken, daß „le doux Justin"[40] und nicht bloß Tertullian, das Leiden der Bösen als einen wichtigen Teil des Evangeliums betrachtet (Ap. 18,3; 45,7; 47,12). Weil die Vorstellung von ewiger Qual Bestandteil der jüdischen Apokalyptik ist, die von der Christenheit übernommen wurde, hat man daraus gemeinhin geschlossen, daß sie für das christliche Verständnis keine besonders tiefe Bedeutung habe. Dies kann nicht für die Apologeten gelten. Was gab dem Leiden der Bösen eine so große Bedeutung? Wieder gibt Tertullian in seinem ungehemmten Eifer die Antwort. Viele Generationen von Gläubigen schockierte er mit seiner Darstellung der Freude der Heiligen beim Betrachten der ewigen Strafe ihrer Verfolger (Spect. 30,2).

Verfolgung war die äußerste Herausforderung zum Glauben. Justin verweist auf die Ungerechtigkeit gegen einen Christen, der wegen der tugendhaften Umwandlung eines anderen Neubekehrten bestraft wurde: „Was ist die Anklage? Warum habt ihr diesen Mann bestraft, der weder Ehebrecher, noch Unzüchtiger, weder Mörder noch Dieb, weder Räuber noch sonst irgendeines Vergehens überführt ist?" (2 A. 2,16). Über und hinter jedem irdischen Richter steht der ewige Richter, so daß er selbst gerichtet wird, wenn er als irdischer Richter sein Urteil spricht. Worauf es am Ende ankommt, das ist das Urteil Gottes im Himmel; und gäbe es kein solch endgültiges Urteil, so wäre der Christen-Gott nicht glaubwürdig. Man verband die Sehnsucht des Menschen nach wahrer Gerechtigkeit mit seinem Gespür für den „ganz Anderen", dessen Transzendenz sicherstellt, „daß der Mörder nicht über das unschuldige Opfer triumphieren kann"[41].

Noch ein weiterer Faktor war vorhanden: Die Verfolgung der Christen durch gute Herrscher war nur möglich, weil die bösen Dämonen zu ihrem letzten Schlag ausholten. Sie, die frei den Ungehorsam und die Bosheit gewählt hatten, beherrschten und lenkten das Herz vieler Menschen, doch das Urteil war ihnen schon geschrieben. So sicher, wie sie jetzt schon vor dem Namen Christi die Flucht ergriffen, würden sie besiegt und Qualen leiden für das, was sie den Menschen angetan hatten. Das war eine gute Nachricht, ohne die die Geschichte Jesu bloß ein „hübscher" Untergang geblieben wäre. Einer der Berichte vom Nürnberger Kriegsverbrecher-Prozeß berichtet von einer Gruppe Juden, die vor einem offenen Grab mit dem Maschinengewehr erschossen wurden. Als das Hinrichtungskommando das Feuer eröffnete, legte ein alter Jude seinen Arm um einen kleinen Jungen und deutete nach oben.[42] So beginnt und schließt Justin seine „Apologie" mit einer Warnung an die Herrschenden und die Beamten: „Ihr werdet vor Gott keine Entschuldigung haben, wenn ihr, in Kenntnis der Fakten, nicht Gerechtigkeit übt" (1 A. 3). „Ihr werdet dem kommenden Gericht Gottes nicht entgehen, wenn ihr in Ungerechtigkeit verharrt" (1 A. 68). Und weiter beginnt der „Anhang" (oder „Zweite Apologie") mit einem besonderen Fall von Ungerechtigkeit und endet mit dem Gesuch: „Ihr solltet daher entsprechend eurer Frömmigkeit und eurer Weisheit zu eurem Besten das richtige Urteil finden" (2 A. 15). So gab es innerhalb der Gewißheit des kommenden Gerichts auch noch Grund für erbarmendes Mitleid; auch Tertullian schreibt an Scapula „. . . nicht aus Besorgnis für uns, sondern aus Besorgnis für euch und alle unsere Feinde" (Scap 1). Keine Regierung und kein Herrscher vergießt ungestraft das Blut der Christen, und Gott beginnt mit der Bestrafung schon jetzt. Feuer und Donner weisen auf den kommenden Zorn; sogar der Tod von Provinz-Statthaltern wurde mit ihrer Verfolgung der Christen in Verbindung gebracht. Einer von ihnen, der schon sichtlich von Würmern wimmelte, suchte seine Krankheit zu verheimlichen, um nicht die Christen zu ermutigen; er bereute und starb beinahe als ein Christ (Scap. 3).

Das zweite Jahrhundert gibt Grund zur Vorsicht auf diesem Gebiet: Während sich die apokalyptische Vision des Gerichts bei allen Autoren findet, argumentiert Klemens vorsichtig gegen die Vergeltung, wogegen Tertullian auf verheerende Weise für sie eintritt. Klemens geht es darum, den Begriff der Strafe durch den der Zucht oder Züchtigung zu ersetzen. Die meisten Menschen werden gebessert, indem sie für ihre eigenen Sünden leiden. Der Herr und seine Apostel dagegen litten für die Sünden anderer (S. IV,87). Märtyrer leiden wegen der Sünden ihrer Verfolger, Gott aber gebraucht dieses Leiden zur Heiligung der Märtyrer und anderer. Gegen Basilides besteht Klemens darauf, daß der Märtyrer nicht leidet, um seine früheren Sünden in diesem oder einem anderen Leben abzubüßen, denn dies würde Gott zum Urheber der Verfolgung machen und die Verfolger von jeder Schuld freisprechen. Basilides behauptet auch fälschlich, daß Gott nur unfreiwillige Sünden vergibt und alle freiwilligen Sünden bestraft (S. IV,153f.). Klemens sagt, dies wäre menschliches, nicht göttliches Vergeben. Gott vergibt, was vergangen ist und züchtigt den Sünder zu seinem Besten und zum Besten anderer. Besserung blickt nach vorn, während Strafe zurückschaut. „Gott rächt sich nicht, denn die Rache *(timōria)* ist eine Wiedervergeltung von Bösem, sondern züchtigt *(kolázei)*, um dadurch den Gezüchtigten, sowohl der Gesamtheit wie den einzelnen, zu nützen" (S. VII,102,5). Dennoch spricht Klemens von der Erziehung der Furcht, die andere Formen der Unterweisung ergänzt (ebd.), und verwendet medizinische Metaphern, um zu zeigen, wie der Schmerz heilen und wiederherstellen kann (Paid. I,88). Das Feuer reinigt, prüft und heiligt die Seelen, die es durchschreiten; dieses Feuer ist verständig, sagt Klemens, „ist nicht materiell, ist reinigend und nicht zerstörend" (S. VII,34).[43]

Andererseits setzt sich Tertullian mit aller Kraft für die Vergeltung ein. Gott belohnt oder bestraft den Menschen je nach Verdienst in jedem Einzelfall und niemals schwankt er in seiner Gerechtigkeit und Vorsehung (Marc. 2,23). Tertullians ständige Schwäche liegt in der radikalen Ablehnung jeder Sache, gegen die er argumentiert. Gottes Drohungen und des Menschen Furcht vor Gottes Zorn sind gänzlich gut und notwendig. Die Straße des Bösen ist breit: „Würden nicht alle auf dem schlüpfrigen Pfad abrutschen, wenn auf ihm nichts zu fürchten wäre?" (Marc. 2,13) Alle Handlungen des Gottes des Alten Testaments stimmen mit seiner Gerechtigkeit und Güte überein. Die Ägypter verdienten die Plagen, der Pharao verdiente das verhärtete Herz,

„um zu seiner eigenen Zerstörung beeinflußt zu werden, da er bereits Gott geleugnet, Gottes Boten so oft in seinem Stolz zurückgewiesen, Zwangsarbeit dem Volke Gottes auferlegt hatte, und schließlich, als ein Ägypter, schon lange Zeit vor Gott des heidnischen Götzendienstes schuldig war, indem er den Ibis und das Krokodil anbetete statt den lebendigen Gott" (Marc. 2,14).

Klemens und Tertullian übernahmen Allgemeininhalte aus der Überlieferung der Stoa, wie z. B. die medizinisch-chirurgische Notwendigkeit für den heilsamen Schmerz. Dies macht ihr unterschiedliches Vorgehen um so aufschlußreicher, wobei der Hauptfaktor der jeweils andere Gegner ist. Klemens streitet gegen Basilides, der behauptet, daß das Leiden einschließlich des Martyriums eine Vergeltungsstrafe für die Sünde sei; Tertullian dagegen argumentiert gegen Marcion, der die Güte des gerechten Gottes des Alten Testament bestreitet. Sowohl Klemens wie Tertullian sind über die Anschauung, die sie bekämpfen, aufgebracht; während jedoch der eine gelassen argumentiert und sich der Schwierigkeiten bewußt ist, zeigt sich der andere unbeugsam und schwächt seine Position dadurch, daß er Extremfälle anführt, wodurch er seine Sache gegen Marcion verliert; denn wenn nur die Furcht den Christen von der Sünde abhalten kann, dann hat das Neue Testament dem Alten Testament nichts Neues hinzugefügt. Tertullian endet zwar bei nur einem einzigen Gott, – der aber ist nicht der Vater Jesu Christi.[44]

Gibt es eine Lösung, wie Christen wirkungsvoll mit dem Problem des Bösen fertig werden? Als erstes sei gesagt, daß dieses Problem Christen nicht die Beweislast auferlegt, das Leiden und das Böse zu erklären. Dies war für Menschen aller Zeiten ein Geheimnis, und man kann von den Christen die Aufhellung dieses Geheimnisses ebensowenig erwarten wie die Heilung vom Krebs oder das fehlerfreie Bestehen jeder beliebigen Prüfung, der sie sich unterziehen. Der Kritiker muß feststellen, daß es keine Lösung geben kann oder es „logisch unmöglich ist, daß Gott einen sittlich zureichenden Grund haben könnte, um jenes Übel, dem wir in der Welt begegnen, zuzulassen"[45]

Tennants Darstellung des Bösen verrät eine robuste Zuversicht, die uns zeigt, was die letzten fünfzig Jahre dem menschlichen Geist angetan haben. Das moralische Übel ist notwendig, auf daß die Welt ein sich entwickelndes sittliches Ordnungsgefüge sei, was immer noch die beste Welt ist, die wir uns vorstellen können.[46] „Das Geschlecht der sittlich Handelnden, das sich herausgebildet hat, freut sich am Leben, obwohl es geboren ist, durch seine Freiheit zu leiden, bejaht das Ideal seines Schöpfers und akzeptiert das Wagnis um den Preis, die Liebe kennenzulernen; zumindest so lange, wie es den Preis für unvermeidlich und die Möglichkeit des Bösen für nicht überflüssig halten kann."[47]

Das physische Übel ergibt sich mit Notwendigkeit aus der Ordnung der Welt, zu der der Mensch gehört, und er glaubt nicht, daß das Leiden ein zu hoher Preis ist für den ethischen Status, den er genießt.[48] In vieler Hinsicht hat sich Tennant's Werk gut gehalten, doch diese Darstellung des Übels ist nicht recht überzeugend. Eine ähnliche Darstellung ist jedoch auch die

Grundlage von *Hick's* wichtigem Buch.[49] Die Welt ist zur Einübung der Seelen so angelegt, daß sie durch schwere irdische Prüfungen zum Besseren vordringen. Hier sind zwei Schwachstellen: zunächst die Überzeugung, daß der Charakter normalerweise vom Leiden profitiert, sodann die Meinung, daß das Aufheizen des Selbst ein Weg zu sittlicher Größe sei. Keines von beiden ist ohne ein gerütteltes Maß unterstützender Argumente annehmbar. Dagegen liegt in *Simone Weil's* Annahme des Leidens anscheinend ein tieferer Sinn. Nichts kann auch nur eine einzige Träne eines einzigen Kindes rechtfertigen, und doch müssen alle Tränen und alles Leiden angenommen werden. Wir nehmen diese Dinge nicht an, weil wir für sie entschädigt werden, sondern weil sie existieren. „Nicht danach trachten, weniger zu leiden, sondern danach trachten, durch das Leiden nicht zum Schlimmeren verändert zu werden."[50] Durch das Leiden, das an sich ohne Sinnspitze und leer ist, können wir zur Erkenntnis einer größeren Wirklichkeit gelangen. Doch dieser Lernprozeß geht durch eine dunkle Nacht der Trennung von Gott; einen anderen Weg gibt es nicht.[51]

Das christliche Plädoyer legte alles Gewicht auf die Verteidigung des freien Willens. Da dies unlängst angefochten wurde,[52] gehen wir näher auf eine wichtige Neufassung des Problems ein.[53] Es hilft, die Verteidigung des freien Willens von einer Theodizee des freien Willens zu unterscheiden. Letztere versucht das Problem des Übels zu klären, indem sie Lösungen zeigt, die die Wege Gottes vor den Menschen rechtfertigen sollen. Erstere dagegen zielt auf den Aufweis, daß das Problem den Glauben an einen sittlich vollkommenen, allmächtigen Gott nicht ausschließt. Darauf sollte sich das Interesse konzentrieren. Theodizeen werden immer eine gewisse Ambivalenz aufweisen und haben zumindest *eine* Schwachstelle. Umgekehrt aber gelingt eine schlüssige Verteidigung des freien Willens, wenn man zeigen kann, daß das Böse mit der Existenz eines sittlich vollkommenen, allmächtigen Gottes nicht unvereinbar ist.

Der erste Schritt der Argumentation ist der Aufweis, daß es einige *mögliche* Welten gibt, die ein allmächtiger Gott *nicht* erschaffen kann.[54] Der zweite Schritt besteht in der allgemeineren Behauptung, daß es möglich sei, daß ein Jemand unter „Transwelt-Verderbtheit" *(transworld depravity)* leidet, was bedeutet, daß er hinsichtlich zumindest einer Handlung in jeglicher Welt, die Gott ins Dasein rufen kann, Unrecht tun wird (S. 48). Nun aber ist es möglich, daß jeder unter „Transwelt-Verderbtheit" leidet; falls diese Möglichkeit tatsächlich wäre, dann hätte Gott, obwohl allmächtig, keine Welt schaffen können, in der es nur sittlich Gutes und kein sittlich Böses gibt.[55]

Eine weitere Klärung der Frage nach dem Bösen gelang unlängst durch den Aufweis, daß hier drei Probleme vorliegen – nicht nur eines. Erstens, das allgemeine Problem: Ist die Existens Gottes überhaupt mit irgendeinem Übel vereinbar? Zweitens, genau bestimmte abstrakte Probleme: Ist die Existenz Gottes mit ganz spezifischem Übel vereinbar? Und drittens, genau bestimmte konkrete Probleme: Sind die Bedingungen für die Vereinbarkeit in unserer Welt erfüllt?[56] Eine Analyse der Probleme zeigt, daß in keinem der drei Fälle eine notwendige Unvereinbarkeit vorliegt. Im zweiten Jahrhundert stritten unsere vier Autoren für eine positive Lösung des allgemeinen Problems (Nicht-Verhüten des Bösen und letzte Harmonie), der genau bestimmten abstrakten Probleme (Gerechtigkeit und Güte müssen zusammengehen) und der genau bestimmten konkreten Probleme (Verfolgung deutet auf Dämonen, nicht auf Vergeltung in der Gegenwart).

Während defensive Argumente wichtig bleiben, ist heute wie im zweiten Jahrhundert der Grund der Hoffnung noch fundamentaler, weil er auf die Unruhe antwortet, die durch kein Argument zu vertreiben ist. Bei all seinen Argumenten *spürte* Marcion letztlich, daß das Wunder des Gottes der Evangelien mit der Schöpfung, mit der Kreuzigung oder mit der Geschichte des Alten Testament unvereinbar ist. Der Gnostizismus ist, wie Hans Urs von Balthasar zeigte,[57] eher ein ästhetisches als ein logisches Gebilde: Gott konnte durch Kontakte mit der Erde nur angesteckt oder verzerrt werden. Jetzt aber ist das Böse keine unangenehme Überraschung für den Gläubigen. Er kennt Gott als den, der in einer Zeit des Leidens gegenwärtig ist.[58] Gott ist an das Geheimnis der Welt gebunden und ist zugleich von ihr getrennt. Er wird im gekreuzigten Gott erkannt, denn sein Wesen liegt in seinem Werden, und er muß in den Bereich dessen eintreten, was nicht ist.[59] Nur im Christusereignis kommen wir zu der Erkenntnis, daß Gott „für uns" ist.[60]

So enthalten die defensiven Argumente Tertullians gegen Marcion vieles, was beeindruckt; den Hauptpunkt aber findet man in den „Erniedrigungen und Leiden Gottes", die Marcion durch seinen Doketismus bestritt. Tertullian hält sein Plädoyer: „Wurde Gott nicht wahrhaft gekreuzigt? Wenn aber wahrhaft gekreuzigt, ist er nicht wahrhaft gestorben? Wenn er tatsächlich wahrhaft starb, ist er nicht wahrhaft auferstanden? War Paulus im Irrtum, als er sich dafür entschied, unter uns nichts zu wissen als Jesus, den Gekreuzigten, als er uns einprägte, daß Jesus beerdigt wurde, und als er uns lehrte, daß er wieder auferstand? Wenn das der Fall ist, dann ist unser Glaube falsch und alles, was wir von Christus erhoffen, ist eine Illusion... Bewahre die einzige Hoffnung der ganzen Welt, du, der du die notwendige Schande des Glaubens zerstörst! Was immer Gottes unwürdig ist, ist mir eine Hilfe. Ich bin in Sicherheit, wenn ich mich meines Herrn nicht schäme" (Carn. 5).

---

[1] Vgl. *A. Ehrhardt*, The beginning, Manchester 1968, 105: „The principle chosen by Philo, the ordering metaphysical principle, made the empirical world a secondary consideration in the interpretation of the relation between God and man, whereas the active causative principle stated by Paul made it God's world."

[2] Vgl. *A. H. Armstrong* and *R. A. Markus*, Christian faith and Greek philosophy, London 1960, Kap. 3, S. 16f.; 28.

[3] Vgl. *J. Daniélou*, Histoire des Doctrines chrétiennes avant Nicée, Vol. 1: Théologie du Judeo-Christianisme, Paris 1958, 133–146.

[4] Bei Klemens wird die Welt der Formen logisch und ethisch so vom Logos aufgesogen oder durch ihn ersetzt, daß man an den Limerick erinnert wird:
„There was a young lady of Riga,
Who rode with a smile on a tiger;
They returned from the ride
With the lady inside,
And the smile on the face of the tiger."
Die Formen sind das Lächeln auf dem Antlitz des Logos, und ihre Funktion ist im frühchristlichen Denken sehr von dem hierarchischen Zweck zu unterscheiden, dem sie im späteren christlichen Denken dienten.

[5] *P. Merlan*, Greek philosophy from Plato to Plotinus, in: *A. H. Armstrong* (ed.), Later Greek and early medieval Philosophy, 53.

[6] *H. Dörrie*, Die Frage nach dem Transzendenten, 202; 218.

[7] *P. Merlan*, Greek philosophy, 126ff. Vgl. *W. Theiler*, Plotin zwischen Platon und Stoa, in: Les Sources de Plotin, Genf 1960, 76 und 86; auch: Die Vorbereitung des Neuplatonismus, Berlin 1930, 72.

[8] *Plotin*, Enn. II,9.
[9] H. *Dörrie*, Die Frage nach dem Transzendenten, 203f.
[10] Röm. 4. Vgl. E. *Käsemann*, An die Römer, 110–121, und: Der Glaube Abrahams in Röm. 4, in: Paulinische Perspektiven, 165ff.
[11] G. *Ebeling*, Das Wesen des christlichen Glaubens, 211. Vgl. die Bemerkung von D. S. *Wallace-Hadrill*, The Greek patristic view of nature, Manchester 1968, 130: „The fathers follow the NT closely in exhibiting a disturbing oscillation between world-acceptance and world-renunciation. The resolution of the tension may lie in this, that the man who is freed from the demands of nature is free to enjoy it fearlessly."
[12] Insbesondere ist die Vorstellung von einem unvollkommenen oder begrenzten Gott das Gegenteil von dem, was die von uns betrachteten Autoren vertraten. Sie gebrauchten den Prozeßgedanken als Alternative zur Idee eines begrenzten Gottes. Unlängst wurde gesagt, ein endlicher guter Gott könne glaubhaft sein, sei aber kaum ein angemessener Gegenstand der Anbetung. Auf diesen Einwand folgt jedoch ein Einwand gegen die Anbetung als solche, wodurch der erste Einwand seine Überzeugungskraft verliert: „Es gibt Schwierigkeiten, die völlige Hingabe des eigenen Willens an einen anderen zu rechtfertigen, ganz gleich, wie vollkommen er sei", so *McCloskey*, God and evil, 69. Eine interessantere Bemerkung findet sich bei *I. Murdoch*, The Fire and the Sun, 52: „Das Bild einer sittlich vollkommenen, aber nicht allmächtigen Güte scheint mir irgendeine letzte (unsagbare) Wahrheit über unseren Zustand besser zum Ausdruck zu bringen."
[13] C. E. *Raven*, Good news of God, London 1940, 100. Raven vertrat immer die Ansicht, daß es falsch sei, das natürliche Weltall bloß als eine Bühne für Gottes Erlösungshandeln anzusehen. Das inkarnierte Wort ist ständig am Werk. Raven begrüßte begeistert einen Beitrag von Daniélou (Etudes, 95 [Februar 1962]), der zeigt, wie wichtig dieses Thema Teilhard war. Vgl. R. W. *McKinney (ed.)*, Creation, Christ and culture, Edinburgh 1976, 95.
[14] C. E. *Raven*, Science and the Christian man, London 1952, 35.
[15] *Ders.*, The creator Spirit, London 1928, 97.
[16] Ebd. 106.
[17] Ebd. 115.
[18] Ebd. 124.
[19] Ebd. 131. *Klemens*, S. VII,55–59.
[20] C. E. *Raven*, The gospel and the church, London 1939, 194.
[21] *Ders.*, Natural religion and Christian theology. vol. 2, Experience and interpretation, Cambridge 1953, 105.
[22] Ebd. 131.
[23] Ebd. 146.
[24] Ebd. 150.
[25] Ebd. 178.
[26] J. *Passmore*, Man's responsibility to nature, London 1975, 173.
[27] Ebd. 176.
[28] J. *Moltmann*, Theologie der Hoffnung, München 1964, 312.
[29] Ebd. 30.
[30] J. *Moltmann*, Der gekreuzigte Gott, München 1972, 266.

³¹ Ebd.
³² *H. Butterfield*, Christianity and history, 52.
³³ *J. Moltmann*, Der gekreuzigte Gott, 182.
³⁴ Ebd.
³⁵ *C. S. Lewis*, The problem of pain, London 1940, 77. Zu dieser Frage vgl. auch *H. B. Acton (ed.)*, The philosophy of punishment, London 1969, bes. 26f. und 56ff., sowie die Beiträge von K. G. Armstrong und Alwynne Smart. Das meiste verdanke ich der Arbeit von John Cowburn, SJ, und Diskussionen mit ihm.
³⁶ *L. L. Morris*, The Cross in the New Testament, Grand Rapids 1965, 154.
³⁷ *C. F. D. Moule*, Punishment and retribution. An attempt to delimit their scope in New Testament thought: SEA 30 (1968) 21.
³⁸ Ebd. 33.
³⁹ Ebd. 35; vgl. auch *C. F. D. Moule*, The Christian understanding of forgiveness: Theology 71 (1968) 435–443, bes. 437: „on a fully personal level of procedure, and most of all in a Christian understanding of the way in which offence and estrangement are dealt with, *there is no place at all* for retribution". Zu diesem Fragenkomplex verdanke ich auch manches W. J. Dalton, SJ.
⁴⁰ *R. Joly*, Christianisme et philosophie, 167; vgl. auch 171–182 und 196ff. sowie unten S. 348ff.
⁴¹ Vgl. *M. Horkheimer*, Die Sehnsucht nach dem ganz Anderen, Hamburg 1970, 61f., zit. von *H. Küng*, Christsein, 426. Vielleicht ist es bedeutsam, daß Justin die Bestrafung der Verfolger hinsichtlich seines eigenen Todes für nicht relevant erachtet. Dies wäre ein Beispiel für den Anspruch, den die Menschen normalerweise zu Gunsten ihrer Vergangenheit gegen ihre Zukunft erheben wollen. „Das ist der Anspruch, den wir aufzugeben hatten" – so *S. Weil*, Attente de Dieu, Paris 1948.
⁴² *E. Gordon Rupp*, Principalities and powers, London 1952, 40.
⁴³ Klemens gibt die erste Darstellung eines Reinigungsortes oder Fegfeuers, wo es darum geht, „die fremden und niedrigen Elemente zu zerstören, die sich in der Seele eines Menschen eingewurzelt haben – eine schmerzhafte Operation, die nicht ausgeführt werden kann, ohne Leiden zu verursachen", so *G. Anrich*, Clemens und Origenes als Begründer der Lehre vom Fegfeuer, in: Theologische Abhandlungen. Festgabe für H. J. Holtzmann, Tübingen Leipzig 1902, 120, (Rückübersetzung aus dem Englischen). In Klemens Darstellung gibt es nicht die Idee der Strafe.
⁴⁴ Vgl. *H. von Campenhausen*, Lateinische Kirchenväter, Stuttgart ³1972, 28.
⁴⁵ *B. Mitchell*, The justification of religious belief, London 1973, 10. Eine kurze und klare Darstellung dieser Themen bietet *Brian Hebblethwaite*, Evil, suffering and religion, London 1976.
⁴⁶ *Tennant*, Philosophical Theology, Cambridge 1928/1930, vol. 2, 188.
⁴⁷ Ebd. 192.
⁴⁸ Ebd. 204.
⁴⁹ *J. Hick*, Evil and the God of love, London ²1977. Dies ist die umfassendste Abhandlung der Thematik aus jüngster Zeit. Sie wurde heftig kritisiert; einige Antworten auf Einwände findet man ebd. S. 374–384.

[50] S. *Weil*, Schwerkraft und Gnade, 115f.
[51] Ebd. 117ff.
[52] Vgl. *McCloskey*, God and evil, 115ff.
[53] A. *Plantinga*, God, freedom and evil, London 1975.
[54] Plantinga beweist das folgendermaßen: M bietet B eine Bestechungssumme von $ 35 000 an; B nimmt an und willigt in M's Bedingungen ein. B hätte aber auch für $ 20 000 angenommen und eingewilligt. Nun gibt es zumindest *eine* mögliche Welt, in der M $ 20 000 B anbietet, die B *nicht* annimmt. Gott kann eine solche Welt nicht erschaffen, denn er muß B die Freiheit lassen, und wenn B frei ist, wird dieser die Bestechung annehmen. Daher gibt es wenigstens *eine* mögliche Welt, die Gott nicht erschaffen kann.
[55] Selbst wenn angewandt auf Wesen, die sich als Person verwirklichen, gilt das Argument immer noch. „Gott hätte eine Welt, in der es kein moralisches Übel gibt, nur schaffen können, indem er sie ohne wirklich freie Personen erschafft. Es ist aber möglich, daß jedes Wesen an „Transwelt-Verderbtheit" leidet; daher ist es möglich, daß Gott keine Welt schaffen konnte, in der es moralisch Gutes, aber kein moralisches Übel gibt" – so *Plantinga*, ebd. 53.
[56] M. B. *Ahern*, The problem of evil, London 1971, 9.
[57] H. U. *von Balthasar*, Der ästhetische Mythos, in: Herrlichkeit. Eine theologische Ästhetik, Bd. 2, Einsiedeln 1962, 33–45.
[58] *Martin Luther*, Großer Katechismus, in: Die Bekenntnisschriften der evangelisch-lutherischen Kirche, Göttingen 1963, (vgl. Nachdr. Berlin ⁴1962) 566f.:
„Hast Du ein solch Herz, das sich eitel Guts zu ihm versehen kann, sonderlich in Nöten und Mangel, dazu alles gehen und fahren lassen, was nicht Gott ist, so hast Du den einigen rechten Gott."
[59] E. *Jüngel*, Gott als Geheimnis der Welt, 305.
[60] E. *Jüngel*, Gottes Sein ist im Werden, 120.

GESCHICHTE VI

„Geschichte ist eine Mottenkiste." Die Frage der Fortdauer vergangener Ereignisse war für die ersten Christen wichtig. Doch für manche, wie die Gnostiker, war sie belanglos; für andere, wie Marcion, war die Geschichte schlecht, nicht bloß eine Mottenkiste, sondern eine miese Mottenkiste. Für die Gnostiker konnte sie höchstens einen Widerschein der göttlichen Wirklichkeit abgeben, da außerhalb Gottes nichts wirklich geschah. Für Marcion berichtete die Vergangenheit von einem anderen Gott, und was immer sie sagte, war falsch. Justin aber und die, die nach ihm kamen, liebten die Geschichte der Vergangenheit, sprachen gern darüber und suchten ihren Sinn zu erfassen. Für viele heutige Leser waren sie sogar allzu sehr auf Geschichte aus. Justin füllt Seite um Seite mit zahllosen Bezugnahmen auf das Alte Testament, wie es von Jesus spricht und wie Jesus von ihm spricht.

Mit den Apologeten beginnt dieses Interesse an der Geschichte, wie auch alles andere, als Antwort auf eine Herausforderung und als Zurückweisung eines Einwands. Mit welchem Recht konnten Christen derart ungewöhnliche Behauptungen zur Gotteserkenntnis aufstellen? Wenn sie die Wahrheit besaßen, meinten sie etwa, zuvor sei noch nie etwas Wahres gesagt worden? Sie gebrauchten die jüdischen Schriften, hielten aber nicht das Gesetz jenes Gottes, der durch sie gesprochen hatte. Marcion und die Gnostiker waren wenigstens konsequent: sie gaben nicht vor, daß der höchste Gott oder das göttliche *Pleroma* irgendetwas mit dem Alten Testament zu tun hätte.

Der Verfasser des Briefes an Diognet stellt das Problem in einfachster Form: Warum kam das Evangelium so spät?[1] Selbst wenn es nicht absurd wäre, daß jemand hier auf Erden alle Vollkommenheit haben sollte, warum ließ sich Gott dann solange Zeit, um das zu geben, was er zu geben hatte? Griechen und Juden galt alles Alte als wahr und das Neue als falsch. Alles, was der Prüfung der Zeit standgehalten hatte, war wahr;

das Christentum aber war erst spät in Erscheinung getreten. So entstand für die Christen das Problem: Wie paßten sie als Verspätete in den Plan eines Gottes, der die ganze Welt und die ganze Geschichte beherrscht? Sie antworteten darauf, daß Christus den Sinn der Geschichte stiftet, indem er ihr einen Plan und einen Angelpunkt gibt, so daß sie nicht mehr bloß eine Widerspiegelung der himmlischen Wirklichkeit ist, des Zwecks entbehrt oder sich im Kreise dreht. Für Christen lag die Bedeutung Jesu darin, daß er sie fähig machte, die Vergangenheit zu verstehen und der Zukunft entgegenzusehen. Wenn sie über Geschichte sprachen, dann sprachen sie von einem göttlichen Plan oder einer Fügung *(oikonomia)* und darüber, wie alles in Christus zusammenkommt oder wiederhergestellt werden wird *(anakephalaiōsis)*. Diese beiden Vorstellungen muß man zusammenhalten, weil nur die Bedeutung Christi als Angelpunkt der Geschichte eben dieser eine Kontinuität verlieh. Etwas von dieser rätselhaften Erscheinung wird in einem neueren Roman deutlich: Ein recht konservativer und schüchterner Mann verliebt sich, und diese Erfahrung versetzt ihn erstmals in seinem Leben in die Lage, mit seiner Vergangenheit und Zukunft fertig zu werden.

„Ich sah sie jetzt, ein Mädchen, eine Fremde, und doch der vertrauteste Mensch der ganzen Welt – mein italienisches Mädchen und doch auch die erste Frau, so seltsam wie Eva dem noch betäubt erwachenden Adam erschien. Ich sagte: ‚Merkwürdig, ich kenne dich kaum, und doch spüre ich zum erstenmal, daß meine Vergangenheit wirklich mit meiner Zukunft in Verbindung steht'."[2]

Kurz, der erste Grund, weswegen Christen sich mit Geschichte beschäftigten, war der Einwand: „Warum so spät?" Der zweite Grund lag darin, daß sie erstmals durch die Zusammenfassung aller Dinge in Christus den Sinn der Kontinuität von Vergangenheit und Zukunft entdeckt hatten. Und in Weiterentwicklung dieses Gedankens sahen sie sich mit Christus vereinigt; in ihm gehörten ihnen Vergangenheit und Zukunft. Darüber hatte Paulus im ersten Korintherbrief geschrieben, als die Korinther ihr Christentum aufspalteten und sagten: „Ich halte zu Paulus", „Ich halte zu Kephas", „Ich zu Apollos". Paulus antwortete: „Alles gehört euch, ihr aber gehört Christus, und Christus gehört Gott."³ In Christus waren sie zur Fülle dessen gelangt, was Gott getan hatte. Justin und Klemens konnten daher sagen: „Was immer in der Vergangenheit gut und richtig gesagt wurde, das gehört uns Christen."⁴ Justin vertrat keineswegs einen naiven Verstandes-Imperialismus; er stellte lediglich fest, was es heißt zu glauben, daß Jesus der Logos ist: in Christus ist alle Wahrheit, und durch die Schlichtheit des Kreuzes und durch die völlige Selbsthingabe an Gott, die der Christ im Glauben vollzieht, gehört ihm alles, da Christus, der universale Herr von allem, auch sein Herr ist und Christus Gott gehört.⁵ So kam die Fähigkeit, Geschichte als Kontinuität zu sehen, aus der Fähigkeit, die Totalität alles Seienden in Christus zu sehen und in ihm das neue Leben zu entdecken.

Der Gedanke der Kontinuität sowie der Zusammenfassung und Wiederherstellung *(recapitulatio)* findet sich in Röm. 5,12 bis 21, Eph. 1,10 und bei Ignatius von Antiochien in seinem Brief an die Epheser (20,1). Der Sinn für Geschichte scheint in Kleinasien besonders ausgeprägt zu sein und beherrscht die frühe Theologie dieser Region. Für Ignatius gipfelt Geschichte in Christus, dem Anfang einer neuen Menschheit. In mancher Hinsicht nahm das Judentum Christus vorweg, zumeist aber baut Christus neu auf den Trümmern alter Fehler. Er verwandelt Tod in Leben und Dunkelheit in Licht. Seine kosmische Gestalt zeigt sich am Verhalten der Sterne bei seiner Geburt, als ein Stern die anderen so überstrahlte, daß diese sich um ihn scharten und ihn anbeteten. Ignatius sieht die Universalität Christi in Zeit und Raum, in Geschichte und Kosmologie.⁶ Daraus ergeben sich folgende Fragen und Probleme:

1) Gibt es Kontinuität in der Geschichte?
   Warum kam Jesus erst so spät?
2) Hat die Geschichte eine Mitte?
3) Wo stehen wir jetzt in der Geschichte?
4) Kommt der Mensch im Lauf der Geschichte voran?
5) Wie wird alles enden?

1 Gibt es Kontinuität in der Geschichte? Warum kam Jesus erst so spät?

Justins Darstellung der Geschichte ist eindeutig eine Antwort auf Fragen, die von jüdischer Seite, von Marcion und von Philosophen aufgeworfen wurden.[7] Mit der Entwicklung befaßt er sich in seiner Darstellung des Gesetzes, nicht aber bei der Darstellung des Logos. Es gibt ein Fortschreiten vom unvollkommenen mosaischen Gesetz zum vollkommenen Gesetz Christi. Das mosaische Gesetz enthielt einige Vorschriften, die bloß wegen der Herzenshärte des Volkes gegeben wurden (D. 45,3). Dies war Gottes Anpassung an ein Volk, das unter einem Opferzwang stand. Statt dieses Volk Idolen wie dem goldenen Kalb opfern zu lassen, befahl er „seinem Namen" zu opfern (D. 19,6). Das mosaische Gesetz war daher sowohl ein Schritt in die richtige Richtung, wie auch ein Typos oder Bild des kommenden Christus. Das neue Gesetz Christi ist ewig, nicht bloß zeitlich, und universal, nicht eng auf dieses Volk begrenzt. Dennoch gibt es nur einen einzigen Gott, der das alte Gesetz gab und der in Christus gekommen ist.

„Nun aber habe ich ja gelesen, Tryphon, daß schließlich noch ein Gesetz kommen soll und ein Bund, der alle Bündnisse übertrifft und an dem jetzt alle Menschen, die Anspruch auf Gottes Erbe erheben, festhalten müssen. Das auf dem Horeb gegebene Gesetz ist bereits veraltet und gehört euch allein, das unsere aber ist für alle Menschen überhaupt. Ist aber ein Gesetz gegen ein anderes aufgestellt, so abrogiert es das frühere, und ein späterer Bund hebt in gleicher Weise den früheren auf. Als ewiges und endgültiges Gesetz ist uns Christus gegeben, und verlassen können wir uns auf den Bund, dem kein Gesetz, keine Verordnung und kein Gebot folgt" (D. 11,2).

Hier gibt es eine Einheit göttlichen Wirkens in der Geschichte. Die Zeit spielt eine Rolle: Was einst galt, gilt jetzt keineswegs mehr. Dennoch ist selbst hier der Gegensatz nur der wie zwischen Bild und abgebildeter Wirklichkeit. „Das wahre, geistige Israel nämlich und die Nachkommen Judas, Jakobs, Isaaks und Abrahams, das sind wir, die wir durch diesen gekreuzigten Christus zu Gott geführt wurden" (D. 11,5).

Die Bedeutung des Logos, der den Menschen ins Herz gesät wurde, haben wir schon untersucht. Alle Menschen haben einen Samen des Logos empfangen, und viele, die schon vor Christus geboren wurden, lebten *meta logou*, dem Gotteswort gemäß. In Christus kam die Fülle des Logos, und diese Fülle unterscheidet sich vom Teil, wie sich die Wirklichkeit von einer Nachbildung unterscheidet.

Das Aufscheinen des Logos bei Patriarchen und Propheten ist wiederum Teil der Geschichte, doch kaum etwas, das mit wirklicher Entwicklung zu tun hat.[8] Denn Justin will mit den Theophanien des Alten Testaments etwas ganz anderes beweisen: Die Erscheinungen Gottes im Alten Testament sind der Grund für die Pluralität der Gottheit. Daher sprach Gott: „Laßt uns machen" – absichtlich im Plural; und noch offensichtlicher: Gott Vater konnte nicht einfach alles im Stich lassen und auf die Erde kommen, um den Menschen zu besuchen. Als er seinem Volke erschien, erschien er in seinem Sohn oder Wort. Dieser Sohn war auf einzigartige und höchste Weise der Gottessohn (1 A. 23,3). Er war Gottes Erstgeborener und vor allen geschaffenen Dingen (D. 100,2). Seine Menschwerdung ist um so glaubwürdiger, als er schon früher auf Erden erschienen war. „Wenn wir nun wissen, daß jener Gott dem Abraham, Jakob und Mose sich in so vielen Gestalten geoffenbart hat, warum sollen wir ungläubig daran zweifeln, daß er gemäß dem Willen des Vaters aller Menschen auch als Mensch durch eine Jungfrau geboren werden konnte?" (D. 75,4)

Selbst in dieser kurzen Fragestellung gibt Justin drei Wertungen der Geschichte oder des Heilsplanes. Nur die erste enthält etwas von Entwicklung oder Progression: das Gesetz ist graduelles Wachstum von Mose an bis zur Vollendung in Christus. Die Wertung des *Logos spermatikos* weist auf zwei Ebenen hin: auf den partiellen Logos in allen Menschen, den die Gesetzgeber und Philosophen empfingen und dem sie gehorchten, und auf den ganzen Logos, der im menschgewordenen Christus gegenwärtig ist. Doch selbst diese Trennung wird aufgehoben, wenn man die Theophanien des Alten Testaments betrachtet, da der einzige Sohn Gottes und göttliche Logos bei der Schöpfung half und den Patriarchen in früher Zeit erschien. Da man noch weitere Geschichtsdarstellungen bei Justin findet, kann man nur folgern, daß er für Gottes Wirken in der Geschichte ein besonderes Gespür hat. Gott handelt in der Geschichte auf vielfältige Weise. Die unterschiedlichen Darstellungen Justins hängen jeweils ab von den verschiedenen Einwänden, die er zu widerlegen sucht. Die erste Darstellung begegnet den Einwänden der Juden, Marcioniten und Philosophen, die zweite denen der Philosophen und die dritte denen der Juden. Das einzig gemeinsame Element ist der zentrale Bezugspunkt im menschgewordenen Logos.

Was bei Justin noch fragmentarisch und partiell ist, läßt sich bei *Irenäus* im großen Maßstab betrachten, da er die Andeutungen und halb ausgeführten Gedanken mit Begeisterung und Imagination ausweitet. Irenäus hat das tiefste Gespür für Gottes Tätigkeit in der Geschichte, für Gottes Plan, der, im Einzelnen und Besonderen aufgestellt, menschliche Erkenntniskraft übersteigt. Warum erst so spät? Weil Menschen eben Menschen sind und ihre Reaktion auf Gott so unterschiedlich ist. Warum erst so spät? Weil Gott geduldig und sorgsam ist, auf alles achtet und sich der Zeit bedient, um seine Ziele zu erreichen. Diese Gedanken wurden schon bei Justin und Ignatius angedeutet, aber niemals voll entfaltet. Irenäus greift das umstrittene Thema auf und wendet es apologetisch positiv zu seinem Vorteil. Hätte das Heil nicht so lange auf sich warten lassen, so hätten die Menschen niemals seine universale Ausdehnung in Zeit und Raum bemerkt. Es gibt den einen Gott, erhaben über Zeit und Raum, der Zeit und Raum in kluger Weise gebraucht. Die Leere der transzendenten Monade wird hier durch die unendliche und intelligible Vielfalt seiner geschaffenen Werke überwunden, was Tertullian am klarsten sah. Irenäus machte nun mit der Zeit das, was die Darstellung der Schöpfung schon mit dem Raum gemacht hatte: Er reklamierte sie völlig für Gott und zeigte, daß und wie sie sich als sinnvoll erwies, wann immer man sie untersuchte. Da aber kaum etwas so ermüdend wirkt wie massenhafte Einzelbelege aus der Schrift, ist es besonders wichtig auf die Universalität zu achten, die die Gottesdarstellung des Irenäus beherrscht.

Man kann die universale Sicht des Irenäus kaum von seiner Umwelt trennen. Er kam aus Kleinasien, wo diese Dinge wichtig waren, das ist schon richtig, doch lebte er in Lyon und hatte eine der ganz großen Landschaften dieser Erde vor Augen. Im Osten die Alpen, sichtbar an klaren Tagen; von dort floß die Rhône herab. Aus den Bergen im Norden kam die Saône. Am Fuße des steilen Hügels, auf dem das Forum stand, flossen diese beiden großen Ströme zusammen und mündeten nach weiteren 300 Kilometern im Meer. Von diesem Hügel und seiner Umgebung her dachte Irenäus seine raumgreifenden Gedanken zur *oikonomia*. Er hätte hierfür kaum einen besseren Ort finden können. Diese Anspielung auf den „Sitz im Leben" könnte durch die politischen Strukturen Galliens und der zentralen Lage Lyons her unverhofft noch eine weitere Stütze finden. „Alle Fäden des römischen Staatsdienstes dieser großen Region liefen in Lugdunum zusammen und wurden in diesem Zentrum aufgenommen."[9] Wie weit Theologen, ähnlich den Dichtern, durch ihre Landschaft beeinflußt werden,[10] ist eine heikle Frage der Wahrscheinlichkeit; doch wer gar nichts von Afrika bei Tertullian und nichts von Ägypten bei Klemens finden würde, wäre ein abgestumpfter Leser.[11] Bei Justin ist dies schon schwieriger; in der Militärkolonie Nablus isoliert, brauchte er die Küste als weiten Rahmen für seinen „Dialog" und war sich seiner römischen Umgebung niemals sicher.[12]

Für Irenäus ist Gottes Heilsplan kontinuierlich. Niemals entzog sich Adam den Händen Gottes (H. V,1,3). In Gottes Werk gab es nie einen Bruch, und es gibt den einen Gott, den Vater, Gründer und Schöpfer, der alle Dinge im Himmel und auf Erden schuf. Er formte den Menschen, rettete Noah, leitete Abraham, Isaak und Jakob, sprach durch das Gesetz und die Propheten, offenbarte sich in Christus, wurde durch die Apostel verkündet und durch die Kirche geglaubt. Er ist der eine Gott, der Vater des Herrn Jesus Christus, offenbart im Sohn, der Sein Wort ist (H. II,30,9). Die Schriften des Alten und des Neuen Bundes weisen auf den einen und einzigen Gott, der seine Verheißungen durch die Propheten ergehen ließ, der in Johannes seinen Vorboten sandte und sein Heil im fleischgewordenen Wort (H. III,9,1).

Der Heilsplan Gottes ist gerecht. Die Gerechtigkeit Gottes liegt beiden Testamenten zugrunde; sie mag auf unterschiedliche Weise in Erscheinung treten, ist aber die gleiche durchhaltende Gerechtigkeit Gottes (H. IV,28,1). Der Heilsplan

Gottes ist auch vernunftgemäß. Wie ein großer Architekt entwarf er seinen Plan. Er erwählte die Patriarchen, um sie zu retten und erzog sein Volk zur Folgsamkeit. Er brachte Propheten hervor, damit die Menschen lernen sollten, seinen Geist zu empfangen und mit ihm zu sprechen. In der Wüste gab er ein Gesetz, das dem Ort und dem Zustand seines Volkes angemessen war. Wer sich ihm zuwandte, empfing sein Erbe. „So führt er auf vielerlei Weise das menschliche Geschlecht zu dem einen Heil" (H. IV,14,2). Immer gibt es einen Grund für das, was Gott tut. Er setzte die Beschneidung nicht als Vollendung der Gerechtigkeit ein, sondern als Unterscheidungsmerkmal für Abrahams Geschlecht (H. IV,16,1). Sogar Jerusalem wurde aus vernünftigen Gründen gebaut wie auch im Stich gelassen. Wie das Gesetz mit Mose begann und mit Johannes dem Täufer endete, so begann Jerusalem mit David und endete mit dem Neuen Bund. „Denn alles macht Gott nach Maß und Ordnung, und nichts ist bei ihm ohne Berechnung oder Plan" (H. IV,4,2). Grund und Plan Gottes sind ständig zeitbezogen. Was an dieser Stelle richtig ist, ist anderswo falsch, doch bleibt es der gleiche Gott, der zu allen Zeiten gerecht und vernunftgemäß wirkt. Dieser Gott schuf die zeitlichen Dinge für den Menschen und bringt ihn durch die Zeit zur Reife und Frucht der Unsterblichkeit.

Gottes Heilsplan ist ein irdischer Plan. Auf der Hochzeit zu Kana wies der Herr den Wein, den Gott im Weinberg wachsen ließ, nicht zurück. Es war guter Wein, aber der neue Wein, den Christus aus Wasser machte, war besser (H. III,11,5). Irenäus verwendet ständig die Bildrede der Schöpfung, um Gottes Wege zu beschreiben. Wenn er Gottes zeitlich begrenztes Ziel mit Jerusalem verteidigt oder erklärt, verweist er auf die Zerstörung, die auch die Natur mit sich bringt. Es kommt die Zeit, zu der das Getreide gesammelt und das Stroh abgelegt wird und die Rebzweige wegen der Trauben geschnitten werden. Die Natur setzt nur die Wege Gottes fort. Als die Frucht der Freiheit in Christus gekommen war und jene, die Frucht trugen, von Jerusalem aus zerstreut worden waren, da war es richtig, daß Jerusalem aufgegeben wurde (H. IV,4,1).

Gottes Heilsplan dauert bis in die Gegenwart, obwohl er sein Ende in Christus erreichte und darüber hinaus nichts mehr weiter zu geben ist. Die Bundesschlüsse mit Noach, Abraham und Mose werden zusammengefaßt im vierten und endgültigen Bund mit Christus (H. III,11,8), weil aber dieser endgültige Bund den Menschen neu macht und ihm einen neuen Anfang gibt, geht der Heilsplan Gottes weiter in der Lehre der Apostel, die auf den einen Gott hinweist, der vier Bündnisse gab, alle Dinge erschuf und der Vater Jesu Christi ist, der Gott der Herrlichkeit (H. III,12,11). Die Apostel lebten das, was sie lehrten und erfüllten sogar das Gesetz des Mose, um die Einheit Gottes auch dadurch anzuzeigen (H. III,12,7). Der Glaube Abrahams war der gleiche wie unser Glaube, und gleich ihm blicken wir in die Zukunft nach der Erfüllung der Verheißung Gottes und sehen das Königreich Gottes durch den Glauben (H. IV,21). Die Kirche erntet nun das Wort, das durch die Patriarchen und Propheten in bezug auf Christus gesät wurde (H. IV,25). Daher wird die Botschaft der Apostel durch die Schrift als authentisch erwiesen, und diese hatten die echte Fassung, lange bevor die Häretiker anfingen, ihre Irrtümer zu verbreiten (H. III,21,3).

In Gottes Heilsplan geht es um die Gotteserkenntnis seines Volkes und um dessen unmittelbare Beziehung zu ihm. In frühester Zeit war sein Gesetz ihrem Herzen eingeschrieben; doch als sie in Ägypten seine Gerechtigkeit und Liebe verloren hatten, offenbarte er sich als eine Stimme, die sie aus Ägypten herausführte, auf daß sie seine Jünger und Nachfolger seien (H. IV, 16,3). Jeremia erinnerte das Volk daran, daß Gott es nicht aus Ägypten herausgeführt hatte, um Opfer darzubringen, sondern um seine Stimme zu hören (H. IV,17,2). Das Gesetz schrieb Gaben und Opfer als Abbild himmlischer Dinge vor. Da Erde und Himmel vom gleichen Gott erschaffen wurden, ist es richtig, daß des Menschen Blick von dem einen zu anderen gelenkt wird (H. IV,19,1). Die Propheten sahen die Geheimnisse und die Pläne, nicht aber das Antlitz Gottes. Die ruhig leise Stimme, die zu Elija sprach, verwies auf den Mann, der in Sanftmut, Milde und Friedfertigkeit kommen sollte und der das geknickte Rohr nicht brechen und den glimmenden Docht nicht löschen wird. Gewiß hatten Mose, Elija und Ezechiel Himmelsvisionen, doch zu keiner Zeit sahen sie Gott. Sie sahen Gleichnisse oder den Widerschein seiner Herrlichkeit und Weissagungen kommender Dinge. Sie sahen den Plan, doch nicht das Ende. Der

Glanz der Herrlichkeit des Vaters kam nur in seinem eingeborenen Sohn, in seinem fleischgewordenen Wort (H. IV,20,10 bis 11). Der Plan Gottes weist auf die Geduld Gottes, eines Gottes, der sich dem Menschen anpaßt und den Menschen sich angleicht, indem er sanft durch Vorsehung wirkt.[13] Der Mensch ist ein Kind, das langsam lernt.[14] Gottes Hand wirkt kunstfertig seit Adams Zeiten – bildend und führend.

Gottes Heilsplan ist universal. Das ganze Menschenleben wird von Gott gestaltet – nichts läßt er aus. Jesus durchlebte die verschiedenen Altersstufen des Menschenlebens und erreichte das Alter von fünfzig Jahren, so daß kein Lebensalter menschlichen Lebens vom göttlichen Wort unberührt bleiben sollte (H. II,22,4f.). In der Menschwerdung wurde Jesus Mittler zwischen Gott und Mensch. Vor diesem Ereignis, besonders aber in ihm selbst, gewöhnte sich der Mensch, Gott aufzunehmen, und Gott gewöhnte sich, im Menschen zu wohnen (H. III, 20,2). Doch Gottes Plan wurde von den Häretikern außer acht gelassen. Marcion behauptet, daß Gott nicht in sein, sondern in fremdes Eigentum kam (H. III,11,2). Der Gott aber, der die Welt erschuf und stets zum Wohl des Menschen wirkte, war immer in seiner Schöpfung gegenwärtig (H. V,29,1; III,12,11; V,16,1f.). Die Gnostiker verlegten die göttliche Heilsökonomie ins Innere des *Pleroma*, während Irenäus sie fest in der Geschichte verankert.[15] Die Einheit des göttlichen Planes weist auf das eine Endziel der Erlösung des Menschen durch eine Vorsehung, welche die Gnostiker nicht zu sehen vermögen.[16] Die Argumentation des Irenäus hat hier ihre letzte und entscheidende Stoßrichtung. Die Häretiker sprechen von einer innergöttlichen Ökonomie, von insgesamt 120 Zitationen bezieht Irenäus *oikonomia* dreiunddreißigmal auf eine gnostische Lehre.[17] Dagegen zeigt Irenäus eine göttliche Heilsökonomie, die zur Menschheitsgeschichte gehört und weit über alles hinausgeht, was die Gnostiker vorschlagen.

So entwickelt Irenäus als Antwort auf den gnostischen Angriff die umfassendste Geschichtstheologie des frühchristlichen Denkens. Daneben kann nur Augustinus' „Gottesstaat" bestehen. Schon in der Theologie des Alten Testaments, die auf den Anfang der Schöpfung zurückblickt wie auch nach vorn auf das Neue, das Gott noch wirken wird, ist solch eine Sicht der

Geschichte zu finden. Doch für Irenäus wie für Justin gewann sie letzte Bedeutung erst als „Erweis" der apostolischen Verkündigung und bedurfte des platonischen Gegensatzes zwischen Abbild und Wirklichkeit. Die beste Verstehenshilfe ist hier Michelangelos Decke der Sixtinischen Kapelle, die die ersten großen Ereignisse der Heilsgeschichte unter zentraler Dominanz des Christus in Gericht und Gnade herausstellt.

Auch bei *Tertullian* tauchen viele dieser Themen wieder auf; er findet Gott in der Geschichte ebenso wie in der Natur und in der Seele.[18] Gegen Marcion besteht er auf Einheit und Zusammenhang in der Geschichte (Marc. 3,2). In ihrer Struktur ist die Dunkelheit der Sünde des Menschen mit der Gerechtigkeit Gottes und seiner erlösenden Liebe verwoben. Den Sieg trägt die Gerechtigkeit Gottes davon (Marc. 2,29). Tertullian folgt Irenäus auch im Urteil über die Bedeutung des Alters. Die Schriften der Propheten sind zumindest so alt wie die der Philosophen und der Gesetzgeber Roms (Ap. 19). Die Wahrheit einer Lehre wird durch ihr Alter und ihre Fortdauer bestätigt (Praescr. 34), während die Häresien durch ihre Neuheit gekennzeichnet sind (Herm. 1).

Dennoch ist Tertullians Gefühl für Geschichte anders: für ihn ist der weite Schwung weniger wichtig als bestimmte Ereignisse. Er hätte geradewegs zur Filmindustrie gehen können, um biblische Epen zu produzieren, die das Blut vor Schreck erstarren lassen, oder besser noch: er hätte aus biblischen Stoffen Fernsehdrehbücher schreiben können, jede Woche spannungsgeladene Episoden, ohne sich je zu wiederholen. In dieser Art beschreibt er die nie endende Tätigkeit Gottes in der Geschichte: Gott tut immer irgend etwas, ob er Flut und Feuer als Gericht sendet oder Boten, um seine Wahrheit zu verkünden (Ap. 18). Nach Tertullian geschieht immer irgend etwas: einst erfreuten sich die Juden der Gunst Gottes und gediehen als Volk; sie fielen durch ihren Stolz und sind nun über die Welt verstreut, beraubt des menschlichen wie des himmlischen Königs. Tertullian ist stets ein zögernder und widerstrebender Synthetiker; im Gegensatz zu Paulus sieht er sogar die Belanglosigkeiten, die Ungeschliffenheit und Irrationalität des Gesetzes als Beweis dafür, daß es von Gott kommt, der die törichten Dinge dieser Welt erwählt, um die Weisen zu beschämen (Marc.

5,6). Doch je größer die Spezifizierung seiner Geschichtsdarstellung, desto dramatischer ist auch die Vereinigung aller Geschichte unter dem einen Herrn. Die Heilsökonomie tendierte auf ihre Erfüllung in Christus, der allein die Erfüllung zu bringen vermochte. Der Brief an die Laodizeer, der, wie er sagt, fälschlich auf die Epheser übertragen wurde, berichtet von dem Geheimnis Gottes, von der Fügung, die nur Gott kennt, und von der Vollendung aller Dinge in Christus (Marc. 5,17).

Vom Standpunkt Tertullians betrachtet geht *Klemens* ins entgegengesetzte Extrem. Gott hat einen sehr weiten Horizont, und alles bewegt sich nach seinem Plan auf seinen Horizont hin. Von Anbeginn der Geschichte hat sich Gottes Ziel niemals geändert. Sein einziges Anliegen ist die Rettung der Menschen. „Deshalb sandte der gute Gott auch den guten Hirten" (Prot. 116,1). Klemens fügt ein neues Element hinzu: die Vorbereitung auf das Evangelium, betont er, erfolgte unter Griechen wie Juden, und die Philosophie war für die Griechen das, was das Gesetz für die Hebräer war (S. I,28,3). Gott ist der Vater, der von Anfang an den Samen seines Wortes gesät hat; andere Zeiten und Orte bringen andere Überzeugungen hervor (S. I, 37). Als griechische Philosophen die Elementarmächte anbeteten, waren sie Sklaven oder Kinder. „Unmündig sind also auch die Philosophen, wenn sie nicht von Christus zu Männern gemacht werden" (S. I,53,2). (Die Zentralstellung der Demut unter den christlichen Tugenden war nicht immer ganz evident!) Klemens behauptet auch, daß die Griechen die Wahrheit, die sie besaßen, gestohlen oder von einem Engel erhalten hätten, der sie stahl und dann weitergab (S. I,81). Dies ist eine alternative Erklärung, die mit der vorhergehenden Erklärung unvereinbar ist. Klemens erreicht eine Art Zusammenhang dadurch, daß er die Philosophie als klares Beispiel dafür sieht, wie Gott das verkehrte Tun des Menschen zum Guten wendet.

Die Heilsgeschichte durchläuft zwei Phasen, bevor sie zu Christus kommt. Die Neuheit des Evangeliums tritt an die Stelle von Griechen und Juden.

„Einen neuen Bund hat er mit uns geschlossen; denn was Griechen und Juden gehört, ist alt. Wir aber sind die ihn auf eine neue Weise als ein drittes Geschlecht verehrenden Christen... Der eine und einzige Gott wird von den Griechen in heidnischer Weise, von den Juden in jüdischer Weise, in neuer und geistiger Weise aber von uns erkannt" (S. VI, 41,6f.).

Der gleiche Gott hat die Menschen durch sein Wort unter drei Bündnissen erzogen. Es gibt nicht drei verschiedene Naturen des Menschen, wie einige Häretiker behaupten, doch gibt es drei aufeinander folgende Bündnisse, durch die Gott wirkte (S. VI,41f.).

Bei der Ausweitung der Heilsgeschichte zwecks Einschluß der Griechen sah sich Klemens gezwungen, stärker denn je die eine göttliche Leitung der Geschichte zu betonen. Gott gab das Gesetz den Hebräern, die Philosophie den Griechen und ordnete das Universum, um das Heil des Menschen zu ermöglichen.

„Daher macht er alles, was kein Hindernis für die freie Wahl des Menschen ist, zu Hilfsmitteln bei Erlangung der Tugend und ließ sie als solche erkennen, damit auch denen, die nur undeutlich sehen können, der wahrhaft allein einzige allmächtige Gott wenigstens in gewisser Hinsicht als der gute Gott vor Augen trete, der von Ewigkeit zu Ewigkeit durch seinen Sohn errettet, aber am Bösen durchaus in jeder Hinsicht unschuldig ist" (S. VII,12,1).

Warum erst so spät? Gibt es in der Geschichte Kontinuität? Irenäus folgte den gedrängten Ausführungen Justins mit einer ausgedehnten Darstellung der Heilsgeschichte. Tertullian wahrt die besondere Einzelheit und das Paradox, während Klemens auf den universalen kosmischen Schwung Wert legt. In jedem Fall gibt es aus unterschiedlichen Gründen nur einen Schlußstein, der die Konstruktion zusammenhält: Jesus Christus, der Stein, den die Bauleute verworfen hatten.

2 Hat die Geschichte eine Mitte?

Ist ein Ereignis imstande, eine ganze Reihe von Ereignissen zu vereinen? Dies war in der Tat die den Christen gemeinsame Erfahrung, doch taten sie sich schwer, es anderen in einfachen Begriffen nahezubringen. Die Schwierigkeit lag nicht darin, darüber zu sprechen – Irenäus sprach kaum über etwas anderes – doch es klar zu machen, war das Problem.

In *Justins* Bericht über die Sonderstellung Jesu Christi im Heilsplan Gottes gibt es wie üblich dunkle Stellen. Wahrscheinlich gebrauchte er den Begriff *recapitulatio* und – was noch wichtiger ist – die Hauptthemen sind zweifellos präsent. Das Thema der Wiederholung und Wiedergutmachung findet sich in der Eva-Maria-Parallele:

„Er ist durch die Jungfrau Mensch geworden, damit auf dem gleichen Weg, auf welchem die von der Schlange verursachte Sünde ihren Anfang nahm, die Sünde auch aufgehoben werde. Denn Eva, welche eine unverdorbene Jungfrau war, gebar, nachdem sie das Wort der Schlange empfangen hatte, Sünde und Tod. Die Jungfrau Maria dagegen war voll Glaube und Freude, als der Engel Gabriel ihr die frohe Botschaft brachte."

Und darauf folgt das *Christus-Victor-Thema:*

„Durch die Jungfrau Maria ist Jesus geboren worden, von dem, wie wir gezeigt haben, so viele Schriftstellen gesprochen haben und durch welchen Gott die Schlange und die ihr ähnlich gewordenen Engel und Menschen vernichtet, diejenigen dagegen, welche ihre Sünden bereuen und an ihn glauben, vom Tode befreit" (D. 100,5).

Ähnliche Aussagen gibt es auch an anderer Stelle. Christus ist Mensch geworden, von der Jungfrau geboren, um die Schlange niederzuschlagen, damit der Tod sein Ansehen verliere (D. 45,4). Sein Tod war der Sieg über den Tod (1 A. 63,6). Gleichermaßen klar ist auch das metaphysische Thema, daß Christus die Gesamtheit und Vollendung dessen ist, was ohne ihn nur partiell und abgeleitet existiert: er ist *tò logikòn tò hólon*.

Wie schon beim Begriff der Kontinuität so breitet *Irenäus* auch beim notwendigen Korrelat der *recapitulatio* sein Beweismaterial aus und erweitert das Gesamtkonzept. Eine Analyse ist wichtig, kann jedoch nicht alles vermitteln, was er zu sagen hat. Innerhalb der reichen Bildwelt des *recapitulatio*-Begriffs sind zwei Motivgruppen, die sich ständig ineinander verweben. Einerseits gibt es Motive der Geschichte, der Metaphysik und der Erlösung: das geschichtliche Thema zieht Parallelen zwischen dem Alten und dem Neuen Testament, zwischen Adam und Christus; das metaphysische Thema sieht in Christus die vollendete Gestalt des Menschseins und die krönende Wirklichkeit des Universums; das Thema der Erlösung spricht vom Sieg über das Böse, der durch den Gehorsam Christi errungen wurde. Die zweite Motivgruppe ist die der Vollendung und Wiedergutmachung, wobei Vollendung Universalität und Totalität einschließt und Wiedergutmachung die Wiederherstellung, Vereinigung, Eingliederung und Stellvertretung beinhaltet. Diese zweite Motivgruppe sieht Irenäus als die Gerechtigkeit Gottes, als die Macht Gottes, durch die Jesus, der gerechte Mensch, auch der Rechtfertigende ist.

Wenn wir diese beiden Themengruppen zusammenstellen (Geschichte–Metaphysik–Erlösung und Vollendung–Wiedergutmachung), so erscheinen die Möglichkeiten grenzenlos. Gott faßt alle Dinge zusammen, indem er sie zu ihrem Höhepunkt bringt, und das schließt ein die Korrektur dessen, was mit ihnen falsch gelaufen und was an ihrem gegenwärtigen Zustand mangelhaft ist. Geschichtlich wird dies als eine Entwicklung gesehen, in der Gott von Anbeginn der Schöpfung tätig war; und seine letzte Tat in diesem Entwicklungsprozeß besteht in der Vollendung dessen, was er in Adam begonnen hatte und im Korrigieren dessen, was in Adam in die Irre ging. Gott gibt einen geschichtlichen Hinweis, indem er etwas, das sich schon früher ereignet hat, mit einer Korrektur wiederholt. Metaphysisch betrachtet, zeigt die *recapitulatio* die Zusammenfassung aller Dinge an, daß die Schöpfung als Ganze und der Mensch im besonderen sich jetzt in einem Zustand des Mangels, der Sünde, des Verfalls und des Todes befinden. Die *recapitulatio* aller Dinge in Christus bedeutet, daß dieser Mangel ergänzt und Sünde und Tod beseitigt werden. Soteriologisch gesehen, begegnet Christus der Sieger als der vollkommene Mensch dem Satan, der Tod und Sünde verkörpert. Durch den Sieg Christi wird der Mensch vom Bösen befreit und in das Reich des Lichtes versetzt.

Adam entglitt niemals den Händen Gottes; die ganze Geschichte hat trotz all ihrer Einzelheiten und ihrer komplexen Struktur einzig und allein mit dem Menschen zu tun. Der Logos, der den Menschen am Anfang erschuf, kam unlängst als leidensfähiger Mensch und verband sich mit seinem eigenen Werk. Als er Mensch wurde, begann er nicht etwa seine eigene Existenz, sondern initiierte eine neue Gemeinschaft von Menschen, „damit wir unser Sein nach dem Bild und Gleichnis Gottes, das wir in Adam verloren hatten, in Christo Jesu wiedererlangen möchten" (H. III,18,1). Die erste Niederlage des Menschen war so katastrophal, daß er den Kampf nicht mehr aufnehmen konnte, doch der Logos kam in göttlicher Demut bis in die Tiefen der menschlichen Niederlage und bis in den Tod, dem der Mensch verfallen war. Durch diese Tat wurde der Mensch gerettet und der Plan Gottes zu Ende geführt (H. III,18,1f.). So führt Jesus, der zweite Adam (der von Lukas bis auf den ersten Adam zurückverfolgt wird), alle Geschlechter der Menschen zu einer neuen Menschheit zusammen (H. III,22,3).

Diese Zusammenführung ist vollständig und endgültig. Was zuvor war, das war stets nur vorbereitend; selbst das Gesetz verleugnete nicht den Sohn Gottes, sondern zeigte, daß die Schlangenbißwunde durch den Glauben an einen, der von der Erde erhöht wurde, geheilt werden könnte (H. IV,2,7). Jetzt aber ist das neue Gesetz, das die Freiheit bringt, größer als das Gesetz, das zur Sklaverei führte. Es gehört der ganzen Welt und nicht nur einer Nation. Das Partielle muß jetzt dem Vollkommenen weichen, denn Gottes Werk ist vollendet in Christus, und wir schauen auf ihn, dem nichts mangelt. Bei uns gibt es Unvollkommenheit, denn wir haben die Vollendung noch nicht erreicht; aber wir wissen wohl, wo die Vollkommenheit ist: „So werden wir, wenn das Vollkommene kommt, nicht einen anderen Vater sehen, sondern den, nach dessen Anschauung wir uns jetzt sehnen. Auch keinen anderen Christus oder Sohn Gottes dürfen wir erwarten, sondern den aus Maria der Jungfrau, der für uns gelitten hat, an den wir glauben und den wir lieben" (H. IV,9,2).

Das Kommen des Vollkommenen zerstört nicht das, was vorher bestand. Die natürlichen Gesetzesvorschriften wurden vor dem mosaischen Gesetz gegeben. Das Gesetz des Mose ist jetzt um jene Gerechtigkeit erweitert, die über die der Schriftgelehrten und Pharisäer hinausgeht. Es glaubt nicht nur an den Vater, sondern auch an den Sohn. Es geht vom Beschreiben über zum Tun, es sagt nicht bloß etwas, es handelt. Jesus übernahm das Gesetz, dehnte es aus, erweiterte es und brachte es zur Erfüllung. Alles, was er tut, ist stets positiv, niemals negativ. Die Freiheit der Kinder Gottes ist besser als der Gehorsam von Sklaven; sie drängt den Menschen, immer mehr Gottes Gnade zu empfangen, ihn mehr zu lieben und in der Gegenwart des Vaters von Herrlichkeit zu Herrlichkeit voranzuschreiten. Die Freiheit zerschneidet nicht das Band zwischen Mensch und Gott, sondern ersetzt es durch eine immer inniger werdende Vereinigung (H. IV,13).

Vollendung bedeutet Einheit und Universalität. Sie ist das Werk des einen Gottes in der einen Welt und einen Heilsgeschichte für die eine Menschheit. Denn das WORT vermag „das Ende mit dem Anfang zu verbinden, das heißt den Menschen mit Gott" (H. IV,20,4). Um alle zu retten, muß er zur Hölle hinabsteigen. Er vergaß nicht jene, sagt Jeremia,[19] die schliefen, sondern ging zu ihnen, um das Heilswerk in jedem Zeitalter unter allen Menschen zur Einheit zu bringen (H. IV, 22,1f.). Es gab nur einen einzigen Weg, um alle Menschen zu erreichen, und zwar durch den Schmerz und die Agonie des Todes (H. IV,33,12).

Die Universalität kann nicht auf die Vergangenheit beschränkt bleiben, denn die Welt dauert fort, und Gott hat auch mit denen zu tun, die zur Zeit Christi weder der Vergangenheit angehörten noch gegenwärtig waren. Der Herr hat seinen Weinberg, der einst durch die Gesetzgebung des Mose verpachtet war, einer neuen Gemeinschaft von Winzern gegeben. Die neuen Winzer, das ist die Kirche, die noch immer weiterexistiert; indem sie für die Gerechtigkeit leidet und Nöte erträgt, mag die Kirche zwar geschwächt werden, wächst jedoch schnell wieder an Zahl (H. IV,36,2; IV,33,9).

Die Häretiker geben sich mit einem sehr untergeordneten Ziel zufrieden. Denn nach allem, was die Marcioniten behaupten, hat ihr höchster Gott das Heil für Paulus erreicht, sonst aber für niemanden. Gott ist aber in seinen Mitteln nicht so begrenzt, daß er nur einen Apostel hat, der die Gesetzgebung seines Sohnes versteht. Alle Dinge sind in Christus zusammengefaßt; er ist Mensch, sichtbar und leidensfähig und faßt dadurch die ganze Menschheit in sich zusammen und ist der Herr des Himmels, der über alle geistigen und unsichtbaren Dinge herrscht. Als Haupt der Kirche zieht er alles an sich (H. III, 16,6).

Der universale Sieg und das allgemeine Heil wurden einzig durch das Kreuz errungen. Gehorsam und Demut beseitigten die Auswirkungen des menschlichen Ungehorsams. Der Mensch, der von der jungfräulichen Erde gebildet war, gehorchte Gott nicht und verlor das Geschenk des Lebens. Der neue Mensch, aus der Jungfrau geboren, gehorchte Gott und brachte vielen Gerechtigkeit und Heil. Der Ungehorsam, aber auch der Gehorsam des einen Menschen wirkt auf die vielen (H. III,18,7). Gehorsam bringt Leben statt Tod, doch kommt er nur aus der Demut. So wie Gott bei der Schöpfung den Staub benutzte, um die Menschheit zu bilden, so bediente er sich Mariens zur *recapitulatio* der Menschheit (H. III,21,10). Der Staub deutet auf das Fleisch in seinem ganzen Wesen und seinem Schmerz. Das Wort wurde Fleisch aus Maria, um Mensch und Menschensohn zu werden. Wäre er nicht, was wir sind, so bliebe sein Leiden ohne Auswirkung; doch indem er das Fleisch unseres Körpers annahm, faßte er sein ganzes Schöpfungswerk von neuem zusammen (H. III,22,1). Nur die Sanftmütigen werden die Erde erben. Der Leib Jesu erweist sich durch seinen Hunger, seine Müdigkeit und seine Tränen. Wie durch Blut und Wasser, die aus seiner Seite flossen, so konnte er das Werk seiner Hände nur durch körperliches Leiden erlösen (H. III,23,1).

Sein Heil ist irdisch, insofern er sich mit der alten Wesenheit des Menschen vereint, um den Menschen zum Leben, zur Vollkommenheit und zu Gott zu führen (H. V,1,3). Sein Fleisch ist der Beweis für die Erlösung unseres Fleisches und für die Wahrheit seines Menschseins (H. V,14,1). Durch sein Leben auf Erden entdeckte er, wie sehr seine Schöpfung durch die Bosheit des Menschen gelitten hatte. Daher befaßte er sich mit jeglicher Art des Heilens, um dem Menschen in seinen vielfältigen Nöten beizustehen (H. V,12,5). Jede Einzelheit seines Tuns zeigt seine Sorge um die Vielfalt menschlicher Not. Er heilte den Blinden mit einem Teig aus Erde und lehrte ihn, wer ihn zuerst gebildet und wer ihm das Leben gegeben hat (H. V,15,3). So vieles erinnert den Menschen daran, daß sein gegenwärtiger Erlöser auch allererst sein Schöpfer ist. Er hatte ja den Menschen schon an jenem Abend gerufen, als Adam sich verbarg, wie er ihn wiederum rief, um in den letzten Zeiten die Nachkommen Adams aufzusuchen (H. V,15,4). Indem er am Holze hing, verwies er auf den Ungehorsam, der an jenem anderen Holze geübt wurde, als sich der Mensch Gott entzog. Das Irren, der Ungehorsam und die Sünde Evas ließ sie vor Gott fliehen, während die frohe Botschaft und der Gehorsam Mariens diese dazu brachten, Gott zu tragen. Die Arglist der Schlange wird durch die Taube zunichte gemacht (H. V,19,1).

Durch all diese seltsamen Demutsakte wird der Mensch im Triumph zu Gott zurückgebracht. Der Herr litt am Tage des menschlichen Ungehorsams, dem sechsten Schöpfungstag, dem Tag, an dem der Mensch erschaffen wurde. An diesem Tag bringt das Leiden des Herrn die Menschen vom Tod zu dem Leben einer neuen Schöpfung (H. V,23,2). Einzig der Sohn des Vaters, der der eine Gott und Schöpfer ist, konnte alle Dinge in sich zusammenfassen (H. V,21,2). Nur ein Mensch, geboren von einer Frau, konnte die Niederlage, die durch eine Frau gekommen war, umkehren und durch den Sieg eines Menschen das Leben bringen (H. V,21,1). So wurde der Feind des Menschen besiegt, als die Schlange, die den Menschen in Adam gefangenhielt, zerschmettert und unter die Ferse getreten wurde (H. V, 21,1). Der Herr führte jene ins Paradies zurück, die seinem Ruf gehorchten. Er versammelt in sich rekapitulierend alles im Himmel und auf Erden. Er vereint den Menschen mit dem Heiligen Geist und läßt den Gottesgeist im Menschen wohnen. Durch diesen Geist sehen, hören und sprechen wir (H. V,20,2).

Wie schon bei anderen Fragen sehen *Tertullian* und Klemens auch hier die Sache aus unterschiedlichen Blickwinkeln. Tertullian bevorzugt die Geschichte und Klemens neigt mehr zur Metaphysik. Doch keiner von beiden kann ganz auf jenes Element verzichten, zu dessen Vernachlässigung er neigt. Für Tertullian besteht das Werk Christi im Zusammenfassen, als ein Hinbewegen des Endes zum Anfang und des Anfanges zum Ende. Genau das bedeutet es, Alpha und Omega zu sein. Jede *oikonomia* wird durch Christus an ihr Ende gebracht, was zugleich eine Wiederherstellung ihres Anfangs ist: „Wie man vom Alpha bis zum Omega fortzählt und vom Omega bis zum Alpha zurückgeht, so zeigt sich in ihm der Verlauf vom Anfang bis zum Ende und der Rücklauf vom Ende bis zum Anfang" (Mon. 5,2). Das Werk Christi eröffnet ein neues Zeitalter. Das Evangelium erscholl und erschütterte das Alte. Der Heilige Geist aber bestätigte die Verurteilung des Götzenopfers, der Hurerei und des Blutes, und dieses letzte Testament kann niemals mehr geändert werden (Pud. 12). Die neue Ordnung der *Christiana disciplina* beginnt mit dem Christusereignis. „Niemand ist vollendet, bevor die Heilsordnung des Glaubens eröffnet war, niemand ein Christ vor der Aufnahme Christi in den Himmel, niemand heilig, bevor der Heilige Geist aus dem Himmel als derjenige erschienen ist, der die Grenzen der Sittenzucht festlegt" (Pud. 11,3).

Tertullian sucht möglichst viel aus dem Element des Paradoxen, das in der *recapitulatio* enthalten ist, herauszuholen. Die neue Schöpfung bewegt sich auf eine höhere Ebene zu. Auf den ersten Menschen, der von der jungfräulichen Erde geboren wurde, folgte der zweite Mensch, geboren vom Fleisch, dem keine Zeugung zuteil wurde, der aber von Gott durch lebenspendenden Geist gebildet wurde (Carn. 17,3; 19,1f.).[20] „O Christus, auch im Neuen längst gegenwärtig!" (Marc. 4,21) Die Neuheit Christi verwandelt alles vom Fleischlichen ins Geistliche (Orat. 1). Das Gebet des Alten Bundes hatte mit Feuer, mit Tieren und mit Hunger zu tun; das christliche Gebet aber ist geistlich und wirksamer, führt zu Ausdauer und vergrößert die Gnade mit Tugend und den Glauben mit Erkenntnis. Nur das Gebet kann Gott überwinden, doch kann es nicht zu schlechten Zwecken gebraucht werden (Orat. 28). Noch weitere Gegensätze gibt es zwischen der neuen Ordnung und der alten. Der erste Adam war einmal verheiratet, doch der zweite Adam wies einen höheren zölibatären Weg. Daher sollten Christen nicht noch unter den geringeren der beiden Maßstäbe fallen, indem sie ein zweites Mal heiraten (Mon. 17). Vor der neuen Heilsordnung des Glaubens hatte niemand die Vollendung erreicht. Vor der Himmelfahrt Christi und vor der Gabe des Heiligen Geistes gab es keine Christen und keine Heiligen (Pud. 11). Noch immer sind Fasten und Feste zu halten, doch nicht die des Alten Testaments, sondern die des Neuen. Die jüdischen Zeremonien sollten außer acht gelassen und die neuen Festzeiten eingehalten werden (Iei. 14). Der Unterschied zwischen dem Alten und dem Neuen wird am Ritus der Beschneidung deutlich; diese wurde Israel als ein Zeichen gegeben, und dieses Zeichen ist an jenen erfüllt, die von Herzen gehorsam sind (Iud. 3).

Das Paradox hängt jedoch ebenso von der Einheit ab wie von

der Unterschiedlichkeit. Marcion vermochte die Kontinuität des Werkes Gottes nicht zu sehen, und zwar mit der Begründung, daß ein einziger Gott auch nur Eines tun könne. Wie aber könnte der zweite Gott dem ersten Gott überlegen sein, wenn er bloß wiederherstellt, was der erste Gott geschaffen hat? Der Sieg Christi dreht das Ergebnis um, das der erste Kampf des Menschen mit dem Teufel gehabt hatte. Gott läßt den Konflikt zu, damit die Menschheit Erfolg hat, worin sie zuvor versagte. Mit seinen Zeitgenossen Irenäus und Klemens teilt Tertullian die Ansicht über die Bedeutung des Abstiegs zur Hölle: er zeigt die Unerläßlichkeit des wahren Todes Christi und machte es den Patriarchen und Propheten überhaupt erst möglich, an seinem Evangelium und an seiner Gnade Anteil zu erhalten (An. 55). Während die Spannungen der Geschichte für Tertullian stets eklatant sind, dient ihre Vielfalt nur zum Beweis der Größe der einzigen und souveränen Herrschaft Christi. Nur ein wahrhaft siegreicher Herr konnte derart extreme Gegensätze unter seiner Oberherrschaft halten.

Bei *Klemens* dominieren die Einheit und der Verstand. Der geschichtliche Aspekt der Zusammenfassung ist ihm weniger wichtig als der metaphysische oder der soteriologische Aspekt. Seine Darstellung des Logos als des Einen und des Vielen verlangt eine besondere Abhandlung. Hier genügt es zu zeigen, wie Klemens das universale Wirken Christi sah. Sein Sinn für die metaphysische und soteriologische Gesamtheit ist derart durchschlagend und seine Botschaft, daß in Christus alles verwirklicht ist, so voller Zuversicht, daß kaum noch Platz für eine künftige Eschatologie bleibt.

Dennoch ist da kein Mangel an Bewegung. Der „Protreptikos" beginnt und endet mit dem Triumph Christi. Die Macht des neuen Liedes hat aus Steinen Menschen gemacht, die Toten zum Leben erweckt und das ganze Universum harmonisch geordnet. Jetzt ist es Zeit, dem Herrn und Erlöser entgegenzueilen, dessen Heil zuerst zu den Hebräern im brennenden Dornbusch und in der Wolkensäule kam (Prot. 4; 5; 8). Johannes der Täufer suchte eindringlich die Menschen auf das große Heil und auf das Erbe des Himmels in Christus vorzubereiten (Prot. 10). Denn nichts geringeres als dies ist die Folge von Christi Sieg: „Hingesunken ist der Herr, auferstanden der Mensch, und der aus dem Paradies Vertriebene erlangt für seinen Gehorsam einen noch größeren Lohn: den Himmel selbst" (Prot. 111,3). Die Zeit ist gekommen, die Trompete schmettert, daß die Kämpfer Christi das Königreich der Himmel in Frieden besitzen (Prot. 116,2). Er selbst ruft alle Menschen auf, sich nach dem Ebenbilde Gottes, nach allem, was Gott jetzt geben kann, wiederherstellen zu lassen.

> „Denn ich will, ja ich will euch auch dieser Gnade teilhaftig machen und euch die Vollendung der Wohltat schenken, die Unvergänglichkeit; und den Logos schenke ich euch, die Erkenntnis Gottes, völlig schenke ich euch mich selbst. Dies bin ich, dies will Gott, dies ist der Einklang, dies die Harmonie des Vaters ... Ich will euch in Übereinstimmung mit dem Urbild bringen, auf daß ihr mir auch ähnlich werdet" (Prot. 120,3f.).

Jetzt ist es an der Zeit, den guten Christen als den einzig reichen, weisen und fähigen Menschen zu beschreiben. Er ist Gottes Bild und Gleichnis, denn durch Jesus ist er gerecht, heilig und weise. So endet der „Protreptikos" mit der nicht näher ausgeführten Behauptung, daß jetzt alles in Christus vollendet sei und daher die Zuversicht und Begeisterung dieses ganzen Buches ein sicheres Fundament habe. Klemens beschreibt, in welchem Sinne noch etwas aussteht. Einerseits sind jene, die einst Finsternis waren, nun Licht im Herrn, und zwischen Finsternis und Licht gibt es keinen Zwischenzustand. Andererseits steht die Auferstehung der Gläubigen noch bevor, und erst dann wird das Ziel erreicht sein. Doch dies wird einfach der Empfang dessen sein, was jetzt schon verheißen ist, die Ankunft, die schon vorweggenommen ist. „Denn nicht dasselbe ist Ewigkeit und Zeit und ebensowenig Anfang und Ende, aber beide beziehen sich auf den gleichen Gegenstand und betreffen die gleiche Person" (Paid. I,28,4).

Dem gegenwärtigen Königtum des Sohnes Gottes und dem Spielraum seines Heils sind keine Grenzen gesetzt. Er bereits ist der Höchste, und er ordnet alles nach dem Willen des Vaters. Er hält das Steuerruder des Universums und lenkt mit nie ermüdender Kraft und vollkommener Allwissenheit alles zu seinem verborgenen göttlichen Ziel. Er ist überall in unbegrenzter Allgegenwart und verwaltet alle Dinge durch seine Macht. Alle

Menschen sind sein auf unterschiedliche Weise – manche als Freunde, manche als treue Diener und andere einfach als Diener (S. VII,5). Er sorgt für alle und schenkt seine Güte entsprechend der Verschiedenheit der Menschen; er hat keine Günstlinge, sondern ruft alle Menschen gleichermaßen, indem er seine Güte gern und willig austeilt. „Wie könnte er Heiland und Herr sein, wenn er nicht aller Heiland und Herr wäre?" (S. VII,7,6) Er gleicht der Sonne, die über der ganzen Erde und am Firmament erstrahlt und ihre Strahlen in jeden Winkel sendet; nichts ist zu gering – er bemerkt es und kümmert sich darum (S. VII, 21). Gott ist ganz Ohr und ganz Auge – wenn dieses vorschnelle Wort gestattet ist (S. VII,37,6).

So müht sich jeder der Autoren den geschichtlichen, metaphysischen und soteriologischen Aspekt jenes Zentralereignisses der Geschichte zu vermitteln. Justin verkündet die Themen, Irenäus entwickelt sie mit unermüdlicher Imagination, während Tertullian und Klemens gegensätzliche Aspekte betonen. Ohne Metaphysik ergibt die Geschichte nirgendwo einen Sinn; selbst Irenäus kann nichts sagen ohne die Begriffe „Bild" und „Wirklichkeit", „Leben" und „Tod", „Teil" und „Ganzes," „Teilverwirklichung" und „Vollendung", „Zerfall des Bösen" und die bewahrende „Macht des Guten". Andererseits kann die Metaphysik nirgendwo stehenbleiben und auf die Geschichte verzichten. Klemens' scharfer Sinn für spirituelle Wirklichkeit wird getönt vom Gespür für Bewegung und expandierende Neuheit – was biblisch ist und dem Evangelium entspricht: Gott macht alles neu, und wo immer ein Mensch in Christus ist, da ist eine neue Schöpfung.

3 Wo stehen wir jetzt in der Geschichte?

Wir stehen in der Zeit der Kirche, und das bedeutet für unterschiedliche Autoren auch Unterschiedliches. *Justins* Darstellung der Kirche ist ganz abhängig von seiner Sicht der Geschichte und Kontinuität wie auch von seiner Auseinandersetzung mit den Juden. Wie können die Christen Gott gehören, wenn sie zugeben, daß Gottes Verheißung an Abraham und seinen Samen erging? Justin behauptet, das Versagen des alten Israel habe

Gott veranlaßt, eine neue Wahl zu treffen. Die Aussage, daß nun die Kirche das wahre Israel ist, zieht sich vom Anfang (D. 11,3) bis zum Ende des „Dialogs" (D. 123-135) wie ein roter Faden. Sie ist in der Tat der springende Punkt dieser Schrift. Das Judentum hat durch seine Sünde das Recht verwirkt, Gottes Volk zu sein, und ein anderes Israel geht als neues Volk Gottes hervor – Nachkommen der Patriarchen, die vor dem Gesetz lebten. „Das wahre geistige Israel nämlich und die Nachkommen Judas, Jakobs, Isaaks und Abrahams (der trotz seines Unbeschnittenseins, infolge seines Glaubens von Gott sein Zeugnis erhielt, von ihm gesegnet und zum Vater vieler Völker berufen wurde), das sind wir, die wir durch diesen gekreuzigten Christus zu Gott geführt wurden, wie sich noch im Lauf des weiteren Gespräches zeigen wird" (D. 11,5). Doch Justins einfache Ekklesiologie deutet nicht auf einen Mangel an Kirchenbewußtsein; er ist sich christlichen Gemeinsinns durchaus bewußt und gebraucht als erster Autor häufig das Wort „Christen". Er verteidigt diesen Namen und macht die Verfolgung lächerlich, die sich allein gegen diesen Namen richtet, da man Menschen nur darauf untersuchen und danach richten solle, was sie getan haben, nicht aber nach dem Namen, den sie tragen (1 A. 7,4). Justin ist auf diesen Namen stolz und will, daß jeder weiß, daß er Christ ist (2 A. 13,1), denn Christen haben die Macht des Namens Christi überall öffentlich bei Dämonenaustreibungen unter Beweis gestellt (2 A. 6,6) und kümmern sich praktisch umeinander: „Wir helfen, wenn wir können, allen, die Mangel haben, und halten einträchtig zusammen" (1 A. 67,1).

Irenäus hat tiefes Verständnis für die korporative Wirklichkeit der Kirche, die ihn über Polykarp, Johannes und andere an Wort und Werk Jesu rückbindet. Der Anspruch, der ihn durch die Geschichte an das eine Zentralereignis bindet, kommt über eine Kette von Menschen, die das Wort des Lebens gehört und gekannt hatten. Die Wärme dieser Vorstellung wird jedoch durch die Existenz rivalisierender Überlieferungen abgekühlt, da die Häresien alle zu Entscheidungen und Debatten zwingen, die Kirche sein wollen. Das gegenwärtige Stadium der Heilsgeschichte zeigt sich an der Kirche, die sich von der Vergangenheit über die Gegenwart in die Zukunft erstreckt, die lehrt und heiligt, an einem konkreten Ort errichtet und dennoch universal ist.[21] Sie ist die Ausbreitung des Christus über die Welt, denn er hält seine erlösten Glieder in sich zusammen. Das krönende Ereignis seiner Erlösungstat steht im Mittelpunkt der Geschichte, und über seinen völligen Triumph kann kein Zweifel bestehen. Am Pfingsttag empfingen die Apostel alle Wahrheit, und ihrer Predigt ist nichts hinzuzufügen (H. III,1,1). Die Predigt der Propheten wurde den Aposteln weitergegeben, die dieselbe Aufgabe der Kirche übertrugen (H. V, Vorrede). Ausgehend von der Mitte der Geschichte besitzt die Kirche die vollkommene Lehre der Apostel (H. III,4.1) und vermag daher denen, die später kommen, Nahrung zu bieten (H. IV,26,5). Im Besitz der Wahrheit waren die Apostel reich und überlieferten allen die Fülle der Wahrheit. Der eine Glaube und die eine Überlieferung der Kirche zeigen die Einfachheit der Wahrheit und ihr Alter (H. III,4,1f.).[22]

Ausbreitung und Vollkommenheit gehören zusammen. Die wahre Lehre kommt nur über die Sukzession, die mit Zeugen beginnt; sie ist fest und beständig zu bewahren und muß allen Menschen zugänglich sein (H. III,3,3; III,12,7; III,4,2; III, 14,1). Die Lehre der Apostel unterscheidet sich von den Fabeln der Häretiker (H. IV,12,5; IV,33,4f.). Die Glaubensregel gibt den Maßstab für die Auslegung der Schrift, denn die Vielfalt der Schrift ist an den einen Gott und den einen Christus zu binden. Um das Heil zu erkennen, führt kein Weg an der Schrift vorbei.[23]

Aufgrund des vorliegenden Materials scheint Irenäus seine Terminologie zur Überlieferung, Erkenntnis und Vollkommenheit von der Gnosis übernommen zu haben. Zweifellos gibt er im System der christlichen Wahrheit der Stellung der Apostel eine erhöhte Bedeutung. Seine Darstellung der Sukzession ist die Antwort auf eine frühere Darstellung, die die Gnostiker vorgetragen hatten.[24] Sie bleibt der angemessene Ausdruck seines Eintretens für Geschichte und Kontinuität, weil er die Begriffe auf ganz eigene Weise gebraucht.

Die allgemeine Souveränität Gottes zeigt sich in der ganzen Menschheitsgeschichte. Die Menschheitsgeschichte ist die Geschichte der Fürsorge Gottes um seine Schöpfung (H. III,19; III,23,1). Alles Tun Gottes ist von seiner Weisheit geleitet, um der Natur des Menschen zu entsprechen. Ein Unterschied besteht zwischen der Zeit, da Christus geweissagt wurde, und jener Zeit, da Christus der Menschheit endlich geschenkt war (H. IV,34,1). Jedes Zeitalter hat seinen besonderen Charakter (H. IV,9,3; III,16,3). So wie die Geschichte weitergeht, verbreitet sich auch das Heil immer weiter, um alle Menschen zu umfangen. Der Vater offenbart sich allen Menschen durch sein WORT, so daß man ihn schauen kann (H. IV,20,4). Die Heiden werden durch den Heilsplan erhoben. Die Kirche kommt von den Heiden (H. IV,30,1). Der Heilsplan Gottes wird durch das Versagen des Menschen nicht eingeschränkt oder gar zunichte gemacht. Die Schuld der Juden vereitelt nicht Gottes Plan, und ihr Schicksal dient dem Endzweck der Erlösung. Je weiter die Erlösung im Lauf ihrer Geschichte vorankommt, desto größer ist das Übermaß der Gnade und desto weiter ihre allgemeine Verbreitung (H. IV,9,1–3).

Irenäus lebt glücklich und zuversichtlich in der Zeit zwischen Wiederherstellung und Wiederkunft, zwischen Rekapitulation und Parusie. Daran ist etwas nicht ganz in Ordnung, denn die Rekapitulation sollte das Ende sein. Für Irenäus geht die Geschichte nur unter der strikten Bedingung weiter, daß nichts absolut Neues hinzukommt. Die Gnade mag zwar reichlicher fließen und mehr Menschen beeinflussen, aber alles wurde schon in Christus erreicht, und die Kirche besitzt die Fülle Christi. Die Kirche ist der Ort, an dem die Rekapitulation stattgefunden hat, das Ziel der Geschichte in gegenwärtiger Zeit; zur rechten *Zeit* zur Kirche zu kommen, darin lag der Schlüssel zur Geschichte und zur Bedeutung der Kirche.[25] In seiner souveränen Freiheit hat Gott eine neue Zeit erschaffen, indem er alles neu macht (H. III,10,1f.), um jede Ungehörigkeit aus der Zeit der Kirche zu verbannen.

Mit noch größerer Begeisterung als Irenäus spricht *Tertullian* vom triumphalen Siegeszug des Evangeliums: „Von gestern erst sind wir, und doch haben wir schon den Erdkreis und all das eurige erfüllt: die Städte, Inseln, Kastelle, Munizipalstädte, Ratsversammlungen, sogar die Heerlager, Zünfte, Dekurien, den Palast, den Senat und das Forum." Den Römern ist nicht mehr geblieben als die leeren Tempel ihrer Götter (Ap. 37). Das Ausmaß römischer Macht ist eindrucksvoll, doch ebenso weit verbreitet ist der Name Christi, denn überall wird er angebetet, und kein König erfreut sich bei seinen Untertanen größerer Beliebtheit (Iud. 7). Die Jünger Christi setzen sein Heilswerk fort und gehen in alle Welt (Ap. 21). Nichts kann sie aufhalten, denn das Blut der Christen ist der Same, aus dem sie hervorwachsen (Ap. 50).[26] Das Leben der Christen bestätigt ihr Zeugnis: „Seht, wie sie sich untereinander lieben und wie einer für den anderen zu sterben bereit ist" (Ap. 39). Wenn aufrechte, fromme und keusche Menschen zusammenkommen, so ist das keine Fraktion – es ist eine *curia*. Für Tertullian ist die Kirche eine Gemeinschaft, erfüllt vom Heiligen Geist, eine Gemeinschaft heiliger und guter Menschen, aber doch nicht ganz die göttliche Institution eines Cyprian. Dennoch läßt sich die Kirche durch sichtbare Qualitäten eindeutig erkennen: Lehre, Gesetz und Überlieferung stehen für jede Überprüfung offen. Ihr Anfang beginnt mit den Aposteln, deren Predigt das Fundament und deren Lehre das unterscheidende Kennzeichen jeder Kirche ist, die sie gründeten. Die apostolische Glaubensregel, die von den Bischöfen überliefert wird, leitet das Leben der Kirchen und verbürgt ihre Einheit an jedem Ort der Erde (Praescr. 32). Die Kirchen der Apostel sind die sichere Quelle des wahren und ursprünglichen Glaubens,[27] während die Sekten keine Verbindung mit den Aposteln haben. Da die wahre Heimat der Kirche im Himmel ist, ist sie stets ein Fremdling auf Erden. Gottes Kirche erfährt Widerstand durch die Kirche des Teufels; doch sie ist das kleine Schiff, in dem die Apostel den Sturm überstanden.

Zwischen der Kirche, dem Heiligen Geist und der Dreifaltigkeit gibt es Beziehungen, ja sogar Identität; dies geht klar aus Tertullians montanistischen Schriften hervor. Wo der Heilige Geist ist, da ist Gott. Wo Christus selbst unter seinen Gliedern gegenwärtig wird, da ist die Kirche. Tertullian geht nicht über diesen Kirchenbegriff als einer Gemeinschaft hinaus. Sie ist niemals bloß die Versammlung der Bischöfe, sondern stets jene Gemeinschaft, gebildet aus den Gliedern Christi, die vom Heiligen Geist erfüllt sind (Pud. 21). Innerhalb der Familie der Kirche empfangen die Christen Nahrung und haben Anteil an der Brüderlichkeit unter der Obhut der einen Mutter.[28] Die Kirche wird von Hirten, von Bischöfen geleitet, die die Apostel in weiser Voraussicht einsetzten (Fug. 13). Der Unterschied zwischen der Ordnung *(ordo)*, die die Kirche leitet, und dem Volk *(plebs)*, das geleitet wird, gründet in der Autorität der Kirche (Cast. 7,1). Dem Klerus kommt der wichtigere Part zu, die Laien spielen eine geringere Rolle. Dem Amt des Priesters eignet jedoch keine besondere Heiligkeit, und die Vorstellung ist falsch, daß manches Priestern erlaubt sei, was Laien nicht gestattet ist. Sind nicht die, die Laien sind, auch Priester, da jeder aus seinem eigenen Glauben lebt? (Cast. 7,1) Der Bischof leitet nicht durch *imperium*, sondern durch *ministerium* (Pud. 21,6,1). Die Unterscheidung innerhalb der Kirche zwischen Klerus und Laien ist praktisch disziplinärer Natur. Tertullian will nicht die Hierarchie, die Cyprian später errichtet,[29] doch in einigen Punkten ging er selbst in diese Richtung.

Nach *Klemens* sollten Christen sich im Duft von anderen Menschen unterscheiden, frei von irdischen Wohlgerüchen sein und nach geistlich himmlischer Salbe duften (Paid. II,65,2). Er zeigt wenig Interesse für die Gestalt und Ordnung der Kirche,[30] ist aber sehr mit dem gegenwärtigen Leben befaßt, in dem sich das eschatologische Wunder ereignet. Schon in der Gegenwart Anteil am Himmel zu haben, das ist entscheidend für die Lebensführung auf Erden. Prasserei führt nur zum Tod und ist daher dumm und unvernünftig: wie viel besser ist es, sich der himmlischen Güte zu erfreuen, auf die die *agape* verweist (Paid. II,9).

Doch die Vortrefflichkeit des wahren Gnostikers ist niemals die Errungenschaft eines einzelnen, und was Christus tat, ist nur in seinem Leib, innerhalb seiner Kirche zu verstehen. Die Gaben Gottes gelangen zu den verschiedenen Teilen des *Leibes* Christi, damit alle zur Vollgestalt Christi heranwachsen können. Vollkommenheit erreicht man auf verschiedenen Wegen durch verschiedene Gaben: die Propheten sind in ihrer Weissagung vollkommen, die Gerechten in ihrer Gerechtigkeit, die Märtyrer in ihrem Bekenntnis und die Prediger in ihrer Predigt. Die Apostel waren die einzige Ausnahme, da sie in allem, was sie taten, schrieben, wußten und predigten, vollkommen waren (S. IV,133f.). Innerhalb der Kirche herrscht ewiger Frühling, eine Jugendlichkeit, in der die Weisheit ständig erblüht. Gott tröstet seine Kinder wie eine Mutter ihr Kind tröstet: „Die

Mutter zieht ihre Kinder freundlich zu sich heran; und wir suchen die Mutter, die Kirche" (Paid. I,21,1). Das Bild von Mutter und Kindern enthält drei Hauptpunkte: es zeigt die Jugend des Christen in seinem zeitlosen Frühling, es verweist auf die Notwendigkeit, der Vollkommenheit entgegenzuwachsen und es unterstreicht die gegenwärtige Vollkommenheit des göttlichen Tuns. „Einer ist der Vater aller Dinge, einer auch der Logos aller Dinge, und der Heilige Geist ist ein und derselbe überall, und es gibt auch nur eine einzige jungfräuliche Mutter: Kirche will ich sie nennen" (Paid. I,42,1). Diese Mutter nährt ihre Kinder mit der heiligen Milch des Wortes, des Logos. Klemens verwickelt sich geradezu in die Metapher, entkommt ihren Schlingen jedoch mit Hilfe der Rekapitulation. „Der Logos wird alles für das Kind, Vater und Mutter, Erzieher und Amme" (Paid. I,42,3).

Die Heiligkeit der Kirche leitet sich von Gott her, zu dessen Ehre jenes „kostbare Heiligtum Gottes errichtet wurde, das nicht durch Handwerkskunst erbaut, auch nicht von Engelshand geschmückt, sondern durch den Willen Gottes selbst zu einem Tempel gemacht ist". Diese Kirche ist „nicht der Raum, sondern die Gemeinschaft der Heiligen", ein Heiligtum, das ganz der Würde Gottes entspricht. Unter all den Geschöpfen Gottes ist der wahre Gnostiker das kostbarste, und in der Seele des Gerechten findet Gott seine heilige Stätte. Hier konzediert Klemens Unvollkommenheit innerhalb der Vollkommenheit, denn jene, die unterwegs sind, die Erkenntnis Gottes in sich aufzunehmen, sind in Gottes Augen schon geheiligt (S. VII, 29,3–8).

Wen Gott trägt, der trägt Gott in sich und ist schon göttlich und heilig. Er hat keine Wünsche außer Gott, der in ihm ist, und er geht durch seine Erkenntnis in den Himmel ein und nimmt seinen Weg über die Geistwesen hinaus bis zu den höchsten Thronen (S. VII,82,2–5). Ein solcher Mensch verachtet irdische Schätze, weil er ein vertrauter Freund seines Herrn ist, ein König, der in Heiligkeit und Gebet sein Leben verbringt. In diesem Gebet beherrscht er die ganze Zeit; er dankt für die Vergangenheit, für die Gegenwart, ja sogar für die Zukunft, die durch den Glauben schon sein ist (S. VII,79; VI,75). Durch ständiges Gebet ist er so sehr mit Gott vereint, daß er darum bitten darf, die ganze Schöpfung und Weltordnung zu verstehen und schließlich Gott von Angesicht zu Angesicht zu sehen (S. VI,102,1f.).

Wo stehen wir jetzt in dem großen göttlichen Plan? Wer glaubt, der ist Teil dieses Plans geworden. Für Justin sind die Gläubigen aus dem Schoß Christi hervorgegangen, um sein neues, geistliches Israel zu sein. Nach Irenäus sind sie Teil des immer breiter werdenden Gnadenstroms, der durch Vermittlung der Apostel fließt. Für Tertullian sind sie die Gemeinschaft, die vom Heiligen Geist erfüllt ist, in dessen Gegenwart Christus noch immer zu finden ist. Und Klemens sieht sie schon jetzt das Leben des Himmels führen – unter der ständigen Fürsorge ihrer jungfräulichen Mutter, der Kirche. Die staunenerregende eschatologisch geistliche Realität der christlichen Gemeinschaft leitet sich von ihrer Stellung her, die sie nach der Zusammenfassung aller Dinge in Christus einnimmt. Ihr kann nichts mehr hinzugefügt werden, aber es kann ihr auch – fast unglaublich – nichts mehr verlorengehen, da der Gnadenstrom das ursprüngliche Ufer überströmt. So ist dieser Strom, der jeden Christen mit jedem anderen Christen vereint, ein himmlischer Strom, den er weder selbst hervorbringen noch völlig verstehen kann. Um so schrecklicher sind die Häresien, die diese Gemeinschaft bedrohen und ihr Leben zu einem Schatz machen, den es intensiv zu schützen gilt.

4 Kommt der Mensch im Lauf der Geschichte voran?

Ist der christliche Konflikt ein Konflikt der Verteidigung oder der Eroberung? Für das Problem des Bösen wäre das ein wichtiger Faktor. *Irenäus* spricht in einem bedeutsamen Abschnitt seines Denkens von einem Fortschritt im Reifungsprozeß und in der Entwicklung des Menschen. Manche Passagen erwecken den Eindruck, der Mensch – als Kind erschaffen – erreiche die Vollkommenheit durch natürliche Entwicklung über klar abgegrenzte Phasen (H. IV,38,3f.). Andere Stellen sprechen eher von Adams Verlust, der durch das Werk Christi wieder ersetzt wurde (H. V,12,5). Zwischen diesen beiden Themen scheint eine gewisse Spannung zu bestehen. Bei näherer Prüfung verschwindet jedoch der Widerspruch.[31] Der Mensch ist in Adam gefallen, aber die Gnade Gottes kann die Katastrophe des Menschengeschlechtes zu einem Bestandteil des Erlösungsprozesses machen. Das Thema Fortschritt und Wachstum ist bei Irenäus zweifellos umfangreich und auffallend. Gottes Plan war es, daß der animalisch-psychische Mensch dem spirituellen Menschen vorangehen sollte (H. V,1,3). Der Mensch mußte erst die Reife erlangen (H. III,22,3). Gott kannte und sah die Schwäche des Menschen und ihre Konsequenzen voraus (H. IV,38,4). Gott vermag alles vorauszusehen, was die Erlösung der Menschen betrifft (H. III,20,1). Christliches Wachsen ist Reifen zur Unsterblichkeit (H. V,29,1). Der Christ wird, wie Ignatius sagte, das reine Brot Gottes (H. V,28,4). Im Leben jedes einzelnen führt der Logos den Menschen über verschiedene Stufen bis zum Vollalter Christi. Das Voranschreiten des Menschen hängt ab von seiner immer stärker werdenden Prägung durch den Sohn (H. IV,38,3). Die Genealogie Christi bei Lukas verweist auf die Geschichte Adams als auf die Geschichte des Menschen (H. III, 22,3f.). Nach dem Sündenfall wurde Adam, der Mensch, einsichtiger und hörte auf, Sklave seiner Leidenschaften zu sein (H. III,23,5). Das Thema der Kindheit Adams und der Notwendigkeit des Wachstums zur Reife ist bei Irenäus nicht bloß auf einen einzigen Abschnitt seines Werkes beschränkt. (Vgl. H. III,22,3f.; IV,38,1; E. 14.)

Die Kindheit des Menschen ist im physischen und moralischen Sinne zu verstehen, doch er machte Fortschritte zur Vollkommenheit, und alles wurde auf seine Vervollkommnung hin angelegt (H. IV,37,7). Die Entwicklung von Adam bis zu Christus schließt sowohl göttliche Gabe als auch menschliche Erziehung ein und zielt auf den einzelnen wie auch auf die Menschheit insgesamt (H. IV,38,1). Sie ist keine natürliche Entwicklung, sondern die Wiederherstellung dessen, was verlorengegangen war (H. IV,9,1; V,16,1f.; V,17,1; III,23,2). Das Ergebnis dieser fortschreitenden Offenbarung besteht darin, daß der Sohn jenen, die Gott schauen, Leben verleiht (H. IV,20,7). Der Mensch wird das, was er in seiner Beziehung zu Gott, was er als Geschöpf in bezug auf seinen Schöpfer sein sollte.

Diese Entwicklung des Menschen hat viele Aspekte: Der Mensch wurde aus dem Paradies vertrieben, weil Gott sich seiner erbarmte und ihn nicht in der Sünde belassen wollte; denn der Tod setzte der Sünde eine Grenze (H. III,23,6). Das Gesetz sorgte für eine äußere Zucht, um den Menschen zu lenken, während das Evangelium den Menschen in Freiheit bewegt (H. IV, 9,1). Der Mensch hatte nicht eine gegenwärtige Gabe verloren, sondern ein Ziel, den endgültigen Lohn der Vollendung und Unsterblichkeit. Gott wandelte Sünde und Tod zu Bestandteilen seines Heilsplanes, nämlich den Menschen zu seiner Endbestimmung zu führen. Die Rekapitulation ist das Ergebnis der Erziehung des Menschen durch Gott und die Krönung seines Schöpfungswerkes (H. III,20,1; V,21,3). Gott stellte alles in den Dienst der Vervollkommnung und Reifung des Menschen, damit er Gott schauen und fassen könne (H. IV,37,6f.). Der Mensch mußte den Unterschied zwischen Gut und Böse kennenlernen und hatte beide auseinanderzuhalten, indem er sie ausprobierte.

Die Darstellung dieser Entwicklung ist bei Irenäus nicht frei von Spannungen, denn er arbeitet gelegentlich weniger mit Begriffen und Ideen als mit Bildern, Eindrücken und Worten. Worte wie „Leben", „Tod", „Auferstehung", „Unsterblichkeit", „Bild" und „Gleichnis" oder „Geist" werden manchmal im übernatürlichen, manchmal im alltäglichen Sinne und bisweilen auch in recht unbestimmter Weise gebraucht. Dem Fall des Menschen wie auch seiner Erhebung gibt er einen eigenen Platz, ohne immer klar zu machen, wie dies zusammenpaßt. Sicher unterstreicht diese Spannung die Gnade des Erlösers, der – wie Klemens sagt – all unsere Sonnenuntergänge in Sonnenaufgänge verwandelt. Doch so wie Klemens nicht bloß *eine* Erklärung für den Ursprung der Philosophie gab, so brachte Irenäus mehrere Darstellungen der Sünde des Menschen. Diese Parallele ist hilfreich, weil – wie bei Klemens – die innere Logik von Einwand und Widerlegung offensichtlich ist.

Vielleicht erscheint es manchem seltsam, bei einem so ausgeprägten Pessimisten wie *Tertullian* überhaupt einen Aspekt von Entwicklung zu finden. Bei seiner Argumentation gegen die Seelenwanderung verweist er darauf, daß die Zahl der Seelen nicht konstant bleibt. Die Bevölkerung der Welt wächst, und überfüllte Städte gründen Kolonien, um ihre Überbevölkerung aufzunehmen. Ödland wird besiedelt und kultiviert.

„Wenn man sich diese Welt ansieht, wird sicher offenkundig, daß sie von Tag zu Tag besser bebaut und ausgerüstet wird als früher. Alle Gegenden sind jetzt zugänglich, alle bekannt, alle dem Handel erschlossen. Schöne Landgüter haben alle Spuren einst schrecklicher und gefährlicher Einöden verwischt; bebaute Felder haben Wälder verdrängt; wilde Tiere wurden vertrieben und durch Herden ersetzt; auf sandigen Wüsten wurde angesät und steiniges Ödland bepflanzt, Sümpfe trockengelegt, und wo einst höchstens einsame Hütten standen, sind jetzt große Städte. Vor Inseln schreckt man nicht mehr zurück, noch fürchtet man ihre felsigen Küsten. Überall sind Häuser und Einwohner, staatliche Einrichtungen und zivilisiertes Leben" (An. 30).

Doch die Schlußfolgerung aus all dem ist traurig. Die Natur kann die wachsende Zahl der Menschen nicht mehr ernähren. Unsere Klage wird immer bitterer: Das Gegenmittel der Natur besteht in Seuchen, Hungersnöten, Kriegen und Erdbeben, durch die die Überbevölkerung abgebaut wird (An. 30). Selbst dies ist noch eine echte Entwicklungstheorie – Entwicklung durch Blut und Tränen, ohne die dem Menschen nicht zu trauen ist. Der Gott des Marcion, sagt Tertullian, kann sündige Menschen bloß zugrunde richten; die aber würden ihr Heil nie ohne Furcht erreichen.

Gegen Ende seines Lebens wurde Tertullian etwas optimistischer. Er fand eine Antwort auf die Spannung, die zwischen der Zusammenfassung aller Dinge in Christus und dem ständigen Heilsplan Gottes bestand, im Montanismus, der über Christus hinaus noch zu einer anderen Ordnung vorgedrungen war – zu der des Heiligen Geistes. Hier nahm die Endgültigkeit Christi nur den zweiten Platz ein – nach der Kontinuität des Heilswerkes Gottes. Der Paraklet war zu seinen neuen Propheten gekommen, und damit hatte das Endstadium der Heilsgeschichte begonnen. Das war das Werk des einen Gottes, dessen Weisheit alles regiert. Alles hat seine Zeit, sagt der Prediger (Kohelet 3,17; Virg. 1,5). Das Reich Gottes und seine Gerechtigkeit wachsen wie aus einem Samenkorn. Die Gerechtigkeit Gottes verbrachte ihre Kindheit beim Gesetz und den Propheten, ihre Jugend beim Evangelium und findet nun ihre Reife beim Parakleten (Virg. 1,6,7). Bis Christus kam, war das

Herz der Menschen hart, und bis der Paraklet kam, war das Fleisch der Menschen schwach (Mon. 14,4). Jetzt überwindet der Paraklet die Schwäche des Menschen, indem er ihm Wahrheit und Hilfe bringt (Fug. 14,3).[32]

Mit dieser erhöhten Spannung der Gegensätze, die für das ganze Denken Tertullians typisch ist, brachte das Zeitalter des Parakleten bloß um so größere Hoffnungslosigkeit, was den gegenwärtigen Zustand der Kirche betrifft. „Fortschritt" und „Vollkommenheit" bewegten Tertullian zuerst zum Verlassen der Kirche, um den Montanisten beizutreten, und dann, wie es scheint, noch zur Gründung einer eigenen Gemeinschaft.

Klemens hat etwas vom Optimismus des Irenäus, wenn er den Sündenfall als Element im Reifungsprozeß des Menschen sieht. Der Ungehorsam machte das Kind zum Mann (Prot. 111). Aber die Folgen dieser Sünde brachten Elend genug durch die Leiden, durch die gestörte Ordnung des Universums und die Verdorbenheit des Menschen. Doch diese Verderbnis wird nicht weitergegeben, wie Tertullian dachte, weil jeder Mensch sich für die Sünde auf eigene Rechnung entscheidet. Einige waren der Meinung, Klemens habe ähnlich wie Origenes die Präexistenz der Seele gelehrt, doch ist das angeführte Beweismaterial nicht schlüssig (Vgl. S. IV,167).

5 Wie wird alles enden?

Die Aussage, die Geschichte habe schon ihren Gipfelpunkt erreicht, so daß nichts mehr zu tun bleibt, prägt die ganze Entfaltung und den Gehalt der Aussagen des Evangeliums. Dies steht jedoch ganz einfach im Widerspruch zum Fortgang der Geschichte und zur Präsenz des Übels. Man muß noch ein anderes Ziel ins Auge fassen, um die Vollendung des Werkes Christi und der Gerechtigkeit Gottes zu verteidigen. Von diesem Problem wird *Justins* Darstellung des Endes bestimmt: Er ist der erste Christ, der von einem „zweiten" Kommen spricht und dieses vom ersten unterscheidet. Er findet in den Schriften viele Weissagungen über das Kreuz und vermag den Haupteinwand gegen die Messianität Jesu – daß er gekreuzigt wurde – zu beantworten. Er kann aber nicht die Sieges-Weissagungen aufgrund des irdischen Lebens Jesu erklären; daher ordnet er diese Aussagen der Wiederkehr Christi zu und unterscheidet ein erstes und zweites Kommen. „Die Propheten haben nämlich ein zweimaliges Kommen Christi vorhergesagt, das eine, das schon der Geschichte angehört, als das eines mißachteten und leidensfähigen Menschen, das andere aber, wenn er ihrer Verkündigung gemäß in Herrlichkeit vom Himmel her mit seiner Engelschar erscheinen wird" (1 A. 52,3). Er wird als der zurückkehren, der durchbohrt wurde, und wird die Male seines Kreuzes zeigen (1 A. 52; D. 14,8; D. 32,2; D. 64,7). Wenn schon sein erstes Kommen in Demut die Welt derart erregt hat, um wieviel größer wird dann die Macht seines Kommens in Herrlichkeit sein! (D. 31,1) Die Spannung, die die zweifache Ankunft Christi hervorrief, war besonders im zweiten Jahrhundert akut. Man fand keine befriedigende Erklärung für den Fortgang der Geschichte nach Beendigung und Vollendung des Werkes Christi. Justin bringt es auf die passendste und treffendste Formel, wenn er von der „Zwischenzeit bis zu seiner Wiederkunft" (D. 51,2) spricht.

Die lebhafte, visuelle Vorstellungskraft des *Irenäus* liefert ein farbiges Bild des kommenden Endes. Das Reich des Sohnes (H. V,36) wird tausend Jahre dauern, von der ersten Auferstehung (oder Auferstehung der Gerechten) bis zur allgemeinen Auferstehung aller Menschen. Irenäus verbindet die Schriftstellen der Offenbarung des Johannes 20 und 1 Korinther 15,24ff. wie auch andere Stellen: Matthäus 26,29 (Jesus trinkt von der Frucht des Weinstocks) und Römer 8,21 (die Freiheit und Herrlichkeit der Kinder Gottes). Nach Ablauf von tausend Jahren übergibt der Sohn das Reich dem Vater, und Gott wird alles in allem. Das Reich des Sohnes wird in lebendig konkreten Vorstellungen geschaut, wie im Feuersee, in dem die Bösen für immer brennen. Die Wiederherstellung aller Dinge darf nicht hinweg allegorisiert werden (H. V,32 und 35): Wie Jesaja sagte, wird der Löwe Stroh fressen; das bedeutet nicht bloß, daß die Schöpfung mit zahmen Tieren, die dem Menschen untertan sind und Früchte der Erde fressen, wiederhergestellt werden wird – es bedeutet vielmehr, daß die Früchte von erstaunlicher Größe und Qualität sein werden, denn „wenn schon das Stroh dem Löwen genügt, wie muß dann der Weizen sein!" (H. V,33,4)

So sicher wie der Weinstock und das Weizenkorn zu ihrer Jahreszeit Frucht tragen, so wird auch der menschliche Leib, der von der Eucharistie genährt wurde, wieder auferstehen und in die himmlische Herrlichkeit eingehen (H. V,2,3). Das Zeichen des Jona weist auf den Aufstieg des Fleisches zur Unsterblichkeit und Ewigkeit (H. III,20,1; vgl. H. V,8,1f. Irenäus spricht von individueller Seele, Körper und Geist.). Genau so wie Gottes gute Gaben ewig sind, ist auch ihr Verlust ewig. Die Bösen sind von Gott verlassen und werden im Gericht ins ewige Feuer geschickt (H. V,27).

Man sollte nicht übersehen, daß Irenäus die wörtliche Deutung der endzeitlichen Wunder im „Erweis der apostolischen Verkündigung" (67) herunterspielt, nachdem er sie in seinem Werk „Gegen die Häresien" (V,33f.) verteidigt hatte. Der Grund für seine Vorsicht könnte in der neuen Gefahr extrem chiliastischer Ideen und Bewegungen liegen, im Wunsch, einfache Gläubige vor Überspanntheiten zu schützen, in der Kritik anderer christlicher Lehrer oder ganz einfach in seiner eigenen klügeren und reiferen Anschauung zu suchen sein. Auf jeden Fall war für Irenäus die Spannung zwischen symbolischer und wörtlicher Auslegung weniger wichtig als die zwischen Gegenwart und Zukunft; beide Antithesen wurden vertreten und fanden keine klare Lösung.

Trotz seiner Vorliebe für das Paradox löste gerade *Tertullian* etwas von der Spannung zwischen Rekapitulation und Geschichte, zwischen dem Ende, das mit Christus gekommen war, und dem künftigen Ende. Seine erste Lösung liegt in einer futurischen Eschatologie oder Theologie der Hoffnung. Seine zweite Lösung war der Montanismus, doch seine Theologie der Hoffnung ging seinem Montanismus voran und überlebte ihn.

Christen vertrauen auf die Auferstehung von den Toten. Sie ist der Grund ihres Vertrauens, und aus diesem Grund werden sie den Leib bis in alle Ewigkeit verteidigen (Res. 1; 8). Tertullian spricht mit gewissen Untertönen zu einer Kirche, die in den letzten Tagen lebt, und verkündet die kommende Erfüllung all ihrer Hoffnungen. Mit seiner Sehnsucht nach der Fülle der Gabe des Geistes, mit seiner Weltentsagung, mit seinem Eifer für Opfer und Martyrium, mit seiner frohen Hoffnung auf die Wiederkunft Christi in Herrlichkeit und die Vollendung des

Reiches Gottes und seiner eifrigen Vorwegnahme der ewigen Strafe für die Sünder hat Tertullian die futurische Eschatologie zum beherrschenden Thema seiner Theologie gemacht. In all diesen Dingen spricht er mit Sicherheit und Zuversicht. Die Kirche mag jetzt eine Zeit der Trauer und Verfolgung durchmachen, doch der Weg des Kreuzes führt zur endgültigen Herrlichkeit.[33] Tertullian interessiert sich für den Zwischenzustand jener, die nach ihrem Tode auf dieses Ende warten; er entnimmt seine Vorstellungen hauptsächlich dem Lazarus-Gleichnis. Das einzige große Enderreignis ist die Auferstehung und das Millenium, das darauf folgt. Alles andere geht dem lediglich voraut, selbst der Zustand derer, die (als Verstorbene) die Auferstehung erwarten, obwohl sie einen gewissen Anteil des endgültigen Rechtsanspruchs vorweg erhalten mögen.[34]

Im Gegensatz zu seinen Zeitgenossen läßt *Klemens* wenig Raum für herkömmliche Eschatologie. Was Zeit und Raum betrifft, so ist der Logos Herr von allem. Wie wir sahen, wird nach dem Tode Gerechtigkeit geübt durch die Vernichtung der Sünder, durch reinigendes Feuer und durch die vielen Wohnungen. Die Vorstellung von Wohnungen mag seltsam und phantastisch erscheinen – sie ist alles andere als phantastisch. Weil Christus der universale Herr ist, kann über seinen endgültigen Sieg kein Zweifel bestehen. Sein Sieg gehört bereits der Vergangenheit an, sein Herrsein ist Gegenwart. Es geschieht nun, daß die Seelen – so wie andere Dinge – ihre eigene Ebene finden. Von dem einen ersten Prinzip in der Höhe erstrecken sich immer weiter abwärts gestuft die Rangordnungen der Engel und danach die der Menschen. Alle werden gerettet, und alle retten andere, und alle Errettung kommt von dem einen ersten Prinzip. Dies ist gerade so wie ein Magnet, sagt Klemens,[35] der seine Kraft durch eine lange Reihe von Eisenringen überträgt. Die Tugendhaften werden an den Ort gezogen, der der Kraftquelle am nächsten ist. Die Bösen fallen ab und stürzen in die Tiefe; dort finden sie ihre eigene Ebene. „Denn es ist von alters her geltendes Gesetz, daß, wer die Tugend besitzen will, sich selbst für sie entscheiden muß" (S. VII,9,4).

Wie wird alles enden? Justin geht es darum, daß das Ende den gekreuzigten Messias rechtfertigen und die Fülle seiner Herrlichkeit offenbaren wird. Irenäus zeichnet das Wunder der allgemeinen Wiederherstellung. Tertullian wird von ethischen Anliegen beherrscht, von der vollen Anwendung der Gerechtigkeit Gottes. Bei Klemens liegt die herkömmliche Darstellung vor, die jedoch zweitrangig wird gegenüber einer mehr verstandesmäßigen und zugleich überirdischen Vorstellung, wobei die individuelle Wahl eine beherrschende Rolle spielt.

[1] Ad Diog. 1.
[2] *I. Murdoch*, The Italian Girl, 170f.
[3] 1 Kor. 3,22f.
[4] Vgl. *Justin*, 2 A.13,4; *Klemens*, S.I,37f.
[5] Vgl. *E. Käsemann*, Der Ruf zur Freiheit, 89f.
[6] *Ignatius*, Eph. 19. Zur Einführung in die Begriffe des Heilsplanes und der Rekapitulation vgl. *J. Daniélou*, Message évangélique et culture hellénistique (S. 157–183 der engl. Übers.), sowie die entsprechenden Arbeiten von D'Alès, Daniélou, Prümm und Scharl, die im Literaturverzeichnis angeführt sind.
[7] Juden bestritten jegliche Beziehung zwischen dem Gott des Mose und dem Gott der Christen. Marcion bestätigte ihre Ablehnung und behauptete die (absolute) Neuheit des Christentums. Philosophen dagegen lehnten das Evangelium gerade deswegen ab, weil es neu war.
[8] Über das Fehlen des modernen Geschichtsbegriffs bei Irenäus und Origenes schreibt *H. de Lubac*, Histoire et esprit, Paris 1950, 248: „L',évolutionisme' de l'un, comme le symbolisme de l'autre, est avant tout affaire de doctrine."
[9] *J. S. Reid*, The municipalities of the Roman Empire, Cambridge 1913, 179.
[10] Vgl. *G. Highet*, Poets in a landscape, Pelican Books 1959, zur Beziehung großer römischer Schriftsteller zu ihrer Landschaft.
[11] Tertullian ging so weit, zu behaupten, die Seele würde im kalten Norden steif, starr und der Gedanken unfähig (An. 25).
[12] Justins Mißtrauen in seine Umgebung fand schließlich durch sein Martyrium eine Bestätigung.
[13] *K. Prümm*, Göttliche Planung und menschliche Entwicklung nach Irenäus, Adversus Haereses, II: Schol 13 (1938) 364: „Irenäus ist der Theologe der Langmut, der Anpassung Gottes, der Theologie der sanften Wege der Vorsehung."
[14] E. 12. Vgl. *H. U. von Balthasar*, Herrlichkeit, Bd. 2,78: „. . . daß der Mensch sich als ein Kind benimmt und erst langsam, durch Erfahrung klug wird".
[15] *A. Bengsch*, Heilsgeschichte und Heilswissen, 28. Vgl. *R. A. Markus*, Pleroma and fulfillment. The significance of history in St. Irenaeus' opposition to Gnosticism: VigChr 8 (1954) 216ff.
Bengsch stellt die Parallelpositionen heraus (ebd.):
GNOSTIKER
Grundposition:
Das Geschehen im Pleroma
Abbild: Jesu Leben, und zwar doketisch gefaßt

Beweis: Prophetenwort,
„historisch" gefaßt
IRENÄUS
Grundposition:
Historische Existenz Christi
Vorbild: Prophetenwort,
bildlich gefaßt
Beweis: Evangelienstelle,
wenn auch falsch gedeutet

[16] *K. Prümm*, Göttliche Planung und menschliche Entwicklung, 356–359.

[17] *A. D'Alès*, Le mot „oikonomia" dans la langue théologique de saint Irénée: REG 32 (1919) 6.

[18] *G. Leonhardi*, Die apologetischen Grundgedanken Tertullians. Ein Beitrag zur Apologie des Christenthums in der kirchlichen Gegenwart, Leipzig 1882, 6.

[19] In H. III,20,4 schreibt Irenäus die gleiche Stelle Jesaja zu. Justin ordnet diese Passage Jeremia zu und beschuldigt die Juden, sie hätten die Stelle aus ihrer Schrift ausgemerzt.

[20] Christus ist aus dem Vater als Geist geboren und aus der Jungfrau als Mensch. Er konnte keinen irdischen Vater haben, weil seine menschliche Geburt bloß eine Erweiterung seiner Geburt aus dem Vater ist (Carn. 17,3).
W. Bender, Die Lehre über den Heiligen Geist bei Tertullian, München 1961, 73.

[21] Vgl. *L. Spikowski*, La doctrine de l'église dans S. Irénée, Strasbourg 1926.

[22] *M. Widmann*, Irenäus und seine theologischen Väter: ZThK 54 (1957) 172f., faßt die Einstellung des Irenäus zu den Gnostikern so zusammen: „Die Wahrheit ist einfach und nicht kompliziert wie eure Systeme, die Wahrheit ist alt und nicht neumodisch wie eure Meinungen, die Wahrheit ist eine und nicht vielfältig wie eure Schuldoktrinen."

[23] *A. Bengsch*, Heilsgeschichte und Heilswissen, 62: „Ausgehend vom empfangenen Glauben, bleibt auch der ‚Wissende' Schüler des einzigen Lehrers Jesus Christus."

[24] Vgl. *D. B. Reynders*, Paradosis. Le progrès de l'idée de tradition jusqu'à S. Irénée: RThAM 5 (1933) 191.

[25] Für *O. Cullmann*, Christus und die Zeit, Zürich 1948, wurde das Heilswerk Christi in der Mitte der Zeit vollbracht und findet seine gegenwärtige Grundlage in der Kirche.

[26] Vgl. *T. S. Eliot*, Murder in the Cathedral (Mord im Dom), Schlußchor: „From such ground springs that which forever renews the earth, Though it is forever denied."

[27] *E. Altendorf*, Einheit und Heiligkeit der Kirche, 14f.

[28] Ebd. 23.

[29] Ebd. 27.

[30] Vgl. die Darstellung von *H. von Campenhausen*, Kirchliches Amt und geistliche Vollmacht in den ersten drei Jahrhunderten, Tübingen 1953, 215–233.

[31] Vgl. *A. Benoit*, Saint Irénée, bes. 181f. und 199ff. Die Lösung des Rätsels verdanke ich A. Orbe, SJ, von der Pontificia Universitas Gregoriana, Rom.

[32] *W. Bender*, Die Lehre über den Heiligen Geist bei Tertullian, 155.
[33] *K. Hesselberg*, Tertullians Lehre aus seinen Schriften entwickelt, Dorpat 1848, 133.
[34] *H. Finé*, Die Terminologie der Jenseitsvorstellungen bei Tertullian, Bonn 1958, 236.
[35] Vielleicht im Anschluß an *Platon*, Ion, 533 DE; 535E; 536A.

PROBLEME UND PARALLELEN

1 Der lange Weg des Menschen

Man hat Irenäus Aufmerksamkeit geschenkt, weil er einen Alternativentwurf zum Problem des Bösen bietet, abweichend von dem des Augustinus und anderer Theologen. Für Irenäus war die Sünde ein Merkmal der Kindheit des Menschen, das sein Wachstum zur Gottebenbildlichkeit verzögerte; Sünde war nicht eine Katastrophe, die seine ursprüngliche Gerechtigkeit zerstört. Andererseits trug Augustinus später eine Lehre über den Sündenfall vor, die an die Sintflut erinnert, wonach der Mensch trotz der Gerechtigkeit, die Gott ihm gab, ins Unheil fiel. Das Böse konnte jedoch auch als *privatio*, als Mangel oder Abwesenheit des Guten verstanden werden, und aus kosmischer Perspektive gesehen, brachten seine Mängel sogar eine Gesamt-Gutheit hervor.[1]

Es wird wohl schon aufgefallen sein, daß die Darstellung des Irenäus, wie die der lateinischen Väter Tertullian und Augustinus, nicht ganz präzise ist. Jeder der Autoren des zweiten Jahrhunderts unternimmt nicht nur *einen* Versuch zur Erklärung des Bösen in Gottes Welt. Irenäus hat zwar eine Lehre über den Sündenfall, doch nur Tertullian spricht von Erbsünde.[2] Bei der Problematik des Bösen ist das Hauptargument der Verteidigung der freie Wille des Menschen, ergänzt durch ästhetische, privative und andere Erklärungsversuche. Die stoische Philosophie ist hierbei wichtiger, als bisher erkannt. Plotin ist erst ein später Vertreter dieser Ansicht. Bei den Stoikern hatte der Hymnus des Kleanthes lange zuvor den Gott gepriesen, der das Krumme gerade machen und alles zu einem harmonischen Ganzen fügen konnte.[3] Jeder der Väter sah, daß die Welt – so wie sie war – eine Zumutung für den Glauben an den Vater

Jesu Christi darstellt. Er konnte die Welt nicht genau so gemacht haben, wie sie jetzt ist. Damit sie einen Sinn ergab und um die Wege Gottes zu den Menschen zu rechtfertigen, bedurfte es der Geschichte. Daher sah Justin Gottes langen Weg mit Israel, bis die Zeit für Christus reif war. Er sah auch die Notwendigkeit für die Wiederkunft Christi, teils wegen seiner jüdischen Fragesteller, hauptsächlich aber wegen der Gerechtigkeit Gottes. Klemens dagegen sah den erhöhten Christus, der alle Menschen durch die verschiedenen Rettungs-Zyklen zu sich heranzog. Wenn der Mensch Unrecht tat, dann schritt Gott ein, um das Böse zum Guten zu wenden. Irenäus sah das Heil als *oikonomia*, als einen Gesamtplan, der nicht eher vollendet würde, bis die Heiligen auf Erden geherrscht hatten. Tertullian mit seinem scharfen Blick für Gerechtigkeit sah jede Not, die der Mensch litt, als eine Strafe für eigene Sünde oder für die eines anderen. Im zweiten Jahrhundert war man mit allen Darstellungen dieses Problems unzufrieden, aber jede begann mit dem freien Willen des Menschen, und jede schloß mit einem handelnden Gott, der sich in zahllosen Varianten mit dem Menschen in der Überwindung des Bösen verbündete, indem er es zum Guten wandte.

Selbst die Geschichte, so wie man sie schon kannte, reichte zur Erklärung noch nicht hin. Das Böse war allzu stark und dauerhaft. Es mußte eine Zeit geben, da der schrittweise Prozeß an ein Ende kam und Sünde und Tod im Sieg verschlungen wurden. Für das Problem des Bösen gab es keine Lösung, und niemand glaubte, daß Gott es noch länger ungelöst lassen könnte. Die Eschatologie spielte von Anbeginn der christlichen Theologie eine Rolle. Bei Justin, Irenäus und Tertullian war die Hoffnung groß und die Erwartung lebendig. Justin nennt die Christen „Menschen guter Hoffnung",[4] Irenäus erwartet die tausend Beeren an jeder Weintraube und die Harmonie der Natur,[5] während Tertullian den Sturz und die Qual der Herrscher dieser Welt in lebendigen Einzelheiten sieht.[6] Klemens aber findet seine Hoffnung im gegenwärtigen Gott, der seine Kinder zu den vielen Wohnungen ihrer himmlischen Heimat geleiten wird.[7]

Der einzige Weg, für Gottes heilsgeschichtlichen Plan Glaubwürdigkeit zu erreichen, ist die Eschatologie. Was immer er vollbracht hat – es ist noch nicht genug, denn soviel ist klar angesichts der Verfolgung seines Volkes und der andauernden Herrschaft der Ungerechtigkeit. Ein großer Gegensatz besteht zwischen der erdgebundenen Apokalyptik eines Irenäus oder Tertullian und dem himmlischen Plan des Klemens; die Botschaft aber ist die gleiche: Gott hat noch nicht Schluß gemacht, er ist noch immer am Werk und wird bis zum Ende weiterwirken, bis dann sein Triumph aus aller Mehrdeutigkeit gelöst sein wird.

Was die Darstellung der Schöpfungsproblematik betrifft, müssen wir zugeben, daß die Christen nicht auf *alle* Fragen zur Vorsehung und zum Zweck der Schöpfung antworteten oder gar eine Lösung hatten. Sie gaben zwar vernünftige Antworten auf jede der fünf Fragen, die man ihnen kritisch vorlegte. Sie gaben der Menschheitsgeschichte eine bestimmte Richtung, indem sie Christus zum Mittelpunkt der Geschichte machten. Sie lösten aber nicht das Problem des Bösen und hatten keine Theorie der Geschichte als einer autonom sich selbst erhaltenden Bewegung. Sie zeigten zwar, wie Christus allem Sinn verlieh, sie zeigten aber nicht das Menschenleben als die vernunftgemäße Existenz eines zielgerichteten Lebewesens. Zuviel stand auf der Debet-Seite: das Leiden Unschuldiger, Grausamkeit und Lügen. Das Menschenleben war von vielen Zufällen beherrscht und ergab aus sich selbst keinen Sinn – dafür sorgten die Dämonen und die Sünde des Menschen. Sie konnten nur aufzeigen, daß die geschaffene Welt nicht verantwortlich zu machen und nicht als Feind abzuschreiben ist und daß die Geschichte sinnvoll wurde, wenn man Christus als ihren Herrn ansah. Aber eben dieses Glaubensbekenntnis verwies auf das, was noch nicht sichtbar war. Alle Dinge lagen eben nicht Christus zu Füßen; sie waren lediglich sein durch die Macht seiner Gerechtigkeit. Ihn zu kennen, hieß, in Hoffnung der verheißenen Freiheit der Kinder Gottes entgegenzusehen. Sie bestritten, daß der widerspenstige Stoff die Macht des guten Schöpfers einschränken konnte, verkündeten aber eben dies recht wirkungsvoll, soweit es ihr gegenwärtiges Zeitalter betraf. Gott arbeitete zwar seine Ziele aus, doch sein Werk war immer noch unvollständig.

Wegen dieser mangelnden Schlüssigkeit ließen sich manche Autoren der Gegenwart von solchen Argumenten nicht überzeugen. So beschrieb man die Eschatologie als jüdische Krankheit, die auf die Christen übertragen wurde, weil sie die Juden allzu ernst nahmen. Heidnische Verzweiflung sei besser als die Illusion apokalyptischer Hoffnung.[8] Doch Wittgenstein wußte es besser: Apokalyptik war keine Art Science Fiction oder Zukunftsphantasie. An das Jüngste Gericht zu glauben, heißt nur, aus ihm zu leben – sich wie in Gottes Gegenwart zu verhalten und auf das Wiedervereintsein mit abgeschiedenen Freunden zu warten. Der Beweis eines Überlebens liegt außerhalb des Zentrums dieser Aussage. Liefert diese Metapher den Rahmen für ein gelebtes Leben? Wenn sie es tut, ist es ein unerschütterlicher Glaube.[9]

2 Aufwärts und Vorwärts

Während der Beitrag des Irenäus zum Verständnis des Bösen in verkehrter Weise vereinfacht wurde, hat man seinen positiven Ansatz seit der neueren Vorherrschaft des Evolutions-Denkens zweifellos besser verstanden. Teilhard de Chardin hat dieses Denken mit tiefer Einsicht und hier unangemessener Präzision aufgegriffen. Sein Werk ging aus von einer Unzufriedenheit mit der scholastischen Lehre von der Erbsünde, die für die Darstellung des Geheimnisses Christi einfach nicht geeignet war. Das achte Kapitel des Römerbriefes bietet ein Bild des Universums, das Menschen sinnvoll erscheint, die mit naturwissenschaftlichen Vorgängen vertraut sind, und hat überdies viel mehr vom Geist des Evangeliums als der scholastische Ansatz bei der „Genesis".

Für Teilhard ist Sünde das, was die Vorwärts-Bewegung zu Christus, dem Punkt Omega, verhindert. Da Christus in seiner Zusammenfassung alle gemeinsam an sich zieht, ist Sünde eine Bewegung, die sich von der Einheit entfernt, oder ein Niedergang von einem geordneten Ganzen zu einem primitiveren Zustand der Organisation. „Was immer den Menschen und seine Welt fragmentarisch macht, zerstreut und auseinanderbricht, das ist böse. Sünde verzögert das Vorrücken der Welt auf Christus hin; sie ist ein Gegenstoß gegen das Kommen seines Reiches."[10] Sünde ist niemals bloß privat und persönlich, weil der Mensch

Teil des Kosmos und Hauptziel des kosmischen Prozesses ist. Es besteht eine „Spannung zwischen der absoluten Zukunft des Menschen und seiner Unfähigkeit, sie mit Hilfe irgendwelcher Mittel zu erreichen, die der Welt immanent oder ihm selbst angeboren sind"[11]. Christus allein ermöglicht die Einheit mit Gott, für die der Mensch geschaffen ist. Christus allein ermöglicht die Reise durch den Tod ins ewige Leben beim Vater. Erlösung widerstreitet nicht der Schöpfung, sondern repräsentiert die Krönung des Schöpfungswerks Gottes. Daher darf der Mensch in Adams Sünde eine *felix culpa* sehen, die der ganzen Menschheit Erlösung brachte.

Einzelheiten von Teilhards System sind hier nicht wichtig. Von Bedeutung aber ist sein Gespür für Bewegung, für Evolution. Sünde ist keine kosmische Katastrophe, die das Universum auf Dauer schwer beschädigt hinterläßt – sie wird vielmehr durch Gottes Handeln überwunden. Hier sind, wie im zweiten Jahrhundert, die Krankheit der Welt nicht das letzte Wort, denn sie können Gott und seine Kinder nicht daran hindern, voranzukommen. Vielleicht ist dies eine menschliche Notwendigkeit, aber sie steht auch in der Herzmitte der Christenheit, die sich nur dadurch bewegt, daß sie ein Kreuz trägt – aber sie bewegt sich, sie geht in der Nachfolge. Im zweiten Jahrhundert bewahrte die konkrete Gestalt des Leidens die Christen davor, sich auf Innerlichkeit und Selbstmitleid zurückzuziehen. Dies wird auch bei Teilhard offenkundig, als ihn ein schwerer familiärer Verlust in die Mitte des Problems führt:

„Einer meiner Neffen ertrank in Auvergne beim Baden im Teich: verfangen in Schlingpflanzen. Mein Bruder besuchte mich in der vergangenen Woche. Er ist gebrochen, doch zugleich so ruhig und stark. Er macht weiter. Es lohnt, einen Glauben zu haben. Und wirklich, ganz ernsthaft gesagt, ich sehe nicht, wie wir der Alternative entgehen könnten: entweder entwickelt die Welt durch Glück und Unglücksfälle etwas ‚höchst Liebenswertes' *(adorable)*, dann müssen wir ihr dienen und sie lieben; oder sie ist einfach absurd und ‚hassenswert' *(haïssable)*, dann müssen wir sie ablehnen so sehr wir können."[12]

Der gleiche Vorfall bringt ihn später zu der Bemerkung, das Christentum sei der einzige Weg, den die Menschen fanden, die

Welt bewohnbar zu machen, indem es Sanftmut und Wärme in einen harten und grausamen Ort hineintrug. Eben darum ist das Christentum dazu bestimmt, so oder so zu gewinnen; es ist nicht eine Angelegenheit des Wunschdenkens, sondern des rationalen Überlebens. Teilhards Sensitivität für Probleme ist nicht zu bestreiten; als Paläontologe sah er, daß die Wissenschaft neu und verschärft die alte Frage stellt: „Warum kam das Christentum erst so spät?" Sein schwungvoller Optimismus bleibt für manche Grund genug, seine Sicht der Dinge abzulehnen. Besteht eine Möglichkeit, seine Ideen in eine größere Lösung aufzunehmen?[13]

Der Gegensatz zwischen Teilhards Entwicklungstheorie („Aufstieg") und Augustinus' Katastrophentheorie („Fall") ist in der Praxis kein letzter Gegensatz. Er scheint zwar vollständig zu sein, weil Teilhard den Menschen zu einer künftigen Vollendung aufsteigen, Augustinus ihn aber aus einer ursprünglichen Vollkommenheit abstürzen sieht. Das Übel begegnet uns jedoch in doppelter Gestalt, als physisches und als moralisches Übel, genauer gesagt als „Nöte, für die man niemandem die Schuld geben kann", und zweitens als das sittlich Böse. Beide können physische Folgen haben. Bestimmte Fälle schließen oft beide Arten des Unheils ein. Wenn jemand, trotz aller Bemühungen, an Leukämie stirbt, so ist niemand schuld daran; hätte man aber so viel Zeit und Geld auf medizinische Forschung verwendet wie auf Rüstung, so wäre wahrscheinlich die Leukämie jetzt heilbar. Diese beiden Arten des Unheils erfordern auch zwei verschiedene Erklärungen. Das physische, nicht-moralische Übel kann durch Teilhards „Aufstieg"-Theorie erklärt werden, während das moralische Übel durch Augustinus' „Fall"-Theorie erklärbar wird. Die beiden Arten des Übels und die beiden Erklärungen dürfen nie vermischt oder verwechselt werden, doch sind sie häufig beim gleichen Ereignis zugleich vorhanden und von Bedeutung.[14] Moralisches Übel hat keinen Anteil an der Vorwärtsbewegung des Menschen, wohl aber kann das physische, nichtmoralische Übel durchaus Anteil daran haben. Diese Unterscheidung trägt noch zu weiterer Klärung bei und ist ein weiterer Gewinn, das Problem des Übels besser zu verstehen.

3 Mehrdeutigkeiten

Jede Diskussion des teilhardschen Denkens muß zur Erkenntnis der Ungenauigkeit führen, die beim Gebrauch der Vokabel „Geschichte" weithin im theologischen Schrifttum herrschte. Man hat Justin eine Theologie zuerkannt, die auf Geschichte aufbaut, und eben dies wurde als eine Erklärung seines Denkens betrachtet. Spekulative Geschichtstheorien zeigen drei Hauptformen: progressiv-regressiv, zyklisch und chaotisch.[15] Es ist möglich, Geschichte als Ordnungsraster des Fortschritts vom Kleinen zum Großen, vom Schlechten zum Guten und vom Einfachen zum Komplexen anzusehen; dann ist es auch einfach, die Richtung vom Fortschritt zum Rückschritt umzukehren. Andererseits sehen manche (wie die Stoiker) in der Geschichte eine Kreisbewegung durch Wiederholung der gleichen Irrtümer: Katastrophe und Erholung. Eine dritte Möglichkeit liegt darin, das andauernde und wachsende Chaos als einzig erkennbaren Zug der aufeinander folgenden Daseinsphasen des Menschen anzusehen. Justin gebraucht nun jede dieser Theorien. In dem Gesetz, das der Mensch von Gott empfängt, gibt es einen Progreß, und dieser erreicht seinen Gipfelpunkt im neuen und endgültigen Gesetz, und eben das ist Christus. Es gibt aber auch einen Progreß in Macht und Ausmaß der Sünde, und dieser gipfelt in der Kreuzigung des Gottessohnes. Die Geschichte der Sünde ist jedoch zugleich zirkulär, da jeder Mensch die Wahl Adams vollzieht und Falsches tut aus eigener Wahl: kein Ende solcher Wiederholung abzusehen! Drittens aber herrscht überall Chaos als Folge der Macht der Sünde und der Wiederholung des Sündenfalls. Abgesehen von diesen drei Aspekten seiner Geschichtsbetrachtung ist Justin durchaus überzeugt, daß sich die wichtigeren Dinge nicht wandeln. Der Logos, der bei der Schöpfung hilft und durch die Propheten spricht, ist derselbe Logos, der in Christus gegenwärtig ist. Als Folge dieser Konzeption muß Justin die Geschichte pressen, um Vorbilder Christi im Alten Testament zu finden. Der *lógos spermatikós* ermöglicht geschichtlichen Fortschritt vom Teil zum Ganzen; der Logos des Alten Testaments ist jedoch nicht Teil – er ist bereits der Ganze.

Diese Mehrdeutigkeit macht die Spannungen bei Justin verständlich.[16] Wenn er, wie im Fall des Gesetzes, von einem Fortschreiten redet, so ist man um so besser plaziert, je später man in der Geschichte dran ist. Wer zuletzt kommt, wird am besten bedient. Andererseits aber bietet hohes Alter Überlegenheit, wenn Justin die Identität behandelt. Wer zuerst kommt, wird am besten bedient; während alle dasselbe erhalten, erhalten es manche zuerst.

Solche Mehrdeutigkeiten kommen auch bei den drei anderen Autoren vor, die wir untersuchen, und es wäre daher unklug, von ihrer Geschichtskonzeption zu sprechen, ohne im einzelnen aufzuzeigen, welche Implikationen vorliegen.[17] Justin und Irenäus hatten sicherlich Hoffnungen auf ein besseres Leben schon auf Erden.[18] Auch Tertullian sah die Königsherrschaft Christi auf Erden voraus; die spätere Darstellung der Kirche, die Cyprian vorlegte, war von der Vorstellung geprägt, die Gläubigen sollten die Erde unter Christus, dem *Imperator*, beherrschen. Klemens konzentrierte sich auf den Himmel, wo es ein Voranschreiten durch verschiedene Grade der Herrlichkeit gab. Dies war die eine Möglichkeit, Ungerechtigkeiten beizulegen, die sich diesseits der Todesschwelle ereignet hatten; ein anderer Weg führte über die Bestrafung der Sünder.

4 Die Endgültigkeit Jesu

Heute kann die Endgültigkeit Jesu nicht mehr in der triumphalistischen Terminologie der „Church of Christendom" zum Ausdruck gebracht werden. Statt dessen bezieht sich ein sehr überzeugendes Buch neueren Datums auf die frühe patristische Konzeption – Gott als Geist.[19] Dieser Ansatz zielt auf vier Dinge: er klärt die Kontinuität, die zu Christus hinführt, die Kontinuität, die von ihm ausgeht, die Wahrheit, die er offenbart, und die Gemeinschaft, die er stiftet. Gott ist als Heiliger Geist kontinuierlich im Geist des Menschen inkarniert, denn Schöpfung und Erlösung gehören zusammen. Die Einzigartigkeit Jesu besteht darin, daß er wahrhaft der Sohn Gottes und eben dadurch wirklich völlig menschlich ist (S. 23). Zum ersten Mal bildet Gott als Geist wirklich einen Menschen. „Christus ist daher nicht so sehr der ‚zweite' Adam als der wahre Adam, der ‚richtige Mensch', in dem Gottes Menschheitsplan zum ersten Mal zur Verwirklichung kommt" (S. 19). Das Werk Gottes als des Geistes wird ständig fortgesetzt. Bei Paulus ist Jesus als der archetypische Adam (S. 79) lebenspendender Geist (1 Kor. 15,45), der im Gläubigen wirkt, so daß nicht mehr der Gläubige lebt, sondern Christus in ihm (Gal. 2,20). Das Christusereignis setzt sich fort vom Neuen Testament bis auf den heutigen Tag, indem es sich entfaltet und wandelt durch die Auslegungen, die man ihm gibt. Der Geist, der durch Christus spricht, drängt uns dazu, manche Elemente in der Überlieferung als mit ihm unvereinbar abzulehnen (S. 109). Die Endgültigkeit Jesu bedeutet nicht, daß wir niemals über die Vorstellungen, die er vertrat, hinauskommen oder daß die göttliche Kreativität nach ihm erlosch; sie bedeutet vielmehr, daß er der entscheidende Mittelpunkt des Umgangs Gottes mit den Menschen ist und daß es sein Geist ist, der wirklich weiterführt (S. 113). Bei dieser Vorwärtsbewegung wird es immer einige Probleme geben, die individuellen und sozialen Aspekte der Eschatologie in die richtige Relation zueinander zu bringen. Heute geht es Marxisten wie auch Teilhard vor allem um eine kollektive Hoffnung. Während es in der Hoffnung der frühen Kirche eine stark individuelle Tendenz gab, fehlte doch nie ein wesentlich gemeinschaftlicher Aspekt. Der Christ war immer Glied einer Gemeinschaft, im Himmel wie auf Erden, bei der Wiederkunft Christi wie in der Gegenwart (S. 173).

Im Gegensatz zu dieser verständnisvollen Darstellung, ist eine neuere Abhandlung über die Endgültigkeit Christi merkwürdig abgekapselt und negativ. Angesichts der Probleme dieses Glaubens in einer Welt von unterschiedlichen Weltsichten,[20] versucht sie diese im Kontext des neuzeitlichen Triumphalismus zu lösen. Die historischen Anfänge im zweiten Jahrhundert werden übergangen, und das Ergebnis ist ein extremer Begriffs-Provinzialismus.[21] Wir werden belehrt, der Glaube an die Endgültigkeit Christi sei das Ergebnis europäischer Weltkolonisierung im neunzehnten Jahrhundert und habe in der gegenwärtig nachchristlichen Ära keinen Platz (S. 119ff.). Im Gegensatz zu dieser Behauptung sahen wir, daß der Glaube an die Endgültigkeit Christi dem Christentum voranging. Sodann wird behauptet, die Christen hätten die jüdische Geschichtstheologie annehmen müssen, um die Endgültigkeit Christi zu verstehen (ebd); ganz im Gegenteil: Justins Konzept von Geschichte befaßt sich mit dem *lógos spermatikós*, der in den Philosophen wirkt, und Klemens war der Meinung, die Philosophie diene den Griechen, wie das Gesetz den Juden diente. Hier verdankte man den Propheten nicht viel mehr als Platon und den Stoikern. – Ferner erfahren wir, daß man die Endgültigkeit Christi als jene Weise verstand, auf die er verzweifelte Sünder in ihrem Untergang aufnimmt, und daß dies die Sicht der „großen protestantischen Anthropologien (sei) von Luther bis Ritschl, Bultmann und Tillich" (S. 125). Die Zusammenstellung vier so unterschiedlicher Theologen ist interessant; die protestantische Sicht, die sie angeblich vertreten, ist jedoch der konservativ römisch-katholischen Lehre viel ähnlicher als irgendeiner anderen. Die Kritik der protestantischen Anschauung, die darauf folgt, klingt moralisierend, denn für das Versagen dieser Sicht wird die Schuld dem Mangel an Zuversicht gegeben, der für die jüngere Zeit so charakteristisch sei (S. 128f.). Da dieser Verlust an Seelenstärke im Umfeld der angelsächsischen Welt beschrieben wird, wo diese düstere Sicht immerhin begrenzte Aufnahme fand, wäre ein anderer Grund noch überzeugender. Vielleicht könnte er in einem enttäuschten Triumphalismus liegen. Diese Möglichkeit wird gestützt durch das anfänglich imperiale Denken und durch die Schlußfolgerung, die Endgültigkeit Jesu läge im „Triumph verzückter Gemeinschaft mit Gott in der Versicherung der Liebe Gottes zum Menschen" (S. 130). Sogar die Endgültigkeit der ethischen Lehren Jesu wird behauptet, denn: „Es kann keinen höheren sittlichen Wert geben als äußerste Herzensreinheit, Losgelöstsein und Hingabe an den Weg der Liebe" (ebd.). Dies ist das Allerhöchste und ist ebensowenig zu übertreffen wie die zentralen Themen, für die Jesus Zeugnis ablegt. All dies mag durchaus wahr sein; doch ist es ebenso schwer zu beweisen und für Nicht-Christen ebenso unmittelbar anstößig wie andere Darstellungen der Endgültigkeit Jesu.

Die hierauf folgende Darstellung christlicher Existenz in einer pluralistischen Gesellschaft ist an vielen Stellen kaum überzeugend. Denn Pluralismus besteht *nicht* in einer „Gärung verschiedener Weltanschauungen", und die Städte von heute sind *gar nicht* „voll von Philosophien, die sich stoßen" (S. 140). Fälschlicherweise wird Augustinus als reine Privatperson gesehen; seine Vorstellung von Christentum war aber so politisch, gemeinschaftlich und geschichtlich wie nur irgendeine. Dem hier geschilderten Christentum auf dem Lande widerspricht rundweg jeder Aspekt der donatistischen Kontroverse und die Unterdrückung, die nach Beendigung der Kontroverse noch weiterging.

Aus dieser Diskussion geht zweierlei hervor: die gegenwärtige Relevanz der Frage im europäischen Kontext, und das Rätsel frühchristlich intellektueller Ansprüche zu einer Zeit, als Christen offensichtlich noch bedeutungslos waren. Eine intellektuelle Arroganz der Christen mit dem Imperialismus des neunzehnten Jahrhunderts in Verbindung zu bringen, ist geschichtlich absurd, denn die ersten Christen erhoben Anspruch auf letzte Wahrheit schon lange bevor es eine Christenheit gab – aber genau dies macht ihren Anspruch so interessant.

5 Leben über das Ende hinaus

Die Geschichte bleibt ein Problem. Für Christen wurde das endgültige Wort in Jesus Christus gesprochen, und doch ist das Ende noch nicht gekommen. Die Endgültigkeit Christi war nicht nochmals zu beherrschen, wie die Montanisten sie beherrschen wollten; aber die Geschichte ging noch weiter. Alles war in Christus zusammengefaßt, und doch war alles noch unvollständig. Die christliche Hoffnung war ein Weg, diesen Abgrund zu überbrücken, und die platonische Anteilhabe kam ihr zu Hilfe. Jetzt war es möglich, durch das Ende, das in Christus war, zu leben – durch schöpferische Jüngerschaft und kreative Liebe. Die Auferstehung stiftete Geschichte, die durch die Macht des Kreuzes die Welt ergriff. Jetzt konnte man die Wahrheit, die in Christus war, erkennen und teilen; die Gnade, die er schenkte, war eine gegenwärtige Vorwegnahme seiner Herrlichkeit. Die Lage der Gläubigen mochte noch so unklar und zwiespältig sein, es gab keinen Zweifel daran, daß das letzte Ziel aller Dinge die Freiheit der Kinder Gottes war, so wie sie Jesus zeigte und gab. „Jesus wird von denen aufgenommen, die die Geschichte seines Lebens als die eines Mannes brauchen, der nicht bloß ein Prinzip erläutert, sondern es irgendwie erreicht und allererst ins Dasein bringt."²² Gnostiker und Mittelplatoniker konnten zwar von einer Totalität des Seienden, von einer Zusammenfassung in einem himmlischen Äon sprechen, das Neue Testament aber und die Väter sprachen davon als von einem Ereignis der Geschichte, das noch immer dort zu finden war.

---

¹ Das ist das zentrale Anliegen von *J. Hick*, Evil and the God of love.
² „Er formuliert als erster den Gedanken ererbter Sünde oder Verderbnis der Natur, und er erklärt als erster den Vorgang, durch den diese Verderbnis von Generation zu Generation weitergegeben wird" – so *F. R. Tennant*, The sources, 335.
³ *Stobaeus*, Anthologium, ed. Wachsmuth, Bd. I, 26.
⁴ 1 A. 14,3.
⁵ H.V,33,3.
⁶ Spect. 30,2; vgl. Scap. 3: keiner Stadt wird die Vergießung christlichen Blutes ungestraft hingehen.
⁷ S. VI, 105–114.
⁸ R. Rubinstein, zit. in *P. Baelz*, The forgotten dream, Oxford 1975, 113.
⁹ Vgl. L. Wittgenstein, Lectures and conversations on aesthetics, psychology and religious belief, Oxford 1966, 56; vgl. auch *D. Z. Phillips*, Death and immortality, 68.
¹⁰ *J. P. Kenny*, Teilhard de Chardin on original sin: Colloquium 7 (1974) 10.
¹¹ Ebd. 11.
¹² Teilhard de Chardin, Letters to two friends 1926–1952, London 1970, 175.
¹³ Der folgende Abschnitt gibt Antwort auf diese Frage in Richtung der Vorschläge von *J. Cowburn*, Shadows and the dark. The problems of suffering and evil, London 1979.
¹⁴ Ebd. 92f.
¹⁵ *W. H. Dray*, Philosophy of history, Englewood Cliffs 1964, 61f.
¹⁶ Sein Vertrauen auf die menschliche Vernunft oder seine pessimistische Einstellung zu ihr, seine Annahme oder Ablehnung der Idee einer geschichtlichen Entwicklung – diese und andere Themen wurden schon ausführlich erörtert; vgl. hierzu die Bemerkungen von *E. Osborn*, Elucidation of problems as a method of interpretation, II: Colloquium 9 (1976) 10–16.
¹⁷ Augustinus hat ähnliche Mehrdeutigkeiten in seinem Schema, und daher wäre es unklug, ihn ohne sorgfältig nähere Bestimmung Joachim von Fiore gegenüberzustellen. Augustinus vertrat mehr als nur ein Vorstellungsschema irdischer Geschichte, und in unterschiedlichen Partien seines Werkes kommen verschiedene Einteilungen vor. Im allgemeinen vertrat er die Ansicht, daß bis zum Jüngsten Gericht, wenn die Gläubigen in die Sabbatruhe der ewigen Freude eingehen werden, kein weiterer Schritt nach vorn erfolgen würde. Die Obrigkeit war zweifellos nicht die Königsherrschaft Gottes auf Erden. Andererseits sah aber Joachim wirklich eine Bewegung vom aktiven Leben zum Leben der Kontemplation und von dort weiter zu einem Zustand geistlicher Erneuerung auf Erden. „Wir werden nicht sein, was wir waren, sondern werden anfangen, anders zu sein", so *Joachim*, Psalterium,

Venedig 1527, zit. von *F. E. Manuel*, Shapes of philosophical history, Stanford 1965, 40.
[18] Vgl. *A. P. O'Hagan*, Material recreation in the apostolic fathers, TU, 100, Berlin 1967.
[19] *G. Lampe*, God as Spirit, kommt auf das Thema der Endgültigkeit auf verschiedenen Stufen der Beweisführung zurück.
[20] *Don Cupitt*, The leap of reason, London 1976, 93: „The interpretative plasticity of the world seems to make it possible for human groups to survive and flourish with very different world-views, especially if we consider a world-view as an action-guiding belief-system."
[21] Ebd. Kap. 10, besonders wichtig wegen der ausdrücklichen Behandlung der Thematik, „The finality of Christ". Zum Ausdruck „Begriffs-Provinzialismus" siehe oben S. 28.
[22] *D. M. Mackinnon*, Metaphysics, 163.

261

DAS WORT – KURZ UND BÜNDIG VII

Jede Gruppe von Problemen wies zwei markante Merkmale auf. Da war zunächst das ärgerliche Problem der Unendlichkeit, denn niemals gab es einen Punkt, an dem die Fragen abgerundet und vollständig abgeschlossen werden konnten. Es blieb immer das Gefühl, am Rande der Wüste oder an der Küste des Meeres zu stehen. (Der Hauptgrund, die Debatte zu beenden, lag darin, daß das Thema unerschöpflich war; man hatte genug gesehen, um zu begreifen, daß das Ende nie in Sicht kommt.) Der Gott in der Höhe war im Geheimnis verhüllt oder offenbarte sich in einem Glanz, der so durchdringend war, daß kein Mensch ihn ertragen konnte. Der Mensch, als Gottes Ebenbild dennoch sündig, als Freier dennoch Gefangener, war ein vernunftbegabtes, lachendes Lebewesen, das sein Leben erst im Durchgang durch den Tod fand. Die Welt, Gottes gutes Universum, war durchschossen vom Leid und vom Bösen. Die Geschichte hatte ihr Ende in Christus erreicht, ging aber dennoch weiter in unheimlicher Verwirrung. Zwar blieb noch ein weiteres Ende, aber niemand vermochte zu sagen wann, warum oder wie . . .

Als zweites gab es bei jeder Nachforschung nur eine Schlußfolgerung, und zwar eine sehr kurze. Der unbekannte Gott wird durch sein Wort, durch seinen Logos erkannt. Der Mensch ist *logikós* und lernt seine wahre Natur einzig im vollendeten Menschen und vollkommenen Logos kennen. Die Welt ist erschaffen und regiert durch das göttliche Wort. Die Geschichte ist lang, aber in diesem Wort zusammengefaßt. Die brutale Kürze und Einfachheit des Evangeliums war für die meisten Leute unattraktiv: nur Sklavensinn konnte eine derartige Reduktion so vieler Themen akzeptieren.[1] Dennoch machten die Christen keinerlei Versuch, diese Einfachheit zu beseitigen und verteidigten sie sogar gegen die prätentiöse Aufgeblasenheit der Gnostiker.

Irenäus legt besonderen Wert auf die Kürze und Bündigkeit Christi und zitiert Jesaja 10,22: „Ein kurzes und bündiges Wort in Gerechtigkeit: denn ein kurzes Wort wird der Herr vollführen auf der ganzen Erde" und bemerkt hierzu, „daß die Menschen nicht durch die Langwierigkeit des Gesetzes, sondern durch die Kürze des Glaubens und der Liebe zum Heil gelangen sollten". Das Gesetz wird durch die Liebe erfüllt, und an den beiden großen Geboten hängen das ganze Gesetz und die Propheten. Der Glaube an Christus ist für den Menschen das einzig Notwendige, um gottselig, gerecht und gut zu sein. Dies ist Gottes kurzes Wort in der Welt: „In diesem Sinne hat er ein kurzes Wort auf der ganzen Erde durchgeführt" (E. 87).[2]

Die Einfachheit der Abhilfe war abgestimmt auf die Einfachheit der Not. Nur eines war am Menschen verkehrt – er hatte die Gottebenbildlichkeit verloren, die Adam ursprünglich besaß. Dieser Verlust bestand schon lange Zeit, wurde aber durch die Menschwerdung des Wortes in einem Augenblick wieder ausgeglichen. Das war die Erlösung in ihrem Kern. Der Mensch gewinnt in Christus wieder, was er in Adam verloren hatte. Der Sohn Gottes, der schon immer beim Vater gewesen ist, „faßte die lange Entwicklung *(longam expositionem)* der Menschen in sich zusammen, indem er durch die Inkarnation Mensch wurde, und gab uns ein kurzes Kompendium des Heils *(in compendio nobis salutem praestans)*, damit wir unser Sein nach dem Bild und Gleichnis Gottes, das wir in Adam verloren hatten, in Christus Jesus wiedererlangen möchten" (H. III,18,1). Die gleiche bemerkenswerte Aussage kommt auch in der Darstellung vor, die Irenäus vom Weinwunder der Hochzeit zu Kana gibt (H. III,16,7). Bei Christus ist nichts unvollständig oder zur falschen Zeit. Der Vater wußte um alles, das geschehen sollte, und der Sohn führte dies alles in der richtigen Reihenfolge und zur rechten Zeit aus. Maria wollte Anteil haben an dem „Becher des Kompendiums" (der Zusammenfassung) – *compendii poculo*. Der Wein, den Jesus hier aus Wasser gemacht hatte, war ein *compendium*, weil er auf den anderen Becher hinwies, auf den Neuen Bund in seinem Blut, und weil er von gleicher Art war hinsichtlich seiner Bestimmung, seiner Bindung an den Augenblick und seiner Geltung ein-für-allemal. Denn Irenäus hatte bereits den alten Wein, der durch den langen Naturvorgang erzeugt war, dem neuen Wein gegenübergestellt, der alles zusammenfassend und einfach aus Wasser gemacht wurde *(compendialiter, ac simpliciter)* (H. III,11,6).

Hier liegt der Schlüssel für alles, was Irenäus und seine Zeitgenossen über Jesus zu sagen hatten. Die Darstellung der Rekapitulation, der Zusammenfassung, läßt sich auf geradezu peinliche Weise vervielfältigen. Irenäus bediente sich ihrer, um die *Gnosis* auszustechen.[3] Rekapitulation war zunächst ein gnostischer Begriff, doch Irenäus weitete ihn unbarmherzig aus, teils weil er dachte, der kosmischen Bedeutung Christi seien keine Grenzen gesetzt, teils weil man mit diesem Begriff die Dinge so sehen konnte, daß die *Gnosis* auf eigenem Boden zu schlagen war. Späteren Lesern verdunkelt leider die Weitschweifigkeit bei Irenäus die zentrale Wahrheit, daß dieser Begriff wirklich ein Resümee, ein Kompendium, im buchstäblichen Sinn eine Zusammenfassung war, so kurz, wie nur irgend etwas sein konnte – ein Einziges, Eines als Alles. Das war nicht errechnet, sondern unmittelbar gesehen wie von einem Blitzstrahl erhellt. Dasselbe kam Justin in den Sinn, wenn er Christus als den ganzen Logos verkündete und die Weise beschrieb, in der Christus sprach. „Kurz und bündig sind seine Aussprüche, denn er war kein Sophist, sondern sein Wort war Gotteskraft" (1 A. 14). Und es kehrt wieder bei Tertullian, wo Christus „für alle der Gleiche" ist, „für alle der König, für alle der Richter, für alle Gott und Herr" (Iud. 7,9), und bei Klemens, wenn er sagt, daß der Blinde einen Führer braucht, der Kranke einen Arzt, „die ganze Menschheit aber Jesus nötig hat" (Paid. I,83,3). Auch bei Origenes findet es sich, der die Bedeutung des Mose und Elija in der Verklärungsgeschichte erkennt und die noch größere Bedeutung ihres Entschwindens, so daß die Jünger „nur noch Jesus allein" sahen. Das ganze Evangelium ist in Christus, der die *autobasileia* ist.[4] Kürze ist ein ständiges Anliegen der Christen: „Halte dich an Christus, und um den Rest sei gänzlich unbesorgt."[5] *Solus Christus* bedeutete im zweiten Jahrhundert die Fähigkeit, fünf Dinge blitzartig auf einmal zu sehen: die Menschwerdung des Wortes, seine ewige Einheit mit dem Vater, die Wiedervereinigung des Menschen mit Gott, das Geschenk der Gotteserkenntnis durch Christus und seine Universalität. All diese Themen zusammen findet man im Vierten Evangelium, in dem das *verbum dei* und der *solus Christus* vom ersten bis zum letzten Vers den ganzen Text beherrschen (Joh. 20,31).

Im folgenden möchten wir kurze Antworten auf diese fünf Fragen geben:
1) Wie wurde das Wort Gottes Mensch?
2) Wie verhält sich das Wort zu Gott Vater?
3) Was erreichte das Wort durch sein Gottmenschsein?
4) Wie vermittelt das Wort Gotteserkenntnis?
5) Wie kann das Wort zugleich partikular und universal sein? Ist der Mensch Jesus und der Auferstandene *zugleich* das universale Wort Gottes?

1 Wie wurde das Wort Gottes Mensch?

Wer die christliche Darstellung jenes Gottes, der die endliche Begrenztheit der Menschen und Idole übersteigt, erst einmal begriffen hat, dem muß die Inkarnation schrecklich unvernünftig erscheinen. Wie konnte sie überzeugend dargestellt werden? Für *Justin* ist die Inkarnation ein Faktum, das die Weissagung zur Erfüllung bringt, kein seltsames Eindringen, sondern ein langerwartetes Ereignis. „Da ist nun eine Ortschaft im jüdischen Lande, fünfunddreißig Stadien von Jerusalem entfernt, in der Jesus Christus geboren wurde, wie ihr auch aus den Steuerlisten ersehen könnt, die unter Quirinius, eurem ersten Landpfleger in Judäa, angefertigt wurden" (1 A. 34). Für Justin ist die Inkarnation eine Tatsache, und Fakten sind von doppeltem Wert. Erstens geben sie dem Ereignis eine irdische Kraft, und zweitens erfüllt jedes einzelne Faktum eine besondere Weissagung bezüglich des Messias, fügt himmlische Kraft hinzu, indem Gottes Handeln erwiesen wird, und gleicht die Verheißung durch die Erfüllung aus. Ein bloßer Wahrsager könnte nicht so viele Prophezeiungen erfüllen (1 A. 31f.). Ohne die Einzigartigkeit der Inkarnation im mindesten aufzugeben, wird ein Vergleich mit Sokrates vorgetragen, um das zu erklären, was in Jesus geschah. Sokrates fand und verwendete einen Teil des Logos und wurde dafür verurteilt. Christus ist der *logos* in jedem Menschen. Er sprach durch die Propheten, kam sodann und tat, was er vorausgesagt hatte. Seine Einzigartigkeit läßt sich am Ausmaß und an der Tiefe seines Einflusses auf das menschliche Leben ermessen (2 A. 10).

Im Gespräch mit Juden, die ja nicht einsehen können, warum Christen ihre Hoffnung auf einen gekreuzigten Menschen setzen, ist es besonders wichtig, die Inkarnation als Erfüllung der Schrift darzustellen (D. 10,3). Den Juden ist zu zeigen, daß Christus zweimal kommen muß, um die Schrift zu erfüllen – einmal, um schändlichen Tod zu erleiden, und ein andermal, um über seine Feinde zu triumphieren (D. 32,2 *et passim*). Alles ist vorhergesagt worden, von der Vorbereitung Johannes des Täufers auf sein erstes Kommen bis zu seiner Wiederkunft in Herrlichkeit (D. 51,2). Die besonderen Ereignisse seines Lebens, besonders seine Geburt und sein Tod, sind wichtig für Justin. Seine im dunklen liegende Jugend (1 A. 35,1) und seine Arbeit als Zimmermann (D. 88,8) erfüllten die Voraussage des Propheten über seine Gestaltlosigkeit (Jes 53,2).

Für *Irenäus* erfüllt die Inkarnation ganz gewiß die Weissagung und gleicht die Voraussage durch Erfüllung aus. Doch die Idee des Ausgleichs, des Austauschs, der Symmetrie oder des Passenden wird noch viel weiter verfolgt und die Notwendigkeit der Inkarnation auf verschiedenen Ebenen erörtert. „Wegen seiner unendlichen Liebe *wurde er das, was wir sind*, damit er uns zu dem mache, was er ist" (H. V, Vorrede). Irenäus liebt diese Art ausgewogener Rede oder „Tauschformeln":[6] eine Formel, die einen Austausch zwischen zwei Eigenheiten oder Menschen anzeigt. Er spricht vom „Vater, der für den Sohn Zeugnis ablegt", und vom „Sohn, der den Vater verkündigt" (H. III,6,2) sowie von Christus, „der durch seinen Gehorsam den Ungehorsam aufhob" (H. III,18,6). Die Aussageabsicht ist hierbei nicht bloß rhetorischer Effekt, denn es war notwendig, daß Jesus wurde, was wir sind und „Mensch unter Menschen wurde, sichtbar und berührbar", wenn er den Tod überwinden sollte, um Mensch und Gott wieder zu einen (E. 6).

Warum aber mußte dieser Austausch zum Heil des Menschen stattfinden? Darauf gibt es viele Antworten. Irenäus konnte nie nur eine Antwort geben, wenn ihm zwanzig in den Sinn kamen, und zudem erklärte ja die Inkarnation alles andere. Einer der Gründe folgt der Anfangsaussage. Kein anderer als Jesus hätte die Menschen über Gott belehren können, denn kein anderer als das Wort konnte wissen, wer und wie Gott ist. Warum aber Menschwerdung? Weil die Menschen *sehen und hören* mußten, damit sie sein Leben nachahmen, seinem Wort gehorchen und seine Freunde werden konnten. Sein Erlösungsplan war gerecht und nicht gewaltsam: er gab seine Seele für unsere Seele, seinen Leib für unseren Leib. Er gab Gott den Menschen, indem er ihnen den Heiligen Geist gab, und er gab die Menschen Gott durch seine eigene Menschwerdung.

Für Irenäus haben die Taten Gottes eine Ausgewogenheit oder ein Maß, das die Gerechtigkeit und Angemessenheit wahrt.[7] Dies steht im Gegensatz zu Tertullians notwendigem Paradox. Für Tertullian mußte es etwas Ungleichgewicht und etwas Überraschung geben, um den Erweis göttlicher Tätigkeit zu erbringen. Bei Irenäus dagegen bringt Gott die Dinge in Ordnung. Die Heilsordnung ist durch die gleiche Harmonie ausgezeichnet wie die Schöpfungsordnung. Fast alle Argumente des Irenäus zur Inkarnation zeigen die gleiche Berufung auf Gerechtigkeit und Ausgewogenheit.

Das System der Gnosis, das er angriff, schien eine ähnliche Logik oder Ästhetik zu haben. Außerhalb des *Pleroma* war noch ein anderer Retter, ein anderer Logos und anderer Christus, die alle hervorgebracht wurden, um das auszugleichen und in Ordnung zu bringen, was innerhalb war. Der Unterschied besteht jedoch darin, daß Irenäus die beiden Seiten jeder göttlichen Tat zusammenhält: Es gibt nur ein einziges Wort, und dies ist der Jesus, der litt. Das Wort, das herabgekommen war, ist das gleiche, ist der, der aufgefahren ist; und der Leib des Adam, der aus dem Staub der Erde gebildet wurde, ist der Leib, den das Wort annahm. So verschwindet die gnostische Galaxis, weil sich alle Namen auf das eine Wort beziehen: Eingeborener, Leben, Licht, Erlöser, Christus, menschgewordener Gottessohn. Wie konnte das gnostische System zustandekommen? Es kam aus der Nichtbeachtung des richtigen Stellenwertes und des Kontextes der Aussagen, die man aus dem Gesamt der Wahrheit herausriß; dieser Fehler hatte sowohl logische als auch ästhetische Gründe (H. I,9,1–5).

Die beiden Seiten der Ausgewogenheit bedingen einander, und ihre Trennung führt zum Irrtum (H. III,16,6). Denn das Wort ist stets bei den Menschen: er war nach dem Willen des Vaters mit der Schöpfung vereint, wurde selber Mensch als Christus, der Herr, litt und auferstand für uns, wird in Herrlichkeit wiederkommen zur Auferstehung der Toten, um das Heil zu verkünden und um allen, die von ihm erschaffen wurden, ein gerechtes Urteil zu sprechen.

Die für die Inkarnation angegebenen Gründe folgen immer diesem Verhältnis. Er wurde Mensch, um der Versuchung ausgesetzt zu sein, war aber ebenso das Wort, um verherrlicht zu werden (H. III,19,3). Die Propheten verstanden dies alles, und ihre geheimnisvollen Äußerungen bieten immer eine Stütze. Jesaja (63,9) zeigt, daß der Erlöser weder bloß ein Mensch noch ein Engel ohne Leib ist: „Weder ein Älterer noch ein Engel, sondern der Herr selbst wird sie erlösen, denn er liebt sie und schonet ihrer; er selbst wird sie befreien." Jesaja sagt weiter (33,20), daß er ein wirklicher, sichtbarer Mensch sein werde: „Siehe, du Stadt Zion, unser Heil werden deine Augen sehen." Habakuk (3,3–5) betont dieselben beiden Punkte, indem er Gott mit der Geographie in Verbindung bringt: „Gott wird aus dem Süden kommen und der Heilige von dem Berge Efraim ... Vor seinem Angesicht wird einhergehen das Wort, und auf den Feldern werden schreiten seine Füße." Dies zeigt, daß Gott aus Betlehem kommen würde, und zwar auf menschlichen Füßen (H. III,20,4).

Es geht alles recht physisch zu. Der Leib mußte von einem anderen Menschenwesen empfangen werden, nämlich von Maria. „Hat er nämlich vom Menschen die Wesenheit des Fleisches nicht angenommen, dann ist er auch nicht Mensch geworden, noch Menschensohn. Ist er aber das nicht geworden, was wir waren, dann hat auch sein Leiden und Aushalten nichts Großes zu bedeuten" (H. III,22,1). Jede Besonderheit, die man der menschlichen Geburt Jesu beilegen wollte, würde seine Inkarnation, sein Menschsein und die Kraft seiner Erlösung schon im Ansatz zerstören. Jesus aß, er war hungrig und müde, weinte Tränen und schwitzte Blut, und am Kreuz wurde er von einer Lanze durchbohrt, so daß aus seiner Seite Blut und Wasser flossen. All dies sind Zeichen des Fleisches, das er von dieser Erde nahm, um das Werk, das er mit der Schöpfung begonnen hatte, zum rechten Ende zu bringen, indem er das Werk seiner Hände rettete und in sich selbst zusammenfaßte (H. III,22,3f.).

Die Erlösung des Menschen hängt ab von der Solidarität mit dem Menschsein Jesu, und dies ist und bleibt eine Angelegenheit des Fleisches. In der am meisten erdbezogenen aller Erlösungslehren verwandelt das Licht des Vaters den Leib des Herrn von Sterblichkeit zu Unsterblichkeit, und von diesem Leib kam das gleiche Licht und die Unsterblichkeit zu uns (H. IV,20,2), denn Gottes Ruhm ist der lebendige Mensch (H. IV,20,7).

Das Menschsein und das Kreuz stehen im Mittelpunkt. Wenn es, wie die Gnostiker behaupten, Christus zweimal gab – einen, der am Kreuz gelitten hat, und einen anderen, der davonflog und nicht litt, dann sollten wir uns bestimmt für den ersten entscheiden. Denn der Christus, der litt und für seine Peiniger um Vergebung bat, zeigte Durchhaltevermögen, Geduld, Mitleid und Güte, der flüchtende Christus aber zeigte nichts davon. Wir haben nichts, wofür wir dem anderen Christus zu danken hätten, und wenn wir leiden, nutzt er uns gar nichts. Er ist sogar sittlich verkommen, da er anderen gebot zu leiden, das Kreuz aufzunehmen und auszuhalten, nicht aber bereit war, selbst ans Kreuz zu gehen. In stärkstem Gegensatz hierzu kämpfte der wahre Meister wie ein Mann und siegte, „denn überaus mild und barmherzig ist der Herr, und er liebt das Menschengeschlecht" (H. III,18,6).

Ähnlich besteht auch *Tertullians* erstes Anliegen darin, jede Form von Doketismus auszurotten, jede Leugnung des Faktums, daß Christus einen Menschenleib hatte und ein physisches Leben in der geschaffenen Welt lebte. Bei ihm liegen drei Gründe vor: eine positive Grundeinstellung zum Stofflichen, eine Zuneigung zur Welt und deren rationale Hochachtung sowie eine tiefe persönliche Bindung an Christus, der an der *conditio humana* Anteil hatte. Die „notwendige Schande meines Gottes" bedeutet, daß seine Schande unverzichtbar ist, wenn er der meine sein soll: bedeutet aber auch, daß die Ausgewogenheit des Irenäus durch etwas Gewaltsameres ersetzt wurde. Für Tertullian – wie für Dostojewski – war die Wahrheit nie in der Mitte, sondern immer nur an beiden Extremen zu finden.[8] Jesus muß leiden und er muß Gott sein.

Inkarnation bedeutet für Tertullian nur eines – Fleisch. Es erscheint fast wie Besessenheit, wenn er immer und immer wieder darauf zurückkommt: das Wort ist Fleisch geworden. Gegen Marcion betont er, daß Christus kein Phantom war, denn wäre sein Fleisch ein Trugbild gewesen, könnte auch sein Geist nicht wahr sein. Im Inneren kann nicht das wahre Wesen sein, wenn es nicht durch das bestätigt wird, was nach außen erscheint (Marc. 3,8). Der Geist kann ebensowenig die Erscheinung des Fleisches annehmen, wie das Fleisch die Erscheinung des Geistes annehmen kann, und auf jeden Fall wären Erscheinung und Ähnlichkeit nicht genug – das Fleisch Christi muß real vorhanden sein (Marc. 5,14). In einem Buch, das einzig dem Thema „Über das Fleisch Christi" gewidmet ist, werden alle Abwandlungen oder Einschränkungen hinsichtlich der Wirklichkeit dieses Fleisches zurückgewiesen (Carn. 1,2). Der menschgewordene Christus ist sowohl Geist als auch Fleisch, Geist als der Geist Gottes und Fleisch als das Fleisch des Menschen; geboren aus Gott und empfangen im Fleisch (Carn. 18,5). Nichts kann Tertullian davon abbringen, am Fleisch Christi festzuhalten; sein Instinkt ist hier sicher und überdies unterstützt von einem erdverbundenen Temperament, das niemals einem Phantom folgen könnte. Nur ein Tertullian konnte dieses Problem so zusammenfassen, daß er sagte (Marc. 4,10), Christus müsse einen menschlichen Leib gehabt haben, denn es sei leichter, einen Menschen zu finden, der ohne Herz und Hirn geboren sei – wie beispielsweise Marcion – als jemanden, der ohne Leib geboren wurde. Die menschliche Wirklichkeit des Fleisches ergibt sich aus dem Faktum seiner Geburt aus Maria (Carn. 25), weswegen die Jungfrauengeburt ein wesentlicher Teil des göttlichen Heilsplans ist. Das Wort, das alle Dinge schuf, wurde gesandt, um aus Maria geboren zu werden, um Mensch und Gott zu sein und mit dem Namen Jesus Christus genannt zu werden. Er litt, starb, erstand von den Toten und wurde zur Rechten des Vaters aufgenommen (Prax. 2). Kein Teil dieser Folge kann ausgelassen werden, ohne das Ganze verhängnisvoll zu schädigen.

Auf der anderen Seite gab es jene, die, was die Zeit seiner leiblichen Gegenwart betrifft, mit dem Menschsein Jesu keine Schwierigkeiten hatten, ihn aber nicht als das Wort Gottes sehen konnten. Sie hielten ihn bloß für einen Zauberer; aber kein Zauberer hätte Teufel mit einem einzigen Befehl austreiben oder die Aussätzigen, die Blinden und Gelähmten heilen können. Dies war das einzigartige Werk des Wortes Gottes. Es stimmt, daß er gekreuzigt wurde, doch dies entsprach seinem freien Willen. Er hatte sein Leiden vorhergesagt, und als die Zeit gekommen war, hauchte er freiwillig seinen Geist aus und nahm das Werk der Hinrichtung vorweg (Ap. 21). Jene, die glauben, daß er Gott war, erweisen die Wahrheit ihres Glaubens durch die Wirkung, die er auf ihr Leben ausübt (Ap. 45).

Klemens sieht den Sinn der Inkarnation darin, daß sie eine Episode im ewigen Plan, Teil einer kosmischen Heilsökonomie ist. Das Wort ruft die Heiden im „Protreptikos", lenkt das sittliche Leben der Christen im „Paidagogos" und lehrt die ganze Wahrheit in den „Stromateis".[9] Durch das Wort wird die Wirklichkeit zusammengehalten, die Gutheit gegeben und die Wahrheit kohärent gemacht. Die Inkarnation wird sorgfältig an die Präexistenz gebunden. Das Wort, das auf Erden erschien, „war am Anfang und vor allem Anfang". Der uns erschaffen hat, erschien auf Erden, um unser Lehrer zu sein und uns zum ewigen Leben zu führen (Prot. 7,1).

Klemens hat etwas von der Ausgewogenheit des Irenäus, ist jedoch besorgt, daß diese durch fehlendes Gewicht auf der „Gott-Seite" der Waagschale gestört wird. Wenn Jesus wirklich durch die Notwendigkeiten des physischen Körpers seine Grenzen fand, wie konnte er dann mehr sein als nur ein spätes und untergeordnetes Mitglied des längst gut besetzten Pantheons? Infolgedessen steht Klemens' Einstellung zum Menschsein und zum Leibe Christi in scharfem Gegensatz zu Tertullian, obwohl auch er immer noch die Meinung bekämpft, Jesus habe keinen wirklichen Leib gehabt. Bei der Verteidigung des Heiratens (S. III) muß Klemens auf den Anspruch antworten, nur der Zölibat sei die rechte Nachfolge Christi. Er gibt drei Gründe an, weswegen Jesus nicht heiratete: er hatte schon eine Braut, die Kirche; er war kein „gewöhnlicher Mensch", der eine „Gehilfin" nötig gehabt hätte, und drittens brauchte er keine Kinder, da er ewig bleibt (S. III,49,3). Bei der Darstellung der Tugend der *apatheia* sagt er, daß der wahre Gnostiker nur von den Regungen abhängig ist, die zur Erhaltung des Körpers nötig sind, wie Hunger und Durst. Doch bei Jesus wäre es absurd zu behaupten, daß sein Leib als Leib zu seiner Erhaltung Nahrung verlangt habe. Jesus aß nur, damit seine Umgebung nicht denken sollte, er sei ein Phantom; nur gut, daß er dies tat, denn später verbreiteten ohnehin einige die Meinung, sein Körper wäre nur Schein gewesen (S. VI,71,1f.).[10]

Das ist eine seltsame Theorie, die der Ansicht, die sie widerlegen soll, auf halbem Wege entgegenkommt. Warum bestand Klemens auf der wirklichen Leibhaftigkeit Christi und zugleich auf deren nicht-natürlichen Erhaltung? Die Wirklichkeit des Körpers war wichtig für die Wahrheit der Inkarnation; die gleiche Wahrheit würde jedoch zerstört, (meint Klemens), wenn Jesus Nahrung brauchte, denn das Wort Gottes braucht nichts, da alles durch ihn, den Logos erschaffen ist. Brauchte er Nahrung, so würde man ihn mit den Göttern der Heiden auf eine Stufe stellen, die auch Ausflüge auf die Erde unternahmen, aber Nahrungsmittelopfer brauchten, wenn sie gnädig wirken sollten. Und wenn weiter das Leben aller Menschen vom göttlichen Wort abhängig ist, vom Wort, das das Universum erschafft und erhält, so brauchte er wohl kaum irgend etwas Äußeres, um seinen eigenen Körper zu erhalten. Hier könnte das vierte Evangelium die „Quelle" des Klemens sein, wo Jesus erklärt, daß er die Nahrung nicht braucht, die seine Jünger ihm brachten, weil es seine Speise ist, den Willen des Vaters zu tun (Joh. 4,31 bis 34), und wo er weiter sagt, sie sollten sich nicht um die Speise bemühen, die verdirbt, sondern um die Speise, die für das ewige Leben bleibt (Joh. 6,27). Im vierten Evangelium ist das menschgewordene Wort so voller Herrlichkeit, daß man gefragt hat: „In welchem Sinne ist derjenige Fleisch, der über die Wasser und durch verschlossene Türen geht, seinen Häschern ungreifbar ist, am Brunnen von Samaria, müde und einen Trunk verlangend, gleichwohl nicht zu trinken braucht und eine andere Speise hat als die, für welche seine Jünger sorgen?"[11] Eine andere „Quelle" könnte Lukas 24,36-43 sein, wo der auferstandene Christus ißt, um zu beweisen, er sei kein Phantom.

2 Wie verhält sich das Wort zu Gott Vater?

Der Botschaft von der Menschwerdung fehlte es nie an dramatischer Kraft, wie aber wirkte sie sich auf den Gottesbegriff aus? Wer ist das Wort, und wie konnte es Gott sein, wenn es nur einen einzigen Gott gibt?

Justin gibt sich in der Hauptsache damit zufrieden, die Begriffe „Sohnschaft" und „Wort" in bezug auf diese Probleme zu entfalten. Jesus ist Sohn Gottes in einem ganz besonderen Sinn (2 A. 6,3) und auf einzigartige Weise (D. 105,1). Als Gottes Erstgeborener ist er Gott (1 A. 63). So wie jedes Wort, das gesprochen wird, bleibt er das Wort des Gottes, der ihn aussprach (D. 61,2), und Gott verliert nichts durch die Aussage dieses Wortes. Das Feuer, das Licht und Wärme gibt und ein anderes Feuer entzündet, wird bei diesem Vorgang nicht verringert (D. 128,4). Während der Zahl nach ein anderer, ist der Logos von gleicher Wesenheit wie der Vater (D. 56,11). „Sohn" und „Wort" weisen auf die Einheit und Unterschiedenheit zwischen Sohn und Vater oder zwischen Wort und Gott.

Eine ausführlichere Argumentation findet sich bei *Irenäus*, der bestimmte Bestreitungen dieser göttlichen Einheit ausschließen und das Wesen des göttlichen Wortes herausstellen muß. Irenäus liest Genesis 1,1 so: „Im Anfang der Sohn: dann schuf Gott den Himmel und die Erde." Der Sohn Gottes existierte schon, bevor die Welt erschaffen wurde (E. 43). Die Einheit von Vater und Sohn kommt auf zweifache Weise zum Ausdruck: Der Vater ist Herr und der Sohn ist Herr; der Vater ist Gott und der Sohn ist Gott, denn was von Gott gezeugt ist, muß Gott sein (E. 47). Er, der zur Rechten Gottes sitzt, geht allem anderen voran und richtet alle Völker (E. 48). Gott Vater sprach mit ihm, bevor er als Mensch geboren wurde (E. 51). Das Geheimnis seiner Präexistenz wird fortgesetzt in der gegenwärtigen Macht seines Namens. Der Name Jesu Christi, der unter Pontius Pilatus gekreuzigt wurde, bringt Trennung und Spaltung unter den Menschen hervor; aber wann immer jemand an ihn glaubt und seinen Namen anruft, ist er nahe, um in der Not zu helfen, und die Gebete zu erhören. Denn er kam als Mensch, um uns jenes Heil zu bringen, das wir nie aus eigener Kraft erlangen könnten (E. 97).

Daher wäre es ebenso verkehrt, die Präexistenz zu leugnen, wie die Inkarnation zu bestreiten oder das Wort von Gott abzutrennen wie es vom Menschen zu trennen. „Wisset also, ihr Unverständigen, daß Jesus, der für uns gelitten hat und unter uns wohnte, selber das Wort Gottes ist" (H. I,9,3). „Wie er nämlich Mensch war, um versucht zu werden, so war er auch das Wort, um verherrlicht zu werden" (H. III,19,3). Hier gibt es keinen Mittelweg, kein hybrides Zwischending: es ist der Unsichtbare, der sichtbar wird, der Unbegreifliche, der begreiflich wird, der Leidensunfähige, der leidensfähig wird und das Wort, das Mensch wird (H. III,16,6).

Eine Besonderheit in Irenäus' Darstellung des Logos besteht darin, daß sie normalerweise dem gesprochenen Wort näher steht als dem inneren Grund. Irenäus hat eine größere Nähe zur Bibel als zur Philosophie, da ihn sein Geschichtssinn zu den Propheten hinzieht, wo das „Wort" immer „Wortgeschehen" ist.[12] Die gnostische Abstraktion des Logos ermöglichte erst die Trennung des Wortes von dem Gott, der spricht. Natürlich hat auch Irenäus rationale Obertöne, wenn er die Gnostiker „Unverständige" nennt, weil sie das Wort mißverstehen. Doch der Gegensatz zu „Wort" ist „Stille"; *Sige* und Gott aber könnten nie koexistieren (H. II,13,9). Häufig ersetzt er „Wort" durch „Stimme" *(phonè, vox)*: „Vater, dessen Stimme vom Anfang bis zum Ende seiner Schöpfung beisteht" (H. V,16,1). Gott hört nie auf, zu seinen Geschöpfen zu sprechen. Dadurch vermeidet Irenäus die eigentümliche Metaphysik der Gnostiker und anderer bei ihrer Darstellung des Ursprungs der Welt. Jeder weiß, daß beim Menschen das Wort vom Denken und vom Verstand kommt (H. II,13,1f.), dies kann aber nicht auf Gott übertragen werden, der über allen menschlichen Regungen steht (H. II, 13,10). Es ergibt keinen Sinn, in das einfache und daher undifferenzierte Sein Gottes Wandlungen hineinzutragen wie die von Stille und Sprache (H. II,13,8). So muß Irenäus seine eigene Metaphysik entwickeln, wenn er auf der Einheit von Gott und Wort besteht:[13] Gott ist tatsächlich ganz Vernunft und ganz Wort, denn was er denkt, das sagt er, und was er sagt, das denkt er (H. II,28,4). Es wäre genauer von „Gott als Wort" zu reden, als den üblichen Ausdruck „Wort Gottes" zu gebrauchen (H. II,13,8).[14]

Gottes Wort kann nicht mit irgendeinem Teil der Schöpfung verglichen werden (H. III,8,2), denn es unterscheidet sich wie die Ursache von der Wirkung, wie der Schöpfer vom Geschöpf (H. III,8,3), und alle Dinge hängen von ihm ab, der sie schuf und erhält (H. III,11,8). Anders als die Worte der Menschen oder die Menschen selbst hat er keinen Anfang (H. II,13,8;

II,25,3), sondern existiert ewig bei Gott (H. II,30,8f.). Diese Transzendenz bietet seltsamerweise die Grundlage für sein Offenbarungswerk. Irenäus hat bis hierher noch nicht auf die Gnostiker reagiert, um nicht das Geheimnis des Wortes einzuschränken, dessen Anfang niemand kennt, das aber selbst Geheimnisse kennt, die dem Menschen versagt sind (H. II, 28,1f.).

Tertullian nimmt die Probleme ernst, die sich aus der Pluralität der Gottheit ergeben. Er führt den Begriff „Substanz" ein, um das Problem der Dreifaltigkeit und Einheit Gottes zu lösen.[15] Innerhalb der einen Substanz sind Vater, Sohn und Heiliger Geist ungeteilt, denn ein und dieselbe Substanz ist gleichbedeutend mit „keine Trennung". Die Substanz des Vaters und des Sohnes ist Geist, doch Sohn und Geist gehen aus dem Vater hervor. Substanz wird dynamisch, nicht statisch verstanden. Die verborgene Weisheit Gottes ist auch seine Vernunft und sein Wort. Das Wort geht vom Vater aus, um die Welt zu erschaffen, und alles ist durch dieses gemacht; es ist sowohl Sohn Gottes als auch Gott wegen der Einheit der göttlichen Substanz (Ap. 21). So wie die Sonne und ihre Strahlen eine einzige Substanz sind, zwar zweierlei, doch keineswegs getrennt, so erstrahlt auch das Licht des göttlichen Wortes und bleiben doch Gott und sein Sohn von gleicher Substanz (Ap. 21,10-14). Justin hat dasselbe Gleichnis verwendet (D. 61,2). Vater, Sohn und Geist unterscheiden sich nach Rang und Ordnung, nicht aber in der Substanz. Tertullian behandelt das Problem der Einheit Gottes in verschiedenen Büchern („Apologeticum", „Gegen Marcion" und „Gegen Praxeas") auf unterschiedliche Weise – mittels des Substanzbegriffs, der Einheit der Substanz, des Teils des Ganzen, mittels des Zustands derselben Substanz, der Fülle der Fülle, der einen Substanz, sowie durch den Gefährten der Substanz des Vaters.

Tertullian übernimmt den Begriff *oikonomia* und verwendet ihn sowohl für das innergöttliche Leben als auch für Gottes Handeln am Menschen. Natürlich haben diese beiden Themen miteinander zu tun. Das Wort war in Gott gegenwärtig, wie die Vernunft, und zwar schon vor der Erschaffung des Universums, indem es durch Gott in ihm selbst hervorgebracht wurde (Prax. 5). Die (äußere) Geburt des Wortes fand statt, als Gott sagte: „Es werde Licht!" Bei der Schöpfung war der Sohn eindeutig mit dem Vater zusammen, der sprach: „Laßt uns den Menschen machen nach unserem Bilde" (Prax. 12). Der Vater bleibt unsichtbar in der Fülle seiner Majestät, während der Sohn sichtbar wird durch die Mitteilung seiner Existenz (Prax. 14). Gott wandelt sich jedoch nie, und sein Wort bleibt das gleiche für ewig; denn als das Wort Fleisch wurde, hörte es nicht auf, das Wort zu sein, und es wurde weder eine Legierung noch ein Gemisch von Fleisch und Geist. Er ist Gott und Mensch, und nicht etwas Drittes (Prax. 27), bleibt aber dennoch eine einzige Person.

Was läßt sich sagen zum Unterschied zwischen Vater, Sohn und Geist? „Sie sind drei, nicht aber hinsichtlich der Qualität, sondern nur gemäß der Folge-Ordnung *(gradu)*; nicht als Substanz, sondern dem Aspekt nach *(forma)*, nicht was die Macht anlangt, sondern nur in ihrer Erscheinungsweise *(specie)*" (Prax. 2). Folge-Ordnung oder *gradus* verweist auf eine Stufe innerhalb einer geordneten Aufeinanderfolge. *Species* ist ein besonderer Modus der Existenz, der sich aus dieser Ordnung ergibt, während *forma* ein Individuationsprinzip ist.[16]

Bei seiner Darstellung der Einheit und Pluralität der Gottheit verwendet Tertullian offenbar zwei Bezugsrahmen. Einerseits kennt er „eine plurale Einheit, die die innere Organisation des göttlichen Wesens darstellt", selbst aber keine Pluralität subsistierender göttlicher Wesen einführt. Andererseits beschreibt er „eine Pluralität von Subsistierenden, deren Grundlage jedoch nicht in ihrer eigenen Besonderheit besteht, sondern im Willensakt des Vaters, der den Sohn und den Geist aus ihm hervorgehen läßt."[17] In den Augen seiner Kritiker ist Tertullian in seiner Darstellung der göttlichen Einheit ein Modalist, in seiner Darstellung der göttlichen Pluralität aber ein Subordinatianer. Sie vermögen die Subtilität seiner intellektuellen Initiative und die Unlösbarkeit dieser Probleme nicht recht zu würdigen.

Seine Initiative läßt sich aus seiner Methode erkennen.[18] Obwohl er auch auf die Apologeten zurückgriff, übernahm er die Begriffe *persona*, *forma* und *gradus* von den Valentinianern. Er nahm sich keine Zeit für eine Auseinandersetzung mit dem System der Valentinianer, hatte aber ein Gespür für logische

Strukturen und verwendete fremde Begriffe im neuen Zusammenhang, um auf anderen Wegen zur Lösung der Probleme zu kommen. Vielen seiner Ausleger, die klare Definitionen und eindeutige Formeln fordern, ist die reine Intelligenz seiner Gedankengänge gar nicht aufgegangen. *Persona* ist das Schlüsselwort und ist am besten als jene Besonderheit zu verstehen, die durch *res, species, forma* oder *gradus* zum Ausdruck gebracht wird. Gebrauchte Tertullian dieses Wort im juridischen oder im philosophischen Sinn? Er gebraucht es in beiderlei Bedeutung, hat es aber weder in diesem noch in jenem Sinne besonders ausgefeilt. Dennoch hinterließ er seinen Nachfolgern eine Sprache, die die Grundlage für spätere Definitionen abgeben sollte.

Die Christologie des *Klemens* geht eher in die Richtung, die Justin und Irenäus gewiesen hatten und folgt weniger der neuen Terminologie Tertullians. Was Christus tut, ist der Schlüssel zu dem, was er ist.

„Woher er kam und wer er war, das zeigte er durch seine Lehre und durch das Zeugnis seines Lebens, daß er nämlich das friedenbringende und versöhnende und uns rettende Wort, die lebenspendende und dem Frieden dienende Quelle ist, die über das ganze Antlitz der Erde ausgegossen wurde, so daß durch ihn das All jetzt sozusagen ein Meer von Gnaden geworden ist" (Prot. 110,3).

Der Gegensatz zwischen dem Menschen unter der Sünde und dem Menschen unter Christus ist so groß, daß Klemens es kaum fassen kann, wie viel sich in so kurzer Zeit ereignete: Die Erlösung hat die ganze Erde erleuchtet und alles mit der rettenden Saat erfüllt. Ohne göttliche Hilfe hätte niemals so viel in so kurzer Zeit vollbracht werden können. Der Herr, in seiner Niedrigkeit verachtet, war das göttliche Wort, als wahrer Gott bekannt gemacht und wesensgleich dem Herrn aller Dinge. Er wurde Mensch und vollzog das Drama der Erlösung des Menschen. Er kämpfte mit seinen Geschöpfen und für sie. Indem er schnell mit dem Menschen eins wurde, brachte der *Christus Victor* – wie ein aufzuckender Blitz – das Licht von Gottes neuem Tag.

Diese hohe und lyrische Begeisterung verbindet sich mit einem Platonismus, in dem der Sohn die höchste Erhabenheit ist, der Vollkommenste, Heiligste, Mächtigste, Fürstlichste, Königlichste und Wohltätigste. Er herrscht über alle Dinge und erreicht durch sie seine verborgenen göttlichen Ziele. Er ist zu jeder Zeit überall, er weiß und sieht alles. Wozu aber diese metaphysische Überhöhung? Sie hat nur eines im Sinn – das Heil der Menschen, denn Klemens sagt weiter: „Daher sind alle Menschen sein eigen; die einen wissen dies, die anderen noch nicht, die einen gehören zu ihm als Freunde, andere als treue Diener, wieder andere einfach als Diener." Die große Philosophie erstreckt sich vom winzigsten Teil hinauf bis zum „obersten Verwalter des Alls, der gemäß dem Willen des Vaters die Rettung aller lenkt" (S. VII,5-9). Doch wie geht er bei dieser Rettung vor? Ganz allgemein legt er soviel auf die Waagschale der Tugend wie er kann, ohne den freien Willen des Menschen zu beeinträchtigen, damit selbst die getrübteste Wahrnehmung noch den „einzigen, allmächtigen guten Gott, der von Ewigkeit zu Ewigkeit durch seinen Sohn errettet", sehen kann (S. VII,12,1). Insbesondere nimmt er in der Seele der Gerechten als der „einzige Heiland für jeden einzelnen und für alle zusammen" seinen Wohnsitz. Er prägt sein Bild demjenigen ein, in dem er wohnt, um ein drittes göttliches Abbild zu schaffen (S. VII,16,5f.).

Der Grund, die ewige Einheit des Sohnes mit dem Vater zu verkünden, liegt für Klemens im Sieg der Gnade Gottes unter den Menschen. Wenn dies überhaupt zu beschreiben war, dann nur durch einen Lobgesang auf „Gott in Menschengestalt, den unbefleckten Gott, dem väterlichen Willen dienstbar, der Logos, der Gott ist, der im Vater ist, der zur Rechten des Vaters ist und in Gottesgestalt Gott ist" (Paid. I,4,1). Klemens' Darstellung des Logos ist nicht streng hierarchisch, weil es ihm darum geht, einerseits die Einheit des Logos mit dem Vater und andererseits seine Einheit mit den Menschen auszusagen. Die Entdeckung zweier göttlicher *Logoi* bei Klemens (S. V,6) beruht auf einem Mißverständnis des Textes. Ähnlich bietet auch Photius (Biblioth. 109) eine hölzerne Analyse der ewigen Vernunft Gottes und des Logos, der vom Vater ausgeht, um Mensch zu werden. Zur Erklärung der Verwirrung, die hier entstanden ist, läßt sich höchstens sagen, daß *logos* das vieldeutigste Wort der ganzen Sprache ist, und jeder, der damit zurechtkommen möchte, hat Ärger und Irrtümer zu erwarten – wie schon bei Justins *logos spermatikos*.[19]

3 Was erreichte das Wort durch sein Gottmenschsein?

Klemens ließ uns die Tätigkeit des Wortes betrachten, damit wir seine Beziehung zum Vater verstehen. Irenäus gab uns durch seine „Tauschformeln" das allgemeine Thema: die Tat des Wortes besteht darin, die Menschen wieder mit Gott zu vereinen. Doch dieser Friede wurde nicht ohne Kampf gewonnen und ist daher mit dem *Christus-Victor-Thema* verbunden – der Kampf tobt noch immer.

Justin antwortet auf das Problem wie immer äußerst gedrängt und mit jener scheinbaren Einfachheit, durch die sich viele seiner Leser täuschen lassen. Jedes Wort und Bild ist bedeutungsschwer. Das Werk des Logos ist es, die Fesseln der Menschen zu sprengen und ihre Wunden zu heilen. Alle Mächte des Bösen ergreifen die Flucht vor dem siegreichen Namen Christi, und durch sein Leiden werden die Wunden seines Volkes geheilt: er ist der König, der vom Holze her regiert. Er ist der Lehrer, dessen Worte aus ihrer Kürze Kraft gewinnen und dessen Macht die Menschen Gott zurückgibt. Denn Gott schuf den Menschen nach seinem Ebenbild, der Mensch aber wählte den Weg der Sünde und des Todes. Da wurde Gottes einziger Sohn Mensch und lehrte die Menschen die Wahrheit zu ihrer „Bekehrung und Wiederherstellung" (1 A. 23). Indem er Mensch wurde, fügte er Gott und einen Menschen zusammen, um so das ganze Menschengeschlecht Gott wiederzuerstatten. Das neue Israel ist Leib von seinem Leib.

Der „friedfertige" *Irenäus*, so berichtet uns Eusebius (H. E. 5,36), stand in Verbindung mit den Märtyrern von Lyon, um die Christen untereinander zu versöhnen. Diese Tätigkeit war der praktische Ausdruck seiner alles beherrschenden Sorge um jene Einheit, die das Evangelium gebracht hatte. Das Werk Christi fügt das Ende mit dem Anfang zusammen und verbindet den Menschen wieder mit Gott. Welche Chancen hat der Mensch, zur Einheit mit Gott zu gelangen? Nach Gottes Ebenbild geschaffen und immer von seiner Hand gehalten – ist so die Zukunft des Menschen gesichert? Für Irenäus war sie ungewiß, und aus menschlicher Sicht sogar unmöglich. Die Chance des Menschen, Gott zu erreichen, war so gering wie die des Jona, dem Bauch des Wales zu entkommen. Der Mensch wurde vom Satan verschlungen, vom Urheber der Sünde, doch wie Jona schrie er aus seinem Elend und rief Gott an aus dem Bauch der Hölle. Gott erhörte ihn und befreite ihn, so daß sich der Mensch niemals mehr von Natur aus für gottähnlich oder gar gottebenbürtig halten konnte, sondern von nun an fortgesetzt Gott für die Errettung danken und ihn preisen würde (H. III,20,1). Der Mensch ist nur das Gefäß, in dem Gott Wohnung nimmt; die Macht und die Herrlichkeit gehören Gott allein (H. III,20,2). Die Befreiung des Menschen ist jedoch um so gewisser, als sie ihren Ursprung außerhalb seiner selbst hat. Der Heiland wurde Mensch, starb und auferstand und vereinte dadurch Mensch und Gott. Mit ihm verbunden ist der Mensch wieder aufgerichtet und wird – ohne Gefahr des Rückfalls – an der ewigen Anbetung des Vaters teilnehmen.[20] Es ist sehr wichtig, das Wunder der Erlösung des Menschen zu erkennen. Das Wachstum des Menschen und seine Anpassung an Gott mochten durchaus schrittweise vonangekommen sein, doch die Macht des Bösen blieb stark wie eh und je, wenn nicht gar stärker. Der Teufel hat Jesus angelogen, als er Macht über die Welt beanspruchte, so wie er Adam am Anfang belog (H. V,24,1), doch seine Niederlage ist sicher, denn Christus hat schon gesiegt.

Man kann noch weitergehen und sagen, daß die Vereinigung Gottes und seiner Schöpfung auf einem ursprünglichen Gegensatz zwischen Schöpfer und Geschöpf beruht, da dieser vollkommen, unwandelbar und unbedingt ist, jenes aber einen Anfang hat, eine Mitte, ein Hinzufügen und Vermehren. Von seiner Geburt an vereinte Jesus den Menschen mit Gott; sein Name – Emmanuel – weist darauf hin, daß Gott in Maria gegenwärtig war und daß Christus auf Erden geboren wurde (H. III,16,2). Der Geist stieg dann auf Jesus herab und gewöhnte sich an die Menschheit dadurch, daß er in den Menschen Wohnung nahm, in ihnen den Willen des Vaters bewirkte und ihre alte Lebensweise zur Neuheit Christi erneuerte (H. III, 17,2). Seit Pfingsten wirkt der Geist, um ferne Stämme zur Einheit zu führen und dem Vater die Erstlingsfrüchte der Völker darzubringen. Der Tröster wurde verheißen, „der uns an Gott anpassen sollte". Der Geist gleicht dem Wasser, um Teig für ein Brot zu bereiten oder das trockene Land zu bewässern, denn der Leib der Christen ist durch die Taufe geeint und ihre Seelen durch die Gabe des Geistes; sowohl die Taufe als auch der Geist werden gebraucht. Das Wort gibt den Geist allen, die an ihm Anteil haben, denn es sendet den Geist über die ganze Erde (H. III,17,2), und sein gegenwärtiges Werk besteht darin, die Nahen und die Fernen zusammenzuführen und sie in einem Bauwerk zu versammeln, dessen Eckstein er selber ist (H. III, 5,3). Auf dieses Ziel der Einheit wirkt der Heilsplan hin. Ein Gott, ein Sohn, der den Willen des Vaters erfüllt, ein Menschengeschlecht, eine Gottesweisheit, „durch welche sein Geschöpf zur vollkommensten Einverleibung in seinen Sohn gelangt": all dieses kommt aus der Herabkunft des Wortes zum Geschöpf und vom Aufstieg des Geschöpfes zum Wort. Das Wort nimmt das Geschöpf auf, und das Geschöpf nimmt das Wort auf (H. V,36,3).

Die Vereinigung des Menschen mit Gott wird in kräftigen, konkreten Ausdrücken geschildert. Der Mensch ist durch die Menschwerdung „in Gott hineingelegt" (H. V,1,1). Henoch wurde von der gleichen Hand Gottes geformt wie auch hinweggenommen (H. V,5,1). Jesus Christus „nahm" den Menschen in sich „auf" (H. III,16,6). Der Mensch wurde mit dem Wort „gemischt" und als ein Sohn Gottes an Kindesstatt angenommen (H. III,19,1). Die Menschen, die den Geist „tragen" oder „halten" (H. IV,14,2), „empfangen" und „tragen" Gott (H. V,8,1).

Die Vereinigung von Gott und Mensch ist jedoch keine einzelne Episode. Der alte und der neue Bund stammen vom gleichen Gott und zum einzigen Zweck des Heiles. „Es gibt nur ein Heil und nur einen Gott. Was aber den Menschen gestaltet, das sind viele Vorschriften, und nicht wenige Stufen gibt es, die den Menschen zu Gott führen" (H. IV,9,3). Die Vereinigung Gottes mit dem Menschen ist auch nicht billig zu haben: um das Menschengeschlecht zusammenzufassen, mußte der Herr den Tod des Menschen auf sich nehmen. Er starb am sechsten Tage, dem Tag von Adams Tod, und brachte so eine zweite Schöpfung aus dem Tode hervor (H. V,23,2). Er mußte auch mit dem

Teufel kämpfen; das tat er durch sein Menschsein und brachte den Teufel dadurch unter die Gewalt des Menschen (H. V,24,4).

Bei *Klemens* besteht kein Zweifel, daß die Vereinigung mit Gott die Hauptgabe Christi an den Menschen ist. Die Gesamtheit des Heils ist eine Vereinigung, da alle Menschen sein sind und er nicht Heiland und Herr sein könnte, wenn er nicht Heiland und Herr aller Menschen wäre. Das Gleichnis vom Magnet, das Klemens verwendet, beleuchtet zweierlei – die eine Kraft, die alle Menschen anzieht, und die Vielfalt ihrer Reaktion:

„Denn von einem Uranfang, der nach dem Willen des Vaters wirkt, hängt das Erste und das Zweite und das Dritte ab. Sodann haben am äußersten Ende der sichtbaren Welt die seligen Engel ihren Platz, und dann kommt bis zu uns selbst herab eine Reihenfolge, bei der die einen immer tiefer als die anderen stehen, aber alle auf Veranlassung und durch Vermittlung eines Einzigen gerettet werden und selbst retten" (S. VII,9,3).

Die Beziehung des einwohnenden Heilands zur Seele des Gerechten, in der er lebt, ist so, daß sie den Erlöser mit der Gemeinschaft der Erlösten verbindet (S. VII,16,5). Der wahre Gnostiker, der so hoch aufsteigt wie es menschenmöglich ist und durch Kontemplation und Liebe gottverbunden wird, weiß, daß er beten und vorsichtig sein muß. Denn den Engeln, die „infolge ihres leichtfertigen Sinns gefallen waren, gelang es nicht mehr völlig, sich aus ihrer Neigung zur Dualität herauszuarbeiten, um die frühere Einheit (ihrer Einstellung) wiederzugewinnen" (S. VII,46,6).

Damit kommen wir vom allgemeinen Rahmen zur individuellen Bedeutung des Heils. Hierzu sagt Klemens ausdrücklich, daß die Einheit mit Gott als wichtiger Aspekt zur Bestimmung des Glaubens gehört. Nachdem er die kosmische Einheit des Sohnes als „Einziges durch Vereinigung von allem" beschrieben hat, fügt er hinzu: „Daher bedeutet auch der Glaube an ihn und der Glaube durch ihn, daß man etwas Einheitliches wird, indem man ungeteilt in ihm vereinigt ist; der Unglaube aber bedeutet Trennung, Entfremdung und Teilung" (S. IV,156,2; 157,2). Der Schlußteil des vierten Buchs der „Stromateis" enthält eine Gliederung dieses Themas:

1) Freiheit von Sünde, die von Gott trennt. Klemens bezieht sich auf Ezechiel 44 und beschreibt den Weg der Reinigung, der seinen Höhepunkt am achten Himmelstag erreicht und dort zur Ruhe der Vollkommenheit führt.
2) Wiedergeburt zu einem Leben der Gerechtigkeit und ewiger Friede in Gott. Wiedergeburt bedeutet die Reinheit und Heiligkeit kleiner Kinder. Die Reinheit Rebekkas, deren Name mit „Gottes Herrlichkeit" zu übersetzen ist, führt zur göttlichen Herrlichkeit, nämlich zur Unsterblichkeit.
3) Gott zu dienen mit unserem ganzen Sein und Wesen in dieser Welt, die er erschaffen hat, ist der vollkommene Anfang aller Dinge der Natur, der Sittlichkeit und des Verstandes; deswegen ist der Dualismus des Basilides zurückzuweisen. Ob auf Erden oder im Himmel – wir haben die eine Aufgabe, „dem einen Gott, dessen Werk und Schöpfung das All ist, die Welt und das Überweltliche", zu dienen (S. IV,167,1).
4) Übergang von der Unwissenheit zur Erkenntnis. Das ist Sache des Wählens, und alle Menschen sind frei in ihrer Wahl. So weit wie möglich zur Gottähnlichkeit heranwachsend, führt der wahre Gnostiker schon jetzt das Leben des Neuen Jerusalem. Dieses Leben erstrahlt in guten Werken, damit die Menschen es sehen.

Um diese Themen zu stützen, läßt Klemens noch eine weitere, nicht gerade einfache Entfaltung seines Symbolismus folgen. Einheit mit Gott in einem neuen Leben, das frei von Sünde ist, seinem Dienst geweiht und durch Erkenntnis erleuchtet – das findet Klemens im Evangelium. Die Terminologie, die er verwendet, sowie seine Polemik gegen den Dualismus und Determinismus zeigen deutlich das gnostische Umfeld seines Denkens. Ihm geht es darum, das zu bieten, was die Häretiker bieten wollen und doch nicht können.

4 Wie vermittelt das Wort Gotteserkenntnis?

Die Inkarnation führte zum Problem „Gott und sein Logos", das seinerseits zur Frage führt, was der Logos tut. Sein Werk, den Menschen mit Gott zu einen, endet in Erkenntnis, Vernunft und Wahrheit. Worin besteht diese Erkenntnis, und wie vermittelt sie der Logos? Vereinigung mit Gott ist keine irrationale Ekstase. Diese Erkenntnis geht über menschlichen Verstand hinaus, sie läuft ihm aber nicht zuwider. Die gnostische Theosophie war im Gegensatz zu den Anfängen christlicher Philosophie „eine Niederlage des diskursiven Verstandes schon am unteren Ende der Seinsordnung, nicht erst am oberen"[21]. Doch Geheimnis und Offenbarung bleiben unangetastet, da Gott allein Gotteserkenntnis zu schenken vermag.

Justin erkennt die zentrale Stellung dieser Erkenntnis und die Notwendigkeit sowohl der Vernunft als auch der Offenbarung. Alles geht vernunftgemäß – mit *logos* – vor sich:

„Wir werden zeigen, daß unsere Anbetung vernunftgemäß ist, nachdem wir erkannt haben, daß er der Sohn des wahren Gottes selbst ist und wir ihn an die zweite Stelle setzen und den prophetischen Geist an die dritte Stelle. Denn darin beschuldigt man uns der Torheit, daß wir die zweite Stelle nach dem unwandelbaren und ewigen Gott, dem Weltschöpfer, einem gekreuzigten Menschen zuweisen. Das sagt man, weil man das darin eingeschlossene Geheimnis nicht kennt, und wir bitten um eure Aufmerksamkeit, wenn wir euch dieses erklären" (1 A. 13,3f.).

Justin erzählt, wie ihm die Tore des Lichts geöffnet wurden und er die wahre Philosophie, Ruhe und Erfüllung fand. Er lädt seine Hörer ein, den Christus Gottes kennenzulernen und sich in die Vollkommenheit einführen zu lassen (D. 8,2). Die Offenbarung Gottes war immer das Werk seines Wortes. Wenn Gott seinem alten Volk erschien oder zu ihm sprach, dann war es nie der Vater, sondern der, „der durch Gottes Wille Gott ist, Sohn Gottes und Engel, weil er Gottes Willen dient" (D. 96,4). Die Juden verstanden dies nicht, denn „Israel hat mich nicht erkannt, und mein Volk hat mich nicht begriffen". Nur der Sohn und die, die seine Offenbarung empfangen, können den Vater erkennen. Das Wort und der Gottessohn wird auch „Engel und

Gesandter genannt, denn er verkündet, was zu wissen nottut, und wird gesandt, um alles zu melden, was von Gott geoffenbart wird, wie denn unser Herr auch selbst sagte: ‚Wer mich hört, der hört den, der mich gesandt hat'" (1 A. 63,4f.).

Nach Erkenntnis geht die allgemeine Suche des zweiten Jahrhunderts. Für *Irenäus* kommt sie ganz und gar durch das Wort, das von sich sagt: „Niemand weiß, wer der Sohn ist, nur der Vater, und niemand weiß, wer der Vater ist, nur der Sohn und der, dem es der Sohn offenbaren will" (Lk. 10,22). Das ist es, was die Apostel in das Evangelium hineinlegten. Valentinus aber und andere änderten das Verb in die Zeitform der Vergangenheit: „Niemand kannte den Vater." Sie behaupten fälschlich, der wahre Gott sei bis zur Ankunft des Herrn unbekannt geblieben, denn der Gott der Propheten und der Gott der Schöpfung sei nicht der wahre Gott gewesen. Irenäus wird hier vom Lukastext gestützt, wo der Vers starke Anklänge an die Heilsgeschichte und an die Zusammenfassung aufweist. Triumphierend sind die Siebzig von ihrer Aussendung heimgekehrt, die Dämonen sind besiegt und Satan ist vom Himmel gestürzt. Jesus freut sich, daß Kinder gesehen haben, was Weise nicht sehen konnten. Der Vater hat alles Jesus übergeben, und niemand weiß, wer der Vater ist, außer durch den Sohn, dessen Jünger jetzt sehen und hören, was Propheten und Könige sehen und hören wollten, aber nicht konnten (Lk. 10,17–24).

Irenäus erhebt gegen den unbekannten Gott des Marcion und der Gnostiker folgende Einwände: Wie sollte seine Vernachlässigung der Welt vor der Zeit Christi zu erklären sein? Er ersetzt die fehlende Schlußfolgerung in dem Vers durch die Aussage, daß der Sohn nur durch den Vater erkannt wird; wenn deine Vorstellung vom Vater ebenso verkehrt ist wie die des Valentinus, dann wirst du den Sohn nicht erkennen. Die Gnostiker glaubten sowieso nicht, daß man Gott erkennen könne, denn sie behaupteten, Christus habe dem *Pleroma* befohlen, die Unwissenheit über Gott anzunehmen. Wie töricht wäre es für Christus gewesen, auf die Erde zu kommen, bloß um den Menschen zu sagen, sie sollten aufhören nach Gott zu suchen! Christus lehrte, daß Gott von denen erkannt wird, die Gott selbst belehrt hat. Die Gnostiker lehrten, um die Menschen draußen zu lassen, Jesus aber um sie hineinzulassen.

Den Beweis hierfür kann man sehen: „Allen hat sich der Vater offenbart, indem er allen sein Wort sichtbar machte" (H. IV,6,5). Das bedeutet, daß jene, die sehen, aber nicht glauben, rechtens gerichtet werden. Etwas von der Sichtbarkeit Gottes erstreckt sich auf die Schöpfung und die Geschichte, denn das Wort offenbart Gott in seiner Welt, im Gesetz und in den Propheten; in seinem irdischen Leben war jedoch das Wort selbst „sichtbar und berührbar". Der Vater ist der unsichtbare Sohn, und der Sohn ist der sichtbare Vater. Jeder gab das Zeugnis ab, daß er wahrer Mensch und wahrer Gott ist – „der Vater, der Geist, die Engel, die Schöpfung, die Menschen, die abtrünnigen Geister, die Dämonen, der Feind und letztlich selbst der Tod" (H. IV,6,7). Das bedeutet, daß die, die nicht glauben, zu Recht gerichtet werden können.

Die Schlußfolgerung ist (H. IV,6,7), daß die Erkenntnis, wie das meiste bei Irenäus, zum alles beherrschenden Thema gehört: ein Gott, ein Wort, eine Welt. „Deswegen ist in allem und bei allem ein Gott Vater, ein Wort der Sohn und ein Geist und ein Heil für alle, die an ihn glauben." Dies liefert den perfekten Übergang zur letzten Thematik des Einen und Vielen, doch bleiben hier zwei Punkte zu erwähnen, die in mancher Hinsicht unvereinbar sind.

Für Irenäus trägt die Erkenntnis ein menschliches Gesicht. Was in Christus zur Vollendung gebracht wurde, hat sich nun durch Gottes zahlreiche Boten über die ganze Erde verbreitet. Mit dieser Ausdehnung in Zeit und Raum erfolgt zugleich eine Zentrierung auf Christus, den Gekreuzigten. Weit besser ist es, Gott zu lieben und zu glauben, als den Grund für das Dasein eines einzelnen Dinges angeben zu können. Die einzige Erkenntnis, nach der zu streben sich lohnt, ist die Erkenntnis des gekreuzigten Gottessohnes (H. II,26,1). Das war das Evangelium, das die ersten Apostel predigten und durch ihre Nachfolger bis auf die Gegenwart überlieferten. Es wird in der Glaubensregel näher bezeichnet, und diese ist überall die gleiche – in Germanien, Spanien, Gallien, Libyen, Ägypten und in allen Orten des Ostens. Hier ist herauszuhören, daß Polykarp von den Aposteln lernte und dies Irenäus weitergab. Nachfolgerlisten von Bischöfen sind langatmig, sagt Irenäus, doch die Wirklichkeit, die sie aufzeigen, ist lebendig und menschlich, und ohne sie läßt sich die Wahrheit nicht finden. Die große Gemeinschaft der Gläubigen hat einen zentralen Bezugspunkt – all ihre Straßen führen nach Rom (H. III,3,1f.), und die römische Kirche ist ein beständiger Zeuge für das, was die Gläubigen für wahr halten. Es trifft die Sache, daß Irenäus in Rom sowohl einen geographischen Ort der *recapitulatio* sieht, als auch einen notwendig objektiven Bezugspunkt gegen die Gefahr seitens der Häretiker.[22] Als Irenäus die gnostische Darstellung der Überlieferung in eine Waffe gegen die Gnosis verwandelte, machte er sie menschlicher, indem er auf Namen und Gesichter hinwies und das ans Tageslicht brachte, was die Häretiker gern verbergen wollten. Die Überlieferung war nicht länger der Besitz eines Klüngels, sondern der immer breiter werdende Strom der Gnade Gottes. Alle Charismen waren in jedem der Apostel vorhanden, nun aber wirkten sie getrennt in anderen weiter.

Und überdies haben die Bischöfe ein Charisma der Wahrheit.[23] Auch hier wieder zeigt Irenäus sein behutsames Urteilsvermögen. Was die Kirche sagt, ist nicht wegen ihrer Sukzession wahr – aus eigenem Recht ist es wahr. Konkurrierende Stammbäume sind zutiefst und letztlich belanglos, denn Irenäus setzt sein letztes Vertrauen nicht auf eine Sukzession, ja nicht einmal auf Christus selbst. Er beweist, daß die gnostischen Behauptungen falsch sind. Er zeigt ihre logischen Unzulänglichkeiten und die Verdrehung von Fakten, denn was immer gesagt wird, aus welcher Quelle auch immer, ist wertlos, wenn es nicht wahr ist. Wie Justin ist auch Irenäus allein von der Wahrheitsliebe getrieben und zitiert zustimmend einige Worte Justins: „Selbst dem Herrn hätte ich nicht geglaubt, wenn er einen anderen Gott verkündet hätte als den Schöpfer, unseren Urheber und Ernährer" (H. IV,6,2).

Dem hat *Tertullian* wenig hinzuzufügen, da er sich extrem auf das *solus Christus* konzentriert, das er nicht so wie Irenäus in vielen Metaphern entwickelt. „Seit wir Jesus Christus gefunden haben, bedürfen wir des Forschens nicht mehr, auch nicht des Untersuchens, seitdem das Evangelium verkündet worden" (Praescr. 7,13). Gewiß gibt es ein Fortschreiten in der tieferen Erkenntnis Christi (Pud. 1,11f.), aber sie läßt sich nicht darlegen und ausarbeiten. Für Klemens gilt genau das Gegenteil – er findet kaum ein Ende: Erkenntnis ist *die* Thematik in seinen „Teppichen gnostischer Darlegungen entsprechend der wahren Philosophie" – den „Stromateis". Einiges davon kam schon zur Darstellung. Hier genügt es zu zeigen, wie die Erkenntnis und der Logos aneinander gebunden sind durch den gleichen unauflöslichen Gebrauch von Vernunft und Offenbarung, den wir schon bei Justin und Irenäus fanden.

In erster Linie ist der Logos das gleiche wie die Wahrheit. Wahrheit ist ein einziges zusammenhängendes Ganzes. Zum Irrtum kommt es, wenn ein Glied vom Leib der Wahrheit abgetrennt oder ein Teil vom Ganzen weggenommen wird. Die verschiedenen Schulen der Philosophie haben der Wahrheit das angetan, was die Bacchantinnen Pentheus antaten: sie rissen sie in Stücke. „Nun erklärt jede einzelne Richtung das Stück, das sie zufällig erhalten hat, für die ganze Wahrheit." Doch wie das Licht beim Morgengrauen anbricht und sich über die Erde verbreitet, so haben alle, die nach der Wahrheit suchten, etwas von ihrem Licht empfangen. Jetzt kommen diese Teile in jener augenblicklichen Pluralität oder Gleichzeitigkeit zusammen, die für Klemens und Irenäus so wichtig ist. „Die Ewigkeit faßt die Teile der Zeit, die Zukunft und die Gegenwart, aber gewiß auch die Vergangenheit zusammen; noch weit mehr als die Ewigkeit besitzt aber die Wahrheit die Macht, ihre eigenen Samenkörner zu sammeln, mögen sie auch auf fremdes Land gefallen sein." Die Teile der Wahrheit passen zusammen, weil sie Teile des Logos sind, der ewig ist. Die verschiedenen Philosophien sind abgerissen von der „Theologie des Logos, der unvergänglich ist. Wer aber die einzelnen Teile wieder zusammenfügt und vereinigt, der wird, das wisse wohl, unfehlbar die vollkommene Lehre, nämlich die Wahrheit, schauen" (S. I,57,1–6). In anderen Zeiten war die Wahrheitsliebe eine abstrakte Thematik; für die vier Autoren, die wir untersuchen, ist sie ein beherrschendes und sehr persönliches Thema. Alle Wahrheit war für sie ein Teil des Christus, und mehr von der Wahrheit zu erkennen, hieß, Christus besser zu kennen.

Dies kommt in *Klemens'* Darstellung der alten Dialektik sogar noch klarer zum Ausdruck (S. I,177f.). Sie ist, wie bei Platon, eine Kunst des Urteilens, macht aber auch vor der höchsten Form oder Macht nicht Halt. „Da nun die wahre Dialektik mit der wahren Philosophie verbunden ist, erwägt sie die Tatsachen und prüft die Kräfte und ersten Prinzipien, steigt allmählich zu dem allerhöchsten Sein empor und wagt sich noch darüber hinaus bis zum Gott des Weltalls." Platon verwendete das Höhlengleichnis, um zu zeigen, wie der Philosoph sich mühen muß, über die Erscheinungen hinaus zum Licht der Wahrheit vorzudringen und was also die Kunst des Urteilens ist. Sie bedient sich des Verstandes, nicht der Sinne, um jede Wirklichkeit herauszufinden, und gibt nicht auf, bis das Ziel durch den reinen Intellekt erreicht ist, nämlich die Erfassung der höchsten Wirklichkeit, des Guten („Staat", 532). Für Klemens ist diese Aufwärtsbewegung nur durch den Heiland oder Logos möglich. „Deshalb führt sie allein zur wahren Weisheit, nicht ohne die Hilfe des Heilands, der durch das göttliche Wort von der Sehkraft unserer Seele den infolge schlechten Wandels vor ihr ausgebreiteten Nebel der Unwissenheit wegnahm und uns die beste Sehkraft wiedergab, ‚daß wir deutlich erkennen den Gott und den sterblichen Menschen'" (S. I,178,1)[24].

Von hier findet Klemens leicht den Übergang zur Definition der Erkenntnis: „Unsere Erkenntnis und der geistige Garten ist aber unser Heiland selbst, in den wir eingepflanzt werden, indem wir aus unserem alten Leben in das gute Land versetzt und verpflanzt werden. Die Veränderung des Pflanzbodens trägt aber zu einer reichen Ernte bei. Licht und die wahre Erkenntnis ist also der Herr, in den wir versetzt wurden" (S. VI,2,4). Diese Darstellung der Erkenntnis ist nur möglich durch die Konzeption des Logos, wodurch das rationale Erkenntnisobjekt zugleich eine Person ist, der man vertrauen und die man lieben kann. Der Schritt vom Urteil zur Kontemplation ist hier viel leichter als für einen reinen Platoniker. Nicht nur das Ziel ist leichter, auch der Weg ist vorgezeichnet. Da der Mensch mit einem Nachteil beginnt, durch seine Leidenschaften und Sünden behindert, bedarf es einer Macht außerhalb seiner selbst, um ihm weiterzuhelfen. Diese Macht ist das neue Leben, der gute Boden, in den er eingepflanzt wurde. Der Garten oder das Paradies, in das der Gläubige eingepflanzt wird, ist der gleiche Garten, in dem der Baum des Lebens steht, und dieser Baum ist das Kreuz, das die Frucht der Erkenntnis trägt (S. III,104). Der Logos wurde in die Welt gepflanzt und wuchs zum Baum des Kreuzes, durch den allein der Mensch zur Erkenntnis kommt (S. V,72). In der

Gemeinschaft mit Christus wächst er zur Erkenntnis heran, in der er Gott nicht mehr bloß in einem Bruder widergespiegelt erkennt, sondern von Angesicht zu Angesicht (S. I,94). Das Angesicht Gottes ist sein Sohn, und ihn zu schauen, ist die höchste Seligkeit, die der Mensch erfahren kann (S. VII,13). Eigentlich spielt sich dies jenseits der Todesschwelle ab, doch der wahre Gnostiker nimmt es schon hier auf Erden vorweg, wo er einen geistigen Tod, eine Trennung des Körpers von der Seele erreicht.[25] Der zweite Aspekt der Erkenntnis ist das ständige Gebet, das ebenso vom Logos abhängt wie die Schau des Angesichtes Gottes. Denn der Logos ist die umfassende Gegenwart Gottes an jedem Ort und zu jeder Zeit. „Es ist uns befohlen, den Logos anzubeten und zu verehren, in der Überzeugung, daß er unser Heiland und Führer ist, und durch ihn den Vater, und zwar sollen wir dies nicht wie manche andere nur an besonders ausgewählten Tagen, sondern ununterbrochen das ganze Leben hindurch und auf jede Weise tun" (S. VII,35,1). In dieser Eroberung von Zeit und Raum erfaßt die Erkenntnis die Vergangenheit, die Gegenwart und die Zukunft, wie sie vom Sohn oder der Weisheit Gottes offenbart werden (S. VI,61). Der höchste Gipfel der Erkenntnis ist Liebe, eine Liebe, die nur durch Freiheit von Leidenschaften zu erreichen ist – eine Freiheit, die sich vom Logos herleitet, der *logikos* ist. Wenn die Leidenschaften verschwinden, kann die Liebe regieren, „denn die Liebe ist nicht mehr ein Streben des Liebenden, sondern eine liebevolle Annäherung, die den Gnostiker in die Einheit des Glaubens versetzt, ohne daß er Zeit und Raum dazu bedürfte" (S. VI,73,3). Er richtet sich dann nach den Urbildern in der Höhe, so wie der Steuermann die Sterne braucht, um sein Schiff zu steuern. Alles Überflüssige wird zurückgelassen, denn die Erkenntnis ist das Einzige, was zählt (S. VI,79).

Zusammenfassend kann man sagen, daß die Erkenntnis in jeder Hinsicht auf den Logos bezogen ist. Er ist die ganze Wahrheit, von der die meisten Menschen bloß ein Bruchstück haben. Er führt die Menschen auf dem Pfad der wahren Dialektik bis hinauf zur höchsten Erkenntnis. Sein Kreuz ist der Baum des Lebens, von dem die Erkenntnis zu pflücken ist. Er ist das Antlitz Gottes, das die Menschen schauen.

5 Wie kann das Wort zugleich partikular und universal sein?
Ist der Mensch Jesus und der Auferstandene zugleich das universale Wort Gottes?

Bei *Justin* sind im WORT Universalität und Partikularität miteinander verbunden. Er ist vollkommene Vernunft und seine Keime sind in jedem Menschen zu finden: Was bei den Philosophen partiell vorhanden war, das ist in ihm vollständig. Die Philosophen widersprechen einander, weil sie unterschiedliche Fragmente der Wahrheit haben – er aber ist der ganze Logos, das ganze Wort und die ganze Vernunft, und der erstreckt sich in alle Zeit und allen Raum. Seine Namen in der Schrift künden von seiner Erhabenheit: er ist König, Priester, Gott, Herr, Engel, Mensch, Haupt, Steuermann, Stein und Kind. Diese und andere Namen zeigen, wie reich die Vielfalt seines Wesens und seines Handelns ist (D. 33; 34; 61; 62; 126).

In Christus kommen alle Gaben des Heiligen Geistes zusammen. Im Alten Bund waren die Gaben und Kräfte des Heiligen Geistes zahlreich und mannigfaltig (D. 87; 88). Die Propheten besaßen eine oder auch zwei dieser Gaben. Salomo empfing Weisheit, David Verstand und Rat, Mose Macht und Frömmigkeit, Elija Gottesfurcht, Jesaja Erkenntnis und so fort. „Die Geistesgaben ruhten nun, das heißt sie hörten auf, sobald Christus kam" (D. 87,5). So waren diese Gaben in Israel nicht mehr offenkundig, da sie in Christus zur Ruhe gekommen waren. Dann aber kam eine neue Ausspendung, in der die Gaben wieder ausgeteilt wurden. Das frühe Leben Christi war eine Zeit der Zurückhaltung, in der er aß und heranwuchs wie jeder andere Mensch. Dennoch waren schon alle Kräfte in ihm vorhanden. Das Christuskind vermochte die Magier von einem Dämon in Damaskus zu befreien (D. 78,9).[26] Er mußte nicht getauft werden oder in Jerusalem einziehen, um Macht zu erlangen, aber für das Menschengeschlecht, um des Menschen willen tat er diese Dinge, wiederholt Justin. Als er an den Jordan kam, war seine unendliche Macht offenkundig. Das Wasser fing Feuer, der Geist schwebte hernieder wie eine Taube, und Gottes Stimme donnert: „Mein Sohn bist du, heute habe ich dich erzeugt." Von jenem Tage an wurde er von den Menschen erkannt als der, der er war, und daher war dies für sie seine Geburt. Die Zeichen der Gerechtigkeit und der lebendigen Kraft wurden nun von den Menschen erkannt (D. 87; 88). Jetzt gießt er seine Gaben wieder über das neue Israel aus, und der Heilige Geist läßt seine vielen Kräfte durch alle wirken, die glauben. Die Juden sollten dies einsehen, denn jene Gaben, die sie verloren, sind nun unter Christen ganz offensichtlich (D. 82). Christus nimmt die gefangen, die einst Sklaven des Irrtums waren, und schenkt ihnen jetzt seine Gaben. Sie sind die siebentausend Getreuen, um derentwillen Gott den Zorn seines Gerichts zurückhielt. Täglich gewinnt Christus neue Jünger und schenkt ihnen unterschiedliche Gaben (D. 39,2).

Justin sieht die Weltseele Platons in dem Zeichen des Kreuzes, das das Universum kennzeichnet. Als Platon von der Natur der Dinge sprach, sprach er vom Sohne Gottes, „der im All kreuzförmig ausgebreitet" sei (1 A. 60).[27] Tatsächlich beherrscht das Kreuz Christi die Gestalt der Dinge in dieser Welt als „das größte Symbol seiner Macht und Herrschaft". Es ist universal und dennoch Christus in besonderer Weise eigen, denn die Dämonen haben es nie verstanden und nahmen es auch nicht in die Mythen auf, die sie verbreiteten (1 A. 55).

Der universale Christus hört nie auf, alle zusammenzuführen und allen Menschen „Freundschaft, Segen, Sinnesänderung und brüderliches Zusammenleben" im Lande der Heiligen zu verkünden (D. 139,4). „Die Menschen aller Länder, ob Sklaven oder Freie, wissen nun, daß sie zugleich mit Christus in jenem Lande wohnen und die ewigen, unvergänglichen Güter erben werden, wenn sie an ihn glauben und die von ihm und seinen Propheten gelehrte Wahrheit erkannt haben" (D. 139,5). Für Justin ist also der Logos einer und viele, partikular und universal, eine vollständige Einheit, die die vielen Teile der Wahrheit zusammenfügt, wie auch die vielen göttlichen Namen, die vielen Gaben des Geistes und die vielen Gläubigen. Als kosmisches Zeichen formt sein Kreuz das All, und Menschen aus allen Teilen der Welt wenden sich ihm zu. Der Kosmos und die Geschichte finden ihre Einheit in ihm. Irenäus entfaltet diese Thematik in seiner facettenreichen Darstellung der Rekapitulation.

„Semper et nunc" – „Immer und jetzt" – könnte das Motto

für *Irenäus* lauten, dessen Darstellung der Einheit und Vielfalt in dieser Welt das meiste miteinschließt, was er überhaupt je zu irgendeinem Thema sagte. Das Wort macht Gott auf vielfache Weise bekannt: er kommt als wahrer Mensch zu allen Menschen, er erschafft und hält alles zusammen (H. III,11,3),[28] und er webt für Gott das Muster in der Geschichte, das nur einen Sinn ergibt, wenn er es zusammenfaßt. Denn die vielschichtige Einheit des rettenden Wortes gehört zuerst zur Dimension der Zeit, dann erst zu der des Raumes. Was immer Irenäus sonst noch sagt, er läßt keinen Zweifel aufkommen, daß Gott und sein Wort im Medium der Geschichte ihr bestes Werk vollbrachten. Die Menschen mochten mit Holz oder Lehm arbeiten, um Kunst und Schönheit hervorzubringen; Gott aber arbeitet mit der Zeit und schafft einen Plan oder ein Muster. In Christus ist dieses Muster vollendet, der Kreis geschlossen, das Ende mit dem Anfang verbunden und der Geist mit dem Fleisch eins geworden. Das Wort war und ist immer das gleiche. Er sprach die Wahrheit durch die Propheten und die Apostel (H. IV,35,2), er tritt für sündige Menschen als Mittler ein und stellt ihre Freundschaft mit Gott wieder her, indem er sich zur Sühne für ihre Sünden opfert (H. V,17,1).

Seine kosmische Einheit gehört nicht bloß der Vergangenheit und Gegenwart an, sondern in ausgezeichneter Weise der Zukunft. Er ist der erste, der von den Toten erstand, damit wie das Haupt, so auch der Leib mit all seinen Gliedern auferstehen wird (H. III,19,3). Dies ist das zweite große Thema, das Irenäus von Paulus übernahm.[29] Christen leben zwischen der Auferstehung Christi und der Endauferstehung. Ihr Leben wird von diesen beiden Punkten her bestimmt. Sie werden Glieder des auferstandenen Herrn, der sich anschickt, den Thron zu besteigen und zu herrschen. Dieser Leib ist (wieder wie bei Paulus) eine physische Einheit (H. V,2,3f.; V,6,2). Die Schöpfung wird gekrönt, wenn das Wort das Fleisch und den Geist zusammenbringt. Einzig er vermochte am Anfang die Schöpfungsordnung herzustellen, die Anordnung des Stofflichen nach Maß und Ordnung, Weisheit und Vernunft. Zur Schöpfung und Inkarnation fügt er jetzt die Kirche hinzu, die seine Einheit und Gestalt hat und in der der Heilige Geist und alle Gnaden gegenwärtig sind (H. III,24,1f.). Ordnung und Einheit der vielen

Teile sind Zeichen der Wahrheit, die das Wort darbietet, wie auch der Gemeinschaft, die seinen Namen trägt.

Warum aber sieht Irenäus dies alles nicht als Fortsetzung des Ostersieges, den das Wort errungen hat? Warum beschreibt er den Leib Christi als ein Lasttier, als gekreuzigtes Lasttier? Weil die Erniedrigung das Los dessen ist, der die Sünde des Menschen trägt (Frag. 21). Die Bewegung von der Auferstehung bis zur Wiederkunft ist nicht mystisch, sondern irdisch, gleicht mehr den Geburtswehen als einem Triumphzug. Sie ist nicht durch das leere Grab gekennzeichnet, sondern durch den Kreuzweg, der der einzige Weg zur Auferstehung ist (H. III,18,6). Das Kreuz ist der einzige Weg für den Leib, seinem Haupt zu folgen – *consequente corpore suum caput*.[30]

Irenäus lebte dort, wo sich zwei große Flüsse vereinigen und zusammen weiterfließen bis zum Meer. Kurz zuvor hatte es grausame Verfolgung gegeben, und man hatte die Asche der Märtyrer in den großen Fluß gestreut, um die Auferstehung ihrer Leiber zu verhindern. Auf gleiche Weise, glaube ich, sah er den Lauf der Heilsgeschichte: die Vereinigung des Menschen mit Christus war durch Leiden und Tod gekennzeichnet, bis das Ziel der Reise erreicht war. Später schrieb Eusebius:

„Unsere Geschichte über den Staat Gottes will den friedlichen Kampf für den Seelenfrieden und mehr die Kämpfer für Wahrheit und Glauben als die Kämpfer für Vaterland und Freunde verewigen, indem sie die Standhaftigkeit und die große männliche Ausdauer der Glaubensstreiter, ihre Triumphe über die Dämonen, ihre Erfolge über die unsichtbaren Widersacher und endlich ihre Siegeskronen zur ewigen Erinnerung verkündet. Gallien ist das Land, in dem sich der Kampfplatz für die erwähnten Streiter befand. Die Hauptstädte Lugdunum (Lyon) und Vienna (Vienne) zeichnen sich bekanntlich durch ihren Glanz vor allen übrigen Städten des Landes aus. Die Rhône, der breite Strom, der das ganze Land durchquert, fließt durch beide Städte."[31]

Tertullian widmet der kosmischen Einheit des Logos wenig Raum, aber die Vereinigung der Menschheit ist ihm sehr wichtig. Er gibt ihr eine entschieden politische Wendung, die sich bei Cyprian wiederfindet.[32] Die absolute Souveränität Christi zeigt sich an der Kirche, insofern sie universal ist. Christus eint die

Menschen, da er über alle Menschen und über alle Dinge herrscht. Er starb für alle Menschen (Marc. 5,17). Christus ist „für alle derselbe, für alle König, für alle Richter, für alle Gott und Herr" (Iud. 7,9). Seine Herrschaft erstreckt sich auch auf die Barbaren, unter denen er ebenso wohnt. Der Lorbeerkranz, den ein Soldat bei der Siegesfeier trägt, mag wohl auch von den Tränen christlicher Frauen und Mütter, deren Ehemänner oder Söhne er getötet hat, befleckt sein (Cor. 12,4). Die ganze Welt ist ein einziges Gemeinwesen unter Christus, und nichts ist jenen fremd, die ihm gehören (Ap. 38,3). Am Ende der Weltgeschichte wird das Wort erscheinen als „die Kraft Gottes und der Geist Gottes, als die Vernunft Gottes, als der Sohn Gottes und alles, was Gottes ist" (Ap. 23,12).

Er hat bereits das, was einst getrennt war, zusammengezogen. Wie Jesaja weissagte, empfängt der Sproß aus Isais Wurzel die ganze Kraft des Geistes. Jede Tätigkeit des Geistes, jede Kraft und Gabe ruhte auf ihm und auch auf den Aposteln. Der Endgültigkeit seines Werkes entsprach die Vollständigkeit seiner geistlichen Begabung (Marc. 5,8,4). Das Gesetz und die Propheten kommen in ihm zur Erfüllung, der das ganze spirituelle Wesen Gottes besitzt (Marc. 5,8).[33]

Nun ist er zur Höhe aufgefahren, ausgestattet mit allem geistlichen Reichtum, und gibt den Menschen die von den Propheten verheißenen Gaben. In diesen letzten Zeiten ist Christus „Ausspender geistlicher Gaben", da er den Heiligen Geist über alles Fleisch ausgießt (Marc. 5,8).[34] Angesichts dieser umfassenden Aussagen erhebt sich die Frage: Warum entfaltet Tertullian nicht wie Justin und Irenäus die Vollendung Christi im kosmischen Rahmen? Hierfür gibt es drei Gründe: erstens seine weltbezogen praktische Veranlagung; zweitens seine Verachtung des pseudometaphysischen Unsinns, den die Gnostiker hervorbrachten. Sarkastisch vergleicht er „Jesus", die Frucht des valentinianischen *Pleroma* – die reinste Blütenlese – mit der Büchse der Pandora, mit Nestors Honigkuchen und anderem klassischem Sammelsurium (Val. 12). Und drittens vertritt er eine mehr futurische als präsentische Eschatologie: die Mächte der Finsternis regieren noch und weigern sich, die universale Souveränität Christi anzuerkennen. Noch immer sind die Menschen Sklaven der Sünde und des Todes. Erst am Ende der Geschichte wird die eine Gemeinschaft Christi unangefochten und ungehindert sein. Deswegen mußte die Kirche für Tertullian, wie später auch für Cyprian, rein sein. Wenn Gottes Staat geteilt war, wie sollte er die Staaten dieser Welt ersetzen? Sicherlich stand das Ende nach Ansicht Tertullians und Cyprians nahe bevor, doch bis zu diesem Ende war die Herrschaft des *Christus imperator* der Welt verborgen.

In all diesen Punkten unterscheidet sich *Klemens* beträchtlich. Er hält an dieser Erde weniger fest, und der Tod ist der Weg zur Vollkommenheit. Überdies zeigt er keine Abwehrhaltung gegen philosophische Fragestellungen. Wie Justin und Irenäus schlägt er die Gnostiker auf ihrem eigenen Boden. Seine Darstellung des Logos spielt nicht bloß mit Abstraktionen, sondern geht argumentativ beschreibend vor: viele Kräfte vereint in einem einzigen Punkt. Hinsichtlich der Totalität der Herrschaft Christi hat Klemens letztlich keinerlei Bedenken. Für das Volk Christi blieben auf Erden zwar Bedrängnisse, aber stärker war die Zuversicht, daß er die Welt überwunden hat (Joh 16,33). Das Leiden Christi war wie das der Christen keine Negation seiner Herrlichkeit, sondern deren gegenwärtige Manifestation.

Klemens' Beschreibung des Logos als „Eines als Alles" trifft so ins Schwarze, daß man bisweilen vergißt, wie sehr dieses Thema sein ganzes Werk beherrscht; denn offensichtlich deutet auch seine Darstellung der allgemeinen Welterlösung mit ihren zahlreichen Aspekten und Themen des „einen Heilands für jeden einzelnen und für alle gemeinsam", des Gläubigen, der in sich selbst zur Einheit gebracht wird, und der Erkenntnis, die – wie die Ewigkeit – alles zugleich wie vom Blitz erleuchtet sieht, all dies deutet auf „Eines als Alles". Klemens ging es mehr um die Universalität Jesu, des Logos, als um irgend etwas sonst. Er übernahm die johanneische und paulinische Sicht: das Wort, das im Anfang war, durch das alles geworden ist, dem alles gehört und dem einst alles unterworfen wird. Diese Schau trug ihn von der überschwenglichen Einladung des „Protreptikos" zu den begeistert vorgetragenen Einzelheiten des „Paidagogos" bis zu dem geistlichen Abenteuer der „Stromateis". Die Herrlichkeit überstieg seine Vorstellungskraft. Wie Johannes konnte er nicht begreifen, wieso das Wort Speise nötig haben sollte oder weswegen die Menschen nicht göttlich werden könnten.[35] Wie Paulus begeisterte er sich an der Freiheit vom Gesetz der Sünde und des Todes und sah, daß alles letztlich zum Guten ausschlägt. Wenn Gott für uns ist, wer ist dann gegen uns?[36] Wir können sterben, damit nicht *wir* leben, sondern Christus in uns lebt.[37] Wie im Epheserbrief, im Kolosserbrief und bei Paulus ganz allgemein, war die kosmische Souveränität Christi auch die Hauptbotschaft des Evangeliums.[38] Das universale Wort gleicht der Sonne, die bis in jeden Winkel scheint und deren Glanz Himmel und Erde erleuchtet (S. VII,21).

Erinnern wir uns, daß es die Beschreibung des Märtyrers als des wahren Menschen ist, die Klemens veranlaßt, im vierten Buch der „Stromateis" über die christliche Vollkommenheit zu sprechen. Klemens kennt niemanden, der sofort in allem vollkommen gewesen wäre, mit Ausnahme des Logos, der unser Menschsein trug. Die verschiedenen Gaben des Geistes zeigen die Vielfalt der Vollkommenheit, die andere erlangen können. Die Vollkommenheit desjenigen, der erkennt, ist gekennzeichnet durch selbstlose Liebe, Freiheit von Leidenschaft, gesetzte Einstellung, Gottebenbildlichkeit, Ruhe und Vergöttlichung. Am Anfang von Kapitel 25 (S. IV,155f.) hält Klemens inne, damit auch die Philosophen zu Wort kommen. Schon Platon hatte von derselben Vollkommenheit gesprochen. Der Mensch, der die göttlichen Formen oder Ideen schaut, schaut Gott und ist selbst göttlich, ein Gott unter Menschen. Im „Sophistes" (216 B) wird ein Mensch, der Kenntnis der Dialektik besitzt, als Gott bezeichnet, und im „Theaitetos" (173 C) lebt der Führende in der Philosophie auf einer höheren Ebene auf der Suche nach den Himmeln. Nur die Weisen leben wirklich, wie Homer und die Schriften zeigen.

Was aber ist der Gegenstand dieser Schau? Was sind diese ewigen Ideen, auf die die Philosophen blicken, für Klemens? Sie können nicht Gott, der Vater, sein, denn er ist in seiner einsamen Einheit über allen Dingen. In welcher Beziehung steht der unbekannte Gott zum Menschen, der göttliche und menschliche Dinge kennt? „Da nun Gott unbeweisbar ist, so ist er dem Wissen nicht erfaßbar; der Sohn aber ist Weisheit und Wissen und Wahrheit und was sonst diesem verwandt ist, und in der Tat kann man über ihn mit Beweisen und ausführlicher Darlegung reden" (S.IV,156,1). Erkenntnis ist möglich, weil der Sohn den

Stempel der Herrlichkeit des Vaters trägt und über Gott die Wahrheit lehrt (S. VII,58). Das Wort ist das Bild (S. V,94,5), der Gedanke (S. V,16,3), das Angesicht (Paid. I,57,2) und offenbart das Wesen des Vaters (S. V,34,1). Er vermittelt Macht wie auch Erkenntnis, denn er ist die Macht (S. VII,7,4), der Diener Gottes (Paid. III,2,1), Instrument Gottes (Prot. 6,1) und Arm des Herrn (Prot. 120,4). Er wurde Fleisch, damit er von den Menschen gesehen werden konnte (S. V,16,5).

Dennoch ist der Sohn kein einfaches Erkenntnisobjekt. Es wäre ein Irrtum, ihn bloß als ein sichtbares, irdisches Abbild des Vaters anzusehen. Er wird als Gott verstanden und erkannt, wenn man sein vielschichtiges Wesen erfaßt hat. „Alle Kräfte des Geistes werden zu einer einzigen Macht zusammenkommen und eine einzige Wirkung hervorbringen – den Sohn" (S. IV, 156,1).

Klemens hat zumindest zwei bestimmte „Quellen" genannt (S. IV,132; IV,155). An der ersten Stelle spricht er davon, wie die paulinischen Charismen, die im Alten Testament unter Propheten und Königen verstreut waren, alle in Christus zusammenkamen, um durch ihn nach seiner Himmelfahrt verteilt zu werden. So wie er jetzt seine Gaben den Menschen schenkt, werden sie innerhalb seines Leibes ausgeübt, so daß die Gabe nicht vom Geber getrennt ist. Daher ist der Herr die vielschichtige Welt der geistlichen Kräfte, die auf Erden als Glieder seines Leibes wirken. An der zweiten Stelle haben wir die platonische Weltseele des „Timaios", die Justin mit dem Kreuz in Verbindung brachte,[39] sowie die Welt der Formen aus dem „Staat" und aus anderen platonischen Schriften. Im mittleren Platonismus verband sich die zunehmende Transzendenz des Einen oder des ersten Gottes mit der Vielheit zweiter und dritter Götter, die bei Plotin zu Geist und Seele werden sollten.[40]

Poseidonios sah die kosmische Harmonie als ein System von Kräften. Diese standen im Dienst der immanenten Vernunft oder des göttlichen Feuers – so im frühen Stoizismus, und bei Platon dienten sie der Funktion der Formen oder Ideen.[41] Später wurden sie zu dämonischen Kräften, die zwischen einem transzendenten Gott und der Welt angesiedelt sind.

Bei Klemens konvergieren die Kräfte im Sohn, der uneingeschränkt den Willen Gottes erfüllt. Diese Kräfte sind die Leiter, auf der der wahre Philosoph zum höchsten und besten Wesen, dem Sohn, aufsteigt. Philo nannte den Logos „Idee der Ideen". Die Kräfte, Formen oder Ideen sind die Wirk-, Final- und Formalursachen der Dinge. Daher ist der Sohn die letzte oberste Wirkursache, die höchste Kraft, die alles bewegt. Ebenso ist er die letzte Finalursache, die den Gesamtzweck und das höchste Gut darstellt. Und drittens ist er die letzte Formalursache, die Quelle aller Rationalität und jeder Definition.

„Ein Gesamtbild von ihm erhält man aber nicht, wenn man sich auf die Vorstellung jeder einzelnen seiner Kräfte beschränkt. Der Sohn wird nicht einfach zu etwas Einzigem als etwas Einziges und nicht zu etwas Vielfachem als die Verbindung von Teilen, sondern er wird zu etwas Einzigem als die Vereinigung von allem." Klemens will damit sagen, daß man den Logos nicht aufgliedern kann wie ein Exekutiv-Komitee.[42] (Philo dagegen kannte sechs beherrschende Kräfte!) Er war auch nicht in seinen vielen Teilen zu beschreiben, vorausgesetzt man könnte alle Kräfte der Reihe nach auflisten. Damit sind wir wieder bei dem Gedanken, der das ganze Kapitel beherrscht, bei der Idee einer komplexen Einheit, bei der Vorstellung vieler Dinge, die wie im Aufzucken eines Blitzes zusammengeschaut werden. „Ihm entstammt alles; denn er ist wie ein Kreis, in dem alle Kräfte in eins zusammengefaßt und vereinigt sind." Die Universalität wird durch die Einheit in keiner Weise gefährdet, denn der Kreis bietet Vollständigkeit und vollendete Ganzheit. „Deshalb wird der Logos ‚Alpha und Omega' genannt, da bei ihm allein das Ende zugleich auch Anfang wird und wieder in den ursprünglichen Anfang endigt, ohne daß irgendwo eine Unterbrechung stattfände" (S. IV,157,1). Klemens schließt jede Möglichkeit von Unvollständigkeit oder Vielheit durch Unterteilung aus. Wenn das Wort nicht vollkommen eins ist, kann es nicht das Wort sein. Wenn es nicht alles in sich einschließt, kann es nicht das Wort sein. Das Symbol ‚Alpha und Omega' war bereits im christlichen Denken als Symbol der Ewigkeit festgelegt: „Ich bin das Alpha und das Omega, ... der ist und der war und der kommt, der Herrscher über die ganze Schöpfung" (Offb. 1,8).

Natürlich gab es solche, die diesen Teil des klementinischen Denkens trotz seiner biblischen Fassung für ein unverdautes

Stück aus nicht-christlichen Quellen hielten. Unverdaut ist es nicht, denn dieses Denken zieht sich durch die drei Hauptwerke des Klemens und findet sich auch bei seinen christlichen Zeitgenossen. Der „Protreptikos" schließt mit einem Ruf zur Initiation in die wahrhaft heiligen Mysterien des Lichtes. Jene, die dem Ruf folgen, werden zusammen mit dem Logos den Reigen um den einzig wahren Gott tanzen. Der einzige, große Hohepriester ruft: „Kommet zu mir, damit ihr unter den einen Gott und den einen Logos eingeordnet werdet!" Er bietet die Gabe der Unsterblichkeit an, *logos* und Erkenntnis Gottes, da er sich selbst darbietet. „Dies bin ich, dies will Gott, dies ist der Einklang, dies die Harmonie des Vaters." Er ist der Sohn, der Christus, das Wort Gottes, der Arm des Herrn, die Macht des Alls und der Wille des Vaters. Ihm geht es nicht um vagen Mystizismus. Sein Ruf ist sittlich begründet und zielt auf die Wiederherstellung des Menschen in Übereinstimmung mit dem wahren Muster oder Urbild (das ja das Wort ist) zur reinen Gerechtigkeit, durch die allein der Mensch zu Gott gelangt. Diese Gerechtigkeit kommt nur durch den Glauben, den Christus schenkt, und der der einzige Weg ist, dem Zerfall des Todes zu entgehen. Es ist ein Ruf, von den schweren Lasten auszuruhen und die Sanftmut und Erniedrigung Christi zu erkennen. Sein leichtes Joch bindet die ganze Menschheit zusammen, die er als sein Wagengespann zum himlischen Jerusalem fährt. Da gibt es kein Zögern, wenn das Angebot so groß und das Ziel so sicher ist. So wie Christus die Eselin und ihr Füllen zusammengebunden in die irdische Stadt führte, so bringt er nun die ganze Menschheit unter seinem Joch zum Himmel. Welch ein Anblick für den Vater, die siegreiche Rückkehr seines Sohnes zu sehen – alle Menschen sind nun sein. Ihm zu gehören, heißt, ein Sohn des allerhöchsten Gottes zu sein, angenommen an Kindes Statt zu seinem Leben in Gehorsam. „Rechtschaffen ist das ganze Leben der Menschen, die Christus erkannt haben."

Mit solchen Worten spricht Klemens als ein Mensch, der von dem Angebot Gottes überwältigt ist. Bisweilen fast ohne Zusammenhang, bleiben die Themen dennoch rational und ethisch begründet, oft mit ungewöhnlichen Verflechtungen und Anknüpfungen.

„Doch genug der Worte! Vielleicht bin ich aus Liebe zu den

Menschen schon zu weit gegangen, indem ich freigebig verkündete, was ich von Gott empfing, da ich zum größten Gut, zur Erlösung einlud ... Euch aber bleibt als letztes nun zu wählen, was besser ist – Gericht oder Gnade. Ich meine, es kann kein Zweifel bestehen, was von beiden das bessere ist; es ist schon falsch, Leben und Verderben überhaupt miteinander zu vergleichen" (Prot. 123,2).

Gottes kurzes Wort ist ein Wort ohne Ende; seine Kürze ist die Kürze des Tagesanbruchs, nicht des Todes.

Die Antworten auf die fünf Fragen führten zu einer in sich geschlosseneren Darstellung als die der vorhergehenden Probleme. Natürlich ist Tertullian der Außenseiter, da er spätere christologische Formeln vorwegnimmt. Bei den anderen Autoren findet sich ein verständliches Fortschreiten vom Faktum der Inkarnation zur Person Christi, zu seinem Heilswerk und der Gabe der Erkenntnis bis hin zu seiner Universalität. Ein solcher innerer Zusammenhang ist bei apologetischen Schriften selten, da sie es mit unterschiedlichen Problemen und Fragen zu tun haben, die keine koordinierte Antwort gestatten. Die Kohärenz kommt hier aus dem einen gemeinsamen Konzept des Logos, dem kurzen aber universalen Wort.

---

[1] Contra Celsum, 1,9; 3,44; 3,55; 3,75.

[2] *Tertullian* bemerkt zu dem gleichen Vers: „Denn das Neue Testament ist ein kurzes Kompendium, frei von bis ins einzelne gehenden Lasten des Gesetzes" (Marc. 4,1). „Das Gebot im Evangelium ist von kurz gefaßter Genauigkeit" (Marc. 4,16).

[3] Vgl. *N. Brox*, Offenbarung, Gnosis und gnostischer Mythos bei Irenäus von Lyon, Salzburg München 1966, bes. 184–195. Man beachte auch die Bemerkung S. 180: „Somit rückt die ‚wahre Gnosis' in große Nähe zum ‚Kanon der Wahrheit'. Sie ist die Erkenntnis, das Wissen und der Besitz der Glaubensregel."

[4] *Origenes*, Mt-Kommentar, 12,43 und 14,7. Vgl. *H. de Lubac*, Histoire et esprit, 176f.

[5] *H. Butterfield*, Christianity and history, 146.

[6] Zu den „Tauschformeln" vgl. *A. Bengsch*, Heilsgeschichte und Heilswissen, 157f.

[7] *H. U. Balthasar* schreibt in: Herrlichkeit, Bd. 2, 76, über „Gottes zeithafte Kunst": „Es ist die erste große Theologie des Kairos, des aptum tempus, wobei die qualitative Verschiedenheit und Einmaligkeit jeder Zeitstelle, in die ein Wesen oder Ereignis gesetzt wird, von der freien Verfügung Gottes, seinem jeweiligen Offenbarungswillen abhängt und auf ihn verweist."

⁸ Vgl. *A. Boyce Gibson*, The religion of Dostoevsky, London 1973, 1–7; 209 bis 213.
⁹ Zur Kontinuität dieser Schriften untereinander vgl. eine Skizze der diesbezüglichen Diskussion bei *E. Osborn*, Philosophy of Clement, 5f.
¹⁰ Vgl. *Th. Rüther*, Die sittliche Forderung der Apatheia in den beiden ersten christlichen Jahrhunderten und bei Klemens von Alexandrien, Freiburg 1949, 58ff.
¹¹ *E. Käsemann*, Jesu letzter Wille nach Johannes 17, Tübingen 1966, ³1971, 27.
¹² Vgl. unten S. 307f., sowie *G. Ebeling*, Gott und Wort, Tübingen 1966, 74ff. Im vierten Evangelium sind jedoch die beiden Vorstellungen untrennbar verbunden.
¹³ Eine andere Ansicht vertritt *J. Kunze*, Die Gotteslehre des Irenäus, Leipzig 1891, 54ff.
¹⁴ Vgl. *G. Ebeling*, Wort und Glaube, Tübingen 1960, 380: „Gottes Wort ist das Kommen Gottes."
¹⁵ Vgl. *G. C. Stead*, Divine substance, 46–66; vgl. auch *K. Wölfl*, Das Heilswirken Gottes, 150, und *W. Bender*, Die Lehre über den Heiligen Geist, 65.
¹⁶ Vgl. *J. Daniélou*, Les origines du Christianisme latin, Paris 1978, 293.
¹⁷ Ebd.
¹⁸ *J. Moingt*, Théologie trinitaire, 668f. Vgl. auch oben S. 76f.
¹⁹ Die vielleicht verworrenste Darstellung bietet *H. A. Wolfson*, The philosophy of the church fathers, vol. 1, Cambridge, Mass., 1956, 204–217. Wolfsons Ansatz bei der Darstellung der „Philosophie" der Kirchenväter wird durch eine zweifache Verwechslung beeinträchtigt. Einerseits akzeptiert er die klassischen Aussagen zur Trinität als philosophische Kategorien, die aus der Rückschau für die frühen Väter bedeutsam waren; andererseits sieht er alles christliche Denken schon bei Philo vorweggenommen und von ihm her entfaltet.

Vgl. auch *Th. Zahn*, Supplementum Clementinum, Erlangen 1884; eine sehr klare Darstellung gibt *J. Bethune-Baker*, Early history of Christian doctrine, 134f.

Wolfson verfällt dem Irrtum der Vereinfachung, wenn er *logoi* wie Billardkugeln statt wie Wassertropfen $(1 + 1 = 1)$ oder kontinuierliche Abschnitte eines Lichtstrahls zählt. Klemens verwendet die erstgenannte Analogie bei seiner Darstellung des herabfließenden Logos, und Justin gebraucht die zweite Analogie. Die logische Darstellung bei Klemens und Justin beruht auf dem Begriff der Teilhabe, und die Begriffsverwirrung hier entspricht der ausgedehnten Debatte über Justins *logos spermatikos*.
²⁰ *G. Jouassard*, Le ‚signe de Jonas' dans le livre IIIe de l'*adversus haereses* de Irénée, in: L'homme devant Dieu, Mélanges offerts au Père Henri de Lubac, Paris 1963, vol. 1, 244ff.
²¹ *I. Murdoch*, The Fire and the Sun, 66.
²² So wie Cyprians Darstellung des kollegialen Episkopats nicht ohne den Primat eines der Bischofssitze auskommen konnte, so mußte Irenäus Darstellung der Sukzession auch einen öffentlichen Bezugspunkt festlegen, wenn sie überhaupt einen Anstoß geben sollte. Es ist schwer zu sagen, wie stark

sich dies ausgewirkt hat. Von meinem Arbeitszimmer aus gesehen gibt es im Umkreis von zwei Meilen wenigstens sechs alte kirchliche Gemeinschaften, die sich alle auf die apostolische Sukzession berufen, an verschiedene geographische Orte in besonderer Treueverpflichtung gebunden sind und zum überwiegenden Teil gar keine eucharistische Gemeinschaft miteinander haben.

[23] Zur Diskussion dieses Ausdrucks vgl. *L. Ligier*, Le ,charisma veritatis certum' des évêques, in: L'homme devant Dieu, 247ff., und *N. Brox*, ,Charisma veritatis certum': ZKG 75 (1964) 327–331, der zeigt, daß Irenäus den Autoritätsanspruch der Kirche gegen Gnostiker und Pneumatiker verteidigte, „indem er nachweist, daß die wahren, überlegenen Pneumatiker in der Kirche zu finden sind" (331). Der Begriff verführt zu anachronistischer Deutung.

[24] Vgl. *Homer*, Ilias, 5,127f.

[25] Vgl. oben S. 142.

[26] Vgl. D.77,4 und 88. Die Weisen kamen aus Damaskus, das zu Arabien gehörte (D. 88,10). Seit prophetischer Zeit waren mit Damaskus und Assyrien unangenehme Assoziationen verbunden. Die Tatsache, daß die Weisen aus Damaskus kamen, verwies auf ihre Befreiung durch die Macht Christi, der schon bei seiner Geburt den Teufel in Erfüllung der Weissagung von Jes 8,4 überwinden konnte.

[27] Vgl. oben S. 174f.

[28] *J. Kunze*, Die Gotteslehre des Irenäus, 56.

[29] *E. Käsemann*, Der Glaube Abrahams in Römer 4, in: Paulinische Perspektiven, Tübingen 1969, 140–177.

[30] H. IV,20,4. Vgl. *P. Gächter*, Unsere Einheit mit Christus nach dem hl. Irenäus: ZKTh 58 (1934) 525f.

[31] *Eusebius*, Kirchengeschichte, 5,1.

[32] Vgl. *W. Telfer*, The office of a bishop, London 1962, chapter 7.

[33] *W. Bender*, Die Lehre über den Heiligen Geist, 106.

[34] Ebd. 109.

[35] Joh. 4,32; 1,12; 10,34. Vgl. *E. Käsemann*, Jesu letzter Wille nach Johannes 17, Kap. 1 und 3 (Das Problem, 11–15; Die Gemeinde unter dem Wort, 65–117).

[36] Röm. 8,2.28.31.

[37] Gal. 2,20.

[38] Eph. 1,15–23; 4,1–16; Kol. 1,15–23; Röm. 5,12–21.

[39] *Justin*, 1 A.60, und *Platon*, Timaeus, 36.

[40] Vgl. oben S. 46f.

[41] *K. Reinhardt*, Kosmos und Sympathie, München 1926, 111ff.

[42] Vgl. bes. Prot. 111–123.

PROBLEME UND BEMERKUNGEN

In diesem abschließenden Kommentarteil wäre eher zu klären, auf wie unterschiedliche Weise das Neue Testament, Klemens und die anderen Autoren dargestellt wurden, als hiervon unabhängig parallele Probleme zu behandeln. Der Darstellung des Logos, des Heiligen Geistes und der kosmischen Versöhnung im Neuen Testament und bei den Vätern galt bereits unsere besondere Aufmerksamkeit; außer einem kurzen Hinweis auf Ebeling betrachten wir nun die Probleme, die in neueren Abhandlungen auftauchen.

1 Die Unverzichtbarkeit logischer Methodik

Wenn wir die Fragestellung des Doxographen übernehmen: „Was sagte X, und in welcher Beziehung steht das zu dem, was andere Autoren sagten?", dann stoßen wir auf einige sehr merkwürdige Schlußfolgerungen. Beispielsweise hat die Darstellung der göttlichen Transzendenz in den Schriften des Klemens durchaus Parallelen bei anderen Autoren und bleibt dennoch vergleichsweise extrem; daraus hat man fälschlich gefolgert: „Die Transzendenz Gottes impliziert notwendigerweise seine Teilnahmslosigkeit."[1] Niemand kann jedoch leugnen, daß bei Klemens Gott innigere und unmittelbarere Gemeinschaft mit dem Menschen hat als bei fast allen anderen Theologen. Die falsche Schlußfolgerung deutet auf eine Schwäche der Interpretationsmethode. Wird diese auf Klemens' Darstellung des Logos angewendet, so sagt man uns, es gäbe im Logos des Klemens drei voneinander unterschiedene Stufen: „den Geist Gottes, die Gesamtheit der Ideen und die Welt-Seele."[2] Das Seltsame dieser Teilung verblüfft schon bei der ersten Stufe, wo Passagen (S. IV,155 und V,73), die vom „Ort" der Ideen sprechen, als Beweis für die erste Stufe zitiert werden. Klemens, wird behauptet, sei mit seiner Konzeption von Philo abhängig, obwohl Klemens meint, sie käme von Platon, und obwohl sie auch bei Aristoteles, Albinus, Plutarch und anderweitig zu finden ist. Die zweite Stufe sieht den Sohn als das Reich der Ideen, als das Urprinzip alles Erschaffenen. Hier betrachten wir S. IV,156, wo der Sohn der „Einzige als die Vereinigung von allem" ist. Wiederum gibt es bei Philo eine Parallele; wir müssen jedoch zu Plotin und zu Platons „Parmenides" gehen, um dem Begriff einer komplexen Einheit zu begegnen. Die dritte Stufe des Logos findet ihn immanent im Universum als Welt-Seele. Das alles steht bei Philo; das gleiche Konzept findet man aber auch bei Albinus, Plutarch, Atticus und Numenius, und sein stoischer Ursprung war für Pohlenz evident.[3]

All dies mag recht nützlich sein, weil es die Weite der Konzeption des Klemens zeigt; zugleich ist aber auch alles verkehrt. Zunächst einmal spaltet der Doxograph einen Autor in einzelne Sätze oder Redewendungen auf und sucht nach wörtlichen Übereinstimmungen; so ist es möglich, die drei Elemente und noch andere in der Darstellung des Logos zu entdecken und hierfür anderswo Parallelen zu finden. Mit Hilfe dieses Verbal-Atomismus könnte man sogar behaupten, nach Philo habe sich nichts Neues ereignet.[4] Was aber doch neu ist nach Philo, das ist die Art und Weise, wie Klemens und andere viele Gedanken unterschiedlich kombinieren. Die Quellenkritik mag sogar die gleichen atomistischen Irrtümer teilen, womöglich noch ein Element von „Nescience-Fiction" hinzufügen.[5] Wo so viele verschiedene wörtliche Parallelen vorhanden sind, ist es wahrscheinlich, daß der Gedanke so weit verbreitet war, daß sich die Suche nach literarischen Quellen erübrigt. Selbst wenn der Schlüsselbegriff „der Einzige als die Vereinigung von allem" anderweitig gefunden würde, wäre es vertretbarer, auf die Anwesenheit bestimmter logischer Probleme von Bestand (wie etwa Einheit und Vielheit) zu schließen als auf wiederkehrende Lehrmeinungen.[6] Es gibt klares Beweismaterial für die logische Bedeutung der Begriffe des Einen und Vielen von Platons „Parmenides" an, und zwar im Unterschied zum unmittelbar geschichtlichen Einfluß irgendwelcher „Lehren". Die Philosophie funktioniert nicht innerhalb eines streng doxographischen Rahmens, innerhalb dessen mehr nach nach Worten und Wendungen gesucht wird als nach Argumenten.

Bei Klemens' Darstellung des Logos ist jedoch die Doxographie in einer noch schlimmeren Lage als sonst:

„Der Logos ist vor allem der Geist Gottes, der seine Gedanken enthält; auf dieser Stufe ist er noch mit Gott identisch. Auf der zweiten Stufe wird er zu einer individuellen Hypostase, unterschieden vom Urprinzip; auf dieser Stufe repräsentiert er das immanente Gesetz des Universums oder, mit anderen Worten, die Welt-Seele. Untersuchen wir jede dieser drei Stufen."[7]

Klemens aber geht es um die Feststellung, daß genau das Gegenteil der Fall ist: der Logos ist „nicht etwas Einziges als Einziges und nicht etwas Vielfaches als die Verbindung von Teilen, sondern ein Einziger als die Vereinigung von allem". Ihm geht es darum, für die Einheit einzutreten, und nicht bloß für die der sogenannten „Stufen" des Logos, sondern für die Einheit Gottes als *anarchôs archè*, Logos in Gott, Ideen im Logos, Welt-Seele, Gläubige, Himmel und Erde – mit anderen Worten: es gibt nur eine einzige *archè* aller Dinge.

Das Argument des Kontextes liefert, wie immer, den Schlüssel zur Interpretation. Klemens spricht von der Einheit des Pantokrators mit dem wahren Gnostiker, der sich von der Begierde frei macht, um mit Gott verbunden zu werden. „Die Weltordnung der Schöpfung ist gut, und alles wird herrlich verwaltet; nichts geschieht ohne Ursache. Ich muß in deiner Welt leben, Allmächtiger, und wenn ich auch noch hier unten bin, so bin ich doch bei dir" (S. IV,148,2). Auf diese Weise ist der wahre Gnostiker bereits „Gott" (S. IV,149,8); er wird einer, wie Gott einer ist. Gottes Einheit entspricht dem unveränderlichen Zustand (theos/thei), daß er unausgesetzt das Gute will. Der Mensch wird göttlich, indem er eine Einheit wird, geeint mit Gott, frei von trennenden Leidenschaften, zu Gott hingezogen wie die Seeleute zu dem Anker hingezogen werden, wenn sie am Ankerseil ziehen. Die immer wachsame Selbstbeherrschung macht, soweit es möglich ist, Gott ähnlich (S. IV,152).

Schon Platon sah den gottähnlichen Stand jenes Menschen, der die Ideen zu schauen imstande ist; die Ideen aber sind in Gottes Geist (S. IV,155,2). Dennoch ist Gott jenseits von Beweis und Erkenntnis. Der Sohn ist die Einheit aller Geisteskräfte, Alpha und Omega, und er vereint alles. An ihn zu glauben, das bedeutet, in seiner göttlichen allumfassenden Einheit selbst zur eigenen Einheit zu gelangen (S. IV,158–172). Wie wir gesehen haben ist dies gleichbedeutend mit Freiheit von Sünde, Wiedergeburt zur Gerechtigkeit, Gott auf Erden zu dienen und von der Unwissenheit zur Erkenntnis hinüberzuwechseln. Hierbei ist gerade das

Fehlen von Stufen oder Unterteilungen der springende Punkt. Während Gott an der einen Stelle als jenseits von Beweis und Erkenntnis bezeichnet wird (S. IV,156,1), ist er nach einer anderen Stelle das Urprinzip des Seins, der Ethik und der Logik (S. IV,162,5). Die Gesamtbedeutung dieser Aussagen liegt darin, daß es nur eine einzige *archè* gibt, daß alle Dinge unter ihm zusammengeschlossen sind und das Hauptziel des Menschen darin besteht, ganz bewußt durch Glaube und Erkenntnis den höchsten Grad der Vereinigung mit ihm zu erreichen.

Wieso konnten manche Ausleger das verfehlen, was Klemens sagt? Weil der Kontext der Schlüsselaussagen so dunkel ist, daß man ihn einfach ignoriert; weil er so biblisch und ethisch formuliert ist, daß man ihn für philosophisch belanglos hält, und weil er in seiner Gesamtsicht von Gott und Welt so gefährlich ist, daß man lieber sicher gehen möchte. Im Grunde geht es Klemens darum, wie der Mensch Gott werden kann, und er hält es für unmöglich, so etwas offen zu besprechen und daher auch für unklug, es nur zu versuchen. Am Anfang der „Stromateis" sagt er, man dürfe Kindern kein Schwert zum Spielen geben.[8] So betrachtet nun der Doxograph seine Sätze und Aussagen isoliert, geht den Schwierigkeiten des Kontextes aus dem Weg und verfehlt dadurch die Sinnspitze. Er hört auf keine Warnung mehr, wenn seine Methode bei der Behandlung scheinbar widersprüchlicher Aussagen versagt – ob Gott die *archè* ist oder über der *archè* steht. Die gleiche Unschärfe findet sich in Platons Darstellung des Guten.[9] Abschließend sei Wolfson genannt, der auch diesem Irrtum erliegt und offenbar ernstlich zeigen möchte, daß man Gottes Einheit nicht mehr im Ernst vertreten könne, wenn man einmal die Pluralität in Gott hineingetragen habe.[10] Er hat eine polemische Intention, der mit Sätzen und Aussagen wohl gedient ist.

2 Wortgeschehen

Das bestimmende Thema des Neuen Testaments ist die Menschwerdung des Wortes – daß sich ein Ereignis vollzog, an dem der Mensch die Herrlichkeit Gottes sehen und Erlösung finden konnte. Im Neuen Testament geht es um ein Wortgeschehen oder Sprach-Ereignis.[11] Worte sind nicht Zeichen, die auf Dinge verweisen, sie sind nicht bloß darstellend, sondern autonom. *Ebeling* hat mehr als andere unternommen, um diesen Aspekt der Sprache, der das klärt, was das Neue Testament und die Väter im Grunde meinten, zu ergründen. Worte geschehen als Ereignisse in der Zeit; sie bedürfen bestimmter Situationen, in denen sie Bedeutung gewinnen, Situationen, auf die sie eine Antwort geben können. Ein Wort geschieht in bezug auf das, was ihm voraufging, und auf das, was nach ihm kommt. Es setzt sich mit der Vergangenheit auseinander und eröffnet die Zukunft. Worte zielen auf Wahrheit. Worte, die heiligen und heilen, die die Wirklichkeit erfassen und die Zukunft eröffnen, sind wahre Worte. Jesus, das Wort Gottes, sorgt sich um die Grundbefindlichkeit des Menschen und um das Geheimnis der Existenz. Ohne dieses Wort findet der Mensch nicht die Wahrheit, um die Vergangenheit einzuschätzen oder für die Zukunft frei zu sein. Durch dieses Wort ändert sich die Grundbefindlichkeit des Menschen, so daß er vor Gott zu stehen vermag. Die Wahrheit des Wortes zeigt sich daran, wie es die Menschen auf ihre Echtheit prüft und erlöst. Ohne Gottes Wort steht der Mensch im Widerspruch zu sich selbst, doch mit diesem Wort findet er zur wahren Existenz auf Erden.[12]

Diese Darstellung ist deswegen so hilfreich, weil sie ein Hauptthema des Neuen Testaments auf eine Weise vorlegt, die auf Linguistik und Existenzphilosophie Bezug nimmt. Die besondere Art, in der das Neue Testament über Sprache als Ereignis spricht, wird verständlicher, wenn man sich des sorgfältigen Ansatzes der linguistischen Analyse bedient. Wird man erst einmal gewahr, daß hier etwas Ungewöhnliches überliefert wird, dann ist es möglich, die Sicht des Neuen Testaments neu und mit tiefem Einblick zu deuten.

3 Geist und Buchstabe

Im Neuen Testament sind „Wort" und „Geist" miteinander verbunden und in Gegensatz zum „Buchstaben" gestellt. „Geist und Buchstabe" ist der Schlüssel zur paulinischen Auslegung des Alten Testaments, wie die Untersuchungen von Käsemann ergaben.[13] Die zentrale Antithese des Paulus über den Geist, der Leben schenkt, und den Buchstaben, der tötet, findet man an drei kurzen Stellen: Röm. 2,27 ff.; Röm. 7,6 und 2 Kor. 3,6. Nur durch eine sorgfältige Analyse dieser Passagen wird der Schlüsselgedanke verständlich. „Buchstabe" ist das Gesetz des Mose in seiner schriftlichen Form, so wie es der Jude als die Quelle seines eigenen einzigartigen Heils ansieht und das er mit der Heiligen Schrift einfach identifiziert. Diese wurde durch die Wendung „heilige Buchstaben" (*ierà grámmata*) umschrieben, und Paulus war vielleicht der erste, der den Singular „Buchstabe" gebraucht, um die Schrift zu bezeichnen. Nach Paulus haben jüdische Auslegung und Überlieferung die Absicht des göttlichen Willens mißverstanden. Das Gesetz verfestigt noch dieses Mißverständnis durch seine Forderung nach Werken, wodurch die Beziehung zwischen Gott und dem frommen Juden verfälscht wird und zu Sünde und Tod führt. Der Buchstabe kann nur Sklaverei bedeuten; Freiheit kommt vom Geist, der christologisch definiert wird als Teilhabe am Christusgeschehen.[14] Dies nimmt seinen Anfang bei der Offenbarung Gottes, der sich als der erweist, der aus Nichts erschafft und die Toten erweckt; im Gegensatz hierzu tötet der Buchstabe, weil er uns an unsere eigene Stärke und Frömmigkeit bindet und uns von der souveränen Gnade wegführt, durch die allein wir leben können. Der Geist schenkt Leben, weil er die Kraft ist, die die Gegenwart des auferstandenen Herrn offenbart. Das Alte Testament kann wie unter einem Schleier verborgen gelesen und als Forderung nach guten Werken mißverstanden werden. Andererseits kann die Botschaft der Rechtfertigung sichtbar werden, wenn der Schleier von Christus weggenommen wird. „Die durch die Rechtfertigungslehre interpretierte Christologie ist das Kriterium zwischen Geist und Buchstabe, die beide aus der Schrift abgeleitet werden können."[15] Nachdem Käsemann die drei Stellen untersucht und diese Grundsätze gefunden hat, richtet er seine Aufmerksamkeit auf Röm. 10,5–13 als auf ein Beispiel, wie Paulus das Alte Testament verwendet. In dieser Passage zeigt sich die Antithese von Geist und Buchstabe auf andere Weise.

In der Antithese von Geist und Buchstabe sah Paulus einen Schlüssel zum Verständnis der Schrift. Er hatte jedoch keine festgelegte exegetische Methode, so wenig er ein dogmatisches System hatte. Aber ein Thema hatte er in der Tat, das seine ganze Theologie beherrscht, und dieses eine Thema ist die Lehre von der Rechtfertigung. Paulus sieht das Heil des Menschen als die gegenwärtige Herrschaft Jesu Christi in der Rechtfertigung des Sünders. Für Paulus kann die Glaubensgerechtigkeit niemals bloß eine andere Form der Frömmigkeit des Menschen sein. Sie ist letztlich christologisch und zeigt, wie Christus wirkt und herrscht, denn der jetzt erhöhte Christus gesellt sich noch immer zu den Sündern wie zur Zeit seines Menschseins auf Erden.[16]

4 Kräfte des Geistes

Wort und Geist weisen den Weg zum besonderen Logosbegriff des zweiten Jahrhunderts. Denn das Wort ist die Einheit der Kräfte des Geistes, die in den Gläubigen über die ganze Welt zerstreut sind. Die Gaben des Geistes wirken nun in der Welt für Christus; sie sind das Mittel, durch das er die Königsherrschaft selbst übernimmt. Wir schauen uns zuerst den ersten Korintherbrief und dann den Brief an die Kolosser an.

Paulus gibt die klarste Darstellung der vielen Gaben des Geistes in 1 Kor. 12. Er beginnt mit der Feststellung, daß jede Gabe ein Dienst oder Amt ist. Es gibt verschiedene Gaben, aber nur den einen Geist, es gibt verschiedene Dienste, aber nur den einen Herrn. Es gibt viele Formen des Wirkens, aber alle sind sie das Werk des einen Gottes. Ein Charisma ist keine göttliche Injektion, die wirksam wird oder auch nicht; sie ist ein Dienst, der geleistet werden muß. „Denn es gibt keine göttliche Gabe, die nicht Aufgabe wäre, keine Gnade, die nicht aktivierte."[17] Paulus führt viele verschiedene Gaben an, immer mit dem Vorverständnis: erst der geleistete Dienst macht eine Gabe gültig. In Vers 12 kommt Paulus auf Körper und Geist zu sprechen. Christus gleicht einem einzigen Leib mit vielen Gliedern und Organen, die – obgleich viele – zusammen einen Leib ergeben. Durch die Taufe wurden wir in einem Geist zu einem Leib zusammengefügt, ob Juden, Sklaven oder Freie. Der eine Heilige Geist ist über uns alle ausgegossen worden. Paulus verbindet Leib immer mit Geist, so daß Pneuma die Antithese zu Geistigkeit und Innerlichkeit ist[18] und seine Wirkung gerade im „leiblichen Gehorsam" hat. Die Gläubigen sind in dem einen Leib Christi vereint, durch den er von seinem Reich Besitz ergreift. Dies ist keine mystische Einheit, sondern ein konkreter Ausdruck der Souveränität Christi in der Welt. Als drittes ist bei den Charismen ihre Verschiedenheit zu nennen (Vers 28). Gott hat in der Kirche die einen als Apostel eingesetzt, andere als Propheten, als Lehrer und wieder andere mit vielen verschiedenen Gaben ausgestattet. In der früheren Darstellung ihrer Besonderheit kommt die Verschiedenheit der Gaben auch ins Haus. In Röm. 12 spricht Paulus zunächst von den Gaben prophetischer Rede, von Glaube, von Verwalten und Lehren und nennt dann die Gaben brüderlicher Liebe, des Leitens und der Hilfe für jene, die in Bedrängnis sind, sowie die Erfüllung eines „Haushalts-Verhaltenskodex" auf unterschiedliche Weise. Christlicher Gehorsam, der in sittlichem Verhalten zum Ausdruck kommt, wird als Charisma betrachtet, als Auswirkung der Gnade Gottes im alltäglichen Leben. Alles ist Gnade. In seiner Aufzählung der Charismen geht Paulus nicht systematisch vor, weil diese Materie so überreich ist, daß man sie gar nicht systematisieren kann. Seine Darstellung der Liebe verleiht ihr manche Qualität des Charisma wie auch ganz bestimmte Qualitäten. Wenn ein Mensch die Heilungsgabe hat, braucht er nicht noch eine andere Gabe wie etwa die der Prophetie. Andererseits braucht er jedoch, welche Gabe er sonst auch haben mag, immer noch die Gabe der Liebe. Nachdem er von der Gleichheit der Gaben gesprochen hat, fordert er dennoch, nach „höheren" Gaben zu streben. Es gibt etwas, das wichtiger ist als ein System: die Verschiedenheit. Gerade die Verschiedenheit der Gaben macht Einheit möglich. Der Leib Christi zeigt die Vielfalt und Unterschiedlichkeit der Gaben. Einheit ist nur durch diese Verschiedenheit möglich, denn Gleiches stößt Gleiches ab, wogegen Ungleiches das, was Ungleich ist, braucht. Gleiches macht das, was ihm gleicht, überflüssig, aber das, was einem anderen nicht gleicht, hängt von diesem ab. Verschiedenheit wächst in die Einheit hinein – das ist es worüber Paulus hier spricht.

Zu den Begriffen Dienst, Leib und Verschiedenheit fügt Paulus den Begriff der Souveränität hinzu. Es gibt eine Vielfalt von Diensten, aber nur einen Herrn. Ein Charisma oder eine Gabe wird erst durch ihren Gebrauch, durch ihre Unterordnung unter die souveräne Gnade Gottes, zu einem echten Charisma.[19] „Die

Gnade trägt ihren Angriff radikal vor, sie entdämonisiert eine Welt... Das ganze Leben mit Einschluß des Sterbens steht unter der Verheißung des Charismatischen, sofern es nur Christen sind, die es leben und sterben."[20] Da Christen im Gehorsam unter ihrem Herrn stehen und Glieder seines Leibes sind, sind sie alle mit Charisma begabt.

Welche Grundsätze der Kirchenordnung regeln die Beziehung der Charismen untereinander? Die unvermeidlichen Probleme, die sich aus einer Annahme göttlicher Autorität ergeben, lassen sich aus dem ganzen Verlauf der Kirchengeschichte erkennen. Paulus stellt drei Grundsätze heraus, die die Beziehung derer regeln, die Charismen ausüben.[21]

1) „Jedem das Seinige" (Röm. 12,3; 1 Kor. 3,5; 7,7; 12,7). Jeder hat das, was er tun kann. Er hat seine Gabe oder sein Amt wie ein Verwalter, und seine Grenzen sind ihm durch das gezogen, was Gott ihm aufgetragen hat. Er ist nicht kompetent, alles zu tun, wächst aber im Verständnis dessen, was Gott ihm aufgetragen hat, und lebt in dem, was sein eigen ist. Er hat eine Berufung, in der er bleiben muß.

2) „Füreinander" (1 Kor. 12,25). Die Glieder des Leibes sorgen füreinander. Das Charisma befreit den Menschen vom Selbst und vom Streben nach seinem eigenen Heil. Das macht ihn frei, sich um andere zu kümmern. „Wenn wir nicht mehr auf unser eigenes Heil aus sind und nicht mehr äußere Mächte fürchten müssen, werden wir frei für andere Menschen, für die wir andernfalls höchstens als Verbündete oder Gegner Zeit finden."[22]

3) „Übertrefft euch in gegenseitiger Achtung" (Röm. 12,10). Die Beziehung dessen, der ein Charisma hat, zu einem anderen, der auch eines hat, ist das Erkennen Christi in seinem Bruder. Die Demut steht für Paulus im Mittelpunkt, weil die Gnade im Mittelpunkt steht und der Christ in der Demut eines Menschen lebt, der empfängt. „Was hast du, das du nicht empfangen hättest?" (1 Kor. 4,7) „Ist etwa das Gotteswort von euch ausgegangen?" (1 Kor. 14,36) Alles ist Gnade. Paulus ersetzt den Begriff *pneumatika*, das Wort seiner Gegner, durch *charismata*.

Diese drei Grundsätze regeln die Beziehung der Glieder des Leibes Christi: Jedem das Seinige – Füreinander – Gegenseitige Unterordnung in der Furcht Christi. Jeder Christ engagiert sich in konkretem Widerstand gegen die Welt, für die Mission und durch die Versöhnung – solange er Christ bleibt. Doch er darf sich selbst nicht allzu ernst nehmen, geschweige denn glauben, er sei schon am Ziel. Christen sind stets Menschen mit Risiko, weil sie unter dem Zeichen der ausgegossenen Gnade leben, und darum sollten sie einander nicht ohne Unterstützung lassen.[23]

5 Einschluß und Erfüllung

Eine neuere Abhandlung über die Ursprünge der Christologie zeigt, wie wichtig der Gedanke von „Einschluß" und „Erfüllung" für das Neue Testament ist.[24] Beide Begriffe werden durch die Logos-Lehre des Klemens und durch Irenäus' Darstellung der Zusammenfassung aller Dinge näher erläutert. Das Besondere an Jesus ist, daß er für die, die ihm nachfolgen, lebt und gegenwärtig ist, nicht bloß als eine große Gestalt der Vergangenheit, sondern als jemand, der sie einschließt und in den sie inkorporiert sind. Es mag schwierig sein, über den Menschen „in Christus" oder über das Inkorporiertsein „in ein neues Menschsein" zu sprechen (S. 48), aber genau so verstanden die frühen Autoren der Kirche Jesus. Für Paulus deutete die Existenz des Gläubigen in Christus auf eine Einheit, die sich unmittelbar von Christus herleitet (S. 72), und „wenn sich die Gemeinde als eine organische Einheit, ähnlich einem gut koordinierten lebendigen Leib, versteht, dann wegen ihrer Verbindung mit Christus". Christus ist nicht mit diesem Leib identisch, aber er ist der Grund für ihn. Im Neuen Testament ist der Leib Christi der Leib, in dem Christus starb, wie auch der Leib, in dem die Christen vereint sind. Der zweite Leib hängt ganz vom ersten ab; es gibt nichts drittes, und die Einfachheit dieser Beziehung verweist auf ein zentrales Element im Evangelium (S. 80). Wir müssen jedoch zwischen verschiedenen Darstellungen des Leibes Christi unterscheiden, und nur 1 Kor. 12,12 und 6,15 verlangt von uns, Christus selbst als die einschließende Person zu sehen, als den Leib, mit dem der Christ verbunden wird. Es kann kaum Zweifel darüber bestehen, daß die Paulusbriefe auf eine korporative Christuserfahrung verweisen, so daß die Verbindung mit Christus bedeutet, Teil eines organischen Ganzen zu werden. Dies ist erstaunlich, weil der Begriff eines korporativen Gottes zwar nicht neu, die Verknüpfung dieses Konzepts mit der personalen Gottesvorstellung im Neuen Testament jedoch schwierig ist. Dies deutet auf eine neue Gotteserfahrung, die ein gefährliches Experiment in der sprachlichen Formulierung erforderlich macht (S. 87), denn man sieht in Christus mehr als bloß ein Individuum (S. 95). In ähnlicher Weise gibt es Belege für das Eingeschlossensein in Jesus Christus auch außerhalb der paulinischen Schriften. Die johanneischen Aussagen über den Rebstock und seine Zweige, über das Einwohnen des Geistes und über die Einheit der Gläubigen in Christus sind eindeutige Beispiele.

Die Rede vom Eingeschlossensein in Jesus Christus ist vor dem Hintergrund der Aussagen des Klemens und der anderen leichter zu verstehen, als wenn man sie nur aus der Perspektive der älteren Autoren sieht. Als immer mehr Menschen Christus auf bestimmte innerliche Weise kennenlernten, war es unvermeidlich, daß man ihre Beziehung zueinander näher untersuchte. Wenn Jesus zu X, Y und Z so in Beziehung steht, daß dies für jeden entscheidend ist und nicht mehr bloß der einzelne Gläubige lebt, sondern Christus in ihm (Gal. 2,20), dann erhebt sich die Frage nach der Beziehung, die X, Y und Z zueinander haben. Paulus nahm zu diesem Punkt ausdrücklich Stellung, als die Korinther nicht sahen, daß ihre Beziehung zu Christus sie zu einer Gemeinde macht. Er hatte sich entschlossen, nichts zu wissen außer „Jesus Christus, und zwar als den Gekreuzigten" (1 Kor. 2,2), und mit Unwillen sagt er: „Wurde etwa Paulus für euch gekreuzigt?" Weil das Werk ihrer Erlösung von Christus allein und nicht von verschiedenen religiösen Lehrern ausgeführt wurde, konnten sie keine ent-scheidende Teilung vornehmen. Alles gehörte ihnen, so wie sie Christus gehörten und Christus Gottes ist. Es gab nur eine einzige Quelle des Heils, und das schloß eine neue Beziehung zwischen denen ein, die dieses Heil empfingen, eine Beziehung, die Parteiungen ausschloß, wie sie sich in Korinth ereignet hatten.

Christen konnten diese Beziehung, die sie zueinander hatten, nur schwer definieren. Im dritten Buch der „Stromateis" greift Klemens jene an, die von diesem Einschluß in Christus falsche Intimitäten herleiten wollten. Für seine gnostischen Gegner bedeutete Gemeinschaft in Christus eine Gemeinschaft sexueller Beziehungen. Klemens bestreitet dies und versteht das zentrale Anliegen besser. Sein Grundsatz: „Ein einziger Erlöser individuell für jeden einzelnen und allgemein für alle" trifft ins Schwarze.

Mit dem Begriff „Einschluß" ist der Gedanke der „Erfüllung" verbunden. Jesus ist derjenige, der die Schrift so erfüllt, daß er mit jenen verbunden ist, die schon vor ihm heimgingen, wie auch mit denen, die erst nach ihm kommen. Als Menschensohn ist er sowohl Individuum als auch korporative Gestalt (S. 132). Jesus wird durch den Gedanken der Erfüllung „der Schlußstein des ganzen Gebäudes der Beziehung Gottes zum Menschen" und „derjenige, der das Universum erfüllt und Gottes Entwurf für die ganze Schöpfung vollendet" (S. 133). All das, was Adam und Israel jemals bedeuteten, ist in Jesus erfüllt, welcher „Urbild der rechten Beziehung des Menschen zu Gott" wie auch die Wirklichkeit dieser Beziehung selbst ist (S. 134).

Die Letztgültigkeit Jesu hängt ab von seiner Beziehung zu denen, die an ihn glauben, wie auch von seiner Beziehung zu Gott, mit dem er die Seinen verbindet. Die Besonderheit Jesu ist weder durch den Begriff des „göttlichen Menschen" *(theios anèr)* noch des „Herrn" im Sinne des hellenistischen Kults zu erklären, sondern nur durch die neuen Kategorien, die er einführte, Kategorien, die vieles von dem zusammenfügten, was wir schon angesprochen haben. Mit dieser Erfüllung kam auch die Kontinuität, durch die wir mit Jesus im ewigen Leben Anteil haben (S. 153); und von diesem ewigen Leben leitet sich der Glaube her, daß Jesus auch uranfänglich existiert: er ist zu aller Zeit und war seit aller Zeit gewesen.

Die Präexistenz Jesu Christi ist eine Folge seiner Letztgültigkeit. Hier kann wiederum Klemens das erklären, was an den neutestamentlichen Quellen dunkel ist. Die Letztgültigkeit Jesu wird von seiner Einheit mit dem Vater abgeleitet. Wäre er bloß die Zweitursache und nicht eins mit der Erstursache, bedürfte es keiner Präexistenz; weil aber Jesus als Erstursache wie auch als Zweitursache bezeichnet wird, sieht man ihn als den, der von Ewigkeit her ist. Die Aussage seiner Präexistenz ist eine Folge des nicht-abgeleiteten Wesens Jesu Christi.

Klemens' Darstellung der kosmischen Einheit Christi sowie die Bezeichnung Christi als Erstursache hilft zur Erklärung dessen, was schon implizit bei Paulus und im Vierten Evangelium enthalten war, indem es einerseits die Beziehung des einen Erlösers individuell zu jedem einzelnen und gemeinsam zu allen Menschen zeigt wie auch andererseits die Letztgültigkeit der Erstursache als jenes Einzigen, der die Vereinigung von allem ist. Auf ähnliche Weise klärt und beleuchtet Irenäus die Begriffe „Einschluß" und „Erfüllung" durch seine ausführliche Darstellung der Zusammenfassung aller Dinge in Christus.

6 Gott als Geist

Ein sorgfältiger Vergleich der klassischen Formulierung der Trinitätslehre mit der Darstellung Gottes als Geist führte einen Fachmann zu der Schlußfolgerung, die aus dem zweiten Jahrhundert stammende Beschreibung Gottes als Geist sei für die Erklärung der christlichen Wahrheit besser geeignet als die Aussagen der Trinitätslehre des fünften Jahrhunderts.[25] Die drei „Hypostasen" oder „Personen" brachten Theologen in manche verzwickte Lage. Beispielsweise wurde mitunter sehr genau zwischen Logos und Geist unterschieden, wonach der Geist in den Gläubigen wohnt, der Logos aber die Welt (die nicht-menschliche Schöpfung) zusammenhält. Das aber ist die unglückliche Konsequenz einer falschen Logik, untereinander austauschbare Begriffe nicht auf die Tätigkeit des einen Gottes, sondern auf ganz bestimmte Hypostasen zu beziehen (S. 179).

Die Schwierigkeiten, die das vierte Jahrhundert mit einer „Substanz"-Christologie hatte, sind ausgiebig erörtert worden. Diese Schwierigkeiten vermeidet die Kategorie des Geistes, die Klemens verwendet, ohne dadurch der Gefahr einer reduzierten Christologie zu erliegen. Erlösung ist und bleibt eine nicht-transitive, asymmetrische Beziehung des Einen zu den Vielen. Christus besitzt den Geist auf einzigartige Weise durch seine vollkommene Einheit mit dem Vater, aber auch dadurch, daß er die

Quelle und das Urbild der Gegenwart des Geistes in den Gläubigen ist; sie wirken aus diesem Geist, der in ihnen das Leben Christi neu hervorbringt. Es kann jedoch kein zweites Christusereignis geben, denn je umfassender die Inspiration eines Heiligen ist, desto tiefer auch seine Abhängigkeit von Christus und sein Bewußtsein eigener Unterlegenheit.[26]

Jesus eine universalmenschliche Natur beizulegen, barg überdies die Gefahr in sich, die konkrete Wirklichkeit der Inkarnation zu schmälern. Dagegen vermeidet eine Geist-Christologie diese Reduktion. „Sie gibt uns die Möglichkeit zur Aussage, daß Jesus wahrhaft menschlich ist: ein Mensch, freier Antwort an Gott fähig, von Gott inspiriert und bewegt, der den anderen Menschen Gott vermittelt und der doch in jeder Hinsicht uns gleicht, abgesehen von der Fülle und Integrität seiner Hingabe an den Ruf Gottes."[27]

7 Vorsicht vor der Philosophie

Zwei andere Abschnitte des Neuen Testaments zeigen eine Weiterentwicklung, die über 1 Kor. 12 hinausgeht: Das erste Kapitel des Kolosserbriefs und die beiden ersten Kapitel des Epheserbriefs (die sich aus dem Kolosserbrief zu ergeben scheinen). Im Epheserbrief ist der Leib Christi eine kosmische Wesenheit, die sich über die Welt ausbreitet. Bei Paulus wird die Metapher vom Leib nur in einem paränetischen Sinn gebraucht, um die Glieder zu ermahnen, ihre Gaben gemeinsam für ihren Herrn in der Welt auszuüben. Die Weiterentwicklung im Epheserbrief gefährdet die Herrschaft Christi in der Welt auf keine Weise; die Kirche ist sein Leib, aber nur in ihm ist der alles besiegende Friede, der die trennenden Schranken niederreißt. Der Hymnus des Kolosserbriefs gibt eine kurz zusammengefaßte Aussage. Hier wird die kosmische Herrschaft Christi über alle anderen Mächte proklamiert; wiederum sind die Bezugspunkte Christus und das Universum, und seine Macht regiert alles.

Die sorgfältigsten Untersuchungen des Kolosserhymnus und von Kol. 1,20 aus jüngster Zeit,[28] zeigen erstaunliche Ähnlichkeit mit Klemens' Darstellung des kosmischen Christus und des universalen Logos. Der Hymnus beginnt mit einer Darstellung der

Schöpfung, die sich in Christus, dem Logos, ereignet, der der Ort aller Dinge ist. Der Hymnus fügt eine neue eschatologische Dimension hinzu, wenn er betont, die Schöpfung sei „auf ihn hin", d. h. sie hat ihn als ihr Ziel. Der christologische Rahmen, in dem die Schöpfung steht, beherrscht alles: einzig durch ihn und durch die Liebe Gottes, die er vermittelt, ist die Schöpfung zu verstehen.[29] Die zweite Strophe verkündet Christus als den Erstgeborenen der Toten (parallel zur ersten Strophe: „der Erstgeborene der ganzen Schöpfung") und erklärt, daß das ganze *Pleroma*, die Fülle der göttlichen Macht, in ihm wohnt. Als Ergebnis dieser Begabung mit allen göttlichen Kräften oder Gnaden kommt der Friede in das nun versöhnte All.[30] Die Versöhnung ist allumfassend – nicht bloß die Lebewesen, alles im Himmel und auf Erden ist eingeschlossen; zwischen Schöpfung und Versöhnung ist kein Bruch. Alles ist auf Christus hin zentriert, dem Schöpfer und Erlöser, dessen Auferstehung die neue Schöpfung ist. Der Glaube weiß, daß das, was Gottes Liebe in der Welt sieht, auch wirklich ist, weil Gottes Liebe stärker ist als alles, was ihr widersteht. Der Mensch schreitet aus der Entfremdung zur Versöhnung, wenn er im Glauben die Tat Christi erfaßt. Die Versöhnung ist weder zeitlos noch abstrakt, sondern vollzieht sich im alltäglichen Leben – jetzt.

Wenn wir Kol. 1,20 und die Bedeutung der kosmischen Versöhnung genauer betrachten, wird die Ähnlichkeit mit Klemens noch auffälliger. Die Ablehnung des Dualismus, die sich gegen die „Philosophie" der Kolosser richtet, ist die gleiche wie die des Klemens gegen die falschen Gnostiker. Der Hintergrund des Hymnus hat manche Verbindung zum jüdischen Versöhnungstag, doch kommt der Friede nach Aussage des Briefs durch die Unterwerfung der Gewalten, nicht aber durch ihre Versöhnung (Kol. 2,15). Der Autor interpretiert den Hymnus mit den Zeilen 1,20b: „Der Friede gestiftet hat am Kreuz durch sein Blut, bringt dadurch Friede allem im Himmel und auf Erden."

Die jüdischen Vorgänger verbinden eindeutig Schöpfung und Erlösung.[31] Der Friede und die Stabilität der Welt sind abhängig von Gott und stehen mit dem Kult in Verbindung. Auf Grund einer fast zeitgenössischen Quelle[32] wurde behauptet, die Häresie der Kolosser könne mit einer Form von jüdischem Pythagoreismus in Verbindung gebracht werden.[33] Gegen den

Widerstreit der Elemente findet der Mensch die Befreiung durch asketische Praktiken. Zum kosmischen Zustand findet man im Kolosserbrief drei Antworten: erstens, die entscheidende Philosophie vertritt die Flucht vor den Elementarmächten der Natur sowie eine asketische Reinigung von ihnen; zweitens, der Autor des Briefs verweist auf das Leben mit dem auferstandenen Christus, auf ein Leben, das aus dem Glauben gelebt wird und hier und jetzt ethische Konsequenzen hat; und drittens verkündet der Hymnus etwas, das über eine ethische Verpflichtung hinausgeht: einen kosmischen Frieden, der durch die Auferstehung des ersten Schöpfers ein für allemal garantiert wird. Der Stil des Hymnus und der Brief zeigen eine gewisse Abneigung, ähnlich wie bei Klemens, sich auf direkte und präzise Aussagen festzulegen. In beiden Fällen folgt auf eine sehr bildhafte Prosa die ethische Weisung; bei Klemens ist die nicht-literarische Form sogar noch stärker als in diesem Brief.

In den „Excerpta ex Theodoto" verwendet Klemens den Kolosserhymnus fünfmal, um valentinische Irrtümer hinsichtlich der Person Christi richtigzustellen (7,3; 8,2; 10,5; 19,4; 33,2). Im gleichen Werk zitieren die Valentinianer den Hymnus dreimal. Dies zeigt wiederum, wie wenig hilfreich es ist, mögliche Quellen bloß aufzuzählen – wichtig ist die Art und Weise, wie die Quelle gebraucht wird, nicht aber das reine Faktum ihres Gebrauchs. Der Hymnus aus dem ersten Kapitel des Kolosserbriefs reichte nicht aus, die Wertschätzung der kosmischen Souveränität Christi zu garantieren. Hundert Jahre später benutzten die Valentinianer ihn und andere Stellen des Briefs, um die gleiche Art von Dualismus zum Ausdruck zu bringen, die der Brief gerade zerstören wollte.[34] Klemens konnte aus dem inneren Gehalt des Hymnus selbst entgegnen; doch der Brief war zu vieldeutig und das Thema zu wichtig – so versuchte er, das Gleiche auf neue Weise zu sagen. Das vierte Evangelium ließ ihm die christliche Einheit zu einem neuen Anliegen werden, das sich vom irdischen Ansatz der paulinischen Schriften unterschied; dennoch hielt er beide zusammen. Das Wort, der Logos und Kosmokrator, der jetzt erhöht war, zog alle Menschen zu sich hin, zur Einheit und zur ewigen Herrlichkeit des Vaters.

Die ihm nachfolgten, waren in der Welt, aber nicht von der Welt. In ihren Leiden setzten sich Leiden und Kreuz Christi fort (Kol. 1,24); denn in ihrem erneuerten Menschsein war Christus alles und in allen (Kol. 3,11). Sein Königtum und seine Herrschaft umfingen alles; das Ende war noch nicht gekommen, doch das Kreuz, „das größte Geheimnis seiner Macht und Herrschaft" (1 A. 55), tat seine Souveränität allenthalben kund. Sein verachtetes Volk war für die Welt das, was die Seele für den Körper ist (Ad Diog. 6), und Gott verzögerte das Ende der Welt nur, damit mehr Menschen bereuen sollten (1 A. 28; 2 A. 7,1). Das Geheimnis war die seltsame Einheit von Leben und Tod, die Christus verkündete; nur wer das Todesleiden Jesu an seinem Leib trug, konnte auch die Kraft auferstandenen Lebens sichtbar machen (2 Kor. 4,10). Der Weg des Kreuzes führte von Herrlichkeit zu Herrlichkeit, von der Auferstehung Christi zu der aller Menschen. In diesem universalen Prozeß war der Sohn Gottes weder „ein Einziges als Einziges, noch ein Vielfaches als die Verbindung von Teilen, sondern der Einzige als die Vereinigung von allem. Deshalb bedeutet auch der Glaube an ihn und der Glaube durch ihn, daß man eine Einheit wird, indem man unteilbar in ihm vereinigt ist. Der Unglaube aber bedeutet Trennung, Entfremdung und Teilung" (S. IV, 156,2; 157,2).

Klemens entwickelte bewußt eine kosmische Christologie, die auf das Neue Testament zurückging. Lag darin irgend etwas Neues? Sein Hauptbeitrag besteht in der philosophischen Argumentation, die den Kolossern ganz fremd war; die Philosophie galt ihnen sogar als ein Feind. Der Platonismus half zu erklären, was die „Versöhnung aller" bedeutet. Die Mythologie der kosmischen Elementarmächte, die miteinander im Kampf lagen, konnte dagegen dem Begriff der Versöhnung keinen entsprechenden Inhalt geben. Was heißt „Alles versöhnen"? Für Klemens als Platoniker hieß es, allem einen rationalen und ethischen Zusammenhang zu geben. Irgendwie gab das Kreuz Christi der Unordnung dieser Welt einen Sinn; es zeigte, wie das chaotisch Böse zu überwinden war und wie die Welt einen vernünftigen Zweck erhalten kann, der gut ist.

War das schon zuviel des Guten? Spätere Generationen von Christen gingen von dieser Logos-Lehre zu einer christologischen Definition über, die Christi Menschheit und seine Gottheit sicherstellte. Gewinn und Verlust waren beträchtlich, und es ist an der Zeit, erneut die universale Größe des WORTES zu erforschen, dem der Vater alles anvertraut hat.[36] Von Anfang an war dies eine heikle Angelegenheit. Wenn die Formen, die der jeweils objektive Testfall der Rationalität sind, in den Logos hineinverlegt werden – wozu braucht man dann noch das Argument? Die *pigritia perennis* und die *lassitudo perpetua*[37] des Christenmenschen erhalten dann ihre Antworten unmittelbar aus dem Munde des Logos. Der Ruf des Klemens nach Rationalität und Untersuchung wird dann nicht mehr gehört; bis er doch wieder Gehör findet, wird wohl die Glaubwürdigkeit des Logos unvermeidlich abnehmen.

[1] S. R. C. *Lilla*, Clement of Alexandria, a study in Christian Platonism and Gnosticism, Oxford 1971, 215.

[2] Ebd. 199–212; Lilla folgt hierin Wolfson (vgl. unten Anm. 4).

[3] M. *Pohlenz*, Klemens von Alexandreia und sein hellenisches Christentum: NAWG, PH (1943) 158ff.

[4] So z. B. H. A. *Wolfson*, Church fathers, vol. 1, Harvard 1956, p. VIII: „Not exactly a departure from Philo but only an addition to him is the doctrine of the Incarnation, for in its ultimate formulation the Incarnation became a new stage in the history of the Philonic Logos." Vgl. S. 307, Anm. 10.

[5] S. *Lilla*, Clement of Alexandria, 207: „Es ist möglich, obwohl nicht direkt zu beweisen, daß die gemeinsame Quelle dieser Parallelen zwischen dem *Logos* des Klemens und dem *Nous* des Plotin in Ammonius Saccas zu suchen ist." Alles, was nicht den bekannten Naturgesetzen widerspricht, kann man für physikalisch möglich halten, und alles, was keinen formalen Widerspruch enthält, ist logisch möglich. Es ist möglich, wenn auch sehr unwahrscheinlich, daß Symeon Stylites die ursprüngliche Fassung des Hymnus „Nearer, my God, to thee" schrieb, allerdings unmöglich, daß er sie beim Untergang der „Titanic" sang; Himmel und Reinkarnation genügen nicht den bekannten Naturgesetzen.

[6] Vgl. E. *Osborn*, Philosophy of Clement, 17–24.

[7] S. *Lilla*, Clement of Alexandria, 201. In dieser Aussage vermag ich nur zwei Stufen zu zählen.

[8] S.I,14,3.

[9] „Staat", 505ff.

[10] H. A. *Wolfson*, l. c.: „The other heresies, those which arose within catholic Christianity and were banished from it, had their origin in an attempt to restore the Philonic conception of the unity of God."

[11] G. *Ebeling*, Das Wesen des christlichen Glaubens, 106ff.

[12] G. *Ebeling*, Gott und Wort, 57–63. E. *Osborn*, Ebeling, Word and ...: ABR 17 (1969), 41–53.

[13] Vgl. E. *Käsemann*, Geist und Buchstabe, in: Paulinische Perspektiven, Tübingen 1969, 237–285.

[14] Ebd. 253.

[15] Ebd. 267.
[16] Ebd. 285.
[17] *E. Käsemann*, Amt und Gemeinde im Neuen Testament, in: *ders.*, Exegetische Versuche und Besinnungen, Bd. 1, Göttingen 1960, 111.
[18] Ebd. 113.
[19] Auch spektakuläre Gaben, die Paulus erwähnt, waren den Korinthern nicht neu. Das antike Griechenland kannte die Ekstasen des thrakischen Dionysos, das Orakel von Delphi und die Sibylle. Dichter, Propheten und Priesterinnen waren inspiriert und sprachen auf einer höheren Ebene als der des gewöhnlichen Denkens. Paulus hätte den Korinthern sagen können, daß all diese Dinge verkehrt seien, und skeptische Philosophen jener Zeit hätten ihn dabei noch unterstützt. Er ging jedoch den schwierigeren Weg und reklamierte diese Gaben für den Vater des Herrn Jesus Christus. „Die Herrschaft der alten Götter war vorüber, und der eine Herr, der zu einer kleinen Gruppe Verbannter aus Ägypten gesprochen hatte, beanspruchte nun seine Herrschaft über die Welt" – so *F. D. Maurice*, Collected Essays, London 1957, 229.
[20] *E. Käsemann*, Amt und Gemeinde im NT, in: Exegetische Versuche und Besinnungen, 117.
[21] Ebd. 119ff.
[22] Dies kommt am besten in den glänzenden Schlußpassagen von *Boyce Gibson*, Dostoevsky, 212, zum Ausdruck:

„The question may be asked: how are we to understand *sobornost* – the spiritual togetherness of Christians, in which the „I" is both submerged and enhanced? It could be taken to mean each man doing his own thing in the sight of God along with others each of whom is also doing his own thing, all linked with God and therefore moving in harmony, but not deeply aware of each other. That interpretation fails to bring out what Dostoevsky was most concerned for. There is no genuine togetherness without active concern: ‚each is responsible for all'. It is not enough for the spiritually stronger man to be upstanding: he has to be available, and to give from his spiritual substance, and in such a way that the weaker may receive without being humiliated."

[23] *E. Käsemann*, Theologen und Laien, in: Exegetische Versuche, Bd. II, 295f. Zur allgemeinen Thematik der Geistesgaben ist zu bemerken, daß der Schritt von der Einheit der christlichen Gemeinde zur Versöhnung aller Dinge für die Menschen des zweiten Jahrhunderts recht einfach war. Zwei Dinge machen ihn schwierig für uns: Erstens, die unausweichliche Einsicht, daß wir die gestörte Ordnung des physischen Universums nicht mehr als Auswirkung verdorbener und böser Mächte ansehen, deren Überwindung Frieden und Harmonie wiederherstellen würde. Zweitens, die Trennung der Kirche als des Leibes Christi von der Vorstellung der kosmisch wirksamen Gegenwart Christi. Keine dieser Schwierigkeiten ist leicht zu lösen. Zum ersten ist es, ökologisch gesehen, offenkundig, daß menschliche Sünde in der physischen Welt Unordnung stiften kann und tatsächlich stiftet. Zum zweiten war die politische Bedeutung, die die Kirche im Denken Cyprians gewann, zwar ein Element des Anfangs, wurde jedoch beherrschend und

begrenzte dadurch die kosmische Versöhnung auf Gottes neues Gemeinwesen (commonwealth). Dies war offensichtlich eine Reaktion auf das Wüten der Nationen gegen Gottes Volk und zeigt, wie falsch es ist, überhöhte Ekklesiologie und das Schwinden der apokalyptischen Hoffnung zu verbinden.

[24] *C. F. Moule*, The Origin of Christology, Cambridge 1977.
[25] *G. W. Lampe*, God as Spirit, 228.
[26] *G. W. Lampe*, The Holy Spirit and the person of Christ, in: Christ, faith and history, ed. S. W. Sykes and J. P. Clayton, Cambridge 1972, 129.
[27] *G. W. Lampe*, God as Spirit, 144.
[28] a) *E. Schweizer*, Der Brief an die Kolosser, Zürich 1976, 52–74 und 215 bis 223 (= Brief).
b) *E. Schweizer*, Versöhnung des Alls, Kol. 1,20, in: *G. Strecker (Hrsg.)*, Jesus Christus in Geschichte und Theologie, Festschrift H. Conzelmann, Tübingen 1975, 486–501 (= Versöhnung). Der folgende Abschnitt verdankt diesen beiden Arbeiten sowie der Diskussion mit ihrem Verfasser viel.
[29] *E. Schweizer*, Brief, 63: „Christus wird so zum Herrn, der dem Leben überhaupt seinen Sinn schenkt."
[30] Ebd. 67: „Die Folge dieser Einwohnung der Fülle Gottes wird als Versöhnung des Alls beschrieben."
[31] Vgl. *Philo*, Spec. Leg. 2, 188–193. *E. Schweizer*, Versöhnung, 490ff.
[32] Der Überlieferung ist *Schweizer*, Versöhnung, 496, nachgegangen.
[33] Mit gebotener Vorsicht vgl. auch *Ocellus Lucanus*, paras. 19, 22 und 24.
[34] Aus *Klemens'* „Excerpta ex Theodoto" geht hervor, daß die Valentinianer ihren Dualismus mit Kol. 2,8.9.12 und 3,1ff. begründeten.
[35] Vgl. *E. Käsemann*, Jesu letzter Wille nach Johannes 17, Kap. 4, „Christliche Einheit", 118–152; vgl. auch *M. Appold*, The oneness motif in the Fourth Gospel, Tübingen 1976.
[36] *A. Harnack*, Dogmengeschichte, Bd. 2, Tübingen ⁴1909, 26f.: „Athanasius' Bedeutung für die Folgezeit liegt darin, daß er den christlichen Glauben ausschließlich als Glauben an die Erlösung durch den mit Gott wesenseins seienden Gottmenschen bestimmt und ihm dadurch feste Grenzen und einen spezifischen Inhalt zurückgegeben hat... Unter der Voraussetzung der Theologie der Apologeten und des Origenes ist er das wirksame Mittel gewesen, um die völlige Hellenisierung und Verweltlichung des Christentums abzuwehren."
Eine solche Reduktion war für das Christentum vielleicht einmal nötig und angemessen; wer aber über den Anfang des Christentums zurückschaut, der findet eine adäquate Darstellung seines Glaubens eher bei den Autoren, die nachdachten, bevor das Christentum überhaupt begonnen hatte.
[37] „Ständige Trägheit" und „dauernde Müdigkeit" (Anm. des Übers.).

ERGEBNIS

Probleme

Die Fragen nach dem einen unsagbaren transzendenten Gott ordnen sich um den Gedanken einer Erstursache. Die Beständigkeit dieses Gedankens, trotz all seiner Schwierigkeiten, wurde mitunter auch als ein Grund für seine Annahme angesehen. Im zweiten Jahrhundert war eine starke monistische Tendenz keine exklusive Eigentümlichkeit der Christen, doch sie machten ausgiebig Gebrauch von ihr.[1] In Untersuchungen aus jüngster Zeit werden logische Einwände gegen die Erstursache dadurch gemildert, daß man die Frage als religiöses Problem wertet.[2] Alles hat seinen Punkt letzter Abhängigkeit – auch Augustinus entdeckte das in Ostia: „Nicht wir sind's, die uns schufen, er ist's, der uns geschaffen hat, der bleibt in Ewigkeit" (Conf. IX,10).

Der Mensch und seine Freiheit wiesen auf das Band zwischen Gott und Mensch und auch darauf, daß Gott das Menschenleben verwandeln mußte, wobei es menschlich blieb. Das Wort „Vergöttlichung" war wichtig, weil es auf die Gabe der Unsterblichkeit hinwies, die man nicht als etwas Selbstverständliches voraussetzen konnte. Man hielt die Freiheit für wichtiger als den freien Willen, weil es bei ihr um die Fülle des Lebens ging, die, anders als bei der Selbstverwirklichung, ihre Mitte im Kreuz Jesu Christi fand.

Welt und Geschichte haben miteinander zu tun, da die Welt einem Gott der Hoffnung gehört, der Zukunft eröffnet und der Geschichte Sinn verleiht. Er ist der leidende Gott, der zutiefst im Kreuz seines Sohnes und im Tod der Martyrer erkannt wird. Dies ist gewiß eine merkwürdige Art, die Welt zu verteidigen, und auch ein seltsamer Gott der Hoffnung – doch eben daran hielten unsere Autoren des zweiten Jahrhunderts fest: ihr Gott war kein Gott des irdischen Wohlstands und der Eroberung, sondern ein Gott des Leidens auf Erden. Ihr Hauptproblem war nicht weltliches Versagen, sondern weltlicher Erfolg. Sie hinterließen uns eine lange Predigt: „Welcher Reiche wird gerettet werden?" (Klemens) Dennoch blieb die Welt Gottes Welt – und Gott war gut. Sie fanden ihren Weg – man hat ihn im zwanzigsten Jahrhundert wiederentdeckt – im Gott der Hoffnung und im leidenden Gott. Als Menschen mit einer großen Hoffnung gingen sie im Glauben voran, denn die Welt ist mit dem Zeichen des Kreuzes bezeichnet, mit jenem Zeichen, das dem Gewebe des Alls eingewebt ist.

Das universale WORT repräsentiert den entscheidenden Faktor in jedem der vier anderen Probleme. Das WORT allein konnte den Menschen zu Gott führen, befreien und neu erschaffen und Welt und Geschichte angesichts der Dunkelheit und Tragik zusammenhalten. Das Erstaunlichste daran aber war, daß der Logos dies für alle Menschen überall vollbringen konnte – es gab Christen vor Christus. Auf ähnliche Weise hat im zwanzigsten Jahrhundert die Ausschließlichkeit der Kirche angesichts der Universalität Christi Rechenschaft zu legen.

Doch wie steht es um die Gültigkeit dieser Argumente? Die Argumente zur Erstursache wurden geschickter formuliert, ihre Konsequenzen aber nicht ganz akzeptiert. Die Autoren des zweiten Jahrhunderts behaupteten, daß die Erstursache nicht wie andere Dinge zu beschreiben sei, weil nichts früher ist als sie. Gott wird aus der Abwärtsbewegung dessen, was von ihm kommt, verstanden, aus der Welt und ihrer Fülle, zutiefst jedoch durch das Kreuz und dessen Unbegreiflichkeit. Der andere Hauptunterschied zu späteren Formulierungen liegt in der Verwendung des Erstursachen-Arguments zu negativer Polemik, nicht aber als stützender Beweis. Unsere Autoren waren gewohnt, eher die Existenz anderer Götter zu widerlegen, als die Existenz des einen Gottes zu beweisen, wie auch die allgemeine Tendenz zur Transzendenz einzuschränken, nicht aber noch auszuweiten. Ihre Schlußfolgerung war nicht, es müsse noch etwas jenseits des sichtbaren Universums geben, sondern daß es Eines und nur Eines gibt, von dem alles andere abhängt. So drang das Argument ins christliche Denken als eine Reduktionsbewegung ein: Die Heiden und Marcion sollten sich mit einem einzigen Gott begnügen, und die Gnostiker ihre phantastische Überwelt aufgeben.

Zur Transzendenz und negativen Theologie besagt die wichtigste Einzelwahrheit, daß der transzendente unsagbare Gott nicht „abstrakt" im herkömmlichen Sinn des Wortes ist. Gerade deshalb ist er uns um so näher und innerlicher, weil er kein Steinblock ist, den man messen und wiegen kann. Justin macht dies deutlich durch Argumente, die bei der empirischen Randzone menschlicher Erfahrung ansetzen, wie auch durch seine Umschreibung der Gottesnamen als „Formen der Anrede". Die Intensität personaler Gemeinschaft ist jedoch bei jedem der vier Autoren stark ausgeprägt. Klemens begibt sich in Gott hinein, ist in Christus eingepflanzt und lebt in beständigem Gebet. Dies steht im Gegensatz zur Tendenz mancher Theologie des zwanzigsten Jahrhunderts, die solche Begriffe wie „Seinsgrund" bevorzugt – ein deprimierend unpersönlicher Titel.[3]

Im Hinblick auf den Menschen und seine Freiheit besagen die Argumente zur Willensfreiheit und zur Bedeutung der Freiheit beinahe alles, was auch in neuesten Arbeiten gesagt wird. Tertullians Behauptung, daß Gottes Vorauswissen den freien Willen nicht außer Kraft setzt, wurde unlängst mit der Klarheit formaler Logik neu formuliert. Das bedeutsamste Manko in der Freiheitsargumentation des zweiten Jahrhunderts ist das Fehlen des politischen Elements, das durch das apokalyptische kompensiert wird. Weil die Tyrannen bei der Wiederkunft des Herrn gestürzt werden, besteht kaum Anlaß, sie gleich zu stürzen; vielmehr dominiert der Wunsch, die Obrigkeit davon zu überzeugen, daß Christen loyal und nicht rebellisch sind und daher nicht verfolgt werden sollten.

Das Argument für die „Vergöttlichung" ist auch deswegen hilfreich, weil es zeigt, wie leicht das Gesagte mißdeutet werden kann, sobald man die Verbindung von Bedeutung und Anwendung übersieht. Es wäre unangebracht zu versuchen, diesen Begriff im zwanzigsten Jahrhundert wieder einzuführen, weil die anderen Schlüsselbegriffe heute ganz anders gebraucht werden. Die Bedeutung, die dieser Begriff im zweiten Jahrhundert hatte, weist jedoch auf ein Gebiet, auf dem heutige Christen nur sehr zögernd die Fragwürdigkeit ihrer eigenen Glaubensüberzeugung erkennen. Welche Auswirkung hat Gott auf das menschliche Leben? Läßt sich das Erscheinungsbild des christlichen Lebens wirklich beobachten? Ist die christliche Erwartung des Lebens nach dem Tod etwa eine Sonderform von Größenwahn?

Die Aussagen zur Schöpfung und die Erörterungen zur Geschichte und zur Hoffnung erscheinen auch dem heutigen Leser durchaus sinnvoll, und das Problem des Übels ist sogar von einer Beständigkeit, die alle anderen Fragen übertrifft. Die frühen Antworten zeigen schon klar die Richtung der späteren: Willensfreiheit, Gutes aus Bösem, Wachstum und Entwicklung. Eine zögernd gegebene frühe Antwort zur vergeltenden Gerechtigkeit sollte uns heute mahnen, noch ein anderes Problem gründlich zu untersuchen; denn unausgereifte Darstellungen dürfen nicht Wahrheiten unterdrücken, die noch nicht durchdacht sind.

Das WORT vollbringt alles: die Argumente zur Besonderheit und Universalität Jesu sind empirisch und abhängig von einem Beweismaterial, das allerdings schwierig einzuschätzen ist. Trotz des schmalen Faktenwissens über den Jesus der Geschichte bleibt seine Besonderheit im Mittelpunkt des Interesses; niemand hätte die Evangelien mit ihrer Neigung zu quasi-biographischer Erzählung geschrieben, wenn das Leben und die Worte Jesu nicht wesentlich beitrügen, die Kirche vor Irrwegen subjektiver Phantasie zu bewahren. Und mit dieser konkreten Besonderheit Jesu Christi verbindet sich seine Universalität, denn der erhöhte und der erniedrigte Herr sind identisch. Das Evangelium ist nicht anonym, sondern bleibt an Jesus gebunden, der den Seinen vor und nach Ostern als der Herr gegenübersteht. Ihr Glaube und der Glaube der Generationen, die nach ihnen kommen, wiederholt die Besonderheit des Christusereignisses, so daß die Geschichte Jesu nie aufhört, irdische Geschichte zu sein.[4]

Seine Universalität zeigt sich daran, daß die Autoren des zweiten Jahrhunderts direkt vom Neuen Testament zu philosophischen Argumenten übergingen, ohne das unangenehme Gefühl zu haben, etwas ganz Neues oder Überflüssiges zu tun. Der kosmische universale Logos war für sie der Jesus des Neuen Testaments. Zwei Aussagen aus neuerer Zeit zeigen eine gleiche Zuversicht: Gerhard Ebelings Darstellung des Wort-Geschehens und Teilhard de Chardins Beschreibung des kosmischen Christus sind ein Anfang, sind ein Erkennen dessen, was nötig ist. Die begrenzte Aufnahme ihrer Gedanken ist nicht so bedenklich, solange ihr Unternehmen nicht völlig aufgegeben wird; solche Aussagen braucht das christliche Denken der Gegenwart.

Bei all den Einzelheiten und Unterschieden gab es eine Thematik, die jeder der Autoren behandelte: die Einheit. Bei den meisten Streitfragen war ihre Position die Verteidigung der Einheit gegenüber der Vielfalt: ein Gott, ein Menschengeschlecht, eine Welt, ein Plan der Heilsgeschichte, ein WORT, das alles bewegte. Mit der Leidenschaft des Deuteronomiums verkündete man den einen Gott – gegen Heiden, Gnostiker und gegen Marcion. Ein einziges Menschengeschlecht stand dem Partikularismus von Jude, Gnostiker, Römer und Philosoph entgegen. Eine Welt, Gottes Welt, mit ihrer scharfen Mischung von Freud und Leid, hielt man Gnostikern und Marcioniten entgegen. Ein einziger Plan oder Zweck vereinigte das Ganze der Menschheitsgeschichte – den Teilungen der Marcioniten, Juden und Gnostiker zum Trotz. Wie aber konnte dies geschehen? Es geschah durch das WORT, das allein den Vater verkündete, das gebrochene Menschen aus allen Völkern heilte, das die Welt durch die Macht seines Kreuzes zusammenhielt und das Erlösungswerk aller Zeiten in der Geschichte fortführt. Seine Universalität war der Grund für den Glauben. Kein Winkel des Universums und kein Zeitabschnitt der Geschichte, da seine Herrschaft nicht galt. Ein Christ sein hieß, in ihm und mit ihm vereint zu sein und der endgültigen Vollendung entgegenzugehen. Viele Gegner hätten das Christentum annehmen können, wenn nicht dieser Drang zum Universalen gewesen wäre. Wer aber nicht der Erlöser aller war, der war gar kein Erlöser. Später verhärtete sich diese Universalität in Anbetracht des äußeren Drucks zu totalitärer Ausschließlichkeit. Eine Wiederentdeckung der Einheit und Universalität könnte uns allen noch Überraschungen bringen.[5]

Methode

Zumindest zwei Gründe gibt es für eine Kritik an der „Quellen-Besessenheit". Erstens ist sie atomistisch: sie löst Worte und Sätze aus ihrem Kontext und verbindet sie mit anderen Kontexten, in denen ihre Bedeutung eine andere ist. Zweitens sind ihre Begründungen nicht stichhaltig: in den letzten dreißig Jahren wurde die alte Ansicht, die Ideen seien Gedanken in Gottes Geist, auf wenigstens vier verschiedene Ursprünge zurückgeführt, und dies durch mehr als vier verschiedene Gelehrte.[6] Doch die Kritik kann auch keine letzte Entscheidung treffen, denn Transplantate können etwas von ihrer früheren Bedeutung beibehalten, das dem Auge des Transplantierenden vielleicht entgeht und dann doch jene beeinflußt, die nach ihm kommen. Vorausgesetzt man vergißt nie, daß gleiche Worte oft eine unterschiedliche Bedeutung und unterschiedliche Worte oft eine gleiche Bedeutung haben, hat diese Übung ihren Wert. Überdies sind unter Umständen nicht-schlüssige Ergebnisse sogar festen Schlußfolgerungen vorzuziehen. Wenn X die Aussage A aus seiner Lektüre von Y übernimmt, so kann der Leser wohl schließen, daß X die Aussage A im gleichen Sinn wie Y gebraucht, und doch wird dieser Schluß nur von schwacher Wahrscheinlichkeit sein. Wenn aber X die Aussage A aus einer Vielfalt verschiedener Quellen übernimmt, wird die Überprüfung dieser mehrfachen Wahrscheinlichkeit dem Unternehmen jedoch eine neue historische Dimension verleihen.

Jude / Grieche

Ein Grund, weswegen die Forschung das zweite Jahrhundert lange vernachlässigte, lag in der Überzeugung, die Interaktion des christlichen und griechischen Denkens sei ein Fehler gewesen: der Christen-Gott sei nicht das zeitlose erste Prinzip eines Platon. Für eine Zurückweisung dieses kritischen Ansatzes gibt es mehrere Gründe. Man hat Platon falsch verwendet: Im zweiten Jahrhundert galt er nicht als jener Idealist, dem das frühe zwanzigste Jahrhundert nachstrebte, denn er sprach von einem Schöpfergott, der sich um die Welt kümmert, die er gemacht hatte, und Platons Nachfolger lehnten den gnostischen Dualismus ebenso entschieden ab wie die meisten Christen. Der platonische Gott war zwar nicht der christliche Gott, doch war er dem Christen-Gott näher als je die Götter des Olymp oder das *Pleroma* der Gnostiker. Er war auch nicht der Gott des Alten Testaments und doch dem Christen-Gott näher als die anthropomorphe Gottheit mancher Juden des zweiten Jahrhunderts. Wie jedes Jahrhundert so hatte auch das zweite nur einen begrenzten Spielraum begrifflicher Möglichkeiten; doch dieser Spielraum ist viel breiter und subtiler, als die meisten Theologen überhaupt bemerkten. Vor einer neuen allgemeinen Einschätzung dieser Zeit bedarf es noch weiterer Untersuchungen bestimmter Themen und Autoren.

Problemorientierte Erklärung ist nicht die einzige Methode, die Geschichte der Philosophie oder des christlichen Denkens zu schreiben. Sie ist eindeutig eine hilfreiche Methode, die neues Licht auf die Vorgänge wirft, und ihre verschiedenen Anwendungsformen sind genau anzugeben. Auch retrospektive Methoden, die die Kategorien des vierten und fünften Jahrhunderts aufgreifen und im Rückblick auf alle Literatur, die auf das Neue Testament folgt, anwenden, haben ihr Verdienst. Sie müssen aber das, was sie tun, rechtfertigen und erklären, um ihren anachronistischen Aspekt anzuzeigen und die Notwendigkeit anderer Ansätze anzuerkennen. Die zögernde Reaktion auf die beiden ersten Bände der Geschichte der christlichen Lehre der vornizänischen Zeit, die Daniélou veröffentlichte, zeigt deutlich, mit welchem Widerstreben Gelehrte neue Kategorien anerkennen.[7]

Charaktere

Die Aufklärung der Probleme, die sich im Denken eines bestimmten Autors verbergen, und der hierzu nötige Stil des Kommentars ergeben zusammen einen tieferen Einblick in Charakter und Geist des Autors, als dies durch eine Darstellung seiner Lehre („doxographisch") zu erreichen wäre. Die Qualitäten eines jeden Autors heben sich deutlicher ab; die Unterschiede, die durch eine allgemeine Geschichtsschreibung eingeebnet werden, sind erstaunlich. Justin, dem allgemein Offenheit und Aufrichtigkeit bescheinigt wird, hat auch Freude am Ausprobieren, verwendet seine Worte sparsam (die langen Textzitate ausgenommen), zeigt enigmatische Unvollständigkeit und einen hartnäckigen Hang zur Argumentation aus einer Position scheinbarer Schwäche bei verborgener, aber universaler Stärke. Irenäus, der Charismatiker, der seine Schlüsselbegriffe endlos wiederholt, der Visionär, der die Herrlichkeit Gottes sieht und spürt, ist in seiner Behandlung des Gnostizismus von erbarmungsloser Logik und grobem Sarkasmus. Tertullian, der die Worte mit solcher Freiheit und Härte gebraucht, daß sich die lateinische Sprache unter seinen Händen verändert, findet nie die Sicherheit, nach der er strebt. Klemens' Geist ist voll von den Schätzen menschlicher Weisheit vergangener Tage, und doch besteht er darauf, daß alle Menschen Jesus brauchen. Mit einem Bein ist er sozusagen schon im Himmel und geht liebend zu Gott, zugleich steht er noch in Alexandria und tritt kräftig nach Sinnenmenschen, Heiden und geistlichen Snobs.

Die Unterschiede in Stil und Temperament vermengen sich übrigens auch mit der geographischen Umgebung. Klemens hätte nicht nach Karthago gepaßt, und Tertullian wäre in Alexandria eine Katastrophe gewesen. Aber welche andere Lehre wäre wohl so typisch christlich, daß sich diese vier Unvereinbaren nicht bei der Universalität Jesu und seines Evangeliums und bei der kosmischen Herrschaft des Logos als dem Herzstück ihrer Botschaft getroffen hätten? „Die ganze Menschheit braucht Jesus", und „alle Menschen sind sein".[8] Auch hinsichtlich des Materials, mit dem sie umgingen, hatten sie vieles gemeinsam.[9] Wir finden Justin in jedem der drei anderen Autoren, und alle verwenden Material, das aus gemeinsamen oder parallelen Quellen stammt. Tertullian gießt sein Material am heftigsten und kräftigsten in eine neue Form; Klemens kann zwar gut schreiben, aber oft kompiliert er lieber. Irenäus behauptet, er könne nicht schreiben und kompiliert auch eindeutig, hat aber dennoch Passagen von durchschlagender Kraft sowie eine sehr beständige Lebendigkeit. Justins Stil gibt weniger her – seine „Apologie" ist allgemein zurückhaltend und ehrerbietig vor der kaiserlichen Autorität; sein „Dialog" ist von der Sache her durch eine jüdische Hörerschaft und eine bestimmte Form der Schriftkontroverse mitgeprägt, wobei er den Prolog zu einem platonischen Diskurs ausweitet; doch dahinter steht der Mensch Justin, der durch praktische Anliegen und Bemerkungen wie auch durch die Anwendung verschiedener literarischer Formen erkennbar wird.

Ist die „Liebe zur Wahrheit" ein gemeinsames Motiv der so unterschiedlichen Autoren? Alle vier beanspruchen sie als ihr besonderes Anliegen. Was steckt hinter dieser eindrucksvollen Phrase? Da ist Justins sokratisches Festhalten an der Aussage, daß die Liebe zur Wahrheit den Tod bedeuten kann; da die Zuversicht des Irenäus, man brauche das Falsche nur aufzudecken, um es zu zerstören; die Überzeugung Tertullians, die Unwahrheit sei verhängnisvoll, die Wahrheit aber jeder Mühe

des Geistes und der Feder wert, und schließlich ist da Klemens'
Liebe zum Nachforschen, weil alle Wahrheit letztlich ein Teil
Christi ist.

Die Liebe zur Wahrheit

Da zum gegenwärtigen Zeitpunkt der Geschichte die Krise des
Christentums und der Kirchen sich in der westlichen Hemisphäre
mit einer anderen Krise der Rationalität, Humanität und Imagination verbindet, fordert das Thema Wahrheitsliebe besondere
Beachtung. Die Welt hat mehr von der menschlichen Dummheit
zu befürchten, als von den allerdings auffälligeren Formen der
Bosheit.[10] So sollten wir nach letzten Ufern vielschichtig geistiger Auseinandersetzung Ausschau halten, um nicht dringend
Notwendiges als Belanglosigkeit aus ruhigen Tagen der Vergangenheit anzusehen.

Die Wahrheitsliebe steht bei Justin im Mittelpunkt – sicher
auch ein Grund dafür, daß man ihn bisweilen als „einfache
Seele" eingestuft hat. Justin zeigt jedoch die Vielschichtigkeit
einer Idee; erst dann werden ihre verschiedenen Dimensionen
von den anderen drei Autoren entwickelt. Wahrheitsliebe beginnt als etwas Ethisches. Sie bedeutet Aufrichtigkeit und Loyalität gegen das, was wahr ist – und dies unter allen Umständen
(1 A. 2,1). Es wäre falsch, mit Lügen zu leben, denn Wahrheit
ist wichtiger als Leben (1 A. 8,1; 2,2). Diese Integrität ist die
gemeinsame Basis von Christen und Philosophen, denn schon
Platon hatte darauf bestanden, daß kein Mensch höher als die
Wahrheit zu schätzen sei (2 A. 3,6), und er sah das Leben des
Philosophen vom Wunsch nach Wahrheit und vom Haß gegen
die Lüge geleitet („Staat", 485). Das Thema der Wahrheitsliebe beherrscht auch die „Apologie des Sokrates", und Justin
steht zu dieser weithin geachteten Verteidigung.

All diese Aufrichtigkeit und Treue wird nun in logischen Begriffen buchstabiert. Jeder, der sich zur Wahrheitsliebe bekennt,
hat sich an die Regeln der Beweisführung zu halten und darf
nicht bestreiten, was er in einem anderen Kontext bereits zugestanden hat. „Gewiß handelst du nicht richtig und nicht aus
Wahrheitsliebe, wenn du versuchst, auch die stets von uns ge-

meinsam vertretene Anschauung, daß manche Gebote wegen der Hartherzigkeit eures Volkes von Mose gegeben worden seien, aufzugeben" (D. 67,4). Ohne die Annahme gemeinsamer Argumentationsregeln kann keine Diskussion stattfinden.

Für Justin ist die Wahrheit eine eschatologische Größe, und das bedeutet zumindest dreierlei. Es bedeutet, daß der Mensch immer vor Gericht steht – ob er vor einem irdischen Gerichtshof steht oder nicht. Was immer er sagt und tut, ist von endgültiger Bedeutung, und es besteht keine Möglichkeit, daß die Lüge auf Dauer einen Fall entscheiden kann. Jeder, der nicht die Wahrheit sagt, die er kennt, wird von Gott gerichtet. „Gemäß der Versicherung, welche Gott durch Ezechiel gab: ‚Als Wächter habe ich dich aufgestellt für das Haus Juda. Wenn der Sünder sündigt und du ihn nicht beschwörst, so wird er zwar wegen seiner Sünde zugrunde gehen, von dir aber werde ich fordern sein Blut; wenn du ihn aber beschworen hast, wirst du schuldlos sein'" (D. 82,3). Zweitens, die Wahrheit ist nicht zu unterdrücken, da sie die letzte Wirklichkeit darstellt: „Denn das Wort seiner Wahrheit brennt wärmer und leuchtet heller als die Sonne mit all ihrer Kraft, und es dringt ein in die Tiefen des Herzens und des Verstandes. Darum hat der Logos gesagt: ‚Über der Sonne wird sein Name aufgehen', und erklärt wiederum Zacharias: ‚Sonnenaufgang ist sein Name'" (D. 121,2). Diese Wirklichkeit steht in Verbindung mit dem Tod. Weil die Wahrheit so ist, erdulden Menschen eher alle Arten von Leiden, als sie zu verleugnen. Das Kreuz ist das höchste Zeichen der Macht Christi (1 A. 55,2) und führt Menschen und Völker zu Gott. Das Martyrium hat seine Bedeutung nur im Zeugnis der Wahrheit; so wie das Beispiel des Sokrates an die Wahrheit gebunden war, so ist das Werk des Christen nichts anderes als ein Hinweis auf die Wahrheit. Das Thema vom Niederhalten der Wahrheit zieht sich durch den ganzen Bericht vom Martyrium Justins, so daß sich die Aufmerksamkeit von denen, die vor Gericht stehen, auf die Wahrheit verlagert, die sie bekennen. Drittens, der Gegensatz zwischen Wahrheit und Lüge ist der Gegensatz zwischen Geist und Fleisch. Die Philosophen können die Wahrheit über Gott nicht aussagen, weil sie von ihm keine Kenntnis haben (D. 3,7). Andererseits schauten aber die Propheten die Wahrheit und sagten sie ohne Rücksicht auf menschliche Meinung, weil sie vom Heiligen Geist erfüllt waren. Der Glaube an das, was die Propheten sagten, ist nicht freigestellt, weil die Erfüllung ihrer Voraussagen dazu zwingt, ihre Aussagen als wahr anzunehmen.

Auch Irenäus betont die Bedeutung der Ethik und Logik für die Wahrheitsfrage. Frömmigkeit und Wahrheitsliebe gehören zusammen (H. II,18,7), die logische Beweisführung bleibt jedoch wichtig. Die Häretiker flochten sich Stricke aus Sand und bauten Phantasiegebilde auf dem Fundament des Doppelsinns; doch ein Rätsel kann nicht durch ein anderes Rätsel gelöst werden, und die Wahrheit ist nur durch offene, vernünftige und deutliche Erklärung zu finden (H. II,10,1). Die den Häresien folgen sind wie Schafe, und so stolz sie auch auf das Empfangene sein mögen, so bestreiten sie doch die Notwendigkeit von Argumentation und Erklärung (H. III,15,2). Für Irenäus ist die Wahrheit vor allem aber in Geschichte und Gemeinschaft eingesetzt, ist etwas, das sich von Abraham her durchhält, denn Abraham war der Vater jener, die zum Glauben kommen sollten, und sein Glaube und unser Glaube sind derselbe (H. IV, 10,1). Die eine Wahrheit findet sich in der Verkündigung der Kirche, im Wort der Propheten und in der Vollkommenheit Christi. Irenäus gibt eine glänzende Beschreibung der Wahrheit, die durch die Auferstehung Jesu Christi „aus der Erde hervorgegangen" ist (Ps 84,12; H. III,5,1); wo immer sich auf irgendeiner Stufe menschlicher Geschichte Wahrheit findet, ist sie mit Christus verbunden. Nur von ihm und seinem Evangelium ist die Wahrheit weitergegeben worden, und nur in ihm ist die Wahrheit zu finden. Der Heilige Geist und die Wahrheit verbürgen die Reinheit der Wahrnehmung und die Gemeinschaft des Glaubens: „Wo die Kirche, da ist auch der Geist Gottes; und wo der Geist Gottes, dort ist die Kirche und alle Gnade; der Geist aber ist Wahrheit" (H. III,24,1). Geschichte und Gemeinschaft sind wichtig, weil Christus, der die Wahrheit ist, sie regiert.

Irenäus sieht die Macht des Irrtums noch stärker als Justin. Gewiß leben die Menschen nach Ansicht Justins in einer Welt der Phantastereien und des Betrugs, weil Dämonen sie vor allem durch die Götzen betrogen haben. Doch Irenäus fürchtet den Irrtum noch mehr. Die Häretiker wälzen sich geradezu in der Lüge und sind vom Leben selbst abgefallen wie Äsops Hund, der sein Spiegelbild im Wasser sah und dem das Brot aus der Schnauze fiel, als er nach seinem Spiegelbild schnappte. So lassen die Häretiker das Brot des Lebens fallen beim Versuch, einen Schatten der Wahrheit zu erhaschen (H. II,11,1). Die Häresie ist eine verdrehte Masse menschlicher Leidenschaften und verbaler Tricks – eine Spielerei mit Namen, Zahlen und Buchstaben (H. II,12,7); sie ist eine Katastrophe, weil ein Abgrund zwischen Wahrheit und Irrtum, zwischen Gott und der Lüge klafft (H. II,13,10). Die Wahrheit ist an Gottes Welt gebunden, und wer die Wahrheit liebt, der versteht die Welt Gottes und ihre Ordnung (H. II,25,2); wer aber die Wahrheit zurückweist, der weist die Welt zurück, die Gott erschaffen hat, weil er im Irrtum beginnt und bleibt (H. II,25,3).

Hier sollten wir noch einen weiteren Punkt anführen. Als Reaktion auf die Macht des Irrtums hält Irenäus an einer Glaubensregel fest. In dieser einfachen Zusammenfassung des gelebten Evangeliums ist die Wahrheit zu finden, und wer von dieser Regel abweicht, dem ist leicht nachzuweisen, daß er im Irrtum ist. Die Kirche gibt jedem Christen bei der Taufe die Glaubensregel, die Richtschnur der Wahrheit, und alles, was wahr ist, läßt sich mit dieser Regel vereinbaren (H. I,9,4). Auf diese Wahrheit verweist die Kirche ständig in ihrer universalen Lehre und im Zeugnis ihrer Martyrer.

Tertullian bildet diesen zentralen Gehorsam weiter aus zu einer apostolischen Glaubensregel, der einzigen Quelle der Erleuchtung (Praescr. 12). Für den Christen gibt es zwei Hauptgefahrenquellen. Die eine ist der Götzendienst, der Gott das stiehlt, was sein ist, und es anderen gibt (Idol. 1). Das Idol scheint zu sein, was es gar nicht ist (Idol. 3), und vom Irrtum verleitet, sind Menschen anscheinend bereit, alles anzubeten, außer Gott selbst (Idol. 4). Als Idolatrie ist auch das riesige Erbe an Literatur einzustufen, das die Götterlehren vermittelt und so zum Götzendienst beiträgt (Idol. 10). Die zweite Hauptgefahr besteht in der Häresie, und diese unterscheidet sich von der Wahrheit durch ihre Vielfalt und Pluralität im Gegensatz zur Einheit und Einfachheit der Wahrheit (Praescr. 28). Wahrheit und Alter gehören zusammen, da die Wahrheit existiert haben muß, bevor der Irrtum sie schädigen konnte (Marc. 4,4).

Häretiker fabrizieren und überliefern Fälschungen der Wahrheit. Im Gegensatz hierzu verweist das Zeugnis der Martyrer auf die Wahrheit, die sie bekennen. In seiner Forderung nach christlicher Wahrheit ist Tertullian geradezu totalitär, und während er sich selbst einer reichen Ausbeute vielseitiger Gelehrsamkeit bedient, gibt er überhaupt keine Pluralität in der Wahrheit zu; denn letztlich ist Gott selbst die Wahrheit.

Klemens zeigt eine in ihren ethischen, logischen und eschatologischen Aspekten offenere Liebe zur Wahrheit. Wie für die anderen ist die Aufrichtigkeit auch für ihn der einzig gangbare Weg, ist die Beweisführung wichtig und ist der Unterschied zwischen Wahrheit und Lüge ein Unterschied zwischen Leben und Tod. Doch erschließt er Neuland, indem er sich der Spannung zwischen Einfachheit und Argumentation, zwischen der Glaubensregel und dem weiteren Universum der Wahrheit stellt. Bei Irenäus werden jene, die in die gnostischen Wälder abwandern, von den wilden Tieren des Irrtums zerrissen. Für Tertullian bedarf es nach dem Evangelium oder der Wißbegier auf Christus keiner Philosophie mehr. Dennoch waren diese beiden Autoren, wie auch Justin, der Überzeugung, daß die Wahrheit am Ende machtvoller sei als die Lüge und daß sie unbesiegt dem menschlichen Irrtum widerstehen werde. Dies konnte jedoch ein langwieriger Vorgang sein; auf kurze Sicht vermochte sogar der Irrtum zu siegen und mit seinen Eroberungen Leid und Tod bringen. Andererseits wußte Klemens, daß die Wahrheitsliebenden trotz gutgemeinter Warnungen immer wieder zur Suche nach neuen Schätzen aufbrechen würden und nie zufrieden wären, die Nachforschung einzustellen. Gott zu finden, war ein Abenteuer, das Mut verlangt (Prot. 93). Gewiß muß die Einfachheit des Lebens gewahrt bleiben, und es sollte keine Prätention geben (Paid. II,35–44). Auch beim Kaufen oder Verkaufen ist die Wahrheit zu sagen; man sollte nicht zwei verschiedene Preise nennen, um Käufer zu gewinnen, sondern nur einen einfachen Preis (Paid. II,78,4). Wer die Wahrheit finden und lieben will, muß seelisch stark sein und im Gehorsam gegen die Schrift Wahres vom Falschen unterscheiden (S. VII,93). Die Häretiker haben Verwirrung gestiftet und es für den Wahrheitsliebenden um so wichtiger gemacht, klar und richtig zu urteilen; doch gibt es nur *einen* königlichen Weg, auf dem man sicher gehen kann, wogegen andere Wege teils in den Abgrund, teils in reißende Flüsse oder in das schon am Ufer tiefe Meer führen (S. VII,91,5). Der Christ ist vom Logos wie ein Soldat auf Wache gestellt, und der Logos selbst wacht über die Wahrheit, die uns Erkenntnis und Leben bringt (S. VII,100,1).

Zugleich hat die Wahrheit selbst ihre eigene Macht. Sie sendet ihr schattenloses Licht aus auf alle, die glauben, und dieses Licht ist Gottes Geist, der den Menschen Erkenntnis verleiht (S. VI, 138). Die Krankheit der Häresie ist zu heilen, da die Wahrheit die Kraft hat, die Infektion häretischer Meinung wegzuschneiden und auszubrennen (S. VII,103,2). Letztlich gibt es nur eine Wahrheit und diese ist Gottes Wahrheit. Häretiker und Philosophen haben Teile von ihr herausgebrochen und behaupten, was sie haben, sei die ganze Wahrheit. Der Christ dagegen sieht die Fülle Christi und das Ganze der Wahrheit, die eine eigene Kraft hat, die verstreuten Wahrheitskeime zu sammeln oder die Glieder wieder zusammenzufügen, die von dem einen Leibe abgetrennt wurden (S. I,57,1–4). Klemens ist der Ansicht, daß die Wahrheit den Irrtum sogar in kurzer Zeit besiegen kann.

Aus diesem Grunde spricht er von der Wahrheit auf zweifache Weise.[11] Erstens gibt es die einfache Glaubensregel, die Hauptelemente des christlichen Glaubens; diese Regel ist eine einzige, unwandelbar und sicher. Von dieser zentralen Einfachheit geht die universale Wahrheit aus, um alle Erkenntnis der Vergangenheit, Gegenwart und Zukunft zu umfangen. Wahrheitsliebe kann niemals statisch sein, sondern ist ständig in Bewegung. Logik und Urteilskunst, Beweisführung und Vernunft zeigen, wie zu fragen und wie zu antworten ist (S. I,45). Es muß auch Zeiten des Schweigens geben, und niemals sollte man sich „um Worte streiten" (S. I,49,2f.; 2 Tim. 2,14). Dennoch ist die Philosophie eine Hilfe, nicht eine Gefahr; sie mag nicht der Hauptgang des Mahles sein, aber nach dem Brot des Lebens kommt sie als Nachtisch (S. I,100,2). Symbol und Allegorien öffnen die Pforte zu neuen Welten der Bedeutung und des Verstehens. Die Schrift ist voller Symbole, die die Wahrheit auf kraftvollere und differenziertere Weise vermitteln, als dies durch eine einfache Aussage möglich wäre. In diese Welt nie endender Entdeckungen dringt der Christ ein. Wahrheitsliebe bedeutet Urteil, Vernunft und Scharfsicht. Sie schaut auf die Gegenstände des Denkens und urteilt mit sorgfältiger Überlegung (S. VI,3, 1–3). Da der Unterschied zwischen Wahr und Falsch ein Unterschied zwischen Leben und Tod ist, so folgt der, der die Wahrheit erkennt, dieser Wahrheit mit einem Bekenntnis, das im Martyrium zur Vollendung gebracht wird.

Die Wahrheitsliebe ist das wichtigste gemeinsame Band zwischen Christentum und Platonismus. In Platons „Symposion" ist Eros jene Kraft, die die Seele zum Gegenstand ihrer Wahl hinträgt, ob nun die Wahl von den niedrigeren Strebungen – vom Wunsch nach Ansehen – oder von der Wahrheitsschau ausgeht. Während Platon Freud zustimmen würde, daß der Mensch nicht wahrzunehmen vermag, woher das Grundmotiv seines Lebens stammt, sind Platon und Freud dennoch letztlich entgegengesetzter Auffassung. Für Platon gehört die treibende Kraft der Seele zu ihrem höchsten und unsterblichen Teil. Sie wirkt nicht von unten kommend nach oben, sondern sinkt vielmehr von oben herab, wenn der Geist dem Fleisch nachgibt. „Wenn daher die Kraft von den niedrigeren Kanälen abgezogen wird, wird sie nach oben in ihre ursprüngliche Quelle versammelt." Dies ist keine Sublimierung, wie Freud behaupten würde, kein Aufwärtsheben der Begierde von der niedrigeren Ebene, von der sie kam, sondern „eine Kraft, die im Ursprung geistig war, wird nach einem zufälligen und zeitweiligen Verfall wieder rein geistig"[12]. Dies ist das entscheidendste und einflußreichste Thema des Platonismus, und eben dieses Thema übte auf das Christentum einen so tiefen Einfluß aus.

Wahrheitsliebe verweist auf die ungewöhnliche Verbindung von Enthusiasmus und Rationalität. Die Begeisterung des Klemens beginnt mit Superlativen bei der ersten Einladung des „Protreptikos", sich von der Dunkelheit zum Licht zu wenden, und hält durch bis zu den gnostischen Höhen im siebenten Buch der „Stromateis". Die charismatische Glut des Irenäus zeigt sich in seinem Interesse an geistlichen Gaben, in einer rauhen Aufrichtigkeit, einem unpolierten Wesen, an der Phantastik seiner eschatologischen Erwartungen und einer praktischen Sympathie für den Montanismus. Tertullian ist ganz offensichtlich ein Enthusiast, der stets in Superlativen denkt, sich niemals vorstellen kann, daß Mäßigung bisweilen eine christliche Tugend ist, der seinen beißenden Witz gegen Marcion wendet als gegen das

Schlimmste, was das Schwarze Meer jemals hochgespült hat, oder gegen Empedokles als den philosophierenden Fisch, der im Ätna gebraten wird – und dieser Tertullian wird schließlich selber Montanist, doch nur um wieder weiterzuziehen, weil ihm auch Montanisten noch zu wenig geistlich sind. Justin ist nicht so einfach einzuschätzen, doch sein Enthusiasmus zeigt sich in vielen Passagen, die seine tiefe Hingabe zum Ausdruck bringen, erweist sich aber vor allem in der letzten Prüfung seines Martyriums.

Doch anders als die Mehrzahl religiöser Enthusiasten waren diese vier Kirchenschriftsteller zugleich von aggressiver Rationalität. Klemens stritt für die Unverzichtbarkeit logischer Untersuchung gegen jene, die bloß den Glauben wollten, und für die Rationalität des Glaubens gegen solche, die sie geringschätzten. Das Argument war wesentlich und wichtig, weil man dann auch argumentieren mußte, um das Gegenteil zu beweisen, denn die Logik war ja eine eigene Disziplin. Wie wir sahen war Tertullian alles andere als ein Fideist; er konstruierte seine Argumente in Übereinstimmung mit Regeln der Rhetorik, die sich angeben lassen, und argumentierte endlos, wobei er sogar die Inferiorität der Ehe verfocht – und das in einer Abhandlung, die seiner Frau gewidmet war. Justin gibt seiner „Apologie" die Form eines Ersuchens, entweder die Schuld der Christen zu beweisen oder die Verfolgung einzustellen, und sein Vorgehen ist ein einziger Appell an die Vernunft. Die Erzählung von seinen philosophischen Wanderungen endet erst, als ihm gezeigt wird, daß die platonische Seelenlehre Unstimmigkeiten aufweist, während die Propheten und die Freunde Jesu nur die Wahrheit sagten – unbeeindruckt von Furcht oder Vorteil. Die Juden fordern von ihm den Beweis, daß Jesus der Christus ist. Er entnimmt das Beweismaterial der Schrift und den historischen Fakten und vergleicht dieses Material mit geradezu mathematischer Urteilskraft.

Wahrheitsliebe – mit anderen Worten also Enthusiasmus und Rationalität – brachten eine Form des christlichen Denkens hervor, die sich erheblich von vielem unterscheidet, was später kam. Man hat gesagt, es gäbe in jedem Zeitalter zwei Hauptströmungen des Denkens, und diese Form des Partikularismus sei zu akzeptieren, ja sogar zu begrüßen. Wer von unbeugsamer

Gesinnung ist, wird mit den Zartgesinnten immer uneins sein. Über einen langen Abschnitt seiner Geschichte war christliches Denken sehr feinfühlig und ängstlich besorgt um jede Einzelheit korrekten Glaubens. Die Sorge um die wahre Lehre als um eine Sammlung ererbter Wahrheit hat ihre Anfänge im zweiten Jahrhundert. Zur Zeit des Epiphanius von Salamis (4. Jh.) beherrschte sie alles andere, und bis in diese Tage waren die meisten Christen „zartgesinnt"; die Kirchenschriftsteller aber, die wir befragten, kann man nur zu den „Unbeugsam-Gesinnten" rechnen. Sie stritten gegen den etablierten Polytheismus, gegen die gnostische Religion und gegen jede Form von Aberglauben. Sie machten derbe Späße über „himmlische Äonen", „höhere" Frömmigkeit und kultisch verehrte Bilder. Sie sahen, daß der Glaube kein frommes Werk war, der, um gültig zu sein, einfach alle Glaubenssätze anzunehmen hatte. Glaube war vielmehr eine Antwort auf die allumfassende Realität Jesu Christi, den sie das Wort Gottes nannten. Daher steht der Glaube – was das zwanzigste Jahrhundert teils wiederentdeckt hat – allem kritisch gegenüber, das nicht zum zentralen Ärgernis des Evangeliums gehört.[13]

Sie alle redeten zu viel und wußten das auch. Justin dreht sich bei seiner Argumentation gegen Tryphon immer wieder im Kreis und muß seine ermüdenden Wiederholungen auch noch verteidigen. Irenäus häuft schonungslos biblisches Beweismaterial zur Rekapitulation auf – seine Darstellung ist *consummans*, nie aber *abbreviatum*. Auch die Rhetorik Tertullians gönnt sich nie eine Atempause. Er gibt zu, daß er keine Geduld hat, und er hält niemals inne, um nachzudenken, worum es seinem Gegner eigentlich geht. Und die Beweise, die Klemens von paganen Schriftstellern beibringt, könnten nicht weitschweifiger sein; er nimmt sich zur Richtschnur, was auch jede christliche Gemeinde erfahren hatte: „Wenn Worte die Geheimnisse jenes Lebens offenbaren, das nie ein Ende hat, dann wollen auch sie selbst nicht enden" (Prot. 123,2). Dennoch glaubten sie nur an ein einziges WORT für alle Menschen – *verbum abbreviatum et consummans*.

We think that Paradise and Calvarie,
 Christs Crosse, and Adams tree, stood in one place;
 Look Lord, and find both Adams met in me;

As the first Adams sweat surrounds my face,
May the last Adams blood my soule embrace.[14]
Man sagt, daß Paradies und Golgota,
Adams Baum und Christi Kreuz an der gleichen Stelle standen.
Sieh, Herr, die beiden Adams treffen sich in mir.
Wie mir der Schweiß des ersten Adam auf der Stirne steht,
So laß das Blut des letzten Adam über meine Seele strömen.

[1] Vgl. oben S. 190f. Insbesondere vermochten sie die monistische Tendenz gegen Marcioniten, Gnostiker und Polytheisten zu wenden, die in diesem Punkt nicht so hartnäckig waren. Eine vernünftige Opposition des Celsus hätte ihnen helfen können, die Probleme zu erkennen, statt einfach jede Form von Pluralität in Gott einzuebnen.

[2] *J. J. Smart*, The existence of God, in: *Flew/MacIntyre (eds.)*, New essays, 46: „Warum existiert überhaupt etwas? ... Obwohl ich weiß, wie jede Antwort, die auf der Linie des kosmologischen Arguments liegt, durch eine korrekte Logik verrissen werden kann, merke ich dennoch, daß ich diese Frage weiterhin stellen möchte. Obwohl mich die Logik lehrt, auf solch eine Frage mit äußerstem Mißtrauen zu reagieren, schwindelt es meinem Geist oft vor der ungeheuren Bedeutung, die sie doch für mich zu haben scheint." Vgl. auch *P. Geach*, Three philosophers, Oxford 1961, 110f., zu einer positiven Erwägung zentraler logischer Streitfragen.

[3] Man beachte die kritischen Bemerkungen zu diesem Begriff bei *Dorothy Emmet*, The ground of being: JThS 15 (1964), 280–292.

[4] *E. Käsemann*, Sackgassen im Streit um den historischen Jesus, in: *ders.*, Exegetische Versuche und Besinnungen, Bd. 2, 54f.

[5] *H. Küng*, Christsein, 468: Kirche ist „die Gemeinschaft derer, die sich auf die Sache Jesu Christi eingelassen haben und sie als Hoffnung für alle Menschen bezeugen"; und 493: „Gibt es aber so betrachtet überhaupt noch Unterschiede zwischen den verschiedenen Kirchen und insbesondere zwischen katholischer Kirche und evangelischen Kirchen?"

[6] *W. Theiler*: Antiochos von Askalon; *C. J. de Vogel*: Poseidonios; *R. E. Witt*: Xenokrates; *J. Pépin*: De philosophia. Vgl. *J. Pépin*, Théologie cosmique et théologie chrétienne, Paris 1964, 512.

[7] Eine ähnliche Reaktion widerfuhr der Arbeit von *J. Pelikan*, The emergence of the Catholic tradition (100–600), Chicago 1971.

[8] *Klemens*, Paid. I,83,3 und S.VII,5,6.

[9] Die beste Einzeluntersuchung hierzu stammt von *P. Prigent*, Justin de l'ancien testament, Paris 1964.

[10] *E. Käsemann*, Love which rejoices in truth: Colloquium (1981) 4f.

[11] Vgl. *E. Osborn*, Philosophy of Clement, 113; 26.

[12] *F. M. Cornford*, The unwritten philosophy and other essays, Cambridge 1950, 79.

[13] Dies war das Hauptthema von Bultmanns Lebenswerk. Eduard Schweizer schreibt hierzu: „It was clear to him that the crucial decision was not whether this part or that of the life of Jesus was historical or not; but the crucial

decision can only be made where one can see, in the whole of the life, death and resurrection of Jesus, God's word directed to oneself", (ABR 24 (1976) 2: Rudolf Bultmann, A tribute).

[14] *John Donne*, „Hymn to God my God, in my Sickness".

EXKURS ZUR METHODE

Alternative Methoden zur Ideengeschichte der patristischen Zeit

Unsere fünf verschiedenen Fragen und Methoden entstammen einem Schema, das auf drei Haupttypen beruht, mit Unterteilungen des dritten Typs. Die erste Methode stellt kontroverse Fragen *(polemical method)*: „Ergibt dies einen Sinn?", „Ist das wahr?"; und sie betrachtet Autoren der Vergangenheit als Leute, die Beiträge zu unwandelbaren Problemen geliefert haben: „Indem wir die starken und schwachen Punkte jeder Theorie feststellen, können wir die Richtung entdecken, in der die weitere Entwicklung gehen kann."[1]

Im allgemeinen setzt der systematische Theologe bei der Erforschung der ersten Jahrhunderte mit ähnlich direkten Fragen an:

„Wir haben nach der Wahrheit und Fehlerhaftigkeit der bei diesem Vorgang verwendeten Argumente zu fragen sowie nach den dadurch erreichten Ergebnissen. Und wir können dies nur aus *einer* Position und mit nur *einer* Art von Kriterien: nämlich von der Position unserer gegenwärtigen Welt und mit den Kriterien, die bei dem untersuchten Gegenstand angebracht sind."[2]

Dieser Ansatz hat etwas von attraktiver Frische. Mehr als tausend Jahre lang wurden die Väter nur in kurzen autoritativen Passagen zitiert. Oft genug wurde die Theologie auf Katenen aufgebaut, die nicht hinterfragt werden durften, weil sie zeitlich den Ursprüngen des Christentums so nahe waren. So wurden beispielsweise Fragen der Kirchenordnung und des römischen Primats mit Auszügen aus Ignatius, Irenäus, Cyprian und anderen belegt. Die aszetische Theologie folgte einem ähnlichen Schema. So wie der Bibliker seine Belegstellen der Bibel entnahm, so fand der Patristiker seine Belege in den Schriften der Väter. In keinem der Fälle wurde die Wahrheit oder die logische Grundlage in Frage gestellt, und so waren Irrtum und Mißdeutung unvermeidlich. Der kontroverse Ansatz verlangt mit Nachdruck das gültige Argument und besteht zu Recht darauf, daß weder hohes Alter noch Heiligkeit Garanten der Wahrheit oder des Sinnvollen sind. Untersucht man beispielsweise die Theologie Cyprians näher, so tauchen Schwächen auf, die es unangebracht erscheinen lassen, ihn als Grundlage für die Lehre über das Amt oder die Eucharistie zu zitieren.[3]

Andererseits erscheinen einige Schwächen dieser Methode in einer späteren interessanten Studie über die Lehrentwicklung in der frühen Kirche, wo die Einschätzung der frühen Argumente leider sehr flüchtig ist. So wird z. B. das Zusammenbringen mathematischer und prophetischer Gedanken zur Einheit in Frage gestellt, weil es „keineswegs klar" sei, daß es hierbei um dieselbe Sache geht.[4] Hierbei werden aber wenigstens vier Faktoren vernachlässigt. Platonische und pythagoreische Darstellungen des einen ersten Prinzips hatten prophetische Obertöne, die sich im zweiten Jahrhundert verstärkten; überdies waren die Darstellungen, in denen prophetische und mathematische Aussagen zusammengebracht wurden, nicht monolithisch, sondern überaus vielschichtig und subtil.[5] Zudem schließt die Ideengeschichte die Interaktion verschiedener Ideen ein, aus denen etwas Neues hervorgeht.[6] Und schließlich hat die Erklärung dieser Stelle in Klemens' „mathematischem Abstraktionsprinzip" Elemente wie „die Größe Christi" und „wenn wir uns ins Unendliche werfen" zur Kenntnis zu nehmen; was diese Elemente näher bedeuten, ist Sache intuitiver Untersuchung, und solange die Darstellung der göttlichen Einheit noch nicht ganz erforscht ist, ist das, was christliche Autoren über Gott sagten, noch nicht einzuholen.[7]

Zu Origenes' Beschreibung der göttlichen Einfachheit erfahren wir, daß hier die „traditionelle Trinitätslehre von vornherein ausgeschlossen ist"[8]. Dies dürfte für Origenes unrichtig sein, ganz zu schweigen von anderen wie Augustinus und Thomas von Aquin, daher müssen wir die Art und Weise betrachten, wie verschiedene Trinitäts-Theologen die göttliche Einfachheit verstehen. Dies wird in gewissem Umfang bei der Darstellung der Kappadozier (S. 135ff.) getan, wobei sich zeigt, daß die

Trinitätslehre *nicht* von vornherein ausgeschlossen wird. Doch auch hier wieder ist die Abhandlung zu flüchtig, um Vertrauen zu wecken.

Auch in der Soteriologie rächt sich der Zeitmangel. Warum muß der Erlöser ganz Gott sein? Der Bericht der Propheten und der Evangelien geht nicht davon ab, daß nur Gott erschaffen und lebendig machen kann, so daß es einen fundamentalen Unterschied zwischen Schöpfer und Geschöpf gibt. Dies fand seine Parallele in der platonischen Unterscheidung zwischen dem Leben selbst und dem, was am Leben Anteil hat, zwischen dem, woran man Anteil hat und dem, der Anteil hat.[9] Da man die Christologie an die erste Stelle rückte, hatte sie zu betonen, daß ein Erlöser auch die erste Stelle in der Antithese einnehmen muß.

Der Vertreter der Kontrovers-Methode nimmt sich nicht die Zeit, das *ganze* Argument zu verarbeiten und fragt, „ob es Gott nicht möglich wäre, letzter Urheber der Erlösung zu sein, und deren Empfänger der Mensch, ohne daß der Beauftragte oder Mittler jenes Heils selbst notwendigerweise eine ganz göttliche oder voll menschliche Natur – geschweige denn beide – haben müsse"[10]. Hier wird das ursprüngliche Argument durch ein simples Kausal-Schema ersetzt; das aber bedeutet: Wenn Gott die letzte Ursache des Heils ist, können die Zwischenursachen alles Mögliche sein, bloß nicht Gott selbst. Paulus und Johannes hielten daran fest, daß ein Unterschied besteht zwischen dem Heilswerk Christi und dem Werk irgendeines anderen, dessen Gott sich auch bedienen könnte, weil Christus Gott ist. Das WORT ist Gott und ist mit Gott das wahre Licht, das jeden Menschen erleuchtet; Johannes der Täufer war nicht das wahre Licht, sondern ein Mensch, von Gott gesandt. Nun wird dieses Element des Arguments in der Neuformulierung völlig ausgelassen, was die Erlösung zu einer asymmetrischen, transitiven, „Viele-Viele-Relation" macht, statt der asymmetrischen, intransitiven, „Einer-Viele-Relation" (der biblischen Aussage). Einige Beispiele sollen diese Terminologie verdeutlichen. Die Relation eines Malers zu einer Wand ist asymmetrisch; er streicht die Wand – die Wand streicht nicht ihn (es sei denn, er wäre erst fünf Jahre alt oder noch jünger ...). Die Relation von Disputanten zueinander ist symmetrisch. Zu einem Argument braucht man wenigstens zwei Personen; ein „einseitiges" Argument hat zwei Seiten, von denen die eine viel schwächer ist als die andere. Eine transitive Relation besteht z. B. dann, wenn die Billardkugel A die Kugel B in Bewegung setzt, die ihrerseits die Kugel C bewegt. A bewegt C mittels B. Eine intransitive Relation besteht zwischen Chirurg und Patient. Wenn A den Blinddarm von B entfernt und B den Blinddarm von C, so hat A mit der Entfernung des Blinddarms von C nichts zu tun. Eine „Einer-Viele-Relation" besteht, wenn ein Pianist für mehr als einen Hörer spielt. Eine „Viele-Viele-Relation" besteht zwischen zwei Fußballmannschaften, die gegeneinander spielen, während ein „Ein-Mann-Team" zwar viele Mitglieder hat, von denen eines aber viel besser als die anderen ist.

Mit Hilfe der Logik lassen sich diese Beziehungen noch präziser und klarer ausdrücken. Eine symmetrische Relation erfüllt die Bedingung: Wenn xRy, dann yRx. Wenn diese Bedingung niemals eintritt, dann ist die Relation asymmetrisch. Eine transitive Relation R erfüllt die Bedingung: Wenn xRy und yRz, dann xRz. Wenn diese Bedingung niemals eintritt, dann ist die Relation intransitiv. Eine „Einer-Viele-Relation" erfüllt die Bedingung 1: Wenn xRy und wenn wRy, dann w=x. Eine „Viele-Einer-Relation" erfüllt die Bedingung 2: Wenn xRy und wenn xRz, dann z=y. Jede Relation, die weder Bedingung 1 noch Bedingung 2 erfüllt, ist eine „Viele-Viele-Relation".[11]

Der Platonismus mit seinen Seins- und Werdensordnungen half nun, jene asymmetrische, intransitive, Einer-Viele-Relation auszudrücken, die man zur Darstellung der Erlösung brauchte (vgl. „Staat", 506E). So schreibt beispielsweise Klemens: „In der geistigen Welt ist das zu ehren, was seiner Entstehung nach das Älteste ist, nämlich der zeitlose, anfanglose Anfang und das erste Prinzip alles Seienden, der Sohn. Durch ihn kann man das noch weiter zurückliegende Prinzip kennenlernen, den Vater der Welt, das älteste und allerwohltätigste Wesen." „Alle Kräfte des Geistes werden zu einer einzigen Macht zusammenkommen und eine einzige Wirkung hervorbringen, nämlich den Sohn." „Daß der wahrhaft allein einzige allmächtige gute Gott, der von Ewigkeit zu Ewigkeit durch seinen Sohn errettet, vor Augen trete" (S. VII,2,2f.; IV,156,1; VII,12,1). „O wie groß ist Gott! O wie vollkommen das Kind! Der Sohn im Vater und der Vater im Sohn!" (Paid. I,24,3) Die Relation zwischen Vater und Sohn ist nicht kausal wie ihre Relation zu allem anderen.

Wenn ein anderes Schema an die Stelle des platonischen Schemas tritt, so muß es dem entschiedenen Anspruch des Evangeliums die gleiche Unterstützung geben, nämlich: Nachdem Propheten und Könige gezeigt hatten, daß Erlösung keine transitive Relation ist, kam Gott, um das Heilswerk selbst zu vollbringen. So beruht die Frage, ob der Christen-Gott einen göttlichen Erlöser braucht, um sein Heilswerk zu vollbringen, auf einer recht simplen Verwechslung, die nur möglich ist, weil die logische Struktur (der biblischen Aussagen) ignoriert wird. Erlösung wird als eine transitive Viele-Viele-Relation aufgefaßt, wogegen das Neue Testament sie als eine intransitive Einer-Viele-Relation sieht. Dieses Beispiel kontroverser Betrachtung der Ideengeschichte, die die Argumente des Altertums an selbst aufgestellten Definitionen mißt, zeigt die Schwäche dieser Methode, selbst in durchaus kompetenten Händen. Es ist sehr zweifelhaft, ob überhaupt eine Theologie der Prüfung durch eine Methode standhalten kann, die nicht mehr die Autoren für sich selbst sprechen läßt und manche Einzelheiten eines Arguments ignoriert. In dem Werk, mit dem wir uns gerade befassen, wurde das aus praktischen Gründen aufgegeben. Die letzte Prüfung der Wahrheit oder der einzige Test wahrer Entwicklung ist nicht mehr die Fähigkeit (des untersuchten Autors), auf zeitgenössische Einwände zu antworten,[12] sondern ein kulturgeschichtlicher Test: ob die Kirche der Ansicht ist, sie habe aus den ihr zur Verfügung stehenden Mitteln das Beste gemacht.[13] Diese Unterwerfung unter einen kulturellen Aspekt läßt sich kaum mit der polemischen Härte des Anfangs vereinbaren. Die Hauptstärke des kontroversen Ansatzes besteht in der Einsicht in die Notwendigkeit von Argumenten; seine Hauptschwäche aber liegt im Versagen, die Vielschichtigkeit der Argumente recht zu würdigen und das zu begreifen, was damals gesagt wurde. „Nur allzu oft machen derart polemische Schriften bloßen Strohpuppen den Vorwurf, sie hätten kein Hirn."[14] Der große philosophische Schritt unserer Zeit war die Anerkennung der Unterschiedlichkeit der „Sprachen" oder „Lebensformen", verbunden mit der Forderung, daß diese Unterschiedlichkeit durch Analyse dessen, was bestimmte Leute gesagt haben, aufzudecken sei.¹⁵ Die Anwendung dieses Wittgensteinschen Prinzips der Einbildungskraft und des Sprachgebrauchs auf das frühchristliche Denken ist längst überfällig.

Der zweite Hauptansatz befragt eine Aussage oder Theorie: „Auf welche Weise ist sie eine Widerspiegelung der Kultur, in der sie auftaucht?" und deutet dann alle Ideen als Teil des sozialen Umfelds, in dem sie entstanden. Dann aber ist das wichtigste an Hume, daß er im Schottland des achtzehnten Jahrhunderts, und das wichtigste an Platon, daß er während des fünften Jahrhunderts v. Chr. in Griechenland lebte. Logik wäre dann bloß ein Produkt des Verstandes, „um seine Furcht zu verbergen und seinen Mut zu erhalten, ein Hokuspokus, dazu bestimmt, Schlußfolgerungen formale Geltung zu verleihen, die anzunehmen wir bereit sind, sofern dies auch alle anderen in unserer Umgebung tun"¹⁶. Solche Absage ans Argument macht es nicht leicht, diese Methode ernst zu nehmen, und doch hat der Kulturhistoriker eindeutig einen Beitrag zu leisten, indem er Anschauungsunterschiede zwischen verschiedenen Zivilisationen oder Geschichtsperioden aufzeigt. Aus dieser Sicht ist es unwahrscheinlich, daß ein athenischer Dichter wie Platon irgendwelche Gemeinsamkeiten mit einem römischen Senator wie Cicero hat oder gar mit einem Mönch des Mittelalters wie Thomas von Aquin. Philosophie ist das Produkt einer Zivilisation, nicht eine zeitlose Wirklichkeit. „Die philosophischen Probleme des einen Zeitalters sind, wie die kulturellen Konflikte, aus denen sie entstehen, ohne Bedeutung für die einer anderen Epoche."¹⁷ Eine Schwäche dieses Ansatzes liegt in den offensichtlichen Ähnlichkeiten zwischen manchen Problemen der Vergangenheit und der Gegenwart sowie in der Tatsache, daß diese Ähnlichkeiten die Richtung vieler nützlicher Forschung bestimmen. Ein gutes Beispiel für diese Methode im Bereich der Theologie wurde bereits im Zusammenhang mit der Lehre von der Vergöttlichung erwähnt,¹⁸ die man als verständlich und notwendig im Rahmen der Kultur der Griechisch Orthodoxen Glaubensgemeinschaft ansah, doch von geringer Bedeutung oder geringem Interesse außerhalb dieser Kirche.

Erklärende Methoden können doxographisch, retrospektiv oder kontrovers orientiert sein. Der doxographische Ansatz fragt: „Was ist gesagt worden, und in welcher Beziehung steht es zu dem, was andere Autoren sagten?" In der Antike ist dieser Ansatz von Diogenes Laertius in seinem Werk „De viris illustribus" eingeführt worden. Die einzigen Verbindungen, die er in Betracht zieht, sind die innerhalb der Überlieferung jeder Philosophenschule. Dieser Ansatz hatte eine breite Wirkung auf die Erforschung des frühchristlichen Denkens: Wichtig ist nicht die Weise, wie die Leute entweder auf ihre Umgebung oder auf philosophische Probleme reagierten, mit denen sie sich auseinandersetzen mußten, sondern ihre Beziehungen zu dem, was ihre Vorgänger und ihre Zeitgenossen gesagt hatten. Was Justin über Gott als den Schöpfer sagte, verstehen wir erst, wenn wir die Paralleldarstellung in einer bestimmten Schule zeitgenössischer Platoniker kennen. Wir betrachten die Art und Weise, in der sich die christliche Lehre entwickelte, indem wir Ideen aus einer Vielfalt von Quellen zusammentragen, und sind dann in der Lage, den Hintergrund eines Denkers durch Parallelbezüge und ähnliche Vorstellungen in den Schriften anderer zu verstehen. Daniélous großes Werk trägt die Ergebnisse fünfzigjähriger Forschung zusammen und zeigt, auf welche Weise frühchristliche Vorstellungen denen anderer Denker ähnlich waren.[19] Dieser Ansatz hat sich als außerordentlich fruchtbar erwiesen, aber gerade deshalb sind auch seine Schwächen von Belang.

Eine merkwürdige Einschränkung ergibt sich aus der Tatsache, daß dem doxographischen Ansatz – bei den begrenzten Mitteln unserer Kenntnis der antiken Welt – *auf gewissen Gebieten* das Material auszugehen *scheint*. Andresen verglich Justins Ansichten mit jenen des Mittleren Platonismus des zweiten Jahrhunderts und legte ihn mit hoher Wahrscheinlichkeit auf die Entwicklungslinie fest.[20] Da keine neuen Angaben aufgetaucht sind, waren spätere Wissenschaftler versucht, ihre Forschungen weit über die Grenzen auszudehnen, die das Beweismaterial setzt und schwelgen in Vermutungen oder zählen Möglichkeiten auf, statt nüchtern die Wahrscheinlichkeiten abzuwägen. So ist es kaum verwunderlich, daß ein Autor zehn Seiten lang erörtert, ob Justin einen Philosophenmantel trug oder nicht – eine Frage, die wirklich keine ausführliche Behandlung lohnt.[21]

Ein zweiter Faktor der Einschränkung ergibt sich aus der aggressiven und monopolistischen Art, in der mancher mit der

Doxographie umgeht. Ein Gelehrter schließt eine Erörterung zum Thema Christentum und Philosophie mit der Aussage, bestimmte Kapitel des „Briefs an Diognet" seien nur eine Sammlung von Gemeinplätzen, nicht aber eine „Perle patristischer Literatur".[22] Er ist an dieser Stelle von seinem Argument und von der früheren Behauptung, Justin sei ein rachedurstiger Schriftsteller, der nichts so sehr wünschte wie die Bestrafung seiner Verfolger,[23] derart überzeugt, daß er weiter behauptet, christliches Denken werde besser von Nichtchristen als von Christen verstanden.[24] Wer einen Lieblingsgedanken verfolge, dem schwäche die eigene Überzeugung das kritische Urteilsvermögen. Daraus entstünde eine verflixte Doxographie. Einzig wichtig sei das genaue Verzeichnis der Meinungen eines Autors und die Parallelen, die anderweitig zu finden sind. Der Christ, der in diesem Verzeichnis der Meinungen irgendeine Bedeutung erkennt, könne sie nicht so kritisch werten wie der Nichtglaubende, der ja unbeteiligt sei. – Das könnte man auch das „Prinzip vom ehrlichen Barkeeper" nennen, demzufolge nur einem total Abstinenten der Ausschank von Drinks zu gestatten sei. Hier ist etwas schief. Die meisten Interpreten des antiken Denkens betonen ja gerade, daß erst die Fähigkeit, das Denken eines Autors nachzuvollziehen, zum Verstehen führt und eine distanzierte Einstellung zum Text den Historiker zum Briefmarkensammler degradiert.

Leicht könnte man sagen, das berufsmäßige Mißtrauen des Kritikers (er verteidigt Renan's Angriff auf das Welt-Seele-Konzept, d. i. die Aussage: „Christen sind in der Welt das, was die Seele im Körper ist") habe ihn in eben die Schieflage gebracht, die er an den Gläubigen beklagt. Doch das wäre eine oberflächliche und voreilige Einschätzung; schließlich hat er nicht ganz Unrecht. Nichtchristen sehen wirklich Dinge, die Gläubigen entgehen, besonders beim Studium des frühchristlichen Denkens, dies aber nur, wenn sie die *ganze* Argumentation überblicken und auswerten. Hier aber fehlt es an der Fähigkeit zu analysieren und den logischen Rahmen der vielen Zitate zu erfassen. Das Thema der Bestrafung der Sünder wird durch eine Liste von dreiundzwanzig kurzen Justin-Zitaten endgültig entschieden, wobei der Verfasser die Aufrechnung fröhlich verkündet: „Dreiundzwanzig Erwähnungen auf neunzig kleinformatigen Seiten!" (S. 167) Die Frage der Ursprünglichkeit des Welt-Seele-Konzepts im „Brief an Diognet" wird entschieden durch ein Verzeichnis von „nur" zweiundzwanzig Zitaten weltlicher Autoren, schließt aber mit der bezeichnenden Bemerkung, daß Spezialisten imstande seien, „dieses Dossier" aus dem Gedächtnis oder aus ihrer Lektüre noch zu erweitern (S. 215). Sammeln oder Kompilieren ist das Mittel, über die Ansicht eines Autors zu entscheiden. Die Parallele zum Briefmarkensammeln ist völlig zutreffend, denn jeder Beleg wird sorgsam perforiert und von seinem Kontext getrennt.

Eine Analyse des logischen Rahmens beider Aussage-Gruppen wird gar nicht in Erwägung gezogen, obwohl wir im ersten Fall das Problem haben, das den Menschen von Anfang an verfolgt hat: „Ist das Gericht über diese Welt endgültig? Und warum leiden Unschuldige?" – und im zweiten Fall das Motiv des Leibes Christi erscheint, das im frühchristlichen Denken ständig und bildhaft verwendet wird.

Die Kritik versagt in beiden Fällen. Im ersten Fall sieht sie nicht, daß Justins Feindschaft gegen die Verfolger ganz mit dem Glauben an letzte Gerechtigkeit und mit der Lösung des Problems des Bösen verbunden ist. Sieht man von diesem Problem ab, so ist Justins Meinung kaum noch von Bedeutung; innerhalb der Problematik sind seine Ansichten jedoch durchaus sinnvoll.[25] Die zweite Kritik verkennt, daß das Welt-Seele-Konzept auf ganz bestimmte Weise behandelt wird und daß die vielen Parallelen wenig zum Verständnis beitragen. Die Vorstellung vom fortlebenden Leib Christi, von einer neuen geistlichen Ordnung in der Welt – diese und entsprechende Vorstellungen werden mißverstanden, wenn man seine Aufmerksamkeit in erster Linie auf historische Parallelen richtet. Wichtig ist nicht, was dem ungefähr ähnelt, was hundert andere Autoren der Antike auch sagten, sondern wie das Konzept, das Christen als Seele der Welt versteht, in einen Gesamtrahmen paßt, der theistisch und nicht pantheistisch ist. Der Kritiker hat zwar eine große Anzahl von Briefmarken gesammelt, aber noch nicht zu philosophieren begonnen. Selbst wenn das „Prinzip vom ehrlichen Barkeeper" aus Gründen christlicher Kurzsichtigkeit mitunter angebracht wäre, ist es vom philosophischen Standpunkt betrachtet zweifellos falsch. Der Doxograph muß nicht unbedingt ein Philosoph sein, doch wenn er über das Auflisten von Meinungen hinausgehen und Kritik üben möchte, dann muß er wissen, was Philosophen oder Theologen tun.[26] Den Philosophen geht es um Probleme und nicht um parallele Wortgruppierungen. Durch einen aggressiven Versuch, andere aus dem Feld zu schlagen, hat einer der Doxographen bloß die Schwäche seiner eigenen Position enthüllt.

Der Mangel dieses Ansatzes wird an zwei anderen Stellen nur bestätigt. Die erste Stelle ist die zweifache Aussage (S. 220), daß die Metapher der Seele (im „Brief an Diognet") ein Gemeinplatz und nicht eine ursprüngliche Formulierung ist und daß sie zu Recht als Ausdruck christlichen Hochmuts und der Intoleranz zu verstehen sei. Diese Behauptung widerspricht sich selbst; wenn die Metapher nur ein Gemeinplatz ist, kann sie nicht Anzeige für irgend etwas spezifisch Christliches sein. Die zweite Schwäche besteht in der Behauptung, die Metapher sei „philosophisch" im Gegensatz zu „christlich". Welche Definition von Philosophie würde eine Methode wohl zulassen, die bloß Meinungen sammelt, selbst wenn sie die Forderungen logischer Widerspruchsfreiheit *nicht* ignorierte? Platon, Klemens und Wittgenstein schrieben alle nur widerstrebend ihre philosophischen Beiträge und erörterten die Forderung nach Sorgfalt des Denkens und sprachlicher Argumentation. In Kritik einiger Passagen seines schriftlich niedergelegten Werks sagte Wittgenstein einmal im Gespräch: „Nein. Wenn dies Philosophie wäre, dann könnten Sie es auswendig lernen."[27]

Eine dritte Einschränkung wird offenkundig, wenn man das steife Festhalten an der Doxographie mit einem flexiblen Ansatz vergleicht, der die Struktur der Argumentation berücksichtigt. Wir wenden uns zunächst dem sensibleren Ansatz zu und bedenken sodann eine nachfolgende Einschränkung. Eine neuere Darstellung des frühesten christlichen Denkens enthält einen Punkt, der für die Philosophie von offensichtlicher Bedeutung ist (Klemens' Darstellung der Schöpfung *ex nihilo*), und zwar hängt dies von einem Argument ab – nicht von einer Formel. Man behauptet, Klemens entwickle eine Darstellung der Schöpfung aus relativem Nichtsein;[28] und obwohl dies zweideutig ist, „impliziert (es) nicht, daß die Materie ein letztes Prinzip ist, gleich ewig mit Gott"[29]. Nun ist bei Klemens eine verbale Unterscheidung zwischen absolutem und relativem Nichtsein nicht eindeutig klar; das aber ist nicht wichtig, weil der Kontext des Arguments berücksichtigt wird. An dieser Stelle sagt Klemens, daß zwar einige Philosophen von der Materie als einem ersten Prinzip gesprochen hätten, aber auch sagten, sie habe keine Eigenschaften oder Gestalt. Platon sei noch weiter gegangen und habe Materie als „Nichtsein" bezeichnet. Im „Timaios" habe er darüber geheimnisvoll gesprochen, weil er vielleicht wußte, „daß der wirkliche und wahre Uranfang nur ein einziger ist" (S. V,89,5–7). Wie andere habe er die Idee der unsichtbaren und gestaltlosen Erde aus „Genesis" (1,2). Kurz darauf kommt Klemens auf Platon zurück und auf die Schwierigkeit, den Schöpfer und Vater des Alls zu finden, und er erklärt in diesem Kontext die Bedeutung der Vaterschaft als „aus ihm allein entstanden und aus dem Nichtsein ins Dasein getreten" (S. V,92,1–3).

Daraus geht hervor, daß die Schöpfung *ex nihilo* nicht an Formeln zu binden ist, die für verschiedene Bedeutungsinhalte offen sind. Das Anliegen des Klemens hier in diesem Kontext und auch an anderen Stellen besteht darin, daß es nur ein einziges letztes Urprinzip geben kann.[30] Das ist die Spitze des Arguments, und das ist der Bedeutungsgehalt der Aussage über die Schöpfung *ex nihilo*. Man muß über die mehrdeutige Formel hinausgehen bis zur Rahmenstruktur des Arguments.

In einer neueren Abhandlung[31] führt der streng doxographische Ansatz zu der entgegengesetzten Schlußfolgerung, daß die Definition des Klemens mit „Schöpfung *ex nihilo*" unvereinbar sei. „Im Gegenteil, eine derartige Definition bringt ihn in enge Verbindung mit dem Neupythagoreismus und Neuplatonismus."[32] Die verschiedenen Darstellungen des *me on* (Nichtsein) werden miteinander verglichen, und die Darstellung des Klemens wird als eine Widerspiegelung dieser Anschauungen angesehen.[33] Der Gegensatz zur vorhergehenden Darstellung ist bemerkenswert. Bei der ersten wird der Begriff innerhalb des Kontextes, in dem er steht, verstanden; das Problem der Schöpfung aus Materie, sofern es nur ein einziges Urprinzip gibt, ist Klemens' Anliegen und entscheidend für seine Bedeutung. In der zweiten Darstellung wird die „Briefmarke" aus ihrem Kontext herausgehoben und bei neupythagoreischen und neuplatonischen Themen unter der Überschrift „*me on*" eingeordnet. So ist es keine Überraschung, wenn Darstellungen der höchsten Gottheit, die für Plotin und Pseudo-Dionysius auch außerhalb des Seinsbereiches ist, ebenfalls unter die gleiche Überschrift plaziert werden.[34] Die Darstellungen müssen „irgendwie analog" sein, weil die gleichen Worte verwendet werden. Die schlichte Wahrheit ist, daß sie für die angesprochenen Autoren genau das Entgegengesetzte bedeuten – die eine Darstellung geht über das Minus-Ende der Seins-Skala hinaus, die andere über das Plus-Ende. Es ist nicht unfair zu sagen, daß solch ein philosophischer Ansatz jeder Beschreibung spottet. Dennoch ist festzuhalten, daß mehr die Methode und weniger der Forscher daran schuld ist.

Nun ist das bloße Auflisten von Meinungen natürlich viel kürzer und gedrängter als jede Erforschung der ganzen Argumentation und der Mehrdeutigkeiten. Die Wiedergabe der Struktur und des Umfelds eines jeden Arguments bringt Wiederholungen mit sich, die eine Sammlung von Ergebnissen leicht vermeiden kann. Ist denn der Doxograph mit seiner willkommenen Kürze immer im Unrecht? Nein, aber ohne das ganze Argument vor Augen zu haben, ist es unmöglich, zu sagen, wo er Recht und wo er Unrecht hat. Der Kontext eines Arguments ist nicht nur dort notwendig, wo man sich zwischen entgegengesetzten doxographischen Schlußfolgerungen entscheiden muß. Manchmal muß man sich gar nicht entscheiden; es gibt eine breitere Synthese, die die Stärke jeder einzelnen Schlußfolgerung zeigt. Um jedoch eine solche Synthese zu finden, muß man über die Formeln hinaus zum Gesamtargument und Problem vordringen. Der eine Forscher kommt zu dem Schluß, „Justins Grundeinstellung ist ein sehr optimistisches Vertrauen in die menschliche Verstandestätigkeit"[35], wogegen ein anderer behauptet: „Justin zeigt sich sehr pessimistisch, was die Fähigkeit der natürlichen Vernunft betrifft."[36] Justins Darstellung des Logos spielt auf drei Ebenen.[37] Der Christ hat unmittelbar Anteil am Logos, der Christus ist. Der menschliche Verstand stellt eine dritte Ebene dar und hat Anteil an einem Keim des Logos, der auf Erden unter die Menschen gesät ist. Der Christ ist mit dem Keim auf gleicher Ebene, während der Heide eine Stufe niedriger ist. Da jedoch Anteilhabe eine transitive Relation ist, kann immer noch gesagt werden, daß alle Menschen am Logos, der Christus ist, Anteil haben. Das bedeutet, daß Justin zugleich optimistisch und pessimistisch über den menschlichen Verstand urteilt. Die Doxographie kann zu entgegengesetzten Schlußfolgerungen kommen; erst wenn die widerstreitenden Aussagen analysiert und die dahinterliegenden Probleme sichtbar werden, ergeben die Widersprüche einen Sinn. Justin will Christus über alles menschliche Lehren stellen, doch nur um zu zeigen, daß alle Wahrheit auf ihn verweist. Es wäre sinnlos zu sagen, daß entweder Christus gekommen sei, um den Menschen etwas zu erzählen, was sie schon wußten, oder daß es für sein Kommen keine Vorbereitung gegeben habe. Überdies war wegen der verschiedenen Einwände gegen das Christentum eine vielschichtige Antwort notwendig. Justins Pessimismus hinsichtlich der vorchristlichen Wahrheit richtet sich gegen Juden, Heiden und Philosophen, die die christlichen Absolutheitsansprüche angriffen, während sein Optimismus darauf abzielte, die Ansicht der Marcioniten ins Wanken zu bringen, die alle Wahrheit vor Christus überhaupt bestritt.[38]

Der Doxograph zieht Bilder den Problemen vor – der Briefmarkensammler ist daran interessiert, was zu sehen ist, und nicht, worüber man sich streiten könnte. Dies ergibt sich auch aus einer neueren Arbeit, in der die christliche Darstellung der Menschwerdung als „poetische, anthropomorphe oder mythologische Sprache" beschrieben und einer „theologischen Schlußfolgerung aufgrund logischer Beweisführung" gegenübergestellt wird.[39] Hier wird ein Gegensatz zwischen Dichtung und Mythos auf der einen und Theologie und Logik auf der anderen Seite hergestellt. Bei der Erörterung der antiken Philosophie zeigt man jedoch gar keine Einsicht in ihre Logik; sie wird auf poetische oder mythologische Weise abgehandelt. Die Beziehung des transzendenten Einen zu einer Welt des Vielen wird in bildhaften Begriffen gesehen. „Unvermeidlich beinhalten die Lösungen irgendein System von Mittlern oder eine ‚Seinshierarchie', wodurch das letzte transzendente Eine, das sogar jenseits des Seienden ist, mit der bekannten Welt verbunden wurde." Die beiden Begriffe, die man für wichtig hält, sind „Emanation" und „Vermittlung", wobei keiner von beiden irgendeine klare logische Bedeutung hat.[40] Wie die Philosophen außerhalb der Kirche, sahen auch christliche Philosophen den Logos als einen Mittler, „der zugleich Einer und Viele war, gewissermaßen am Wesen beider Anteil hatte und so den Abgrund zwischen ihnen überbrückte". Merkwürdigerweise setzt nun der Autor seinen Gedankengang auf eine Art fort, die ein völliges Unverständnis für den Unterschied von bildhafter Sprache und logischer Terminologie verrät.[41] „Logisch betrachtet, gab es in diesem Schema keinen Raum für den Heiligen Geist, doch fand er seinen Platz als eine weitere Art von Vermittlungsglied in der Kette des Seins." Bei einem derart mythologischen Ansatz von Philosophie überrascht es nicht, daß die verschiedenen Schulen, die sich ihrer tiefgreifenden Divergenzen untereinander klar bewußt waren, „von unserem überlegenen Standpunkt aus im Prinzip, wenn schon nicht in Einzelheiten, alle *sehr* ähnlich aussehen" (S. 25).

Man gibt einen Hinweis auf die „Ungereimtheiten *(illogicalities)* des Systems als eines Ganzen", wobei man sich ständig und völlig jeder Erörterung logischer Streitfragen enthält: Philosophie ist eine Sache der Weltanschauung, und der Gegensatz zwischen Gott und der Welt wird überwunden durch eine „Abstiegsfolge" *(succession of descent)*, die es vermeidet, „eine Trennlinie zwischen dem Göttlichen und dem Geschaffenen in ihrer Daseinshierarchie zu ziehen" (S. 25). Der Mittler muß „irgendeine Wesensbeziehung zu dem, was über und was unter seiner eigenen Leitersprosse ist, haben, um so eine wirksame Verbindung herzustellen. Doch eine ontologische Unterscheidung, eine reale Trennlinie zwischen dem Göttlichen und dem Geschaffenen kann nicht gezogen werden, ohne zugleich zu behaupten, daß der Mittler an die eine oder an die andere Seite fällt, wodurch seine Fähigkeit zur Vermittlung jedoch zerstört wird" (S. 26). Was Arius bietet, sei zur Erreichung einer befriedigenden Lösung auch nicht anders, weil an irgendeinem Punkt eine Trennlinie gezogen werden muß. „Wo Arius den Mittler von Gott trennte, da trennte ihn Athanasius von der Welt." Die Erörterung spricht unverständlicherweise von „anhaftenden Ungereimtheiten" und Aussagen, die „logisch unbrauchbar" seien, die biblische Botschaft von Gottes Handeln an dieser Welt zu begreifen (S. 28).

Für jeden, der nur einige Zeilen antiker Philosophie und vor allem Platon gelesen hat, ist es nun offensichtlich, daß sich diese Darstellung trotz der Worte „wesenhaft" und „ontologisch" nicht einmal anfänglich mit Themen der Logik befaßt hat. Sie hat nicht danach gefragt, welche Beziehung zwischen der Erstursache der Dinge und bestimmten Gegenständen besteht, noch nach der Beziehung zwischen Final-, Wirk- und Formalursachen. Für Platon konnten die Formen alle drei Arten von Ursachen sein, und die letzte Form war die eine formale, finale und effiziente Ursache aller Dinge. Es ist richtig, daß man von einer „Großen Kette des Seins" *(Great Chain of Being)* gesprochen hat, nicht aber ohne logischen Kommentar.[42] Platon und die frühchristlichen Schriftsteller, die von ihm abhängig waren, befaßten sich mit logischen Unterscheidungen, die in dieser Abhandlung völlig ignoriert werden. Das Gleiche gilt für ihre Ethik und Metaphysik.

Zusammenfassend läßt sich sagen, daß die Doxographie hier logische Fragen ignoriert, die Probleme, die Philosophen und Theologen zu lösen versuchten, gar nicht bemerkt und Bilder zeichnet, statt Argumente zu analysieren. Es ist verkehrt, so zu sprechen, als ob Philosophie auf einen Wandteppich gestickt oder auf ein Stück Papier gezeichnet werden könnte. Nadelarbeit und Zeichnen mögen recht poetisch sein – anders gesagt: eine mythologische Redeweise, um bestimmte Beziehungen auszudrücken; aber wenn man sie von logischen Definitionen und Untersuchungen isoliert, haben sie überhaupt keinen Wert.[43]

Die Erörterung kann auch eine zweite Form annehmen. Die Frage stellt sich dann nach der Beziehung einer philosophischen Lehre zu einem bestimmten Punkt der Ideengeschichte, nicht aber zu ihren zeitgenössischen oder voraufgehenden Parallelen. Die retrospektive Ideengeschichte fixiert einen bestimmten Punkt als den Höhepunkt einer Entwicklung und interpretiert frühere Ideen je nach ihrer Vorwegnahme des Zentralgedankens und spätere Formen gemäß der Treue und Genauigkeit der Reproduktion dieses Gedankens. So ist das Wichtige an Justins Glaubensüberzeugung, daß der Logos Gottes den Patriarchen der frühen Zeit erschien, nicht etwa, was dies im Rahmen seiner Theologie bedeuten könnte, sondern die Tatsache, daß dieser Gedanke, nachdem er in die christliche Überlieferung eingeführt war, Schwierigkeiten während der arianischen Kontroverse verursachte. Was immer dieser Gedanke für Justins Beweisführung eintrug, „er muß als ein *faux pas* angesprochen werden, für den seine Nachfolger einen hohen Preis an Blut und Tränen zu zahlen hatten"[44]. Der normale Bezugspunkt im frühchristlichen Denken ist das Konzil von Chalkedon mit Nikaia als Vorspiel, und Standardwerke wie das von J. Kelly bewegen sich auf dieses hin als auf den Höhepunkt der Entwicklung, wobei sie jene Elemente auswählen, die für das Endergebnis von Bedeutung sind. Tertullians Darstellung der Unterscheidungen innerhalb der Gottheit waren in der Gesamtgestalt seines eigenen Denkens weniger wichtig denn als Vorwegnahme späterer Distinktionen. Das hat zur Folge, daß seinen Beschreibungen der drei „Personen" und der beiden Naturen Christi mehr Beachtung geschenkt wurde als anderen Aspekten seines Denkens. Einzelne Untersuchungen der retrospektiven Ideengeschichte werden beim Studium der frühen Kirche immer einen wichtigen Platz einnehmen, da es Entwicklungen gibt, die ihren Höhepunkt in Nikaia und Chalkedon erreichen; aber sie helfen uns nicht weiter, das zweite Jahrhundert zu verstehen, denn die Anliegen des zweiten und des vierten Jahrhunderts waren durchaus unterschiedlich: „Bach versuchte nicht, wie Beethoven zu schreiben und versagte hierbei; Athen war kein verhältnismäßig erfolgloser Versuch, Rom hervorzubringen; Platon war er selbst, und nicht bloß ein halb-entwickelter Aristoteles."[46] Diese Schwäche ist deshalb von Bedeutung, weil das zweite Jahrhundert dem zwanzigsten mehr zu bieten hat als das vierte oder fünfte Jahrhundert, denn die Probleme waren damals wie heute die einer Kirche in einer nicht-christlichen Welt und einer heterogenen Gesellschaft. Die Aufgabenstellung war nicht eine genaue Formulierung des christlichen Glaubens, vielmehr die schlichte Möglichkeit eines solchen Glaubens. Kulturgeschichtliche und retrospektiv-ideengeschichtliche Entwürfe sind auf entgegengesetzte Weise defizient. „In kulturgeschichtlichen Arbeiten bleiben aufeinanderfolgende Philosophen ohne gegenseitige Beziehung durch logische Verbindungen; in der Geschichte, wie sie der Rückschau haltende Historiker erzählt, sind die Verbindungen dagegen zu eng. Alles fügt sich zu einem kontinuierlichen Muster."[47]

Wird diese Methode mit der Kontrovers-Methode kombiniert, so entsteht überdies eine Tendenz, den Bezugspunkt so zu vereinfachen, daß der systematische Theologe meint, er habe ein eindeutiges Kriterium. Doch die Aussagen von Chalkedon sind nicht völlig kohärent. Wie sind die zwei Naturen, „ungetrennt und ungesondert", mit Leo des Großen Darstellung von WORT und Fleisch zu vereinbaren, wo „das eine von Wundern glänzt, das andere den Verletzungen erliegt?" Beispielsweise bezeichnet eine Rezension des unlängst erschienenen Buches „God as Spirit" den Verfasser als Unitarier und Adoptianer.[48] Ein Unitarier ist der Überzeugung, daß der Sohn und der Heilige Geist nicht göttlich sind, doch für den Verfasser dieses Buches könnte niemand göttlicher sein als eben diese beiden. Ein Adoptianer glaubt, daß der Geist auf den Menschen Jesus herabkommt, doch für den Verfasser stiftet der Gedanke, Gott steige herab und hinauf, nur Verwirrung und sollte zurückgewiesen werden. Auf drei Seiten bringt es der Rezensent zu drei formalen Widersprüchen. Er behauptet (S. 619), daß der Mensch – dem Buch zufolge – „so vollkommen wie Jesus und dies im gleichen Sinne" sein solle und zitiert als Beleg: „Jesus bringt in uns eine Antwort hervor, die seiner eigenen analog ist." Auf der gleichen Seite erklärt er, daß das Buch ein „rein exemplaristisches Erlösungsverständnis" habe und zitiert als Beleg: „Jesus wurde zum Muster der Sohnschaft und ebenso zur Inspiration und Kraft, die in uns eine Antwort hervorbringen kann ... Die Interaktion des göttlichen Geistes mit dem menschlichen Geist bietet sich uns an und kommt in uns zur Wirkung gemäß den Wesenszügen, den Taten und Worten Jesu." Schließlich behauptet die Rezension, daß Jesu „Überleben des leiblichen Todes (und vermutlich auch unseres eigenen) bedeutungslos zu sein scheint", und zitiert auf der folgenden Seite das Buch: „Wir brauchen nicht zu fürchten, ... daß, wenn die Gebeine Jesu irgendwo in Palästina liegen, wir keine Zuversicht haben könnten, daß der Tod überwunden wurde und demzufolge keine Hoffnung auf und kein Glaube an unsere Zukunft oder an das endgültige Heil des Menschengeschlechts bestünde."

Um es noch einmal zusammenzufassen: Obwohl retrospektive Geschichtsbetrachtungen wichtig sind, verzerren sie jedoch immer wegen ihres festgelegten Blickwinkels. Glaubensbekenntnisse und Konzilien liefern keinen unzweideutigen Bezugspunkt und können sogar zu logischen Irrtümern führen, wenn persönliche oder politische Faktoren vorhanden sind – was ja der Regelfall ist.

Nun dürfte es hinreichend klar sein, weswegen diese alternativen Methoden, außer als ergänzende zur problemorientierten Erläuterung, abgelehnt werden. Es dabei zu belassen, wäre unbefriedigend, da Gelehrte ebenso wie Wissenschaftler ihre Methoden nicht gern ändern. Sie sehen die Dinge unterschiedlich, und sie sehen verschiedene Dinge. Was geschieht, wenn sie sich weigern, ihre Methoden zu ändern? Es gibt keinen Weg, auf dem die Konzepte einer Methode restfrei auf eine andere Methode übertragen werden könnten. Deswegen trieben Wissenschaftler, zwanzig Jahre nachdem Newton seine epochemachenden Bewegungsgesetze veröffentlicht hatte, immer noch pränewtonsche Physik. Und Darwin schrieb am Ende seines Werkes „Die Entstehung der Arten": „Obwohl ich von der Richtigkeit der auszugsweise in diesem Werk mitgeteilten Ansichten durchaus überzeugt bin, erwarte ich keineswegs auch die Zustimmung solcher Naturforscher, deren Geist von Tatsachen erfüllt ist, die sie jahrzehntelang von einem entgegengesetzten Standpunkt aus ansahen." Dennoch war er zuversichtlich, weil junge und aufstrebende Wissenschaftler die Frage unparteiisch beurteilen würden.

Diese schwierigen Übergänge sind „Paradigmenwechsel", *„gestalt switches"* oder „wissenschaftliche Revolutionen" genannt worden, und ihre Untersuchung durch Thomas Kuhn[49] und Paul Feyerabend[50] ist für alle Disziplinen von großem Nutzen. An anderer Stelle habe ich mich eingehend mit ihrer Anwendung auf biblische Studien und Theologie befaßt.[51] Hier möchte ich zeigen, daß der Wechsel schwierig sein kann und möchte einen Weg voran weisen. Schwierigkeiten sind angezeigt durch schnelle Erwiderungen, die von Verfechtern einer individuellen Theorie zu erwarten sind. Der Vertreter einer Kontrovers-Methode wird behaupten, daß das, was man sagen kann, auch klar gesagt werden kann und daß dem Allgemeinverstand *(common sense)* durch formale symbolische Logik nicht genauso gut gedient ist wie durch Auseinandersetzungen, die allgemein akzeptiert sind. Er könnte auch einen biblizistischen Ansatz[52] *(one-verse, one-vote)* übernehmen und Texte finden, die eine Grundlage bieten, die Erlösung als eine transitive Relation zu behandeln, wie z. B. Joh. 20,21: „Wie mich der Vater gesandt hat, so sende ich euch." Er wird nicht in der Lage sein, das entgegenstehende Beweismaterial auszuwerten; aber kein Biblizist kann das jemals, und so wird er zufrieden in seiner Kontrovers-Position bleiben. Der Kulturhistoriker wird betonen, es sei naiv, in der Ideengeschichte permanente Probleme oder Typen bestimmter Probleme zu sehen. Der Begriffs-Provinzialismus braucht die Ideengeschichte, um Diskontinuität zwischen den Epochen nachzuweisen und den Spielraum von Theologie und Philosophie auszuweiten. Wie oben schon angedeutet,[53] schließt Ausweitung sowohl Kontinuität wie auch Diskontinuität ein, vielleicht aber nicht genug, um einen Kulturhistoriker zu beunruhigen. Der Doxograph wird rechtens auf dem Vorrang dessen bestehen, was gesagt wurde, sowie auf der Notwendigkeit, Parallelen zu sammeln, um geschichtliche Überlieferungen zu klären. Wie kann man die Originalität eines Autors ohne umfangreiche „Briefmarkensammlung", die ja nicht schadet und die man objektiv betrachten kann, überhaupt einschätzen? Bilder statt Begriffe zu gebrauchen, eignet sich besonders für das Erklären und Lehren, und der sonntägliche Gebrauch der Gleichnisse ermutigt noch dazu. Der Rückschau haltende Historiker wird einen Fixpunkt fordern, wenn er irgendeine Kontinuität verfolgen soll. Die Kirche hat sich auf Nikaia und Chalkedon festgelegt, und es gehört zur ständigen Funktion der Theologie, diese Bekenntnisaussagen zu erläutern. All das genügt, den Widerstand gegen einen Wechsel der Methode zu rechtfertigen.

Um mit einem praktisch positiven Ausklang zu schließen: die problemorientierte Erläuterung ergibt sich am leichtesten aus der Erkenntnis des Wertes anderer Methoden – trotz ihrer je eigenen Unzulänglichkeit. Gewiß sind unterschiedliche Methoden, Systeme oder Paradigmen inkommensurabel; es ist nicht möglich, ohne verbleibenden Rest das eine in das andere zu übertragen. Dennoch kann eine Übertragung zu einigem Verständnis eines anderen Ansatzes führen. Übertragung ist hier keine passende Metapher; es ist vielmehr nötig, andere Methoden anzuwenden und dann zu sehen, was sie erbringen. Erfolgt dies zuerst in peripheren Bereichen, wird es bald auch möglich sein, zu zentralen oder strittigen Themen überzugehen – wie etwa zur „Vergöttlichung". Dies wird zur rechten Einschätzung der Wirkungsweise unterschiedlicher Methoden führen und mit der Zeit zur Erkenntnis, auf welche Weise die problemorientierte Erläuterung begrenzten Respekt vor anderen Methoden zeigt und sie tatsächlich alle anwendet. All dies gehört zu einer guten Wissenschaftstheorie; wenn man aber zur problemorientierten Methode übergeht, so aus Gründen logischer Angemessenheit, nicht jedoch aus irgendwelchen ästhetischen, geheimnisvollen oder diplomatischen Gründen.[54] Daher läßt sich die Argumentation dieses Abschnitts nicht beiseiteschieben, und daher muß auch das Beweismaterial der vorstehenden Seiten eine Neueinschätzung erfahren; denn ohne Argument und Beweismaterial wäre ein Methodenwechsel untauglich.

[1] *Broad*, Ethical theory, 1f.
[2] *M. F. Wiles*, The making of Christian doctrine, Cambridge 1967, 16f.
[3] *M. F. Wiles*, Working papers in doctrine, London 1976, 80.
[4] Ebd. 26.
[5] Vgl. *G. C. Stead*, Divine substance, 180–189.
[6] Vgl. *C. H. Dodd*, The interpretation of the Forth Gospel, Cambridge 1953, 263–285 und 294f. Wenn ein Student in einer Ausarbeitung feststellte, der johanneische Logos habe versagt, weil es keinesfalls klar sei, daß das prophetisch schöpferische Wort und der hellenistisch rationale Logos dasselbe seien, so würde man sagen, er hat den entscheidenden Punkt verfehlt oder wolle mutwillig provozieren.
[7] *Klemens*, S.V,71. Abgesehen von der Unzugänglichkeit der christlichen Gottesvorstellung hat man erstaunt, wie sehr auch europäische Kultur unzugänglich sein kann. Sicherlich wird man kaum begreifen, warum Bach am Ende des Kreuzigungs-Chores („Ich bin Gottes Sohn") in der Matthäus-Passion aufeinanderfolgend Einstimmigkeit verwendet oder weswegen Dante nach dem Gang durch das Fegfeuer gesagt wird, daß er nun seiner gereinigten Sehnsucht folgen könne (Purgatorio, 27); zu Dante vgl. *I. Murdoch*, The Fire and the Sun, 35; *F. M. Cornford*, The unwritten philosophy, 80.
[8] *M. F. Wiles*, The making of Christian doctrine, 28; vgl. 124.
[9] *Justin*, D.6,1; *Klemens*, S.I,38.
[10] *M. F. Wiles*, Making of doctrine, 107.
[11] Vgl. *H. Newton-Lee*, Symbolic logic, New York 1961, 31–46.
[12] *M. F. Wiles*, Making of doctrine, 16.
[13] Ebd. 181.
[14] *J. Passmore*, History of philosophy, 13.
[15] *D. F. Pears*, Wittgenstein, Fontana 1971, 169–180.
[16] *C. Becker*, The heavenly city of the eighteenth-century philosophers, New Haven 1932, 25, zit. von *J. Passmore*, History of philosophy, 14.

17 *J. Passmore*, aaO. 16.
18 Vgl. oben S. 147.
19 *J. Daniélou*, Message évangelique et culture hellénistique.
20 *C. Andresen*, Justin, 157–195.
21 *N. Hyldahl*, Philosophie und Christentum, 102–112.
22 *R. Joly*, Christianisme, 201.
23 Ebd. 155–170.
24 Ebd. 226.
25 Vgl. oben S. 200.
26 *J. Passmore*, History of philosophy, 30.
27 *I. Murdoch*, The Fire and the Sun, 23.
28 *Klemens*, S.V,89; V,92.
29 *H. Chadwick*, The beginning of Christian philosophy, in: *A. H. Armstrong (ed.)*, Later Greek and early medieval philosophy, 46.
30 Man beachte Klemens' Bemerkungen an anderer Stelle. Paid. I,62,3: „Es ist aber nichts vorhanden, für dessen Dasein nicht Gott die Veranlassung gibt", und Prot. 63,3: „Sobald Gott nur etwas gewollt hat, folgt sofort das Gewordensein."
31 *S. R. Lilla*, Clement of Alexandria, 191–199. An keiner Stelle ist der Begriff der Erstursache oder des einen ersten Prinzips erwähnt. Doch dies ist die crux der Beweisführung bei Klemens.
32 Ebd. 195.
33 Ebd. 196.
34 Ebd. Man beachte, daß Tertullian geringschätzig auf dasselbe verweist (Herm. 4) und dessen Absurdität zeigt.
35 *H. Chadwick*, Christian philosophy, 166.
36 *R. Holte*, Logos spermatikos, 160.
37 Zu weiterführendem Kommentar vgl. *E. Osborn*, Justin Martyr, 140–145.
38 Vgl. *D. Allen*, Motives, rationales, and religious beliefs: APQ (1966) 112ff., eine hilfreiche Darstellung der Logik von Einwand und Widerlegung.
39 *J. Hick (ed.)*, The myth, 35.
40 Ebd. 25. Ihre bildhafte Bedeutung scheint die Erörterung logischer Fragestellungen auszuschließen. Vgl. *H. Dörrie*, Emanation. Ein unphilosophisches Wort im spätantiken Denken, in: *K. Flasch (Hrsg.)*, Parusia, Festschrift für J. Hirschberger, Frankfurt/Main 1965, 119–141.
41 Philosophen von Platon bis Wittgenstein haben bildhafte Sprache und Metapher verwendet, aber nicht ohne das logische Gerüst von Definition und Argument.
42 Der Hintergrund der Untersuchung ist offenkundig *A. O. Lovejoy*, The Great Chain of Being: a study of the history of an idea, Cambridge, Mass., 1936. Trotz Kritik an Lovejoy's Werk an anderer Stelle (vgl. oben S. 188). will ich nicht sagen, er ignoriere die Logik. Dennoch kann man etwas vom derzeit diskutierten *cartoon approach* im Werk einer seiner Schülerinnen, Marjorie Nicholson, entdecken.
43 In Bildern zu denken ist bekanntermaßen recht gefährlich. Cyprians Gebrauch von Bildern hinderte ihn, den unvermeidlichen Konflikt seiner beiden Definitionen von Einheit zu bemerken. Vgl. hierzu meine Erörterungen

in „Cyprian's imagery": Antichthon 7 (1973) 65f., wo Viscount Haldane zitiert wird: „The trouble with Lloyd George ist that he thinks in images not in concepts" (*D. Sommer*, Haldane of Cloan, London 1960, 360).

[44] *H. Chadwick*, Early Christian thought and the classical tradition, Oxford 1966, 16.

[45] *J. N. Kelly*, Early Christian doctrines, London 1958. Für *Harnack* sind Dogmen „die begrifflich formulierten und für eine wissenschaftlich-apologetische Behandlung ausgeprägten christlichen Glaubenslehren ... Sie gelten in den christlichen Kirchen als die in den hl. Schriften enthaltenen, das Depositum fidei umschreibenden Wahrheiten ..." (Dogmengeschichte, Bd.1, Tübingen ⁴1909, 3f.; die englische Übersetzung weicht hiervon etwas ab: Dogma originates when „an article of faith logically formulated and scientifically expressed, was first raised to the *articulus constitutivus ecclesiae*, and as such was universally enforced in the Church"). Hinsichtlich der Christologie geschah dies gegen Ende des dritten und am Anfang des vierten Jahrhunderts, und Harnack setzt dies als seine Trennlinie (Dogmengeschichte, Bd. 1, 4). Das Auswahlprinzip besteht daher im Abwägen jener Lehren, die zu den spezifizierten Dogmen führten.

[46] *R. G. Collingwood*, The idea of history, New York 1956, 329.

[47] *J. Passmore*, History of philosophy, 27.

[48] *E. L. Mascall*, Rezension *Lampe*, God as Spirit: JThS 29 (1978) 617–621.

[49] *T. S. Kuhn*, Die Struktur wissenschaftlicher Revolutionen, Frankfurt/Main 1967, ⁴1979.

[50] *P. K. Feyerabend*, Against method, in: Minnesota studies in the philosophy of science, 4, New Jersey 1970. Vgl. auch *I. Lakatos* and *A. Musgrave (eds.)*, Criticism and the growth of knowledge, Cambridge 1970.

[51] *E. Osborn*, Change without decay, in: Imagination and the future: Essays on Christian thought and practice presented to J. Davis McCaughey, Melbourne 1980, 167–188.

[52] Den technischen Gebrauch des Begriffs definiert *G. Gloege*, RGG, Bd. 1, Sp. 1263: „Biblizismus meint eine Gesamtauffassung der Bibel, die diese als ein in sich geschlossenes, in seinen Teilen grundsätzlich gleichwertiges Ganzes versteht und ihr für die jeweilige Gegenwart unmittelbar verpflichtende Geltung beimißt."

[53] Vgl. oben S. 28.

[54] Eine ausführlichere Behandlung dieser besonderen Fragestellung bietet mein Beitrag „Change without decay", 173–188.

LITERATURVERZEICHNIS

Texte und Übersetzungen

Auswahl, unter besonderer Berücksichtigung deutscher Übersetzungen

Die ältesten Apologeten, ed. *E. J. Goodspeed*, Göttingen 1914.
Clemens Alexandrinus, ed. *O. Stählin*, GCS, Bde. 12, 15, 17, 39, Leipzig 1905–1936. 12 (^{3}1972); 15 (^{2}1960); 17 (^{2}1970).
Clemens von Alexandreia, Ü: *O. Stählin*, BKV^2 7, 8, 17, 19, 20, München 1934–1938.
Corpus Hermeticum, ed. *A. D. Nock* u. *A. J. Festugière*, 4 Bde., Paris 1972.
Der Brief an Diognet, Ü: *G. Rauschen*, BKV^2 12, München 1913.
Irenäus, Adversus Haereses, ed. *W. D. Harvey*, 2 Bde., Cambridge 1857.
Irenäus, Fünf Bücher gegen die Häresien, Ü: *E. Klebba*, BKV^2 3–4, München 1912.
Irenäus, Des Heiligen Irenäus Schrift zum Erweis der apostolischen Verkündigung in armenischer Version entdeckt, herausgegeben und ins Deutsche übersetzt von *K. Ter-Mekerttschian* und *E. Ter-Minassiantz*, TU 31,1, Berlin 1907.
Irenäus, Demonstratio apostolica, Erweis der apostolischen Verkündigung, Ü: *S. Weber*, BKV^2 4, München 1912.
Justin, Opera, ed. *J. C. Otto*, Jena ^{3}1876–1879.
Justin, Apologien, Ü: *G. Rauschen*, BKV^2 12, München 1913.
Justin, Der Dialog mit Tryphon, Ü: *Ph. Haeuser*, BKV^2 33, München 1917.
Maximus Tyrius, ed. *H. Hobein*, Leipzig 1910.
Numenius, Fragments. Texte établi et traduit: *E. Des Places*, Paris 1973.
Ocellus Lucanus, ed. *R. Harder*, Berlin 1926.
Oracles Chaldaiques, Texte établi et traduit: *E. Des Places*, Paris 1971.
Origenes, Gesamtausgabe GCS, 12 Bde., Berlin 1899–1955.
Origenes, Contra Celsum, Gegen Celsus, Ü: *P. Koetschau*, BKV^2 52–53, München 1926.
Origenes, De principiis, (Über die Hauptlehren), Ü: *G. W. Butterworth*, London 1936.

Philo, ed. *L. Cohn* u. *P. Wendland*, 6 Bde., Berlin 1896–1915; Index v. *H. Leisegang*, 2 Bde., Berlin 1926–1930 (Nachdruck der 8 Bde. 1962).

Philo, Gesamtausgabe, Ü: *L. Cohn, I. Heinemann* u. a., 7 Bde., Berlin 1909–1938 (Nachdruck 1962f).

Plato, ed. *J. Burnet*, 5 Bde., Oxford 1900–1907.

Plotinus, ed. *P. Henry, H. R. Schwyzer*, Bde. 1–2: Vita Plotini u. Enneaden I–V, Paris, Brüssel 1951.

Plotinus, Enneaden, ed. *R. Harder*, weitergeführt von *R. Beutler* u. *W. Theiler*, mit dt. Übers. u. Anm., Bde., 1–2; 5, Hamburg 1956.

Plutarch, Moralia, ed. u. übers. v. *F. C. Babbitt* u. a., LCL, 15 Bde., London 1927–1978.

Plutarch, Moralia, ed. *G. N. Bernardakis*, 7 Bde., Leipzig 1888 bis 1896.

Plutarch, Moralia, ed. *C. Hubert, M. Poblenz* u. a., Leipzig 1952.

Posidonius, Posidonii Rhodii reliquiae, ed. *I. Bake*, Leyden 1820.

Proclus, Elements of Theology, ed. and transl. *E. R. Dodds*, Oxford ²1963.

Pseudo-Aristoteles, De mundo, ed. and transl. *D. J. Furley*, LCL, London 1955.

Tertullian, Opera, CChr, SL 1 und 2, Brepols 1954.

Tertullian, Corpus scriptorum ecclesiasticorum latinorum, 20, 47, 69, 70, 76, Wien 1890–1957.

Tertullian, Ü: *H. Kellner*, 2 Bde., Köln 1882.

Tertullian, Ü in Auswahl: *H. Kellner, G. Esser*, BKV² 7, 24, München 1912–1915.

MIGNE; PATROLOGIA

Irenäus, Migne, Patrologia, ser. graeca 7 (= ed. *R. Massuet*, Paris 1710).

Klemens, Migne, Patrologia, ser. graeca 8–9.

Tertullian, Migne, Patrologia, ser. latina 1–2.

SOURCES CHRETIENNES, ed. C. Mondésert, Paris

Irenäus, 34 (1952); 62 (1959); 100 (1965); 152 (1969); 153 (1969); 210 (1974); 211 (1974).

Klemens, 2 (1949); 32 (1948); 70 (1960); 108 (1965); 158 (1970).

Tertullian, 46 (1957); 173 (1971).

Literatur

Acton, H. B. (ed.), The philosophy of punishment, London 1969.
Ahern, M. B., The problem of evil, London 1971.
Aldama, J. A., Adam, typus futuri: SE 13 (1962) 266–280.
Alès, A. D., La doctrine de l'Esprit en S. Irénée: RSR 14 (1924) 497–538.
 –, La doctrine eucharistique de saint Irénée: RSR 13 (1923) 24 bis 35.
 –, La doctrine de la récapitulation en S. Irénée: RSR 16 (1926) 185–211.
 –, Le mot „oikonomia" dans la langue théologique de saint Irénée: REG 32 (1919) 1–9.
 –, Tertullien helléniste: REG (1937) 329–362.
 –, La théologie de Tertullien, Paris 1905.
Allen, R. E., Participation and predication in Plato's middle dialogues: PhRev 69 (1960) 147–164.
Altendorf, E., Einheit und Heiligkeit der Kirche, Leipzig 1932.
Andresen, C., Justin und der mittlere Platonismus: ZNW 44 (1952/1953) 157–195.
 –, Logos und Nomos, Berlin 1955.
 –, Zur Entstehung und Geschichte des trinitarischen Personbegriffes: ZNW 52 (1961) 1–39.
Armstrong, A. H., An introduction to ancient philosophy, London 1947 (ed.).
 –, The Cambridge history of later Greek and early medieval philosophy, Cambridge 1967.
Armstrong, A. H./Markus, R. A., Christian faith and Greek philosophy, London 1960.
Aubin, P., Le problème de la ‚conversion', Paris 1962.
Audet, T. A., Orientations théologiques chez saint Irénée. Le contexte mental d'une *Gnosis Alethes*: Tr 1 (1943) 25–54.
Baelz, P., The forgotten dream, Oxford 1975.
Bagnani, G., Peregrinus Proteus and the Christians: Hist 4 (1955) 107–112.
Balas, D. L., ‚Metousia theou', man's participation in God's perfections according to Saint Gregory of Nyssa, Rom 1966.
Balthasar, H. U. von, Herrlichkeit. Eine theologische Ästhetik, Bd. 2, Einsiedeln 1962.
 –, Glaubhaft ist nur die Liebe, Einsiedeln 1963.
 –, Wissenschaft und Religion, in: Archivio di Filosofia (1955) 59–76.

Bambrough, R. (ed.), New essays on Plato and Aristotle, London 1965.
Baney, M., Some reflections of life in North Africa, Washington 1948.
Barbel, J., Christos angelos, Bonn 1941.
Bardenhewer, O., Zur Mariologie des hl. Irenäus: ZKTh 55 (1931) 600–604.
Bardy, G., La conversion au Christianisme durant les premiers siècles, Paris 1948.
Barnard, L. W., God, the Logos, the Spirit and the trinity in the theology of Athenagoras: SJTh 24 (1970) 70–92.
–, Justin Martyr, his life and thought, Cambridge 1967.
Barnes, T. D., Tertullian. A historical and literary study, Oxford 1971.
Barrett, C. K., The signs of an apostle, London 1969.
Bauer, W., Orthodoxy and heresy in earliest Christianity, ET of 2nd edition, ed. by *G. Strecker*, Philadelphia 1971; Original: Rechtgläubigkeit und Ketzerei im ältesten Christentum, Tübingen 1934, ²1964.
Becker, C., Tertullians Apologeticum, Werden und Leistung, München 1954.
Bender, W., Die Lehre über den Heiligen Geist bei Tertullian, München 1961.
Bengsch, A., Heilsgeschichte und Heilswissen. Eine Untersuchung zur Struktur und Entfaltung des theologischen Denkens im Werk ‚Adversus Haereses' des hl. Irenäus von Lyon, Leipzig 1957.
Benoit, A., Un adversaire du Christianisme au IIIe siècle: Porphyre: RB 54 (1947) 543–742.
–, Saint Irénée, introduction à l'étude de sa théologie, Paris 1960.
Bentivegna, G., L'angelogía di S. Ireneo: OrChr 28 (1962) 5–48.
Bernard, J., Die apologetische Methode bei Klemens von Alexandrien, Apologetik als Entfaltung der Theologie, Leipzig 1968.
–, Klemens von Alexandria, Glaube, Gnosis, Griechischer Geist, Leipzig 1974.
–, Christus, der Lehrer. Ein Modellfall für Spannungseinheit und Konflikt zwischen „kerygmatischer" und „apologetischer" Komponente der Theologie, in: Einheit in Vielfalt, Festgabe für Hugo Aufderbeck, Leipzig 1974, 139–155.
–, Deification and Alienation: Non-Biblical Terms in the Light of Biblical Revelation, in: Studia Biblica 1978, Sheffield 1979, I, 27–39. Überarbeitet: Vergöttlichung und Entfremdung. Zwei nicht-biblische Begriffe im Licht biblischer Offenbarung, in:

J. Bernard (Hrsg.), Heil in Zeit und Endzeit, Leipzig 1982, 28 bis 45.

Bethune-Baker, J., Early history of Christian doctrine, London 1951.

Beuzart, P., Essai sur la théologie d'Irénée, Paris 1908.

Bickel, E., „Fiunt, non nascuntur christiani", in: Pisciculi, Festschrift für F. J. Dölger, Münster 1939, 54–61.

Bigg, C., The Christian Platonists of Alexandria, Oxford 1886.

Blum, G. G., Der Begriff des Apostolischen im theologischen Denken Tertullians: KUD 9 (1963) 102–121.

Bonwetsch, N., Der Gedanke der Erziehung des Menschengeschlechts bei Irenäus: ZSTh 1 (1923) 637–649.

Bratke, F., Die Stellung des Clemens Alexandrinus zum antiken Mysterienwesen: ThStKr 60 (1887) 647–708.

Braun, R., Aux origines de la chrétienté d'Afrique. Un homme de combat, Tertullien: Bulletin Budé 5 (1965) 189–208.

–, Deus Christianorum. Recherches sur le vocabulaire doctrinal de Tertullien, Paris 1962.

–, Tertullien et la philosophie païenne, Essai de mise au point: Bulletin Budé 2 (1971) 213–251.

Bréhier, E., Les idées philosophiques et religieuses de Philon d'Alexandrie, Paris 1925.

Brooks, P. (ed.), Christian spirituality, London 1975.

Brown, R. F., On the necessary imperfection of creation: Irenaeus' Adversus Haereses IV,38: SJTh 28 (1975) 17–26.

Brown, S. C., Do religious claims make sense? London 1969.

Brox, N., Charisma veritatis certum: ZKG 75 (1964) 327–331.

–, Juden und Heiden bei Irenäus: MThZ 16 (1965) 89–106.

–, Offenbarung, Gnosis und gnostischer Mythos bei Irenäus von Lyon, Salzburg München 1966.

Buri, F., Clemens Alexandrinus und der paulinische Freiheitsbegriff, Zürich Leipzig 1939.

Butterfield, H., Christianity and history, London 1954.

Camelot, P. T., Foi et Gnose. Introduction à l'étude de la connaissance mystique chez Clément d'Alexandrie, Paris 1945.

Campenhausen, H. von, Kirchliches Amt und geistliche Vollmacht in den ersten drei Jahrhunderten, Tübingen 1953.

–, Griechische Kirchenväter, Stuttgart ^{5}1977.

–, Lateinische Kirchenväter, Stuttgart ^{3}1972.

–, Die Entstehung der christlichen Bibel, Tübingen 1968.

–, Die Idee des Martyriums in der alten Kirche, Göttingen 1964.

Capps, W. H., Motif-research in Irenaeus, Thomas Aquinas, and Luther: SJTh 25 (1971) 133–159.

Carrington, P., Christian apologetics of the second century, London 1921.
Chadwick, H., Early Christian thought and the classical tradition, Oxford 1966.
–, Justin Martyr's defence of Christianity: BJRL 47 (1965) 275 bis 295.
Chardin, Teilhard de, Lobgesang des Alls, Olten Freiburg 1961.
–, Letters to two friends 1926–1952, London 1970.
–, Der Mensch im Kosmos, München 1960.
–, Der göttliche Bereich, Olten 1962.
Colin, J., S. Irénée, était-il évêque de Lyon?: Latomus 23 (1964) 81 bis 85.
Copeland, E. L., Nomos and Logos in Ante-Nicene Christianity: SJTh 27 (1973) 51–61.
Cornford, F. M., The unwritten philosophy and other essays, Cambridge 1950.
Cowburn, J., Shadows and the dark. The problems of suffering and evil, London 1979.
Cross, R. C., Logos and Forms in Plato: Mind 63 (1954) 433–450.
Crouzel, H., Théologie de l'image de Dieu chez Origène, Paris 1956.
Cullmann, O., Christus und die Zeit. Die urchristliche Zeit- und Geschichtsauffassung, Zürich 1948.
Daniélou, J., Histoire des Doctrines chrétiennes avant Nicée,
Vol. 1: Théologie du Judeo-Christianisme, Paris 1958;
    2: Message évangélique et culture hellénistique aux IIe et IIIe siècles, Paris 1958;
    3: Les origines du Christianisme latin, Paris 1978.
–, Origène, Paris 1948.
–, Philosophie ou théologie de l'histoire?: DViv 19 (1951) 127 bis 136.
–, S. Irénée et les origines de la théologie de l'histoire: RSR 34 (1947) 227–231.
Daniélou, J./Marrou, H. I., The first six hundred years, vol. 1, The Christian centuries, London 1964.
Decharmé, P., La critique des traditions religieuses chez les Grecs. Des origines au temps de Plutarque, Paris 1964.
Dodds, E. R., The Greeks and the irrational, Berkeley 1951.
–, Pagan and Christian in an age of anxiety, Cambridge 1965.
–, The Parmenides of Plato and the origin of the Neoplatonic One: CQ 22 (1928) 129–142.
Dörrie, H., EMANATION, in: K. Flasch (Hrsg.), Parusia, Festschrift für J. Hirschberger, Frankfurt/Main 1965, 119–141.

–, Die Frage nach dem Transzendenten im Mittelplatonismus, in: Les Sources de Plotin. (Entretiens sur l'antiquité classique, 5), Genf 1960, 191–242.

–, Die platonische Theologie des Kelsos in ihrer Auseinandersetzung mit der christlichen Theologie auf Grund von Origenes c. Celsum, 7,42ff: NAWG, PH (1967) 19–55.

–, Kontroversen um die Seelenwanderung im kaiserzeitlichen Platonismus: Hermes 85 (1957) 414–435.

–, Rezension für Carl Andresen, Logos und Nomos, Gn 29 (1957) 185–196.

Dray, W. H., Philosophy of history, Englewood Cliffs 1964.

Drewery, B. J., Origen and the doctrine of grace, London 1960.

Duméry, H., The problem of God in philosophy of religion, Northwestern University Press 1964.

Durrant, M., Theology and intelligibility, London 1973.

Ebeling, G., Gott und Wort, Tübingen 1966.

–, Das Wesen des christlichen Glaubens, Tübingen 1961.

–, Wort und Glaube, Tübingen 1960.

Ehrhardt, A., The beginning, Manchester 1968.

Escoula, L., Le verbe sauveur et illuminateur chez S. Irénée: NRTh 66 (1939) 385–400; 551–567.

Farrer, A., Reflective faith, London 1972.

Festugière, A. J., Contemplation et vie contemplative selon Platon, Paris 1936.

–, L'idéal religieux des Grecs et l'évangile, Paris 1932.

Finé, H., Die Terminologie der Jenseitsvorstellungen bei Tertullian, Bonn 1958.

Floyd, W. E. G., Clement of Alexandria's treatment of the problem of evil, Oxford 1971.

Foerster, W., Gnosis. A selection of Gnostic Texts. 2 Bde., Oxford 1972; 1974.

Frédouille, J. C., Tertullien, et la conversion de la culture antique, Paris 1972.

Frend, W. H. C., Martyrdom and persecution in the early church, Oxford 1965.

Funk, F. X., La question de l'agape: RHE 6 (1906) 5–15.

Fütscher, L., Die natürliche Gotteserkenntnis bei Tertullian: ZKTh 51 (1927) 1–34; 217–251.

Gächter, P., Unsere Einheit mit Christus nach dem hl. Irenäus: ZKTh 58 (1934) 502–532.

Gaiser, K., Platons ungeschriebene Lehre, Stuttgart 1963, ²1968.

Galtier, P., „Ab his qui sunt undique": RHE 44 (1949) 411–422.

–, La vierge qui nous régénère: RSR 5 (1914) 136–145.
Geffcken, J., Zwei griechische Apologeten, Leipzig Berlin 1907.
Gibbs, B., Freedom and liberation, London 1976.
Gibson, A. Boyce, The religion of Dostoevsky, London 1973.
–, Theism and empiricism, London 1970.
Glover, T. R., The conflict of religions in the early Roman empire, London 1909.
Goodenough, E. R., The theology of Justin Martyr, Jena 1923.
Grant, R. M., Gnostic origins and the Basilidians of Irenaeus: VigChr 13 (1959) 121–128.
–, Gnosticism and early Christianity, New York 1959.
–, Irenaeus and Hellenistic culture: HTR 42 (1949) 41–51
–, (ed.), Gnosticism: an anthology, London 1961.
Greene, W. C., Fate, good and evil in Greek thought, Harvard 1944.
Grillmeier, A., Der Gottessohn im Totenreich: ZKTh 71 (1949) 1–53; 184–203.
Gronau, K., Das Theodizeeproblem in der altchristlichen Auffassung, Tübingen 1922.
Gross, J., La divinisation du chrétien d'après les pères grecs, Paris 1938.
Guthrie, W. K. C., The development of Aristotle's theology: CQ 27 (1933) 162–171 und 28 (1934) 90–98.
Hager, F. P., Der Geist und das Eine, Bern, Stuttgart 1970.
–, Die Materie und das Böse im antiken Platonismus: MH 19 (1962) 73–103.
–, Die Vernunft und das Problem des Bösen im Rahmen der platonischen Ethik und Metaphysik, Bern 1963.
Hamilton, J. D. B., Justin's *Apology* 66. A review of scholarship and a suggested synthesis: EThL 48 (1972) 554–560.
Hamman, A., L'enseignement sur la création dans l'antiquité chrétienne: RevSR 42 (1968) 1–23.
Hanson, R. P. C., Allegory and event. A study of the sources and significance of Origen's interpretation of scripture, London 1959.
Harl, M., Origène et la fonction révélatrice du verbe incarné, Paris 1959.
Harnack, A. von, Marcion, das Evangelium vom fremden Gott, Leipzig 1924.
Hatch, E., The influence of Greek ideas and usages upon the Christian church, London 1914.
Hebblethwaite, B., Evil, suffering and religion, London 1976.
Hengel, M., Der Sohn Gottes. Die Entstehung der Christologie und der jüd.-hellenist. Religionsgeschichte, Tübingen 1975.

Hesselberg, K., Tertullians Lehre aus seinen Schriften entwickelt, Dorpat 1848.
Hick, J., Death and eternal life, London 1976.
–, Evil and the God of love, London ²1977.
–, (ed.), Truth and dialogue. London 1974.
Hirsch, E. D., jr., Validity in interpretation, Yale 1967. (dt. Prinzipien der Interpretation, München 1972).
Holl, K., Tertullian als Schriftsteller, in: Gesammelte Aufsätze zur Kirchengeschichte, Bd. 3, Tübingen 1928.
Holstein, H., La tradition des apôtres chez S. Irénée: RSR 36 (1949) 230–270.
Holte, R., Logos spermatikos, Christianity and ancient philosophy according to St. Justin's Apologies: STL 12 (1958) 109–168.
Holz, H., Über den Begriff des Willens und der Freiheit bei Origenes: NZSTh 12 (1970) 63–84.
Hornus, J. M., Étude sur la pensée politique de Tertullien: RHPhR 38 (1958) 1–38.
Houssiau, A., La christologie de saint Irénée, Louvain 1955.
Hunger, W., Der Gedanke der Weltplaneinheit und Adameinheit in der Theologie des heiligen Irenäus: Schol 17 (1942) 161–177.
Hyldahl, N., Philosophie und Christentum, Kopenhagen 1966.
Ivanka, E. von, Plato Christianus, Einsiedeln 1964.
Joly, R., Christianisme et philosophie, Brüssel 1973.
Jonas, H., Gnosis und spätantiker Geist, Bd. 1: Die mythologische Gnosis, Göttingen ³1964; Bd. 2: Von der Mythologie zur mystischen Philosophie, Göttingen ²1966.
–, The Gnostic religion, Boston 1963.
Jones, R. M., The ideas as the thoughts of God: ClPh 21 (1926) 317–326.
Jouassard, G., Le „signe de Jonas" dans le livre IIIᵉ de l'*adversus haereses* de saint Irénée, in: L'homme devant Dieu, Mélanges offerts au Père Henri de Lubac, Paris 1963, Bd. 1, 235–246.
Jüngel, E., Gott als Geheimnis der Welt, Tübingen 1977.
–, Gottes Sein ist im Werden, Tübingen ³1976.
Kahn, J. G., „Connais-toi toi-même" à la manière de Philon: RHPhR 53 (1973) 294–306.
Kamenka, E., Marxism and the history of philosophy: HThS 5 (1965) 83–104.
Karpp, H., Probleme altchristlicher Anthropologie, Gütersloh 1950.
Käsemann, E., Exegetische Versuche und Besinnungen, 2 Bde., Göttingen ²1960; ²1965.
–, New Testament questions of today, London 1969.

–, Paulinische Perspektiven, Tübingen 1969.
–, Jesu letzter Wille nach Johannes 17, Tübingen 1966, ³1971
–, Der Ruf zur Freiheit, Tübingen ⁵1972.
Kenny, J. P., The supernatural, New York 1972.
–, Teilhard de Chardin on original sin: Colloquium 7 (1974) 3–16.
King, R. H., The meaning of God, London 1974.
Klebba, E., Die Anthropologie des hl. Irenäus, Münster 1894.
Koch, H., Pronoia und Paideusis, Berlin 1932.
–, Zur Lehre vom Urstand und von der Erlösung bei Irenäus: ThStKr 7 (1925) 183–214.
Kolping, A., Sacramentum Tertullianeum, Bd. 1, Regensburg Münster 1948.
Krämer, H. J., Arete bei Platon und Aristoteles. Zum Wesen und zur Geschichte der Platonischen Ontologie, Heidelberg 1959.
–, Platonismus und hellenistische Philosophie, Berlin 1971.
–, Der Ursprung der Geistmetaphysik. Untersuchungen zur Geschichte des Platonismus zwischen Platon und Plotin, Amsterdam 1964.
Küng, H., Christsein, München 1974.
Kunze, J., Die Gotteslehre des Irenäus, Leipzig 1891.
Labhardt, A., Tertullien et la philosophie ou la recherche d'une „position pure": MH 7 (1950) 159–181.
Lagrange, M. J., Saint Justin, philosophe, martyr, Paris ²1914.
Lampe, G. W. H., God as Spirit, Oxford 1977.
–, The seal of the spirit, London 1951.
Langerbeck, H., The philosophy of Ammonius Saccas: JHS 77 (1957) 67–74.
Lawson, J., The biblical theology of St. Irenaeus, London 1948.
Lazzati, G., Il „de natura deorum" fonte del „de testimonio animae" di Tertulliano: AeR 41 (1939) 153–166.
–, Introduzione allo studio di Clemente Alessandrino, Milano 1939.
Lebreton, J., Le désaccord de la foi populaire et la théologie savante: RHE 19 (1923) 481–506 und 20 (1924) 5–37.
Leonhardi, G., Die apologetischen Grundgedanken Tertullians. Ein Beitrag zur Apologie des Christenthums in der kirchlichen Gegenwart, Leipzig 1882.
Lewis, C. S., The problem of pain, London 1940 (dt. Über den Schmerz, Freiburg/Br. 1966).
Lewy, H., Sobria ebrietas: BZNW 9, Berlin 1929.
Lieske, A., Die Theologie der Logosmystik bei Origenes, Münster 1938.

Ligier, L., Le „charisma veritatis certum" des évêques, in: L'homme devant Dieu. Mélanges offerts au Père Henri de Lubac, Paris 1963, Bd. 1, 247–268.

Lilla, S. R. C., Clement of Alexandria, a study in Christian Platonism and Gnosticism, Oxford 1971.

Loofs, F., Theophilus von Antiochien Adversus Marcionem und die anderen theologischen Quellen bei Irenäus, TU 46, 2, Leipzig 1930.

Lortz, J., Tertullian als Apologet, 2 Bde, Münster 1927; 1928.

Lot-Borodine, M., La déification de l'homme, Paris 1970.

Lubac, H. de, Histoire et esprit, Paris 1950. (dt. Geist aus Geschichte, Einsiedeln 1968)

Lucas, J. R., The freedom of the will, Oxford 1970.

Mackinnon, D. M., The problem of metaphysics, Cambridge 1974.

Macquarrie, J., Gott-Rede. Eine Untersuchung der Sprache und Logik der Theologie (Einf. v. B. Casper), Würzburg 1974.

Manuel, F. E., Shapes of philosophical history, Stanford 1965.

Markus, R. A., Pleroma and fulfilment. The significance of history in St. Irenaeus' opposition to Gnosticism: VigChr 8 (1954) 193 bis 224.

Marrou, H. I., Humanisme et christianisme chez Clément d'Alexandrie d'après le Pédagogue. (Entretiens sur l'antiquité classique, 3) Genf 1955.

Marten, R., „Ousia" im Denken Platons, Meisenheim am Glan 1962.

Mascall, E. L., The openness of being, London 1971.

Maurice, F. D., Lectures on the ecclesiastical history of the first and second centuries, Cambridge 1854.

Mayer, A., Das Gottesbild im Menschen nach Clemens von Alexandrien, Rom 1942.

Mees, M., Der geistige Tempel. Einige Überlegungen zu Klemens von Alexandrien: VetChr 1 (1964) 82–89.

Méhat, A., Études sur les stromates de Clément d'Alexandrie, Paris 1966.

Meijering, E. P., Orthodoxy and Platonism in Athanasius. Synthesis or antithesis? Leiden 1968.

–, Tertullian contra Marcion, Gotteslehre in der Polemik, Leiden 1977.

Merki, H., Homoiosis theoi. Von der platonischen Angleichung an Gott zur Gottähnlichkeit bei Gregor von Nyssa, Freiburg/Schweiz 1952.

Merlan, P., Aristotle's unmoved movers: Tr 4 (1946) 1–30.

–, From Platonism to Neoplatonism, Den Haag 1953.

Mitchell, B., The justification of religious belief, London 1973.

Moingt, J., Théologie trinitaire de Tertullien, 4 Bde., Paris 1966 bis 70.

Molland, E., Clement of Alexandria on the origin of Greek philosophy: SO 15/16 (1936) 57–85.

–, The conception of the gospel in Alexandrian theology, Oslo 1938.

Moltmann, J., Der gekreuzigte Gott. Das Kreuz Christi als Grund und Kritik christlicher Theologie, München 1972.

–, Theologie der Hoffnung, München 1964.

Monachino, V., Intento pratico e propagandistico dell'Apologetica greca del II secolo: Gr 32 (1951) 187–222.

Monceaux, P., Histoire littéraire de l'Afrique chrétienne depuis les origines jusqu'à l'invasion arabe, Bd. 1: Tertullien et les origines, Paris 1901.

Mondésert, C., Clément d'Alexandrie. Introduction à l'étude de sa pensée religieuse à partir de l'écriture, Paris 1944.

Morgan, J., The importance of Tertullian in the development of Christian dogma, London 1928.

Morris, L. L., The cross in the New Testament, Grand Rapids 1965.

Mortley, R., Connaissance religieuse et herméneutique chez Clément d'Alexandrie, Leiden 1973.

Moule, C. F. D., The origin of Christology, Cambridge 1977.

Murdoch, I., The Fire and the Sun (Why Plato banished the artists), Oxford 1977.

–, The sovereignty of Good. London 1970.

Nautin, P., La fin des stromates et les hypotyposes de Clément d'Alexandrie: VigChr 30 (1976) 268–302.

Nielsen, K., Scepticism, London 1973.

Nisters, B., Tertullian, seine Persönlichkeit und sein Schicksal, Münster 1950.

Nock, A. D., Essays on Hellenism and the ancient world, ed. Z. Stewart, Oxford 1972.

–, Posidonius: JRS 49 (1959) 1–15

Noeldechen, E., Tertullian, Gotha 1890.

Norris, R. A., God and world in early Christian theology, New York 1965.

O'Hagan, A. P., Material recreation in the apostolic fathers, TU 100, Berlin 1967.

Ochagavía, J., Visibile patris filius. A study of Irenaeus' teaching on revelation and tradition, Rom 1964.

Orbe, A., Antropología de San Ireneo, Madrid 1969.

–, El hombre ideal en la teología de S. Ireneo: Gr 43 (1962) 449 bis 491.

–, „Ipse tuum calcabit caput" (S. Ireneo y Gen. 3,15): Gr 52 (1971) 95–150.
Osborn, E. F., Elucidation of problems as method of interpretation, I and II: Colloquium 8,2 (1976) 24–32; 9,1 (1976) 10–18.
–, Empiricism and transcendence: Prudentia 8,2 (1976) 115 bis 122.
–, Ethical patterns in early Christian thought, Cambridge 1976.
–, From Justin to Origen, the pattern of apologetic: Prudentia 4,1 (1972) 1–22.
–, The God of the Christians: Colloquium 5,2 (1973) 27–37.
–, Greek answers to Christian questions: Colloquium 6,2 (1974) 3–15.
–, Justin Martyr, Tübingen 1973.
–, The philosophy of Clement of Alexandria, Cambridge 1957.
–, Teaching and writing in the first chapter of the Stromateis of Clement of Alexandria: JThS 10,2 (1959) 335–343.
Outler, A. C., The Platonism of Clement of Alexandria: JR 20 (1940) 217–240.
Pagels, E. H., A Valentinian interpretation of baptism and eucharist: HTR 65 (1972) 153–169.
Pannenberg, W., Offenbarung als Geschichte, Göttingen 1961.
Panov, S., Apophatische Gotteserkenntnis: NZSTh 13 (1971) 280 bis 312.
Passmore, J., The idea of a history of philosophy: HThS 5 (1965) 1–32.
–, Man's responsibility to nature, London 1975.
–, The perfectibility of man, London 1970.
Pears, D. F. (ed.), Freedom and the Will, London 1963.
Pelikan, J., The Christian tradition, Bd. 1: The emergence of the Catholic tradition (100–600), Chicago 1971.
–, Historical theology: continuity and change in Christian doctrine, New York 1971.
Pellegrino, M., Studi su l'antica apologetica: SeL 14, Rom 1947.
Pépin, J., Idées grecques sur l'homme et sur Dieu, Paris 1971.
–, Théologie cosmique et théologie chrétienne, Paris 1964.
Phillips, D. Z., Death and immortality, London 1970.
Plagnieux, J., La doctrine mariale de saint Irénée: RevSR 44 (1970) 179–189.
Plantinga, A., God, freedom and evil, London 1975.
Pohlenz, M., Klemens von Alexandreia und sein hellenisches Christentum: NAWG, PH (1943) 103–180.
–, Philo von Alexandreia: NAWG, PH (1942) 409–487.
–, Die Stoa, Göttingen 1959.

Prestige, G. L., God in patristic thought, London 1952.
Prigent, P., Au temps de l'Apocalypse. I: Domitien; II: Le culte impérial au 1er siècle en Asie Mineure; III: Pourquoi les persécutions? in: RHPhR 4 (1974) 451–483; 2 (1975) 215–235; 3 (1975) 341–363.
–, Justin et l'ancien testament, Paris 1964.
Prümm, K., Göttliche Planung und menschliche Entwicklung nach Irenäus, Adversus Haereses: Schol 13 (1938) 206–224; 342–366.
–, Mysterion von Paulus bis Origenes: ZKTh 61 (1937) 391–425.
–, Zur Terminologie und zum Wesen der christlichen Neuheit bei Irenäus, in: Festschrift für F. J. Dölger, Münster 1939, 192–219.
Prunet, O., La morale de Clément d'Alexandrie et le nouveau testament, Paris 1966.
Puech, H. C., Numenius d'Apamée et les théologies orientales au second siècle: AIPh 2 (1934) 745–778.
Quacquarelli, A., La persecuzione secondo Tertulliano: Gr 31 (1950) 562–589.
–, I presupposti filosofici della retorica patristica: RThAM 34 (1967) 5–17.
Quispel, G., „Anima naturaliter christiana": ErJb 18 (1950) 163 bis 169.
Rahner, H., „Flumina de ventre Christi": Bib 22 (1941) 269–302; 367–403.
Rahner, K., Die Sündenvergebung nach der Taufe in der *regula fidei* des Irenäus: ZKTh 70 (1948) 450–455.
–, Zur Theologie der Buße bei Tertullian, in: Festschrift für Karl Adam, Düsseldorf 1952.
Ramsey, I. T., Religious language, London 1957.
Rauch, G., Der Einfluß der stoischen Philosophie auf die Lehrbildung Tertullians, Halle 1890.
Raven, C. E., The creator Spirit, London 1928.
–, Good news of God, London 1940.
–, The gospel and the church, London 1939.
–, Natural religion and Christian theology. I: Science and religion; II: Experience and interpretation, Cambridge 1953.
–, Science and the Christian man, London 1952.
–, Teilhard de Chardin, scientist and seer, London 1962.
Refoulé, F., Tertullien et la philosophie: RevSR 30 (1956) 42–45.
Restrepo-Jaramillo, J. M., La doble fórmula simbólica en Tertulliano: Gr 15 (1934) 3–58.
Reynders, D. B., Optimisme et théocentrisme chez Saint Irénée: RThAM 8 (1936) 225–252.

–, Paradosis, le progrès de l'idée de tradition jusqu'à S. Irénée: RThAM 5 (1933) 155–191.

–, La polémique de Saint Irénée, principes et méthode: RThAM 7 (1935) 5–27.

Rich, A. N. M., The Platonic ideas as thoughts of God: Mn 4,7 (1954) 123–133.

Rist, J. M., Eros and Psyche: studies in Plato, Plotinus and Origen, Toronto 1964.

–, A note on Eros and Agape in Pseudo-Dionysius: VigChr 20 (1966) 235–243.

–, Plotinus, the road to reality, Cambridge 1967.

–, Stoic philosophy, Cambridge 1969.

Ross, W. D., Plato's theory of ideas, Oxford 1951, ²1953.

Rossi, S., Ireneo fu vescovo di Lione: GIF 17 (1964) 239–254.

Sagnard, F., La gnôse valentinienne et le témoignage de Saint Irénée, Paris 1947.

Scharl, E., Recapitulatio mundi, Freiburg 1941.

Schoedel, N. P., Philosophy and rhetoric in the Against Heresies: VigChr 13 (1959) 22–32.

Scholer, D. M., Nag Hammadi Bibliography, Leiden 1971.

Schweizer, E., Der Brief an die Kolosser, Zürich 1976.

–, Versöhnung des Alls, Kol 1,20, in: *G. Strecker (Hrsg.)*, Jesus Christus in Geschichte und Theologie, Festschrift für H. Conzelmann, Tübingen 1975, 487–501.

Skinner, Q., Meaning and understanding in the history of ideas: HTh 8 (1969) 3–53.

Smart, N., The concept of worship, London 1972.

–, Philosophers and religious truth, London 1969.

Soury, G., Aperçus de philosophie religieuse chez Maxime de Tyr, platonicien éclectique, Paris 1942.

Spanneut, M., Le stoïcisme des pères de l'église, Paris 1957.

Spikowski, L., La doctrine de l'église dans S. Irénée, Strasbourg 1926.

Stead, G. C., Divine substance, Oxford 1977.

–, Divine substance in Tertullian: JThS 14 (1963) 46–66.

Stockmeier, P., Glaube und Religion in der frühen Kirche, Freiburg 1973.

Story, C. I. K., The nature of truth in the Gospel of Truth and in the writings of Justin Martyr, Leiden 1971.

Struker, A., Die Gottesebenbildlichkeit des Menschen in der christlichen Literatur der ersten zwei Jahrhunderte, Münster 1913.

Stylianopoulos, T., Justin Martyr and the Mosaic Law. Montana 1975.

Tennant, F. R., The sources of the doctrines of the fall and original sin, Cambridge 1903.

Theiler, W., Einheit und unbegrenzte Zweiheit von Platon bis Plotin, in: *J. Mau/E. G. Schmidt (Hrsg.)*, Isonomia, Berlin 1964.

–, Die Entstehung der Metaphysik des Aristoteles: MH 15 (1958) 85–105.

–, Forschungen zum Neuplatonismus, Berlin 1966.

–, Plotin zwischen Platon und Stoa, in: Les Sources de Plotin, (Entretiens sur l'antiquité classique, 5) Genf 1960, 63–104.

–, Die Vorbereitung des Neuplatonismus, Berlin 1930.

Tibiletti, C., Note critiche al testo di Tertulliano de testimonio animae: GIF 12 (1959) 258–262.

Tollinton, R. B., Clement of Alexandria, 2 Bde., London 1914.

Tresmontant, C., Einführung in das Denken Teilhard de Chardins, Freiburg, München 1956.

Unnik, W. C. van, Newly discovered Gnostic writings, London 1960.

Vecchiotti, I., La filosofia di Tertulliano, Urbino 1970.

Verriele, A., Le plan du salut d'après S. Irénée: RevSR 14 (1934) 493–527.

Vogel, C. J. de, On the Neoplatonic character of Platonism and the Platonic character of Neoplatonism: Mind 62 (1953) 43–64.

–, Did Aristotle ever accept Plato's theory of transcendent ideas?: AGPh 47 (1965) 261–298.

Völker, W., Der wahre Gnostiker nach Clemens Alexandrinus, Berlin, Leipzig 1952.

Wallis, R. T., Neoplatonism, London 1972.

Ward, K., The concept of God, Oxford 1974.

Waszink, J. H., Bemerkungen zu Justins Lehre vom Logos Spermatikos, in: Mullus, Festschrift für Theodor Klauser, Münster 1964, 380–390.

–, Bemerkungen zum Einfluß des Platonismus im Frühen Christentum: VigChr 19 (1965) 129–162.

–, Der Platonismus und die altchristliche Gedankenwelt, (Entretiens sur l'antiquité classique, 3) Genf 1955, 137–179.

Weber, K. O., Origenes der Neuplatoniker, München 1962.

Weil, Simone, Attente de Dieu, Paris 1948; deutsch: Das Unglück und die Gottesliebe, München 1953, ²1961.

–, Intuitions pré-chrétiennes, Paris 1951; deutsch: Vorchristliche Schau, München-Planegg 1959.

–, La pesanteur et la grâce, Paris 1947; deutsch: Schwerkraft und Gnade, München 1952, ³1981.

–, La source grecque, Paris 1955; englisch in Auswahl: Intimations of Christianity among the Ancient Greeks, London 1957.

Wennemer, K., Zur Frage einer heilsgeschichtlichen Theologie: Schol 29 (1954) 73–79.

Whittaker, J., Neopythagoreanism and the transcendent absolute: SO 48 (1973) 77–86.

Wickert, U., Glauben und Denken bei Tertullian und Origenes: ZThK 62 (1965) 153–177.

Widmann, M., Irenäus und seine theologischen Väter: ZThK 54 (1957) 157–173.

Wiles, M. F., The making of Christian doctrine, Cambridge 1967.
–, Working papers in doctrine, London 1976.

Wilson, R. McL., The Gnostic problem, London 1958.

Winden, J. C. M. van, An early Christian philosopher, Leiden 1971.

Wingren, G., Man and incarnation, Edinburgh 1959.

Witt, R. E., The hellenism of Clement of Alexandria: CQ 25 (1931) 195–204.

Wölfl, K., Das Heilswirken Gottes durch den Sohn nach Tertullian: AnGr 112, Rom 1960.

Wolfson, H. A., Philo, 2 Bde., Cambridge, Mass. 1947.
–, The philosophy of the church fathers, Bd. 1, Cambridge, Mass. 1956.

REGISTER

Moderne Autoren

Ahern, M. B. 209
D'Alès, A. D. 247 f.
Allen, D. 362
Altendorf, E. 145, 248
Amand, D. 145
Andresen, C. 32, 144, 362
Anrich, G. 208
Armstrong, A. H. 33, 49, 206, 208, 362

Balas, D. L. 160
Balthasar, H. U. von 106, 209, 247, 301
Barnes, T. D. 48, 146
Barrett, C. K. 146
Bauer, W. 32, 48
Bauernfeind, O. 32
Becker, C. 361
Bender, W. 248 f., 302 f.
Bengsch, A. 161, 247 f., 301
Benoit, A. 48, 88, 248
Bethune-Baker, J. 88 f., 302
Bickel, E. 145
Bigg, C. 88
Booth, K. N. 48
Braithwaite, R. B. 87, 107
Braun, R. 88 f.
Broad, C. D. 161, 361
Brox, N. 301, 303
Buri, F. 162
Butterfield, H. 32, 208, 301

Campenhausen, H. von 208, 248
Chadwick, H. 49, 362 f.
Chardin, T. de 260
Clarke, G. W. 48
Collingwood, R. G. 363
Conzelmann, H. 32
Cornford, F. M. 341, 361

Cowburn, J. 208, 260
Cullmann, O. 248
Cupitt, D. 261

Daniélou, J. 33, 145, 160, 206, 247, 302, 362
Dibelius, M. 32 f.
Dillon, J. 49
Dodd, C. H. 361
Dodds, E. R. 48, 145
Dörrie, H. 32, 49, 206 f., 362
Dray, W. H. 260
Drewery, B. J. 161
Duméry, H. 106
Durrant, M. 106

Ebeling, G. 107, 207, 302, 321
Erhardt, A. 206
Eliot, T. S. 248
Emmet, D. 341

Farrer, A. 105 f., 162
Feyerabend, P. K. 363
Findlay, J. N. 105
Finé, H. 249
Floyd, W. E. G. 188
Frédouille, J. C. 146
Frend, W. H. C. 48 f., 87
Fridrichsen, A. 146

Gächter, P. 303
Geach, P. 321
Gibbon, E. 48
Gibbs, B. 162
Gibson, A. Boyce 87, 105, 302, 322
Gloege, G. 363
Gronau, K. 187
Gross, J. 161

381

Haenchen, E. 32
Harnack, A. von 88, 161, 323, 363
Hebblethwaite, B. 208
Hesselberg, K. 249
Hick, J. 33, 162, 208, 260, 362
Highet, G. 247
Holte, R. 144, 362
Horkheimer, M. 208
Hornus, J. M. 88, 187
Hyldahl, N. 87, 362

Joly, R. 144, 208, 362
Jouassard, G. 302
Jüngel, E. 106, 209

Kamenka, E. 33
Karpp, H. 145
Käsemann, E. 32, 88, 146, 161 f., 207, 247, 302 f., 321 ff., 341
Kelly, J. N. D. 363
Kenny, J. P. 260
Koch, H. 187
Kuhn, T. S. 363
Küng, H. 106 f., 160, 208, 341
Kunze, J. 302 f.

Lampe, G. W. H. 33, 162, 261, 323, 363
Leonhardi, G. 248
Lewis, C. S. 208
Ligier, L. 303
Lilla, S. R. C. 321, 362
Lindsay, A. D. 105
Loofs, F. 48
Lossky, V. 160
Lovejoy, A. O. 188, 362
Lubac, H. de 247, 301
Lucas, J. R. 162

McCloskey, H. J. 105, 188, 207, 209
Mackinnon, D. M. 106, 261
Mandelbaum, M. 188
Markus, R. A. 206, 247
Marrou, H. I. 32
Mascall, E. L. 160, 363
Maurice, F. D. 32, 162, 322
Meijering, E. P. 87
Merlan, P. 206

Mitchell, B. 105, 208
Moingt, J. 88, 302
Moltmann, J. 207 f.
Morris, L. L. 208
Moule, C. F. D. 208, 323
Murdoch, I. 89, 106 f., 145 f., 162, 186 f., 207, 247, 302, 361 f.

Naumann, V. 187
Nautin, P. 89
Newton-Lee, H. 361
Nielsen, K. 105 f.

O'Connor, D. J. 187
O'Hagan, A. P. 261
Orbe, A. 144, 248

Passmore, J. 32 f., 160 f., 207, 361 f., 363
Pears, D. F. 361
Pelikan, J. 341
Pépin, J. 161, 341
Phillips, D. Z. 162, 260
Plantinga, A. 209
Pohlenz, M. 321
Preaux, J. 87, 106
Prestige, G. L. 105
Prigent, P. 48, 341
Prümm, K. 247 f.
Pycke, N. 144

Rahner, K. 145
Ramsey, I. T. 105, 107
Raven, C. E. 207
Reid, J. S. 247
Reinhardt, K. 303
Reynders, D. B. 146, 248
Rubinstein, R. 260
Rupp, E. G. 208
Rüther, T. 302

Sagnard, F. 107
Schweizer, E. 323, 341
Skinner, Q. 33
Smart, J. J. C. 341
Smart, N. 105, 107
Sommer, D. 363
Spikowski, L. 248

Stead, G. C. 33, 88 f., 105, 302, 361
Strecker, G. 32, 323

Telfer, W. 145, 303
Tennant, F. R. 89, 145, 208, 260
Theiler, W. 341
Tollinton, R. B. 33

Völker, W. 161
Vogel, C. J. de 341

Wallace-Hadrill, D. S. 207
Ward, K. 105
Ware, T. 160
Warfield, B. B. 33
Waszinck, J. H. 145

Weil, S. 106 f., 161, 208 f.
Widmann, M. 248
Wiles, M. F. 361
Williams, B. 88
Williams, N. P. 145
Wingren, G. 145
Witt, R. E. 341
Wittgenstein, L. 88, 260
Wölfl, K. 88 f., 186, 302
Wolfson, H. A. 302, 321
Wright, L. E. 88

Young, R. 162

Zahn, T. 302

STICHWORTVERZEICHNIS

Adam 38, 74, 118, 120, 169, 211, 228 f., 240, 256, 267
Adam-Christus-Typologie 38, 41, 223 bis 229, 240 f., 256 f., 263, 315
Albinus 46, 54, 57, 305
Apokalyptik 149, 189, 199 f., 252, 323 Anm. 23, 326
Apostel 23, 37, 60, 137, 143, 185, 218, 220, 234, 286, 295, 311
Argumentation, Argumente 15–18, 26 f., 36 f., 40 f., 51–57, 60, 69 ff., 81 ff., 86, 136 f., 191 f., 332 bis 361
Aristoteles, Peripatetiker 36, 46, 82, 96, 162 Anm. 38, 304, 357
Auferstehung 24, 179, 191 f., 231, 293 f., 309, 320
Augustinus 136, 149, 196, 219, 249, 254, 258, 324

Basilides 40, 82, 201 f.
Bischöfe 35, 37, 40, 236 f., 286 f.
Böses, Problem des Übels 15, 21, 178–186, 197–206, 239 f., 249 bis 254, 350
Bund 218, 221 f., 263

Celsus 16, 45 ff., 82, 89 Anm. 37, Anm. 1
Charisma 287, 295–298, 310–313, 322 Anm. 19.22.23
Chiliasmus 38, 244
Christus Victor 223, 226 ff., 235, 250, 265 f., 277, 279, 294 f., 300, 317
creatio ex nihilo 167, 191, 309, 351
culpa, felix 119, 170, 253

Dämonen 55, 65, 89 Anm. 37, 122, 178, 233, 251, 285 f., 298, 312, 334
Determinismus 124–129, 156 ff.

Dialektik 71, 188 ff., 278, 288 ff.
Doketismus 84, 206, 269–272, 296
Dostojewski 269, 322 Anm. 22
Doxographie 26 f., 30, 130, 147, 190, 304–307, 347–356
Dreifaltigkeit, siehe Trinität
Dualismus 28, 47, 62, 318 ff.

Ehe 176, 229, 271
Einheit 22 f., 42 f., 46, 50–93, 96 ff., 111, 123 f., 155, 164, 187 Anm. 17, 188–192, 220, 222, 226, 230, 252, 264, 275 f., 278–283, 286, 291–301, 304–307, 316 ff., 327 f., 335
Empirismus, Erfahrung 52 f., 90 f., 98, 134, 136 f., 218, 266 f.,
Engel 89 Anm. 37, 129, 178, 181, 223, 268, 282, 284 f.,
Erbsünde 121 f., 146 Anm. 23, 250, 252 ff.
Erkenntnis 40, 135–144, 155, 283 bis 290, 297–301, 306
Erklärung, Erläuterung 25–31, 149 f., 330, 343, 347–361
Erlösung 126, 170, 207 Anm. 13, 223 f., 230 f., 253
Erstes Prinzip, siehe Prinzip
Erstursache, siehe Ursache
Eva 118, 175, 211, 228
Eva-Maria-Typologie 223, 228

Fegefeuer 186, 246
„Formen", („Ideen"), siehe auch „Kräfte" 65, 188–191, 298, 306, 321, 328, 356
Fortschritt, Progression 139, 214, 239–243, 255 f.
Freiheit, freier Wille 15, 20 f., 108, 124–129, 156–160, 169 f, 178 bis 184, 194, 204, 217, 225, 250, 297

Gebet 55, 96, 99, 102–105, 113, 147, 229, 238, 273
Geduld 75, 219
Geist, Heiliger Geist, Paraklet 20, 109, 129–135, 193 f., 236, 242 f., 245, 256 f., 270, 276, 280 f., 284, 291, 293, 295, 308–313, 316 f., 358
Gerechtigkeit 216, 225, 242, 267, 283, 292, 300, 310
Geschichte 16, 21 f., 41, 108, 210 bis 260, 292 f.
Gesetz 17, 178, 213–218, 225, 242, 263, 297
Glaube 16, 42, 57, 63, 67, 72, 84, 100 ff., 130, 136 f., 192 f., 195, 229, 236, 251, 282, 290, 307, 327
Glaubensregel 140, 167, 286, 301 Anm. 3, 335, 337
Gnosis, Gnostiker 17, 19, 21, 37, 40, 58 ff., 62 ff., 76 f., 82 ff., 93, 104, 108, 112 f., 135 ff., 141, 158 f., 173, 188, 190, 197, 205, 210, 234, 260, 267, 267, 269, 283–287, 295, 318, 329 f.
Gnostiker, wahrer 141 ff., 153, 177, 190, 306
Gottebenbildlichkeit, siehe auch Vergöttlichung 18, 20, 24, 41, 53, 57, 68 f., 108–124, 141 ff., 152, 172, 180, 231, 263, 278, 297, 306
Götter, Götzen, Idole 23, 51, 56 ff., 61 f., 95 f., 111, 116, 122 f., 126, 172, 192 f., 265
Güte, das Gute 19, 58, 73–76, 86, 93, 97, 124, 128, 153, 164, 180 f., 185, 190, 204, 207 Anm. 12, 222, 289, 299

Häresie, Häretiker 17 f., 19, 29, 35, 39, 57 f., 63, 140, 159, 171, 175, 219, 226, 239, 282 f., 334–337
Heilsökonomie 111 f., 210–222, 250, 271, 275, 291
Hermogenes 62, 167–171
Hoffnung 102, 113, 141, 198, 205, 245, 251, 256 f., 259, 324 f.,
Humor 38, 197, 340

„Ideen", siehe „Formen"
Inkarnation, siehe Leib Christi

Juden 16 f., 18 f., 21 f., 37, 40, 44 f., 56, 199 f., 210, 212 f., 220 f., 232 f., 252, 257 f., 284, 308 f., 318, 329 f., 331

Kirche 17, 37–40, 120 f., 140, 143, 226, 232–239, 293–296, 346, 360
„Kräfte" 291 f., 296–299, 310–313, 317–321
Kreuz 17, 63, 84–87, 98–102, 119, 142, 149, 154 f., 159 f., 174, 178, 192, 194, 198 f., 205, 212 f., 226, 243 f., 246, 253, 255, 259, 266, 269 f., 273, 286, 289 f., 292 ff., 298, 314, 319 f., 328, 333

Laodizeer 221
Leib (*body*) 20, 68, 78, 109, 129 bis 135, 142, 173, 269–272, 320
Leib (*flesh*), Menschwerdung 22, 84, 112, 129–135, 171–174, 265–272, 277, 298
Leib Christi 269–272, 291–294, 297 f., 310 ff., 317–321
Leidenschaftslosigkeit (*apatheia*) 68, 124, 143, 151 ff., 271, 290, 297, 306
Liebe 143, 289, 311
logos spermatikos 36, 110, 132, 214 f., 255, 258, 262, 279
Lukian 32, 45
Luther 209, 258

Marcion, Marcioniten 17 f., 21, 35, 39, 63 ff., 73–76, 84, 108, 115, 164–168, 173, 179–183, 188, 192, 197, 202 f., 205, 210, 213, 226, 242, 285 *et passim*
Maria 223, 227 f., 268
Martyrer, Martyrium 142 ff., 154 f., 184, 198 f., 201 f., 236, 296 f., 324 f., 333, 336
Materie, Stoff 47, 62, 167 f., 171 bis 174, 251
Maximus von Tyros 57

385

Menschwerdung, siehe Leib
Methode 25–32, 147–150, 188 Anm. 24, 304–307, 328 f., 342–361
Monarchianismus 66, 76
Montanismus, Montanisten 39, 77, 122, 134, 139, 236, 242 f., 245, 259, 338

Natur, Natürlichkeit 68, 115 f., 166 f., 172, 176, 178, 192 f., 194, 217, 242
Negative Theologie 19, 23 f., 46, 50 bis 73, 85–105, 109, 111 f., 163, 325
Neuheit, Neuer Mensch 221, 227, 229–232, 237 f., 240, 263, 283, 300 f.
Neuplatonismus 46, 352
Numenius 305

Opfer 68, 194, 213, 228, 245
Ordnung 21, 53, 174–178, 206 Anm. 1, 267 f., 293

Parusie 24, 235, 243–247, 256 f., 293 ff.
Paulus 23 f., 67–72, 76, 89 Anm. 37, 101, 128, 138, 141 ff., 148, 151 ff., 156, 185, 191–194, 206, 211, 257, 309–320
Peripatetiker, siehe Aristoteles
Philo 78, 87 f., 206, 304, 321
Platon, Platonismus 36, 45 ff., 50 f., 53 ff., 57, 59, 62, 67, 69 f., 72, 74, 82, 84 ff., 93–100, 104, 117, 135, 142 f., 145 Anm. 19, 149, 164, 174, 185, 188 f., 191, 196 f., 259, 304 f., 320 *et passim*
Platonismus, mittlerer 45, 47, 87 Anm. 12, 190 f., 260, 298, 348
Pleroma 60, 64 f., 74, 80, 82, 86, 93, 210, 260, 267, 285, 318, 329
Plotin 47 f., 70, 104, 185, 191, 249, 298, 305 f., 353
Plutarch 46, 304 f.
Prinzip, erstes 46, 57, 64, 69–72, 96, 130, 135, 246, 282, 297, 306 f., 329

Propheten, Prophetie 125, 136, 214, 216, 242, 262 f., 265, 268, 295, 333, 343
Provinzialismus, Begriffs- 28–32, 257, 360
Pythagoreismus 36, 47, 82, 139, 318, 352

recapitulatio 38, 41, 211, 222–232, 235, 241, 247 Anm. 6, 259, 263 f., 287, 292, 316, 340
Religion, römische 16, 19, 22, 38 f., 43–47, 51, 61 f., 73, 79, 82, 89 Anm. 37, 235 f.
Rom, Römisches Reich 16, 18, 35, 38 f., 43 ff., 61 f., 177, 235 f., 330

Schöpfungsprozeß 191–195, 197
Schrift, Heilige 73, 175, 210, 216 bis 222, 232, 234, 274, 297 f., 308 ff., 336
Seele 54, 81 f., 109, 114 f., 121, 129 bis 135, 150 f., 267
Sokrates 23, 51 f., 54, 56, 62, 68, 108, 110, 140, 265, 331
Sophist 39, 140, 264
Stoiker 23, 36, 108, 115, 128, 138, 145 Anm. 11, 175, 180, 182–185, 187 Anm. 16 u. 17, 190, 249, 255, 305
Strafe, Vergeltung 181–186, 198 bis 202, 256, 327
Substanz, göttliche 76 f., 93 f., 274 bis 278, 316
Sünde 18, 21, 42, 109, 117–124, 127, 143, 148, 159, 173, 180–186, 250 bis 253, 279, 283
Symbole, Symbolismus 67 f., 72, 78 f., 85, 90, 95, 244 f., 283, 299 f., 337

Tauschformeln 151, 266 ff., 279, 301 Anm. 6
Teilhabe 110, 149, 259
Teufel, Satan 113, 180–186, 194, 224, 230, 280, 282, 286, 291
Thomas von Aquin 89, 159, 343, 347
Tradition, siehe Überlieferung

Trinität 76–79, 236, 275–278

Übel, siehe Böses
Überlieferung 38
Universalität 212, 215, 226, 230 ff., 246 f., 277 f., 291–301, 320 f.
Unsterblichkeit, Unvergänglichkeit 150, 155, 231, 283, 300
Ursache, Erstursache 19, 21, 46, 69, 79–87, 90, 130, 164–169, 174, 188, 190 f., 277, 299, 315, 324 f., 354 f.

Valentinus, Valentinianer 35, 40, 62 f., 189, 276, 285, 295, 319
Vergeltung, siehe Strafe
Vergöttlichung, siehe auch Gottebenbildlichkeit 147–156, 238, 297, 306, 324, 326
Versöhnung, Wiederherstellung 18, 59, 279–283, 304, 312 f., 317 bis 320

Vollkommenheit, Vollendung 40, 98, 103, 111–114, 116 f., 120, 128 f., 140–144, 229, 237, 239–244, 295 bis 298
Vorsehung 74, 181–186, 195, 213 bis 222, 231 f., 251, 280 f., 288 bis bis 295

Wahrheit 42, 51, 79, 83, 86, 117, 135–139, 165, 212, 220, 243, 259, 284, 287–290, 293, 342
Wahrheitsliebe 36, 41 f., 155, 288, 332–339
Welt, säkularisierte; weltliche Welt 94, 99 f., 192 f., 196 f.
Weltseele; Seele der Welt 174 f., 298, 305
Wiederherstellung, siehe Versöhnung
Wissen, siehe Erkenntnis
„Wortgeschehen" 274, 307 f.

Zauberei, Magie 53, 265, 270

Kirchliche Druckerlaubnis: Dresden, den 31. Mai 1985,
H. J. Weisbender, Generalvikar

ISBN 3-7462-0060-1
© deutschsprachige Ausgabe: St. Benno-Verlag GmbH Leipzig 1986
1. Auflage 1986
Lizenznummer 480/6/86
LSV 6022
Lektor: Hubertus Staudacher
Printed in the German Democratic Republic
Gesamtherstellung: Union-Druck (VOB), Halle (Saale)
Einbandgestaltung: Beate Röschter, Berlin-Marzahn
02650